思源录

『落其实者思其树，
饮其流者怀其源。』

暨南大學出版社
JINAN UNIVERSITY PRESS

中国·广州

图书在版编目（CIP）数据

思源录/潘茂生著. —广州：暨南大学出版社，2016.3
ISBN 978 - 7 - 5668 - 1765 - 5

Ⅰ.①思…　Ⅱ.①潘…　Ⅲ.①中学教育—研究　Ⅳ.①G63

中国版本图书馆 CIP 数据核字（2016）第 041013 号

出版发行：暨南大学出版社

地　　址：中国广州暨南大学
电　　话：总编室（8620）85221601
　　　　　营销部（8620）85225284　85228291　85228292（邮购）
传　　真：（8620）85221583（办公室）　85223774（营销部）
邮　　编：510630
网　　址：http：//www.jnupress.com　http：//press.jnu.edu.cn

排　　版：广州市天河星辰文化发展部照排中心
印　　刷：佛山市浩文彩色印刷有限公司

开　　本：787mm×1092mm　1/16
印　　张：21.5
字　　数：398 千
版　　次：2016 年 3 月第 1 版
印　　次：2016 年 3 月第 1 次

定　　价：46.80 元

序一　潘茂生矢志不渝"光明行"

因双目失明20年而被迫休养在家的潘茂生老师，在"黑暗"中摸索12年，又将重新走上他所钟爱的中学讲台。石牌岭高级职业中学近日决定聘用他为该校"德育顾问"，给学生们授课。

1987年春夏之交，爱事业、嗜读书的潘茂生突然发现自己看东西模糊，经医生诊断为"视网膜色素变性"，再也无法复明。时年50岁的潘茂生被迫离开学校、告别学生，回家休息。

潘茂生是20岁时踏上工作岗位的。在多年的教书生涯中，他创造了一套转化后进生的方法，在全国推介。经过短暂的徘徊犹豫后，一直做学生德育工作的潘茂生以保尔·柯察金、吴运铎的精神激励自己，他说："活着，就要为社会、为孩子们做些事！"

从转化后进生的实践中，潘茂生发现，一个人的少年时期受到的教育几乎决定其一生。凭着记忆，潘老师在家里摸索着撰写论文《少年期教育——中学德育的重点和难点》。

失明前，潘老师一个通宵能写上万字，但失明后写这篇9 000字的文章却花了三个月。后来，这篇文章发表在《学习与实践》杂志上。写文章时，他常用一把尺子比着，沿着尺子上缘落笔。可恼的是，有时钢笔墨水用完了，他却不知道，一天辛劳只留下数张白纸。

写得多了，潘老师克服困难的办法也多了起来。钢笔墨水易用完，他换用圆珠笔，一买就是50支。妻子曾垂范找人用一块铁皮做成格子模具，下面垫一张纸，潘老师写字也"规范"了。怕落后于时代，潘老师每年都给自己定下"听"几本书的计划，专门付费找贫困的学生帮忙朗读书本并录音。

潘老师孜孜不倦，摸索撰写了30多万字的文稿，湖北教育出版社出版的《家庭教育讲座》和《初中家庭教育》共收录了他的12篇文章；《班主任道德谈话》和《中学主题班会设计》等书共收录了15篇，将近10万字。1998年年底，湖北省教育学会德育专业委员会在咸宁召开年会，潘茂生作为贡献特殊的老会员，被邀请上主席台。

如今的潘茂生已双鬓染霜，但精神很好，很爱笑，很健谈。认识他的人都说，"从他那双失明的眼睛里，你可以读到一片光明"。

《长江日报》记者　红柳

序二　心中那双慧眼不会失明

1998 年，湖北省教育学会德育专业委员会在咸宁召开年会。一位年过花甲的老会员被请上主席台，介绍他双目失明 11 年来一直坚持德育研究的经历，会场爆发出一阵又一阵热烈的掌声。他就是武汉卓力泉中学的退休老师潘茂生。

新中国成立初期，潘茂生毕业于武汉第一师范学校，他后来一直担任中学政治课教师，1987 年患上眼疾，不幸双目失明。刚脱离讲台时，潘茂生几乎痛不欲生。可是想到自己曾在讲台上语重心长，教育学生要像保尔·柯察金、张海迪那样勇敢坚强，不向困难低头。他感到了羞愧，决心振作起来，继续进行德育研究，把自己几十年的工作得失总结出来，为后来的人提供参考。在家人的帮助下，他开始写作。可当他把第一篇文稿给妻子看时，妻子傻了眼：几乎找不到一个成形的字，许多字叠在了一起，根本无法辨识。妻子一边询问重抄，一边暗暗落泪。

有一天，家人都出去了，潘茂生又拿起笔写作，可是写了两行字，墨水刚好用完了，他摸索了一天，写了一二十页，全是白费。妻子劝他放弃，他坚定地说：我要坚持下去！潘茂生没有泄气，他让家人给自己制作了一个模具，在字模上一个字一个字比画着写，一天下来，左手的五个指头全部染黑了，稿纸上也留下了斑斑手印。晚上妻子还是边问边替他重写。功夫不负有心人，他终于有三篇论文在《学习与实践》杂志上发表了，这鼓舞了潘茂生。他每天坚持听两三个小时的广播，还让家人读报纸和书籍给他听，遇到好的文章，就叫他们帮忙剪下来，供写作时参考。像魏书生的《班主任工作漫谈》《教学工作漫谈》等重要书籍，他就让孩子帮忙边读边录下来。女儿到外地参加工作后，他就花钱请附近学校的学生帮忙朗读和录音。近 200 盘录音带有规律地摆放在桌面和抽屉里，需要时他就拿出来听一听，剪报几乎堆满书桌。

就这样边吸收，边回忆，边写作，潘茂生发表论文 30 多篇。参加了市教委组织的《班主任班会设计》《班主任道德谈话》等教师用书共 20 多个章节的编写工作。此外，他还应邀到省、市、区的宣传、妇女、共青团、公安局等部门和中小学作了几十场报告，开了几十场讲座，赢得了人们一阵又一阵热烈的掌声。

潘茂生能取得一个正常人都难以取得的成就，是因为他心中还有一双慧眼，始终关注着青少年一代的成长，关注着教育事业的发展。他心中那双慧眼永远不会失明！

《湖北教育报》记者　张才生

目 录

上 编

学优源于法

教优源于识

下　编

行成源于思

成长源于悟

上
编

SHANG BIAN

第一章　学习争优，贵在得法

　　当前为数不少的中小学生中，存在厌学与学习成绩落后的问题，这成了教师难以消除的思想困惑，也是学生家长挥之不去的心理隐痛。许多教师费尽心力，加班加点补课，强化训练，结果仍收效甚微。家长花了不少钱让学生参加补习班，请家庭教师，买了许多学习资料，学生学习成绩依然落后。说句大实话，学生自己也辛苦，节假日也没空玩，几乎每晚要学到十一二点，整天泡在题海里出不来，即便如此，也难见明显成效，这种现象难倒了许多人。哪个学生不想学习成绩冒尖？哪位教师不想学生成绩优秀？哪位家长不想孩子出类拔萃？然而，现实令人不解，在同一个年级同一间教室里学习，同一门课程由同一位教师讲课，为什么学生之间会出现如此巨大的差别？有的学生成绩优秀，高高兴兴上大学，而有的学生学习成绩却不理想。问题出在哪里呢？人有一种天性，碰到久思不得解的问题时，往往从客观上找原因（以此维护心理平衡）。于是，看到自己成绩上不去，大多数学生认为根本原因是自己先天条件不好，脑子比别人笨，似乎还理直气壮。这种认识对吗？答案是否定的。因为，这一认识完全不是事实，没有科学依据。心理研究早已得出结论，97%的人智力水平处在常态，只有3%左右的人处于非常态，其中1%左右的人智力超常；不足2%的人智力不正常，他们有的是先天低智能，有的是后天损伤所致。因此，人类有理由自信地说，我们的智力正常，我们有创造人类奇迹的智力条件。

　　人的大脑是座有无穷智慧的智能宝库。脑生理学研究测算，人脑有140种细胞，含有40多种化学物质，细胞总数约有一千亿个，现今人类大约只开发了它全部功能的2%至8%。即使像爱因斯坦那样的物理学巨匠，也只用了全部脑功能的12%。有人推理说，假如能开发脑潜能的50%，人可以五天学会一门外语，轻松拿到12个博士学位，在头脑中存入五亿册书的信息。因此，人们有理由相信，只要不是先天痴呆者，不是后天大脑损伤者，人人都有成为科学家的先天智能条件。中央电视台"星光大道"2007年度冠军得主杨光，六岁双目失明，是个全盲残障人。人们常说，眼睛是智慧的大门，那么六岁就关闭了智慧大门的杨光为什么能表现得那么才华超群呢？道理很简单，他开发了除视力以外的其他多种脑潜能。只要开发了人的智力潜能，就能在人生的词典中将"不能"改写为"可能"。学习成绩落后绝不是因为智力不如人，而应当从主观方面找原因。

现在的学生有厌学情绪不是个别现象，学习成绩落后者也不是几个人，据权威教育机构调查，全国有20%的学生成绩落后，有将近30%的学生有厌学情绪，视学习如猛虎，约三千万学生有学习障碍。想想以上几项数据，要解决这个问题就不是几位教师、几位家长的事了，我们应用更开阔的眼界，从更深入的角度来面对这个问题。讲到这里，我想起了一段往事。我曾在一所普通高中做学生教育管理工作，有段时期学生违纪现象特别严重，有一名叫李跃进的初二男生三周内打了几次架，而且全是帮人打架。经过多次单独谈话，他向我吐露了心中的苦闷。他说，读小学三年级之前，他经常受到老师的表扬，可是到了四五年级，学数学遇到了困难，上课听不懂，作业不会做，结果以班上倒数第二名的成绩进入中学。进入中学后，他上课更听不懂了，考试还不及格，后来就完全不想上课了，身上有劲无处用，心里闷得慌，想打架，打赢了，觉得自己很威风，很快活，只要有人请他帮忙，他就冲上去了。李跃进的思想变化过程令我思考良久。不久，我调到一所工读学校工作，发现那些有轻度违法行为的中学生，大多经历了与李跃进相似的过程，这一过程可概括为20个字：学而无法，倦而无效，苦而厌学，闷而寻乐，乐极生悲，可称作"李跃进现象"。为什么会出现"李跃进现象"呢？原因很复杂！坦白地说，社会、家庭、学校都有问题，都有责任。就学校教育存在的问题而言，重教轻学，忽视学习方法的系统指导，就是一个直接的重要原因。"李跃进现象"给我们一个重要启示：学生的厌学情绪与学习成绩落后问题，与学不得法直接相关，而厌学情绪与学习成绩差则是不良品性产生的直接诱因。据调查，全国有一亿多中小学生是学习障碍者。学习障碍是我国教育界20世纪60年代提出的概念，指学生的能力、智力与学习成绩不平衡，简单地说是两种典型表现，一是高分低能；二是高能低分。究其原因，是学生没有掌握适合个性特点的科学学习方法。有教育学者调查分析认为，在影响学生学习成绩的20个因素中，学习方法高居首位，而80%学习成绩落后的学生，均是使用了不良的学习方法。问题的症结就十分清楚了，学校领导、老师、家长与学生自己将学习方法的极端重要性忽视了，甚至否定了。现实状况中的种种不正确认识或做法，到了该改正的时候了。

首先，学校领导应重视对学生系统学习方法的指导工作，把学习方法指导纳入课程表。重智轻德、重教轻学是中小学教育的老大难问题。以教学为主的思想并无过错。教与学本应是教学过程中不可分离的两个方面，然而，我们却把注意力多放在教的一面，忽略或忘记了学的那一面，轻视对学生进行学习方法的指导，一味地强化背诵，搞题海大战，同时考试也成了学校教育的主旋律。教师只要有空就加班加课，从没想到对学生进行学习方法的系统指导，即使它每周只用半个小时也难以排入课程表，因此，学生最终成了装知识的容器，学习的主动性也被磨损得差不多了。

其次，班主任和任课教师对学习方法的指导甚少，大多习惯于固守一类教科书，年年沿袭着"勤奋""志气""笨鸟先飞"的干巴巴的说教。开展学习方法指导、总结、交流的工作实在太少，不断重复着药不对症的无效劳动。

再次，不少学生家长身上存在一个很大的教育学的认识误区，往往以自己的经验作示范，以自己的愿望为目标，对子女实行强制教育，不会也不耐心做鼓励引导工作，自己也无意学点学习方法方面的知识，结果造成亲子间的心理对抗。

最后，学生在这样的情景下学习，只能有一种选择：老师教什么就学什么，泡在题海中难以自拔，以死记硬背的方式应对考试，无心又无精力寻找更有效的学习方法，做自己学习的主人只能成为一种奢望。

对现状的理性梳理可以帮助我们看到产生问题的原因。造成部分学生的厌学思想与学习成绩落后现象，最直接的原因是我们忽视了对学习方法的指导，使学生没有找到适合自己特点的有效的学习方法。当然，产生这个问题还有更深层次的原因，除了现行教育体制的种种缺陷以外，家庭教育也在不断重复着以往的错误方法。

只要冷静地分析当前教与学中的种种弊端就会明白，部分学生中存在的厌学思想与学习成绩落后现象实在不足为奇。课本上写的就是知识，除此以外还有什么要教给学生的呢？大家没有想过，似乎也没空去想。坦白地说，凡是对自然现象与人类社会作科学说明的都是知识，凡是科学回答"是什么""为什么""怎么样""怎么用"的内容都是知识。现实情况却是我们只重视了知识构成的前半部分，轻视了知识构成的后半部分，而后半部分比前半部分更重要。我们讲的学习方法就属于后半部分。如果我们把一个人的知识储备量比作一棵大树，关于学习方法的知识就是树根，自然与社会就是肥沃的土壤，那么，根深则枝叶茂盛，根萎则枝叶干枯，从这一简单道理出发，我们就有理由作出如下判断：①在学生中开展学习方法指导工作，帮助学生找到适合自己特点的学习方法，是帮助学生摆脱厌学情绪与学习成绩落后状态的最有效的方法，学习争优，贵在得法。②将学习方法指导作为一门课程纳入学校课程表，哪怕每周半小时，对学生进行系统的学习方法指导，是打破现有教育束缚，开展素质教育的有效切入点，是"四两拨千斤"之举，是利在当下、功在未来的好事。③在学生中开展学习、总结、交流学习方法的活动，是班主任工作最富有创造性的内容，是德育的一片新领地。

如此强调学习方法指导的重要性，不仅是现实的需要，更是时代的迫切要求。从20世纪80年代开始，人类进入了知识大爆炸的新时期，知识总量呈几何级数增长，旧知识更新频率加快，新环境逼迫我们不学习不行，学慢了不行，学少了更不行。所以联合国教科文组织在《学会生存宣言》中说，当代的文盲不再是不识字的人，而是不会学习的人。《学会生存宣言》把会学习的重要性提升到如何生存的高度，提示世人对学习方法给予特别关注。说实话，我们要感谢培根大师，他告诉我们知识就是力量，要认识到学习知识的意义。然而当下，我们更要感谢法国科学家笛卡尔，他告诉我们最有价值的知识是关于学习方法的知识，易使我们懂得学习方法的知识是一切知识之母，是获取新知识的有效途径。好的学习方法能使人充分发挥自己的天赋与才能，而不好的学习方法则阻碍才能的发挥。正是因为学习方法问题的重要性，早在20世纪50年代，西方学者就热心研究快速阅读法，提高学习效率问题成了科学研究的热点。到了20世纪90年代，我国教育界的许多专家学者、长期从事中小学教育工作的教师，精心研究中国教育的传统经典，吸取西方学者研究成果的精华，在深入调查总结的基础上，出版了一批又一批关于学习方法的著作，这些著作成为书店里引人注目的书籍。如聂立珂著的《四轮学习方略》，著名优秀班主任魏书生写的《好学生 好学法》，把三个女儿培养成博士的父亲陈克正写的《四快高效学习法》，都是十分受读者欢迎的好书。此外，还有各有侧重的快乐学习法、创造学习法、快速阅读法、高效记忆法、英语速记法、快乐计算法等，内容丰富，选择性很强。不同的学习方法凸显了一个共同的宗旨：帮助学生从奴仆式的被动学习处境中挣脱出来，成为主动积极的学习的主人。虽然不同的学习方法又有各自不同的侧重点，但经过综合梳理，大体可分为以下四种类型：

第一种类型，程序型学习法。这一类型学习法特别强调如下要点：

1. 中小学生的学习，一定要重视基础

要求学生学好基础知识，先学走后学跑，在基本知识、基本技能上多下功夫。一要打好基础，二要由易到难，三要量力而行。先学好有理数的四则运算，才能学习代数方程式运算。基础不扎实，后患无穷。

2. 强调一切学习活动要讲先后次序，按一定的程序学习

先预习后上课，先复习后做作业，是学习的基本程序。先复习当天新课，再动笔做作业，然后预习明天要学的新课，睡前背记当天功课中的重要概念或公式，这是每天晚上学习的程序。初读、精读、重点读，是阅读的学习程

序。认记、识记、合书回忆、开书矫正是记忆的基本程序。先问是什么，后问为什么，再问怎么办，最后问怎么样，是思考问题的基本程序。写作业、考试也各有程序，也要遵循。程序是有规律的，不能乱，乱将受惩罚，遵守则事半功倍。

3. 课前预习不可忘，它是我们拿下学习全局的前提

所谓课前预习，就是在上新课之前对第二天要学的新课先自学一次，知道新课的大体内容；用笔在发现的重点、难点、疑点旁边作个记号，引导自己听课的注意力。当你明白了自己知道什么、不知道什么以后，听课一定是高效率的。一位心理学家说过，学习新知识的过程，就是在事先明白已经知道了什么的基础上，将已知与未知联结起来，构成新的知识串。如果事先没有这个认识准备，学习就会一无所知。课前预习很重要，学习优秀者就是先赢得了这一步，学习落后者也是先输了这一步，要想改变学习成绩落后的面貌必须先迈出这一步。

4. 强调学习习惯的极端重要性

从一定意义上讲，程序型学习法就是良好习惯法，程序就是习惯、规范，只能这样做，不能随心所欲。因为各项学习程序都是有内在必然联系的，程序是依照知识结构顺序而设定的，遵从人的认识发展的规律。因此，没有良好的学习习惯，自己想做什么就做什么，想怎么做就怎么做，学习行为无先后，时间无定规，手中做这件事，心里想另一件事，心不在焉，一切以情绪好恶为转移，绝不会有高效率的学习。因此，培养计划用时的习惯，集中注意的习惯，生活有条有理的习惯，自我调控情绪、保持心情平静的习惯等，都是程序型学习法的必要条件。无此难以成学，学业难以高效。

第二种类型，自主型学习法。

这一方法强调学生的目标感、责任心和自学性，大多高考状元是沿着这条路走向成功的。

每个人的学习方法各不相同，要根据各人不同的情况，采取不同的措施。但是，学习是一种用脑用心的心智活动，知识是主观努力得来的，自己不主动，知识不会来找你，所以自主型学习法特别强调四种积极的学习精神，这也是自主学习要遵循的几个思想原则：

1. 自觉性原则

每天学什么，怎么学，何时学，自己要自觉安排，自觉完成学习任务。自觉学习才会有效。当学习是被别人逼迫着去行动时，久而久之就会厌倦，萌生厌恶感，学习必定失去目标和动力。学习是自己的事，要自己主动去做。学习成绩落后的学生首先要想想自己这一条做得怎么样。

2. 主动性原则

知识摆在那里，它不会自己跑到头脑里，而要自己主动学，不等待，不依靠，不懂就要主动去问。一个学期都不问一个问题，许多人不是没有问题，只是不肯问，宁可把问题烂在肚子里也不问。长此以往，就容易养成消极被动的态度，消极被动将使人走进落后的死胡同。

3. 独立性原则

要求自己有主见，多思考，不要人云亦云，不要遇事图简，遇到难题就找同学问方法、对答案，许多高考状元在遇到难题时往往不轻易找老师或同学求解，而是自己独立思考，在一错再错的过程中寻求正确答案，正是这种独立精神造就了他们的出类拔萃。

4. 创造性原则

这一原则绝不是要求中学生有惊天动地的发现与发明，而是要求培养异中求同或同中采异的思维习惯，对一道习题不要满足于唯一的解法，要有一题多解的尝试与追求，对书上写的与老师讲的要信，但也要敢于质疑。

以上四条思想原则是自主学习的灵魂，也是时代提出的素质要求。

自主型学习方法，是众多高考状元学习成绩的创优之路，也是他们学习经验的概括与总结。主要内容有以下十点：

1. 主动积极的学习心态

学习是自己的事，努力学习是对自己的未来负责。无须老师督促，能主动完成学习任务，无须家长提醒，能从严管理自己；不把学习当成痛苦的负担，该学就愉快地学，该玩就放开地玩，表现出一种积极进取的精神状态。对一时一事的挫折保持乐观的情绪，错了找原因，失败了从头再来，只要坚持努力就会有收获。积累一点一滴的进步，不满意的状况就会改变。不断努力必然不断进步，不断改变必然走向成功，这就是成功的哲学，永不放弃才是有志者的格言。

2. 要有可控、易操作的学习时间表

学习与天下万物一样，要有所投入，投入与收获是正比关系，这是个硬道理。时间是学生的主要资本，因此学生要十分明白，除了学校规定的上课时间与非得参加的课外活动以外，自己能自由支配的时间有多少，这些时间该怎么分配，编制一个学习时间表，用多长时间学什么，什么时间内学习多少，做到每天有重点、有安排，每月有计划。大块时间做重要的事，小片时间不浪费。计划略有余地，不宜过紧，可机动调配。有计划与无计划，精神状态不同，效果也有天壤之别。人有避苦求乐的本性，放松不得，学习成绩的优劣往往从这一点启动，想学习争优吗？请把住这个关口。

3. 要使每一节新课听得有效果，绝不虚度

优秀的学生十分重视课前预习，因为预习能把握新课中知识点的价值，明白各知识点之间的关系，对其中的已知点、未知点和难点，听课时心中有数，知道什么时候要用心听，什么内容要做笔记，哪一点该牢记，这才可称为用心上课。

4. 要勇于发问

学问学问，一学二问，只学不问，知识无根。谁问？当然是自己去问。问谁？一问书本，二问老师，三问同学，四问自己。问什么？问思路，问疑点，问方法，就是不问答案。以求教的态度发问，在问中质疑、讨论与交流，达到举一反三的目的。

5. 及时复习，乐于重复

古人"温故而知新"有两方面意思：一是多复习学过的知识，能够产生新的认识与理解；二是只有充分理解了旧知识，才能更容易接受新知识。认为复习只是帮助记忆的想法过于简单。怎么复习？一是当堂复习，趁热打铁；二是当晚复习，加深理解；三是过一两天再翻一次，让新旧知识融通；四是章节复习，将知识联系起来，系统理解。只有主动地复习，加深理解，而不只是为了应考而死记硬背，才能成为知识的主人。

6. 主动改正每一道错题

对平时作业，测验，期中、期末考试中做错了的每一道题，一一改正，从不放过，这是能自主学习的显著标志之一。高考状元的做法是把错题分类抄写在练习本上，一一改正，及时找到做错的原因，防止一错再错。事实上，每一道错题都告诉我们在这个知识点上有漏洞，同时也是日后大考中失分的原因。如不及时改正，日积月累就等于知识欠债，这就是丢分的原因。要争取优秀成绩就应该不放过每一道做错了的习题。这件事老师不可能一一帮助，家长也不可能时时提醒，全靠自觉。自主精神的可贵就在这里，想考高分吗？这是诀窍之一。

7. 自觉攻坚

所谓攻坚，就是主动攻克消极心态，主动攻克难题，主动攻克弱势学科。坚，就是困难很大，学习成绩优秀是攻下来的，学习成绩落后是遇难而退的结果。是进是退全在自己。有高考状元说，在考试的过程中，他一般先做难题或弱势学科之题，后做优势学科之题，以优势学科学习中的快感当报酬，这是符合心理学原理的。

8. 自觉读书

学生的职责是读书，学生的快乐来自读书，学生的成长也靠读书。读什

么书？一是读课本。上课读的是课本，老师讲的是课本，考试内容也在课本中，学生不多读课本就是失职，就是忘本职。有人看过高考状元的课本，书上写满批注或圈圈点点，新书被翻成了旧书。如果学后教科书如新，大体可确定书的主人学习成绩平平，多数成绩落后。二是多读点课外书。课本内容是国家规定的基本知识标准，不是全部标准。要丰富思想，增加学识，应有计划地读点课外书。有学生高中毕业了，但连什么是中国古代四大名著也不知道，这不是笑话而是严重缺憾。多读名人传记，可优化人生目标和人格品性；读中外文学名著可丰富文学修养；读中国文化经典可继承中华传统文化；读科普读物可与时代科学发展接轨。实际上，课外读物是对课本知识的不可缺少的补充，是素质修养的不可代替的途径。没有一定的课外阅读量，无论如何都难以成为优秀学生。

9. 定期自我分析

高考状元大多有个好习惯，即定期对自我进行评价，对自己的思想行为与学习状况进行总结分析，尤其是期中、期末考试之后，从分析试卷入手，找到自己学习中的优劣长短，并从思想行为中找原因。这种自我评价可促使自己发扬优点，发现缺点，对自己有自知之明。有的状元把自我评价写成书面材料，请班主任帮助分析。能定期自我评价的学生，对自己有强烈的责任感，这一习惯是自主学习的最高表现。否则，就会糊里糊涂过日子，一周一月昏昏过，毕业了就万事大吉。

10. 重视学习和总结有效的学习方法

学习成绩优秀的学生，一定有良好的学习方法。从本质上讲，学习是一项以个体为主的心智活动，有显著的个体差异，它与每个学生的个性品格和心理特征有直接关系。任何一种好的学习方法都不一定是普遍适用的。因此，要想学习争优，就要在学习不同方法的前提下，经过自己不断试用、不断总结，寻找到适合自己的有效学习方法，把学习效果好的方法保留与发扬下去，把效果不好的方法淘汰放弃，渐渐积累，形成自己的方法。做好这件事很不容易，一要有心，主动寻求；二要用心，反复试用，认真分析；三要热心，多向各科老师请教，多与同学交流，善于学他人之长而为己所用。这一点很有意义，它将使人终身受益。

以上十条是高考状元的实践总结，但是，如果缺少一个基本条件则万万不行。什么条件？两个字：主动。谁主动谁受益，谁主动谁优秀，谁主动谁就享受优胜的欢乐。

第三种类型，高效学习法。

高效型学习方法强调高效，核心是快速，要求在学习过程中多快好省，提倡快速书写、快速阅读、快速计算和快速记忆。这个方法是陈克正老师系统论证的，他用此法教育指导自己的三个女儿，把三个女儿培养成博士后，一家三开博士花。陈克正的教育经验震动大江南北，全国几十家新闻媒体先后报道，他还受邀在全国各地作了多次报告，受到广大学生家长的欢迎。陈克正老师的经验，经教育专家总结分析，已编著成书出版。以"四快"为特征的高效学习方法，是我国教育园地新开的一朵鲜花。这一学习方法的基本特点是：

1. 多快好省地学习新知识、新技能，是应对新时代要求的制胜选择

信息多元、竞争激烈、靠实力说话是时代潮流发展的总趋势，速度成了决定成败优劣的重要因素。学习、工作、生活都是快节奏的。快是实力，时间是最有价值的资源。有汽车就不坐牛车，通高铁就不坐汽车，能乘飞机就不坐高铁，是人们出行时选择交通工具的常识。学习也是如此，用较少的时间获得较好的效果，成功率必然增大。一次三小时的限时考试，如能提前半小时做完试题，就有半小时用来修正与补充，胜算天平就会倾向自己一边；百米赛跑，若比第一名快0.01秒，就是冠军。所以读、写、算、记的速度快起来，便成了当代学习方法关注的热点。谁想成为学习的赢家，谁就应该在提高读、写、算、记四个方面下功夫。

2. 强化四快能力，是激活脑潜能的合理举措

四快学习法要求学生在平日的学习活动中提高速度，就是要让全部身心适度紧张一点，无论完成什么学习任务，都要不断地命令自己"抓紧一点""快一点""注意力集中一点"。请注意，四快学习法讲的是适度紧张，不是无限紧张，更不是越紧张越好。脑心理学研究认为，适度紧张是激活脑潜能的诱发因素，有充分的科学根据。人脑是心智活动的物质条件，每个人的头脑都有相差无几的潜能，文盲与科学家的差别仅仅是大脑开发的程度不同而已。适度紧张就是一种开发的状态，身心有适度的紧张，必然加快心脏的搏动，向大脑输送更多的养料，而心脏搏动加快又将加快血液循环，如此一来就能促使脑细胞兴奋起来，思维会变得敏捷活络。而那些成绩落后的学生学习时漫不经心、昏昏欲睡，半小时的作业写了一小时，原因就是不紧张。保持适度紧张，就是把注意力集中到正在学习的内容上来，这就正好与大脑细胞此消彼长的规律吻合，能够有效排除外界的各种干扰，有助于集中精力，提高学习效率。适度紧张有益于形成良好的精神状态，使心情愉快、睡眠安稳、精力旺盛、身心健康，学习活动将进入良性循环。

3. 四快学习法突破了世俗的教育观念与方法，为学习开辟了一条新路

在人类的精神生活中，慢是一种世俗偏见，是一种老人心态，它是我们

种种观念错位的心理病根。现在的情况是普遍错以成习,当学生做错了题或成绩落后时,许多人就不断提醒学生慢一点,慢点读,慢点写,慢点算,慢点记,像和尚念经一样地背。似乎一切错误都是快导致的。

陈克正认为,这是一种认识的本末倒置。人们可以反过来问问学生,慢吞吞地读、写、算、记是专心致志吗?只要放慢学习速度就会精益求精吗?慢慢地读与算就学得比别人好吗?慢慢地书写就可以考高分吗?答案显然是不言而喻的。因为,他们没有慢中争优的体验。事实上,学习活动中的慢,往往与思想懒惰、心不在焉有关,往往与边学边玩、丢三落四的不良习惯有关。慢绝不是作业正确、成绩创优的方法,恰恰相反,慢是学习落后的病兆。因此,培养快速读、写、算、记的能力,是陈克正教女成凤的宝贵经验。

4. 快速读、写、算、记的能力要从小培养,要从日常的学习活动抓起

人的认识、思想、行为、习惯都是培养训练出来的,这是个由不会到会、由慢到快的渐进过程。学习中的四快也是培养出来的。只要教师、家长有意识地加以培养训练,每个学生都会有长进。这种培养训练的基本要领是:

①从小培养,从开始识字之日起就教孩子识读,用食指点读,字认多了就读词读句,切忌一字一字地读。到了识数以后,用玩的方式比赛,算得快就得奖,鼓励他与自己比。结合平时学习活动进行训练。学生的一切学习活动离不开书写、阅读、演算和记忆四个部分,每个部分都有个快慢问题,只要我们有训练的追求,时时事事都可训练。写一篇作文以后,记下所用时间,再数一下全篇作文的字数,就可算出写一百字所用的时间,下次写作文时,命令自己书写得快一点,算算每一百字所用的时间,比较一下就可发现自己的书写速度快了多少,一学期写几篇作文就训练几次。每天晚上做作业、阅读、背诵等学习活动均照此法去做,一一做记录,会惊奇地发现学习效率显著提高了。

②训练要遵循规范。提高书写速度不能乱写,不能写错别字,简化字要是社会公认的。阅读不要掉字也不能随意增字减字。计算要格式正确,表述清楚,不能省略必须的推导环节。记忆要讲时效,转身就忘记不是有效记忆。

③训练要讲方法,要学习与总结更有效的方法。提高书写速度可多用行书与简化字,因此,事前要细读权威书法字的行草书字帖范本,读国家颁布的汉字简化表,快速计算应从有理数计算训练开始。学习多种快读快记的科学方法,学了要用,多用必熟,熟则必快。本书有详细的快速读、写、算、记的系统训练法介绍,可作参考。

快读、快写、快算、快记是学习能力,在行动中表现出来是习惯,要学会只能靠日复一日的训练,没有坚持的决心和行动,你是你,它还是它。

第四种类型，探究型学习法。

这是一种以问题为目标，以解疑为中心，以自疑、自解、自学为主的学习方法。此方法是高中生常用的最有效的方法，也是备受西方各国推崇的一种学习方法。这种学习方法具有以下特点：

1. 探究型学习法强调四个环节

这种方法强调学习过程中先后连接的四个环节：①发现并提出问题。所谓问题，即学习内容中不知道、不熟悉、不理解与不会用的知识。问题是探究的目标、学习的起点。②解疑求答。通过阅读课本与相关资料、听课、与同学讨论，解决问题。③自我检测。通过完成作业或选做几道习题检验是否学懂，是否会应用。④矫正深化。对自我检测中出现的错误，回头再读、再思考，直到完全学懂。若检测无问题，则应对各知识点作纵横比较，深入理解它们之间的相互关系，达到举一反三的目的。

2. 特别关注培养发现并提出问题的能力

只有不断发现问题，探究学习才有目标，思考才有对象，阅读才有关注点，听课才有发力点。问题在哪里？课前预习不懂的知识点，听课中感到不明白之处，做作业时感到困难的地方，现实生活中令人困惑不解的疑问，都是问题。问题客观存在，只要有从严审视的眼光，问题是不难发现的。实践证明，老师提出的问题，同学提出的问题，绝不能代替自己提出的问题。自己发现的问题越多，学到的知识就越扎实。

3. 探究型学习法强调要处理好三个关系

①要多读书，但不要唯书是信。探究学习首先要扎扎实实地掌握基础知识，而基础知识写在课本中，因此，要多读课本，为消化课本知识而探究。不少学生只重视做习题而轻视课本，这是一种本末倒置的做法。读书与做题都重要，但书是本，做题的目的是读懂书，因此，我们主张多读课本。但是我们绝不可唯书是信而死读书、读死书。这里要明白两个问题，一是科学处在不停息的发展中，我们所学的课本知识不可能是完美无缺的，难免有过时之处，可大胆怀疑，换角度探索；二是我们的怀疑也许是错误的，在错误与正确的交锋中，我们对正确的知识将理解得更深刻、更透彻。消除了怀疑，失去的只是错误，得到的是求知的勇气与独立思考的品质。

②要尊敬师长，但不要唯师是从。老师是我们求知的启蒙人，是学生求知的指导者，更是学生的解惑者，是学生学习和做人的引路人。因此，学生尊师是天经地义的事。但是，假如把自己当成一个知识的容器，把老师讲的，黑板写的，一字不落抄下来装进大脑容器里，那就把尊师变成了唯师是从。尊师并不反对与老师交流、争论，也不反对学生提出与老师不同的看法，不

唯师是从不是大逆不道。事实上，两千多年前的孔子就提倡师生讨论与争论。历史上青出于蓝而胜于蓝的佳话多得很，这有力地证明了尊师而不唯师是从是杰出人才成长的大道。

③要求一，但又不可唯一。多思考、多提问题，是探究型学习的灵魂。思考的目的是求一，要在纷繁的事物中寻求一种正确的认识，要在错综复杂的关系中选择一个正确的举措，要在一道综合试题中推算出一个正确的答案。人云亦云，草草下笔，就失去了探究的本意。但是，求一绝不可唯一，对任何一种自然或社会的现象，对任何一种关系的处理，对任何一个知识点的理解，要有多角度的思考，要寻求多元选择，要寻找多种解决问题的方法。世界本身就是丰富多彩的，学生要学习在不唯一的思考中培养思考的灵活性。

实际上，探究型学习就是翻来覆去地在这三个关系中折腾，折腾不是坏事，哪一个事业、学业有成的人，不是在这样的折腾中走向辉煌的？

4. 探究型学习应培养三项基本能力

①自主索取知识的能力。在外力条件相同的条件下，为什么学生之间会出现成绩的优劣之分呢？主要原因就是各人自主求知能力有强弱之分。自主求知能力强的学生从不放松课前预习；上课前就对新课中的难点与疑点心中有数，做到了带着问题听课，基本实现当堂解决问题。课后及时复习，及时消化新知识。作业独立做，不轻易问人，不与别人对答案，做错的习题及时改正，不轻易放弃一道错题。重视整理知识，学完一个单元后就将知识整理成大小提纲，知识成了系统，记忆有了编码。自主学习能力强的学生十分珍惜时间，学习有计划，忙而不乱，有条有理。

②与人合作的能力。探究新知需要与他人合作，一切新知、新发明无不是与他人合作的结果。探究型学习绝不能闭门造车，要善于与老师讨论，乐于与同学交流，欢迎不同意见。为什么合作能力如此重要？一位哲学家说，物质产品的交换有输赢，精神产品的交换只赢不输。你有一个苹果，我有一个苹果，交换以后各人仍有一个苹果，苹果有大小优劣，难保平均；而你有一种思想认识，我有一种观点主张，交换以后，各人都有两种思想观点。

③要有丰富的表达能力。所谓表达能力，就是把自己的想法用文字或口头告诉别人的能力。探究型学习法非常强调提出问题和与他人讨论交流，所以要准确明白地表达自己的想法，同时做到言简意赅，让人一听便知，交流就十分顺畅。表达能力不是天生的，要在勤思、多写、多说的过程中一步步培养。

5. 良好的思维品质是探究型学习的核心条件

思维是人类的高级心智活动，是人类与动物的根本区别。对工作、学习、生活中的各种现象与问题进行分析、判断、推理的认识过程即思维过程。学生的学习过程，所有的创造发明，都离不开思维。思维能力的强弱，思维效果的优劣，是由思维品质决定的。探究型学习方法，要求从四个方面优化自己的思维品质：①思维的敏捷性。要求想问题快速灵活，善于准确地作出判断，可在日常学习中进行训练。一是学好"双基"，打好知识基础。基本功不过硬，快就会多出错误。二是超前思维，在听课之前对讲课内容有自己的想法，先老师一步，不仅能够验证自己的认识，还能在头脑中将自己与老师的观点进行交流。三要按时完成作业，心中暗示自己快一点，一口气完成全部作业。②思维的深入性。善于透过表面现象抓住事物的本质。在日常学习中要不满足已有的结论，遇事要多问一个为什么，还要多与同学讨论，从老师与同学的不同意见中找自己思考的缺陷，求异思考能发现把自己引向深入的东西。③思维的多面体性。想问题要考虑事物的多个方面，既想到正面也想到反面，既想到前因也想到后果，尤其不要忽略重要的细节。知道什么是重大细节，正是思维多面体性的显著特征。④思维的创造性。思维的创造性就是思维的独立性。在学习活动中，一要学会比较，异中求同，同中求异；二要学会提出问题，提出问题的能力越强，创造性的种子就萌发得越快；三要学会发散思考，一中找二，旁及看似无关的现象。

必须承认，探究型学习方法的要求较高，是一种既高级又高效的学习方法，一般来说，它比较适合高中生选用。从长远说，此种方法一旦成为学习的习惯，将使我们受益终生。

学习方法的四种类型，基本概括了各种学习方法的基本内容。上文从易于理解与易于操作的要求出发，把四种类型的学习方法综合梳理为四个部分：第一部分介绍了学习过程中要坚持的三条思想原则：情商比智商更有力量，会学比学会更有价值，"问题"比"习题"更有效率。第二部分介绍学习过程中必须抓住的六个环节。详细介绍了上课、复习、做作业、阅读、记忆、考试的要领，提出了有效的操作与训练方法。第三部分分析了四种应当优化的行为习惯。第四部分分析了要努力培养的五种基本能力。这样的内容结构是逐步深入、相互关联而不可分割的，三条思想原则讲的是方向，六个学习环节讲的是学习过程与方法，四种行为习惯是保证性的条件，五种基本能力是目的，是要努力实现的素质要求，这就是本书的思路。

笔者的主观意愿是向读者介绍一般的学习方法，但理所当然会受到笔者现有知识的限制，肯定有挂一漏万的缺陷，充其量是一家之言。但是本书的观点是明白的——学习争优，贵在得法。谨以此书对读者表达一种初衷，希望学生找到一种适合自己特点的正确的学习方法。学习效果的好坏是由多种条件决定的，抽象地讲这个方法好、那个方法不好是不科学的，因为学习是一种个性很强的脑力活动。从某种意义上讲，不同的学习方法无不是个人学习的一种风格，整齐划一是不科学的，也是不实际的。但学习方法又不是各行其是而没有共同遵循的原则的。无论选择和运用何种学习方法，都要把握下面五条原则：

第一，要循序渐进。意思是说，要顺从所学功课的知识体系，从先到后，从易到难，逐步提升。要从自己现有的知识基础出发，由浅入深，由简到繁，量力而行地学习。要求学生重视基础，切勿急于求成。忘记这一条，任何神奇妙法都没有用。

第二，要多读多思。尤其是多读课本，这是理解与记忆的前提。多读有利于记忆，只有记得，多思才有目标，理解才能透彻，记忆才会牢固。

第三，要自疑自解。一切好方法不是教人如何偷懒，而是教人如何开发自身的潜能。而自己提出问题、自己寻求答案是最有效的自我开发方法。因此，切不要为读书而读书，要把所学的知识同化吸收，变成自己的东西。

第四，要多、精结合。这就是要处理好学得多与学得精的关系。众所周知，我们要在多中求精，在学得精的引导下求多，只贪多而不深造，再多也无用。反过来说，只求深造而不求学多一点、学宽一点，精便成了少而偏，所以要多读书，把多读与精读结合起来。

第五，要知行结合。学了要用，用而先学，学到的知识要会用，学到的定理、公式要能用于解题，会用的知识才是真知。行而不知是盲动，知而不用是无知。

总之，选择、运用学习方法不是随心所欲的事，只有遵循一定的原则，我们才能找到最适合的方法，有了好方法，学习才能更有效。

什么是最适合自己的好方法呢？一要符合自己的实际情况，二要有效率。所以，我们对自己常用的方法要有个清醒的认识，其优点是什么，缺点是什么，只有做到心中有数，改进学习方法才能找到正确的起点。为了帮助学生分析自己的学习方法现状，笔者设计了一份自测题，每道题有三个答案：A：是，B：不是，C：不全是。每题只选择一个答案，答对了给10分，答错了不给分，不完全是给五分。请实事求是地回答以下问题：

1. 学生学习就是要多读、多背课本。老师教的、考试考的都是课本，课本以外的书，读不读没关系。

2. 课本是专家编写的，学生对它的内容要完全相信，不要有半点怀疑。

3. 著名的小说要看，其他的书可看可不看。

4. 上课应集中精力听讲，记课堂笔记并不重要。

5. 书中的定理、公式、法则、常数一定要牢记，它是怎么来的不一定要知道。

6. 学习重在理解，平时无须用太多时间背记，考前强记效果最好。

7. 对第二天上的新课一定要课前预习，不预习就难以更主动学习。

8. 每天做家庭作业之前一定要先复习。当作业题不会做时再来复习，效果一定差很多。

9. 每次作业或大小考试中做错了的题要一一重做改正。不改正以后会再次出错。

10. 每周制订学习计划，没有计划就会浪费时间。

11. 学习中能积极提问，能主动与同学讨论问题。

12. 重视期中、期末考试后的总结，知道自己成绩优劣的原因。

以上 12 个问题，不要回答是如何认识的，只要回答自己在现实中是怎样做的。满分 120 分证明学习方法很好；得 95 分证明学习方法良好；得 75 分以上 95 分以下，说明学习方法有许多缺陷；得分在 75 分以下，说明学习方法存在严重问题，应一一对照，引起重视，努力一一改正。

学而不得其法的学生，往往有下列表现：①不能根据自己的实际情况制订学习计划；②生活随心所欲，不珍惜时间；③学习不求甚解，似懂非懂，不懂也不问；④不能形成系统的知识结构，知识点之间没有上下联系；⑤抓不住知识的重点和难点；⑥不会解题，作业错误百出；⑦不常看书，一学期结束了，课本仍是新书；⑧上学无精打采，下课与放假就兴高采烈。一个学生学习成绩落后，与智力因素关系不大，最主要原因来自非智力因素，尤其是动力不足，责任感不强。在成绩差的学生中，不少学生学习是很努力的，他们的主要问题是不重视学习方法。讲了这么多道理，无非是一句话：学习争优，贵在得法。掌握科学的学习方法，是提高学习效率、改变学习成绩落后状况的当务之急。

中小学生的学习方法成为一个教育问题，主要源于学校老师没把它当作一门课程进行系统指导，家长更是关心甚少，学生自己就只知学而不知其法。有些学生即使读过一些关于学习方法的书，但认识上也存在一个误区，以为知道就是掌握了，这是一种严重的认识误区。学习方法从本质上讲是一种操作技巧，讲的是操作原理与动作规范。天下一切技巧性的东西，一定是在坚持不懈的操作训练中学到的。打仗的技巧要在实战或演练中学习，否则是纸上谈兵；操作电脑要在键盘上练习；外语对话能力要在多讲多练中提高等。当一切规范动作训练到娴熟的程度，大脑的相关部位形成了心理定式，养成了下意识的习惯，此时只要身处其境，自我暗示发出信号，身体就会按规范要求行动起来。达到了这种状态，就可说掌握了某种技巧。学习方法中读、写、算、记的方法以及预习、听讲、做作业、考试的方法只有在学习的过程中坚持应用，在学习的每个环节有意识地按规范操作，才能掌握。学习相关的方法并不难，难的是把操作规范变成习惯。因为这种转变需要持之以恒的反复操作训练。只有经过长期的坚持训练，才能形成两个定式，一是心理定式，二是行为定式。学习活动中的每种方法的应用，如同跳水运动员要完成的每一个动作，无不是由几个环节连接而成，如走板、起跳、腾空、翻转、伸展、入水压水花一样。一个高质量的动作，没有千百次的训练是难以掌握的，从知道动作的规范要领到娴熟地完成动作要经历两个过程，一是让动作的每一个环节与脑神经细胞的相关部位建立暂时联系，形成条件反射。通俗地讲，当想到某一动作时，与动作相关的神经细胞就兴奋起来，大脑发出动作指令，相关肌肉就发力并完成动作，如同输入电脑的程序一样，一环接一环地完成动作，这一心理活动过程便称作心理定式。心理定式的形成，就是不断地想、不断地做，需要时间，需要重复，除此以外别无他法。二是要克服已有行为习惯的顽强抵抗，养成新的行为习惯。旧习惯总是顽固地拒绝改变。已有的学习态度与方法是一种习惯的存在形态，要想改变实在不易。如记忆方法训练。你用新的记忆方法训练自己，稍有点不耐烦，立即就回到死记硬背的老路上去。只有用新的方法坚持应用与训练，直到自我强制力不断弱化，思想意识的作用变小，新的学习方法成了自然而然，要记忆什么内容就应用相应的记忆方法，行为无须提醒就按新的规范去做，形成了一种行为定式。因此，要想学习创优，理所当然地要重视寻求最有效的学习方法。当已选择并学习了某种学习方法之后，千万不可忽视以下三点：一是重视经常训练，二是坚持经常训练，三是永不放弃训练。

第二章　明确三项目标

　　态度，对事业成败可以说是具有决定性作用的。什么是态度？态度是人们对人、对事的认识，是在某种情感支配下选择的行为方式。在一定条件下，有什么样的态度，就可能产生什么样的结果。一位享誉世界的心理学家，带着他的助手来到一所中学，进行了一次考察态度对行为的影响力的实验。他挑选了同年级两个学习成绩相同的班级，并先后对两个班级的学生讲了几句鼓励的话，又分别告诉两个班的老师测试的结果。他对甲班的老师们说：我很遗憾地告诉你们，这个班的学生智力水平不高，无论你们如何尽心尽力，都难以取得好成绩，更难以培养出优秀学生，只要学生中将来不出或少出损害他人的人，你们就算是尽力了。而他对乙班任课老师们说：我很高兴地告诉你们，这个班绝大多数学生的智力很好，只要你们充分相信学生，多称赞、鼓励学生的点点进步，并严格要求学生，他们肯定会不断进步的，说不定他们中的一些人将来是社会的精英。心理学家讲完话后离校了。一年后，心理学家再次来到学校，分别与两个班的老师交谈，了解学生的情况，甲班的老师们说：我们尽力而为了，未见学生有什么长进，相当一部分学生成绩还下滑。乙班的老师们说：一年来，绝大多数学生都有不同程度的进步，几个原先较差的学生有了较大的进步，学生上课比以前认真多了，心情也比较愉快，师生关系也比以往融洽多了。老师们异口同声地称赞专家的评析很准确。心理学家听了仰头大笑。这是怎么回事呢，其实，一年前的那个智力测试是子虚乌有，心理学家编造了一个权威性的谎言，正是这个谎言影响了老师们的态度，两个班的不同结果，正是老师对学生的不同态度造成的，这就是心理学中的"皮格马利翁效应"。这种心理效应，向我们揭示了三条明白无误的道理：①态度会相互影响，一个人的态度会对另一个人的态度产生重大影响，父母与老师的态度会对学生的态度产生影响，一个学生的态度会对另一个学生的态度产生影响；②态度对选择行为方式具有导向性，有积极的态度，就会选择积极的行为方式，反之亦然；③态度对行为结果具有先决性，一种好的行为结果，总是由好的态度来决定的。因此，从某种意义上说，态度决定一切。

　　可见，一个人无论做什么事，要争取良好的成绩，先有一个正确的态度是何等重要。在校学习的中学生，要争取良好的学习成绩，理所当然地要有正确的学习态度。那么，什么样的学习态度才是正确的呢？任何一种正确态度都是以对正在做的那件事的正确认识为基础的。所以，每个中学生应该对在校学习这件事有十分明确的认识。这个认识包含四层含义：一要懂得"是什么"，即初中三年和高中三年，任务是什么？责任是什么？要实现的目标是什么？如果认为考试及格了，拿到毕业证了，任务就完成了，目标就实现了，可以肯定地说这种学习态度是完全错误的。二要懂得"为什么"，对于学校对学生提出的一切要求，老师布置的一切任务，自己每天要做好的每件事情，都要问问为什么。只有将这一切与对自己未来负责联系起来，与自己对父母的承诺联系起来，与将来立足社会、自立生存联系起来，才算真正懂得自己为什么要刻苦学习。三懂得"学什么"，学生的天职是学习，这种观点是正确的，但要具体化。一种普遍的看法是：只要把教科书上的知识学会了，就是最好的学生。在这种态度下，用什么方法学，能否举一反三，有无用课本上的知识解决课本外的问题，都不重要了。如此学出来的学生即使考试得高分，充其量是脑袋变成了知识仓库，当然，这绝不是我们教育的真正目的。正确的态度应该是学会学的技巧，学会思考，学会摄取知识的方法，这才叫学会学习。而且学会了自学的方法与技巧，则一通百通，一会百会。四要明白应该"怎样学"，即学习活动的流程。当今流行的方式是"习题→问题→看书→习题"，就是以做大量的习题为中心，盲目被动，做题时遇到了困难再回头看书，边翻书边做题，作业做完，学习结束。这种学习流程有三大害处：①人成了题海的奴隶，丢了学习主动性；②大量会做的题反复做，浪费了宝贵的时间；③题目千变万化，不可能解决全部问题，然而对自己不懂的知识点，却没有做一道题，留下一个个知识盲点，形成知识欠债，"结账"（考试）时，再还本付息，损失太大。实质上，搞题海大战，是由于应试教育对分数的追求，有猜题押宝之意，这种想法害了许多人。正确的流程应该是：看书→发现问题→上课与完成作业→解决问题→遇到新问题→再看书→完成作业。这是以发现与解决问题为中心的学习。它有三大好处：①学习中人是主动的；②不会做的题多做，会做的题精做，进行一题多解的训练，提高了效率；③少留或不留知识欠债。这个学习流程是从看书发现问题开始的，时刻关注的是自己在"双基"中存在的问题，不会留下太多知识盲点，考场上考的是自己的真本领，即便出了这样那样的差错，自己也会心中有数，主动权仍在自己手中。按"以问题为中心学习流程"进行学习，关键在于发现问题。各地高考状元们的经验证明，只要抓住了四个主要环节，发现"四点"，学习就胸有成竹了：①课前预习环节，一定要发现课本中的知识疑点；②上课听讲时，一定要突破课本中的知识难点；③复习功课环节，一定要牢牢抓住知识重点；④作业练习环节，一定要及时扫除知识盲点。

作为学生，对学习这件事，一定要想得很清楚。知道学习"是什么"，"为什么"要学习，"学什么"，"怎么学"，才会有一种正确的学习态度。本章要重点讨论的三个问题将对如何认识学习态度提出一些看法。

一、动力目标：努力提高情商

大事小事天下事，事前认识正确了，就成功了一半。大人小人天下人，要争取优秀的学习成绩，必须先正确认识学习。认识搞正确了，学习才会是高效率的劳动。

学习是一种复杂的心智活动，学生面对着一个无边无际的未知世界，向未知世界索取知识和智慧，这是一种奋斗。要奋斗就得有力量，要奋斗就得知道想得到什么，要奋斗就得明白怎么做，明白时间和精力用到什么地方。认识了这几个问题，就有了正确的行动方向。

所谓正确认识学习，就是以科学的态度学习科学，以智慧的方法获得智慧。因此，我们应该正确处理三个关系，解决三个问题：①取得理想的学习成绩，主要依靠什么？是靠智商还是靠情商？正确的认识应该是情商比智商更重要。②上学读书十几年，主要是学什么？是学习知识还是学习获取知识与应用知识的能力？正确的认识应该是会学比学会更重要。③要获得理想的学习成绩，应当怎样学？学习的时间和精力，是用来做习题还是解决"双基"中存在的问题？正确的认识应该是"问题"比"习题"更重要。

当我们把认识指向努力提高情商，把注意力指向会学，把时间投向解决一个个"双基"中的问题，只要坚持这样想，这样做，将成为学习知识的赢家。

在校学生学习成绩的优劣，决定性的因素是什么？这个问题常常令人困惑，当某一学生取得优秀成绩时，人们经常听到别人称赞道："这个学生很聪明。"当某个学生学习成绩很差时，人们就会说"这个学生很愚蠢"。这是否表明，学生学习成绩的优劣，决定性因素是智商？但在现实生活中，中外许多学业、事业卓有成就的人，当回答成功的原因时，大多会说：是99%的汗水加1%的灵感。爱因斯坦是世界闻名的物理学大师，但他的智商却与常人一样。在他去世之后，美国科研机构对爱因斯坦的大脑作了生理解剖分析，发现他的大脑皮层除了有较多细小沟痕之外，皮层的重量与展开的面积以及大脑的生理结构基本与常人无异。爱因斯坦在回答别人有关"成功秘诀"的提问时，随手写下了那广为传颂的公式：$A = X + Y + Z$。他说，A代表成功，X代表勤奋以及永不放弃的思考，Y代表不断尝试寻求更科学的方法，Z代表善于利用时间和少说空话。而这里讲的奋斗、勤奋、不知倦怠的思考，是被行为心理学家们称作情商的内容。那么，一个不能回避的问题被提出来了，学生学习成绩的优秀究竟是什么因素决定的？是智商作用大，还是情商作用更大？

美国微软公司全球副总裁李开复先生在给中国青少年的一封信中说：在争创学业与事业成功的过程中，情商的作用远远大于智商。他说，在新科技时代，要成就任何一项事业，人的智商是十分重要的，但是，从更广泛的意义上讲，情商的作用比智商更重要。信中引用了一则材料，美国一所著名研究机构作过专题研究，考察全美 199 个大型公司的部门主管人员的智商和情商，并将每个人的智商和情商与其学业、事业上的成绩对照比较，结果发现，情商的影响力是智商的九倍。研究机构认为，智商较高的人也可以成功，但是，情商低的人却难以成功，而只要是学业或事业上的成功者，一定有较高的情商。

智商比情商更早为人所认知，而情商引人关注只是近些年的事。人们普遍知道，一个学生接受能力强、记性好、悟性高，就是智商高，否则就是智商低。人的智商高低，是由注意力、观察力、记忆力、想象力和思维力的高低决定的，它们被统称为智力。智商是表示智力品质优劣与水平高低的参照数。人的智商主要与先天遗传因素有直接关系，科学研究证明，97% 的人智商处于常态，智力超常和智力低下的人极少，各占总人数的 1% 多一点。也就是说，无论是成人或孩子，绝大多数人的智商都是正常的，都具有在学业和事业上获得成功的智力条件，因此，可作出一种推论：一个人的事业成败，一个学生的学习成绩优劣，主要决定因素不是智商。那么，主要决定因素是什么呢？近二十年来，人才学与行为心理学的研究成果得出一个共同的结论：在人的成长与成功过程中，情商的影响力远远大于智商。人们会问，什么是情商？顾名思义，情商是表示情感品质优劣和水平高低的参照数。这样说显然过于简单。人的情感世界是个宇宙，宏大无际，纷繁多姿。然而心理学家认为，人的情感世界也不是无规律可循的。其中，有一条普遍规律是人们不难理解的：人都有避苦求乐的强烈追求。所以，人们普遍都有向往和追求愉快感受，回避痛苦情绪体验的心理渴望。学者认为，避苦求乐是人类情感心理活动的基本规律。所以，对困难和挑战的态度如何，是衡量一个人情商品质和水平的主要标尺。行为心理学提出了三条具体的标准：①是否有足够的热情和耐心面对可以克服的困难和挑战，不轻视小事，不拒绝简单，不害怕重复，勤奋踏实，一步一步朝既定目标走去；②是否有足够的气量和韧性承受难以克服的困难和挑战，不心灰意冷，不气急暴躁，不轻率盲从，冷静沉着，千方百计坚持既定的目标；③是否有足够的智慧和弹性，从以上两者的差别中选择行为方式，不投机取巧，不盲从，坚定信心，坚持奋斗，为实现既定目标而坚持不懈地努力。事实上，只要有上述态度，智商不高的人，也能享受成功的欢乐；如果不具备上述态度，即使智商很高的人，也难以取得真正的成功。正是从这一认识出发，我们有足够的理由相信，情商比智商更重要。

那么，应该如何提升优化自己的情商呢？成功者的经验证明，提升情商要从两个方面努力：一方面，正确认识自己的现状，强化自信心，努力激发自己正面积极的情绪和情感；另一方面，要勇于正视自己的缺点和弱点，一点一点地抑制和战胜自己的消极情绪和情感。虽然做到以上要求实在不是件容易的事，但是，为了自己心中的追求，我们必须这样努力，这样做。

在优化情感、提升情商的过程中，最困难的事情是正确调控自己的情绪。情绪是情感的外化，是情感的集中体现。维持积极的情绪，必将激发更高的奋斗激情，推动人们走上成功之路；放纵消极的情绪，必然诱发负面情绪，让人难以自拔。就在校学生而言，要争创优秀学习成绩，主要是战胜三种消极情绪，提升情商也应以此为起点：

第一，提高自信心，克服自卑情绪。

一事当前，是相信自己能做好，还是怀疑自己做不好，这一点往往决定最终的成败。相信自己，就是对自己的能力包括潜力的正确评估。自信，就是自我鼓励、自我暗示，就是自己对自己喊加油。人总得相信自己有做好某件事的能力，任何人都有优点和长处，因为我们都与爱因斯坦一样，属于97%的智商正常的人。如果某一个同学学习成绩比自己更好或更优秀，绝不要认为别人的智力比自己的高得多，这是错误的。一种可能的事实是别人更努力，更勤奋，更专心听讲，更注意学习方法，更肯花时间。没有根据地因怀疑自己智商低而自卑是不对的，应该提高自己的学习热情并自强。自卑情绪多伴随失败而产生。因此，对失败要有正确的态度。其实，学生所谓的失败无非是练习题不会做，考试成绩落后，受到老师批评，把问题想明白了就没什么了不起。一是几次做错题或考试成绩差，都不能定终身，机会多的是，认真分析原因，一步步追上来就是，不要怀疑自己。二是失败又不是丑事，人生在世谁又能从不失败。事实上，失败是成功之母，失败是成功必须付出的代价。失败是成功过程中的一个阶段，就像人开始学走路一样，怕摔跤而不学走路，永远只能在地上爬行。自信与自卑是一对此消彼长的心理矛盾，当自信心不断积累与扩张之际，正是自卑不断压缩与弱化之时。这种此消彼长的变化趋向，正是由人类避苦求乐情感活动规律决定的。

第二，提高忍耐力，克服倦怠情绪。

什么是倦怠情绪？倦怠表现在思想上是害怕艰苦，不思进取；在情感上漫不经心，无精打采；在行动上懒散拖沓，是一种对什么事都没兴趣，什么事也不想做的消极状态。行为科学认为，倦怠情绪的产生与生活中的重复现象有关，与不能正确认识重复有关。要克服倦怠情绪，必须提高忍耐力，以积极热情的态度面对重复。

所谓重复，就是无休止的周而复始，太阳东起西落，春秋代序，生活中的早起晚睡，一日三餐，工人天天上班，学生天天上学等，都是重复，喜欢也好，讨厌也罢，它照样按各自的秩序重复下去。因此，要不断提高自己的认识，不断调适自己的心情，用满腔的热情迎接一次又一次的重复。从本质上讲，重复是万事万物存在与发展的基本形式，是事物本身规律性的表现。生命在重复中成长，人生在重复中成功，青少年在重复中成熟，知识在重复中累积，技能在重复中熟练。一次又一次的重复孕育出新生，哪一项科学发明不是经千百次重复实验后成功的？可以说，一切成功与伟大，都是重复的结果。重复是学生生活的基本方式，上学放学上课下课，完成作业参加考试，天天如此，年年如此，从小学到初中，从高中到大学，经历十六年五千八百多天的重复，有的学生成长为天之骄子，有的学生则庸庸碌碌，无所作为。这是为什么？当然是对重复的不同态度所致。把重复当成有利条件而不断向前迈进，心中装着新的希望来面对每次重复，以激情迎接每一次重复，他们在一点一滴的迈步中健康成长；有些学生则不然，他们看不到重复掩盖下的重大意义，感到重复是丢不掉的包袱，是甩不开的麻烦，是避不开的压力，只得无可奈何地混下去，身心陷入一种倦怠状态之中。克服倦怠情绪必须从振奋精神入手，认清重复的重要性和不可回避性，努力磨炼自己的忍耐力，坚定愚公移山的决心，培养水滴石穿的精神，主动积极迎接每天重复的学习生活，珍惜每次重复带给我们的改变现状、争取进步的机会，一步步远离倦怠情绪的影响。

第三，提高责任感，克服厌恶情绪。

以上两种消极情绪，如果不能得到有效克服，由此产生的一次又一次不愉快的体验，将会在心里不断累积，不断强化，不断扩张，最终形成一种厌恶情绪。这是一种对人的正常情感危害极大的心态，使人对曾给他不愉快体验的事物，表现出极大的抵触、排斥、抗拒和逃避的逆反心理，并使人产生一种强烈的厌恶感。有了厌恶情绪的学生，行为上采取逃避的做法，如逃避作业，逃避上课，逃避考试以至于逃学。假如家庭不及时给予抚慰，学生的心理就会失去平衡，在避苦求乐情感活动规律支配下，追求情感补偿的欲望自然而生。于是，主动寻求"同病相怜"的朋友，逛大街，泡网吧，不讲是非，只求快活，不少学生就此沦为问题青少年。厌恶情绪是一种病态心理，治愈此病需要很大的耐心。心病要用心药治。在学习生活中产生厌恶情绪的学生，应从生病的源头矫正自己的思想，对自己要猛击一掌，多问自己几个问题，读书到底为了谁？逃避学业最终受损害的是谁？错过了求学的黄金时代能从头再来吗？人生未来靠自觉，药店不卖后悔药。总之，克服厌恶情绪，首先从加强对自己的责任开始。如果自甘堕落，必将自食恶果。

那么，克服了各种消极情绪之后，是不是就能轻松自然地取得优秀的学习成绩呢？当然不是。学习是一项艰苦复杂的脑力劳动，同一切事物发展变化一样，不是一因多果，就是一果多因，取得优秀学习成绩，是多种因素相互作用的结果。既要老师会教，又要学生会学，其中尤以学生个人主观努力最为重要。俗话说，"师傅领进门，修行靠个人"，靠个人什么？高考状元们的经验很丰富，而他们都说，最重要的有两条：一是明确的学习目标，心中有强大的动力推动；二是有勤奋刻苦、吃苦耐劳的品性。前者是思想积极，后者是性格优良。他们的学习目标很具体，很实在，想得最多的也是两条：一是为了将来生活得更加美好；二是学有所成，为国家和社会作出成绩和贡献。这一学习目标是利己和爱国生动结合的体现。一个学生从利己之心出发，学有所成，将来的事业成果不是利国利民吗？人的思想与道德不是与生俱来的，会在成人后的社会实践中不断升华，要求一个人一生下来就为公，不许利己，既不现实，也不可能。上文中状元们提及的优良品性当然也十分重要。人们常说"性格决定命运"，是有充分理由的。笔者在前文中如此强调情感的重要性，绝不是说积极的思想与优良的品性不重要，而是从思想与性格的发生发展的源头上认识的。什么是思想？思想是情感欲望的语言表达。什么是性格？性格是情感意向选择的稳定的行为方式。没有对学习的高度热情，就没有勤奋刻苦的求学品格。忘我工作，勤奋创业的思想行为，自然是由爱国情怀支配的。一切积极的思想，一切优良的性格，无不是受到亲情、爱情、友情、同情、热情、激情的驱动和支配。情的核心是爱，爱是一种原动力。反之，一切错误的思想，一切劣质的性格，一切损公害人的行动，追根到底，无不是以低劣的情感为发端的。在我们享受的成功与辉煌中，在我们感到的悲壮与惨烈里，在我们遭受罪过和挫败后，都可以感觉到一种无形的力量在驱动和支持着我们，这种力量就是思想，就是思想背后的情感。

笔者如此强调情商的重要性，并不是为了否定智商的意义，而是为了说明一个道理，学生学习成绩不好时，绝不可认为自己智商低、不聪明。这种认识是极其片面的，这么想就陷入了认识的误区。学生应该关注的是情感出了什么毛病，并努力提高情商。对绝大多数人来说，我们的智商与爱因斯坦无甚殊差，差的是情商，我们缺少他对知识追求的强烈的激情、热情和深情。情商与成功的关系，犹如物理学中的速度与加速度，有了较优良的情感支持，不一定立即成才，但一定会不断地进步。因为兴趣和热爱，智力特差的舟舟，展现了音乐家的指挥才能。所以古人云"天生我材必有用"，笔者对此的理解是，人人皆可成才，提高情商必然有用。显然，我们应该重视情商，努力提高情商，因为，情商是事业有成的重要因素，是取得优秀成绩的第一要素。

总之，笔者浓墨重彩地强调情商的重要性，无非是突出一个看法，在争取学习进步的过程中，是情商决定了学业的成败，而不是智商。对绝大多数学生而言，情商的影响力比智商大得多。现在的困难是每个学生既不知如何测定与把握自己的情商的实际状况，也不知怎样一步步提升自己的情商水平。事实上，情商并不是不可捉摸的怪物，它如同空气一样，虽然我们既看不见又摸不着，却能实实在在地感觉到它的存在。情商既然是人的情感与情绪的品质和水平，它必须要通过人的肢体语言外化出来，集中表现为对人对事的态度。因此，通过对态度的认识与分析，就可以对情商作出较为准确的判断。所以，学生对学习的态度，就是情商的表现。根据我多年对学生工作的观察与积累，参照统计概率分析方法，沿着学习态度这根轴心线思考，可以发现一种现象：在我国现实的教育大厦中学习的中学生，在这座教育大厦中都有自己的位置，根据学习态度分类，可以把学习态度不同的学生分为五种类型，由低到高的顺序排列为：A、B、C、D、E，具体分析如下：

A级，又称作自弃型。这类学生对学习毫无兴趣，采取自我放弃的态度。学习时不快乐，厌烦上课，把学习视为包袱，遇到考试就想逃避。对父母与老师的学习要求，一听就反感，恨不得当着老师的面把课本撕掉，只要有一点借口就不想上学。

B级，又称作自迫型。对学习采取消极被动的态度，他们能天天去上学，作业也能按时交，但大多是抄别人的，而这一切都是在父母与老师的压力下，用自我强迫的心情完成的，只要有机会就会逃避学习。

C级，又称作自我型。对学习是用心的，认真听讲，完成作业，有刻苦学习的精神，有向一流学生努力的愿望，一切学习活动按部就班。但是，对学习感觉累，心中的焦虑多，学习生活缺少欢乐。

D级，又称作自觉型。对学习有兴趣、有信心，无须他人督促，能自觉、主动地学习，肯吃苦，不拒绝麻烦，总想把该做的事做得更好，勤学、勤思考，精神比较愉快。

E级，又称作自主型。学习态度有D级学生的特点，但比D级学生更快乐，对学习有自己的主见，在学习中充满激情，有想象力，重视学习，也重视个性发展，只要是自己选择的目标，一定尽百分之百的努力去完成。

D、E 两级学生有两个共同点，他们的学习成绩都比较优秀，他们学习的动力不是靠外部压力，而是来自内心想学好的欲望。然而，他们之间又有明显的区别。D 级学生感到学习并不痛苦，但很紧张、很疲劳，虽享受高分的快感，但对他们来讲，学好只是自己的任务。E 级学生则不同，他们不是以分数来论优劣，成绩虽然是优秀的，但分数不一定比 D 级学生高，他们享受学习中的愉快，十分看重对知识的理解和应用，因此，他们不是为完成任务而学习。他们追求的不一定是第一，而是尽可能地丰富自己，突出个性。

以上五级分类也近似于一种模型，分类的标准主要以学习态度为准，而不是以分数高低为依据，也没有把智力因素拉入其中。可以说，五级分类不是分数的分类模型，而是学习态度的分类模型，实际上也是情商的分类模型。根据这个分类模型可以大体识别自己的情商水准，大体预测一个学生从现有教育体制中能学到什么东西。

必须坦率地讲，这种五级分类法有很显著的主观预设性。然而，参照这个五级分类模型来认知自己的情商，并无坏处，如果再多点主观预设，把五级分类量化，级差设定为40，那么可作如下预设：A 级情商为40 左右，B 级情商为80 左右，C 级情商为120 左右，D 级情商为160 左右，E 级情商就为160 以上了。如此预设情商数值，肯定不具有数学上的意义，只不过为认知情商水准提供了一个参照数。

笔者在翻阅相关资料、以学习态度为准进行分类时，发现学习态度与学习成绩有某种对应关系：A 级学生成绩差，大多在及格线上下波动，B 级学生成绩大多在 60 分至 70 分，C 级学生大多数学科成绩中等、少数学科有 80 多分，而 D、E 两级学生多数学科是 90 分左右，其中有一门或几门学科成绩较突出。这种学习态度与学习成绩的对应状况，未必全是偶然。天下万事，结果总与行动有关，而人的行为总是由态度支撑的。照当前流行观点说，情感与态度是一种软性力量，如同流水一样，性虽软但可穿石。打骂、责备、惩罚与情感相比，似乎要硬得多，学生也许在握有衣食支配权的家长面前被迫屈服，而心里的反抗情绪却与日俱增，造就出来的就是 A、B 类学生，这叫硬性斗不过软性。或许我们能从以上五级分类模型中找到有益的东西。要想学习好，从学习态度升级开始，别轻视情商，它才是决定命运的上帝！

二、能力目标：学会学习的技巧

背上书包上学的时候，有人对学生提出两个问题：你为什么要上学？你想学什么东西？多数学生会脱口而出：上学只是为了学习，当然是多学点知识。回答对吗？对，但只对了一半，而且是次要的一半。知识之所以宝贵有用，最现实的理由也许就在于考试升学，找到一份好工作。现实就是这样，谁也不能否认，因此，说上学是为了学知识是对的。然而，为何说只对了一半，而且是次要的一半呢？这就要从对知识的认识方面来分析。培根有句名言，"知识就是力量"，也许培根这句话过于精练，使人产生了某些误解，以为只要有了知识就有了力量。其实，只有用知识解决了具体问题，知识才显示出力量，学了不用或不会用，知识不过是一堆文字符号。我们中学、大学所学到的知识，几年或十几年后大多没多大用处，这是因为科学迅速发展，人们已有的知识被新的知识代替了，同时有些知识因长时间没用而被遗忘了。那么，我们上学读书还有必要吗？上中学、读大学所学的知识是否有用，要看两条：①能否把知识转化为解决问题的能力；②能否把已学知识变成工具，学习其他更多的知识。上学的意义不在于学了多少知识，而在于真正理解并会用多少知识，这个目标程序学习法，强调各学习环节中的学习程序，目的不是让你记住多少知识，而是使学生投入学习过程，从获取知识的过程中接受训练，从而培养获取知识的能力和方法，从学习过程中培养自学的本领。因此，全身心投入学习知识的过程，这种自学本领，这种获取知识的能力和方法，才是上学要学的东西，它将使学生终身受用。知识浩如烟海，要学的东西太多太多，即使是神仙一样的人，也不能读完天下书，也不可能是万事通。所以获取知识的能力和方法是最重要的。换句话说，对一种不懂的知识，是学会重要呢，还是会学重要呢？毫无疑问，会学比学会更重要。"会学"与"学会"两字相同而排列不同，有何区别呢？举个例子：有道数学题"$1+2+3+4+5+6+7+8+9+10=?$"有两种算法：一种是按顺序一个数一个数地叠加；另一种方法是：$(1+9)+(2+8)+(3+7)+(4+6)+(5+10)$，只用心算即可得出答案为55。当然，第一种算法的答案也是55。用第一种算法叫学会了，第二种算法就叫会学了。前者学会了知识，后者从学会中领悟了技巧，显示出一种学习能力。这种会学的能力，才是我们上学要达到的真正目的。有了会学的能力和技巧，将学会更多知识，达到事半功倍的效果。

中学是青少年打基础的时期，所谓打基础，就是打下获取知识的能力基础。在中学打好了这个基础，将来长大成人之后，就可凭这个能力自学，努力获取生活与工作需要的一切新知识。因此，对中学时代的学习应当强调学习能力的训练，而不应当强调知识的死记硬背。试想有两个学生，一个学习能力强，学会新知识速度快；一个记住的知识多，但学会新知识的能力弱，那么两者相比，哪个学生更有实力呢？从未来发展看，哪个学生能领先一步呢？理所当然是前者而不是后者，这好比物理学中关于初速度与加速度的问题，明白了这个道理，对我们的学习和生活有重要指导意义。知识本身只是进一步学习的工具，是培养能力的载体。掌握知识是一个过程，而把这一知识的学习过程运用到其他的知识学习当中，就成了学习能力，就是会学习。其实，我们并不否定知识，掌握知识是必不可少的，因为知识与能力是无法分开的，也不是相互否定的，没有知识哪来的能力。我们说学习知识不是上学的最终目的，只是上学要实现的真正目的中的一半，而且是次要的一半，因为最重要的是培养运用已知知识解决未知问题的能力。只有走完后一步，懂得会学的真正含义，知识才是力量，知识才有价值。一个人满腹经纶，讲得头头是道，但一碰到实际问题就束手无策，充其量只是个书呆子，读了十几年的书，却成了书呆子，这当然不是读书的本意了。

那么，中学六年应该学些什么呢？要学的东西太多了，别的不说，仅必学的教科书就有上百本，学好每门功课要上课，有做不完的作业、一次接一次的考试，所以人们说了句大实话，现在最累的是中学生。累一点、苦一点倒不可怕，可怕的是无意义的累，每个学生要设法从中解脱出来，变被动为主动，怎么个变法呢？一个最切中要害的办法是真正明白上学的目的，把目标锁定在训练获取知识的能力与技巧这个关键点上，千方百计提高会学的能力与技巧。因此，在中学阶段，学生要牢牢抓住四种类型的学习和训练：学习技巧训练、语言工具训练、思维能力与方法训练、态度规范训练。

（1）学习技巧训练。这里说的技巧有两层意思，一是用脑技巧，二是操作技巧。用脑技巧的内容很丰富，例如怎样提高阅读速度和质量，怎样提高记忆的速度与水平，怎样学会合理高效地安排学习时间等。学习的操作技巧主要是熟练运用知识工具，如熟练掌握汉语拼音技巧，用以认识生字。作家张海迪高位截瘫，没上过一天小学，她通过掌握汉语拼音技巧闯过识字关，然后学会了查字典、词典的技巧，阅读了大量文学名著，自学了多种外国语言，读完了自修大学，成了作家。因此，要充分把握中学六年时间，训练学习技巧，有学习技巧，我们就没有读不懂的书，也没有攻不下的知识难关。

（2）语言工具训练。人类的思想（包括理论和经验），是通过口头和文字语言的方式来说明的，只要过了语言文字关，就有了认知或说明的条件。条件不是能力，只有会用语言文字去认识和说明才是能力。中学六年应基本过语言文字应用这一关。中学六年以后，识字量应达到四千个以上，不认识的生字要会查字典，不理解的词要会查词典，外语要在听、说、读、写四方面过基本关。中学教科书的内容包括社会科学与自然科学，通过平时阅读训练，要培养独立阅读的能力，达到读得懂，对书中的内容能讲得清楚，对不懂之处能提出问题的程度。总之，经过中学六年的语言工具应用训练，要培养运用语言工具（包括外语）的三种能力：①读和认的能力。能应用已有的语言知识阅读自然与社会学科的书籍，这是获取新知识的基本功。②口头表达能力。对阅读过的书能讲其意，能提出自己不懂的问题。③文学表达能力，能应用已学会的语言进行书面回答和分析问题，能用书中语言表达自己的思想观点。有了以上三种应用语言工具的能力，也就具备了自学能力的基础。

（3）思维能力与方法训练。学习技巧训练和语言工具训练，只是会学能力训练的初级阶段，要认识复杂的新知识，最终还要靠思维能力和方法来完成，这是培养会学能力的高级阶段。所谓思维方法，就是认知事物的策略，是思维过程中的规律原则和方法，包括自我质问、集中注意分析评价、批判总结等技能的综合应用。用科学思维方法学习知识，也叫解决问题式的学习。用这种方法学习具有很强的独立思考性，它不仅表现在解决一般问题上，尤其表现在解决以往从未碰到的新问题上。目标程序学习方法，始终强调把解决"双基"中存在的问题当作主攻目标，就是要培养解决问题的学习方法，核心就是训练按思维规律来认知问题，按科学的思维方法解决问题。

在六年的中学学习过程中，通过上课、复习、解题、记忆、考试等学习环节的反复训练，逐步认识和运用科学的思维程序和方法，这个思维程序和方法集中表现在解决问题的过程中。研究人类思维活动规律发现，人们面对生活、工作、学习中的任何问题，大体要经历四个思维阶段，而每个阶段都要对自己提出一个问题，回答了一个问题，就完成了一个思维周期。我们可把这一过程称为四步思维法，具体过程可作如下说明：

第一步：明确问题，想清楚"是什么"。对问题的敏感和发现，是思维的起点。发现不了疑点，提不出问题，就引发不了思考，也不会有真正的思维。对任何事物的不寻常之处生发疑问，发现事物中隐藏的矛盾和各类作业习题中隐藏的未知，就是问题。首先必须全面了解现状，然后全心钻到问号中去思考，发现了问题，就得准确地表达出来，说明它是个什么问题。人们常说，发现问题难，而准确明白地提出问题更难。我们往往对一件事感到满脑子疑问，就是无法言简意赅地讲出来是什么问题，实际上，提出问题本身就是一种思维活动。目标程序学习法要求在课前预习中发现疑点和难点，在平时作业与考试答题中的审题环节，对作业与考试中的错题进行检查分析等操作过程，都是为了训练发现问题的思维能力。在前进中进行自我总结，发现弱点和障碍也是在培养提出问题的能力。万事万物只有先发现矛盾和问题，明白了是什么问题，才能有的放矢地解决问题。回答"是什么"，就是找到问题的本质，发现问题的关键，认清问题的要害。所以，发现问题是解决问题的前提，不把题意审查清楚，拿起笔就做，十之八九会出错；不把作文题的题型、题意审查明白，提笔就写，结果必是洋洋千字却离题百里。有研究资料证明，凡是能创造性学习的学生，都有善于提出问题的能力。他们爱提问题，乐于观察。通过观察获得大量信息，才可能从中发现问题。天文学家哥白尼在一栋楼房顶层观天象，发现统治人类思想千年之久的地球中心论有问题，在几十年的观察思考后，提出了太阳中心说，引起了一场科学理论大变革。怎样才能激发发现问题、提出问题的热情呢？自然靠渴求知识的强烈欲望。这种欲望是人们发现与提出问题的动力。求知欲望很强的人，能在别人不易发现问题的地方发现问题，能在已有结论的地方提出问题。有打破砂锅问到底的探索精神。发现与提出问题的能力，又与人的知识面的宽窄有关。知识面窄就不容易发现问题，所以钻得越深提出问题的角度就越多，也越能一针见血地逼近事物的要害。在思维的全过程中，发现并提出问题，是非常重要的，医生面对高烧不退的病人，假如把肺炎误诊为肾炎，那么，此后的各种判断与治疗都会出差错，甚至危及病人生命。

第二步：分析问题，回答"为什么"。这一步的思维目标，是收集与问题有关的信息资料。不收集大量的有关信息，就不能从根本上解决问题。目标程序法的"五步解题法"中，第一步审题，第二步收集相关知识，就是为解决问题收集相关信息资料。马克思写《资本论》之前就研读了1 500多本相关书籍，收集了大量信息资料后，不断向自己发问，这个问题产生的原因是什么？是什么地方出了毛病？哪个环节是解决问题的关键？把这些问题想清楚之后，接着是选择解决问题的切入点，设计解决问题的方式与方法步骤。思维活动到了此时，已进入了解决问题的核心环节，思考的质量与水平将直接决定解决问题的成败。因此，此时的思维活动紧张而繁忙，有分析综合，有舍弃和归纳。保持头脑冷静、注意力集中、身外无物的精神状态，是绝对必要的，能否最终正确解决问题，成败在此一举。

第三步：解决问题，回答"怎么办"。医生给病人治病，第一步是诊断"是什么病"，第二步是分析"为什么"患这种病，第三步就是解决"怎么办"，对症下药开处方。发现"是什么"问题，分析"为什么"产生这个问题，第三步当然是选择解决问题的原则和方案，进而实施解决问题的方案。

第四步：评价结果，回答"怎么样"。医生给病人开了处方，病人吃了药之后，医生应当跟进吃药效果，进行信息反馈。目的是验证解决问题的效果。实践是检验真理的唯一标准，只有经过检验才可把主观判断与客观效果结合起来。对结果的评价是再思考的过程，是第一轮思考的结束，又是第二轮思考的开始。对结果进行评价时，总会发现一些新的信息，不论是成功或失败，再次回头思考，是思维的进一步深入，将为今后解决同类问题积累经验和教训，脑内的知识也将更为丰富，如此循环往复，必定能造就一个灵活聪明的大脑。

（4）态度规范训练。除了学习技巧训练、语言工具训练、思维能力与方法训练之外，中学六年的学习生活，也将接受态度训练。实际上，态度训练是更重要，更富有深远影响的训练。我们对人总会有好坏之分，对一件事也会有支持或反对的观点与看法，这就是态度。什么是态度？态度是人们对人对事的观点，是支配行为的内心状态。可以说，人的一切言行被自己的态度统治着。

态度的学习训练是从模仿开始的，人从儿童时代就开始了模仿，到了少年时代模仿又接受从众心理的支配，见到多数人的言行，就跟着学。心理学家说，模仿是上帝赐予人的最大本领。中学六年的群体生活，是由教师指导的，与多数同学相伴，是训练态度的大课堂。什么是尊师守纪，什么是助人为乐，什么是勤奋学习，什么是有错必改，什么是克服困难等，都可以在集体生活中模仿学习和接受训练。集体生活的态度训练，比家庭成员的影响力大得多。因此，中学六年的态度训练，为青少年人生态度的培养打下了坚实的基础。每个学生都应该积极主动接受这项训练，它比前三类训练具有更大的价值。

态度的学习培养，是以个人的情绪体验为心理基础的，这种情绪体验是在完成一件事的经验与感受中实现的。因此，每做完一件事，都应当重视总结经验与教训。费尽心思解决了一道难题时，正视老师的评析改正了一道错题时，为他人提供援助时，为集体尽义务做了一件令大家受益的好事时，只要回味这些过程，就会感到心情愉快，这是在享受欢乐，这是在积累积极的心理体验。当日后再遇到同类的场景时，就会主动积极地去做，此时，经验就变成了态度。相反，如果多次做错了某道题，多次做错了某件事，必然感到不愉快，产生挫败感，假如不能从不愉快的情绪体验中解脱出来，日后再遇到这类事，就会回避甚至排斥，形成一种消极被动的态度。中学六年的生活，会经历无数次成功与受挫的情绪体验，只要把这些经历当作重要的学习内容，必定能培养出许多做事做人、对人对己的正确态度。

当学生最重要的自然是培养学习知识的态度，如果没有勤奋好学、独立思考、虚心求教、主动积极的学习态度，即使上帝赐给了神仙妙法，也不可能取得优秀的学业成绩。人间万事万物，若要认识它，把握它，态度决定一切。

所谓会学，就是会用脑子学习，也就是掌握了用脑的技巧。而用脑的技巧不是天生的，它是在爱动脑、勤动脑的积极态度推动下，在反复动脑的实践中锻炼出来的。没有爱动脑的态度，绝不会有会动脑的智慧。其实，只要肯动，就能会动，尤其是面对量大又复杂的知识，只有用脑学习，才能发现并理解各知识点之间的区别和内在联系，把复杂的知识简化。例如，高中化学知识中，对质量分数、摩尔浓度、当量浓度究竟反映了哪些事物间的数量关系，经过对照分析，可以找到三种浓度间的数量关系，即都展现了溶质与溶液间的数量关系，只是溶质和溶液的表示方法不同而已——有的用质量比，有的用摩尔数。再深入比较对照，就会找到它们之间相互换算的关系。用脑子学习文学，可用综合分析法找到知识点之间的内在联系和区别，如现代史里，俄国十月革命，中国的五四运动，中国共产党诞生，综合分析，三者都是马列主义的伟大实践；从关系上分析，先有十月革命，五四运动与中国共产党诞生，都是在十月革命影响下产生的，这是内在联系，区别就是时间不同，不同中又有相同，彼此相隔两年。这种综合分析，找内在联系，找相互区别，就是会学，就是训练思维方法，就是培养思维能力。"思"就是想，就是勤动脑，"维"是事物之间的联系。这里，思维方法和能力，离不开爱动脑、勤动脑的积极态度，也离不开语言的功能和学习的技巧。只要学生训练了语言学习、技巧、思维和态度，并在学习中灵活运用这四大本事，不断解决一个个求知的问题，这就是具有了会学的能力和技巧，因此，会学技巧才是中学生要掌握的真本领。

三、效率目标：盯紧"双基"问题

做人做事要想获得成功，首先要确定一个适合自己条件的行为目标。出色的人和事，首先是目标出色。目标是什么？是行动之前，心中确认要达到的目的和数量标准。人心中有了奋斗目标，行动就有了明确的指向，就产生了强烈的欲望。如同登山运动员选定了要登上的某个山顶，他就会把自己的体力、物力、时间、智慧和注意力等各项资源聚集到一点：登上山顶。人就是这样，心中一旦选定了一个亟待实现的目标，就会涌起一股激情，喷发出一种神奇的力量，将潜能诱发出来，它极大地增强了人的毅力，它鼓舞人永不言弃。目标就像人身上的能源总开关，只要打开它，浑身都是劲。相反，一个人心中没有行动目标，就如同大海上一条小船失去了灯塔的指引，不知方向。

任何人心中的目标，都是一个很大的系统，一个大目标，是由若干个分目标组成的，一个分目标，是由若干个子目标组成的。目标的选定确认过程是自上而下的，先定大目标，再定分目标和子目标。而目标的实现过程则是自下而上的，只有实现了一个个子目标，分目标方可实现，一个个分目标实现了，大目标就必然能成为现实。实现目标是个奋斗过程，不同时间，不同阶段，必有不同的目标。今天的目标实现了，明天的目标才有可能实现。只有抓紧实现今天的目标，明天才有希望。

今天在校学习的青少年，人人都想拥有美好的明天，要想拥有美好的明天，必须紧紧抓住今天，心中有强烈的目标感。只有真正想清楚了今天为什么要上学，为什么要求知，才会有持久的学习热情；如果把上学当作一种负担，把上课、写作业、考试当作包袱，是苦差事，即使是上帝赐予的奇方妙法，也会被当作废物抛进垃圾堆里。只有想学，才会肯学，只有肯学，才会想学得更多、更快、更好。有了这种欲望，才会寻求学习的技巧，只要会学了，必然能学会，成为一名优秀的学生，这是一条可靠的逻辑。在校学生应树立怎样的行为目标呢？它应有两个层次，一个是人生目标，一个是学习目标。人生目标是终身概念，它是广义的，是行为大方向，是对人的一生方方面面起指导作用的。在校学生的人生目标也就是学校教育的培养目标，即长大后要成为一个现代社会合格的公民。按当代最推崇的看法，要成为一个现代社会合格的公民，应当从四个方面不断充实与完善自己：一是健康，身体健康无病，心理健康无病；二是人格，思想品格合乎社会规范，人生观、价值观是亲社会的，合群，友好地与人合作共事；三是文化，有科学知识储备，有良好人文修养；四是能力，有运用已学知识解决问题的能力，有创新思维能力。显然，要求是很高的，是终身学习追求的大目标。当然，它也是极其重要的，这个目标决定人生的大方向。实现大目标是个很长的过程，它是靠实现一系列分目标来完成的。在校学生的任务，是为实现这个大目标作充分的准备，学习是这一准备过程的主要目标，所以学习是青少年的天职，也是一种责任。

如果把人生目标视为总目标，那么学习目标就是分目标和子目标。一般来说，青少年完成这一任务要用十六年时间，分小学、初中、高中、大学四个阶段完成。这是个由低级到高级的过程，一环套一环，前一环是后一环的基础与保证。但是，无论哪一阶段、哪一环节的完成，都是靠学好一门门学科来实现的。所以，实现学习目标，就落实到学好一门门学科上。

学好一门门学科，实现一门门学科的学习目标，必须落实到每一天、每一节课、每一项学习活动中去。请注意，这一点正是全部问题的核心。因此，目标程序学习法强调在新课预习、上课、复习、完成作业、考试的学习环节上有明确的目标。那么，在实际操作中怎样锁定目标呢？①学习任何一门学科，注意力一定要指向课本，把课本知识中的"双基"（基本知识与基本技能）作为学习目标，始终把自己"双基"中存在的问题当作目标；②上新课前的预习中，要把发现的知识疑点、难点当作目标；③在上新课时，要把排除疑难点和确认知识重点当作目标；④在课后复习中，要把梳理基本知识，清查知识盲点当作目标，对发现的知识盲点，要做好补救安排，切不可马虎；⑤在完成作业时，要把训练解题能力当作目标；⑥在考试或各种测验中，要把发现自己存在的问题当作目标，并及时解决这些问题；⑦在记忆活动中，要把重点和难点的记忆当作目标。

以上所讲的学习目标，与传统观念的目标是完全不同的。传统观念认为考高分是唯一目标，以分数高低论优劣成败。而素质教育认为，能力比分数更重要，在现今考核评价制度下，分数是易于操作的评价硬指标，我们没有办法否定高分的价值。但是，两种不同观念是有本质差别的，前者只要结果，忽视过程，轻视能力，而后者重视过程，重视获取知识与应用知识的能力。一句话，前者只讲学会而考高分，后者是重视会学，以会学的能力技巧实现学会而考高分。分数是衡量学习成绩优劣的一种尺度，但不应是唯一尺度，分数本身并不是学习目标，掌握获取知识与应用知识的能力才是学习的目标。具体一点，视听能认知，思考能理解，口述能表达，应用能解答，牢固掌握各门教科书中的基本知识和基本技能，才是真正的学习目标。学生追求这样的目标就会处处主动学习，处处有明确而具体的目标。总之，把考高分当作学习目标，学习就变成题海大战，读书就变成背书，考试变成记忆比赛，头脑变成知识仓库。改变这种状况的有效办法是纠正学习目标。

我们强调学习的目标感，就是直指教科书中的"双基"，直指在"双基"中存在的问题，直指学习环节上的重点、难点和疑点，时时刻刻把这三点当作关注的目标，牢牢把握了这一点，就抓住了学习过程的"牛鼻子"。

目标程序学习法的灵魂是会学、会思考。会学、会思考就是用已知解决未知的技巧。法国作家福楼拜说：人最大的悲哀是傻，傻的集中表现是对现存结论的不思考。要想成为一个聪明的人，就应当从勤于思考开始。这正是素质教育的最终目标。所以，强调学习过程的每个环节的目标感，正是从这个大目标出发的。有无目标是大不一样的。心中有了具体目标，自然会产生一种希望，一种激情，一种心理定式，行为就有了明确的指向。优选法讲的是效率，就是以有限的投入，产生最大化的效果。学生的体力、精力和时间总是有限的，天天"开夜车"，节假日不休息，一天不会变成三十小时，一年也不会变成四百天。怎样才能用有限的资源争创更高的效率呢？优选法认为，首先要定下准确的目标，这样才能找到由出发点到目标的最有效率的路线。多年来教育一直提倡积极主动学习，事实上，只要有了学习目标，其他问题将迎刃而解。如果学习成绩不理想，改变现状的努力也应从审视目标开始。

第三章　学习方法与程序定格

　　常言道，要成就一项事业，有了正确的态度，等于成功了一半。上一章已讨论了这一半。那么，取得成功的另一半是什么呢？是方法，科学的方法是取得成功的另一半。什么是方法？方法一般分为两类：一类是想问题的方法，即思维方法；另一类是做事的方法，即操作次序。无论想问题或做事情，都是由若干个有严格先后次序的小环节联系起来的，并由此形成一个流程，遵循并按这一先后次序操作的过程就是方法。次序就是一种程序，行为心理学研究发现，按照科学合理的程序操作，有事半功倍的效果，无既定程序的随意操作，结果往往事倍功半。对于这个道理，我原先是半信半疑的，一次现场参观让我变得对此十分坚信。有年暑假，我到武汉第二汽车厂总装车间参观，一条一百五十米的传动总装流水线，几十位工人站在各组装点上，从第一个组装点到最后一个组装点，是按科学合理的程序排列的，若干个吊轮把汽车配件准时送到相应的组装点上，工人紧张有序地工作，然后，不到两分钟就从总装线上开下一辆汽车。据说，按这种程序组装将组装效率提高了三十倍以上。这种令人惊讶的高效率是由科学的程序创造的。

　　我们之所以如此强调学习方法的重要性，正是因为学习方法的优劣是决定学习成绩优劣的一个重要因素。要争取优异成绩的学生，没有理由不掌握更科学、更有效的学习方法。不少十分勤奋的学生，为什么老是进步不大，十之八九是学习方法有严重缺陷。有相当一部分成绩中等偏下的学生，把主要精力放在题海与死记硬背上，显然，不从此种状态中挣脱出来，争取优异成绩是没有指望的。可以肯定地说，所有学习成绩优秀的学生，他们在上课、复习、完成作业、阅读、记忆、考试六个主要环节上，都有各自科学有效的学习方法。本章正是从以上六个方面集中了他们的经验，其中"预习发现疑点法""指向听课法""及时复习法""四步思考法""五步解题法""二次深化记忆法""用笔阅读法"等具体方法，大都是近几年来各地高考状元们先进经验的概括。对这些经验与方法，只要相信、应用、坚持，一定可以收到喜人的效果。而其中最主要的问题在于是否能将这些方法变成习惯，让自己下意识照习惯去做，让方法变为程序，应用时并不占用时间，完成这种既定的程序，如同打开电视那样方便，只要按操作程序点击相关频道即可。坦率地说，将方法变为习惯，编出自己的学习程序，并把学习程序作为一种软件存入脑中，绝不是一天或几天就能成功的，而至少要一个学期的反复练习，这是"一本万利"中的"一本"，非常有价值。

一、上课要领

　　天地万物各有自身的发展过程，这个过程中各个阶段是有先后顺序的，这就是人们常说的程序。一切事物都是有序则兴，无序则衰。它们各有特点，各有条件，相互依存，不可中断，不可错位，彼此有着紧密的内在联系。人的认知过程也不例外，有严密的心理和思维秩序，遵从则成功，违背必失败。目标程序学习法反对漫无目标，反对随意性，要求学习活动的每个环节照程序操作，每个程序都有特定的目标，各程序之间互相联系、互相渗透。因此，程序中的每一步不可中断，也不可错位，切忌马马虎虎。在校学生主要学习的是书本知识。因此，学习过程主要是课前预习、上课听讲、课后复习、作业演练四个环节，记忆、思考与理解贯穿其中。四个环节就形成了学习新课的程序，每个程序都有各自的学习目标及具体操作内容。心理学实验证明，求知者要记住一个有意义的知识单元，需要有间断地重复七次以上。下面讲的学习程序（学习新课的程序），当学生不打折扣地完成了这一程序之后，重复五次左右即能基本达到"课堂解决问题"的要求。什么是学习程序呢？以操作先后顺序排列，共有五个环节：

　　第一个环节，课前预习，目标是发现新课中的疑点和难点。

　　上课之前发现新课中的疑点，这是非常重要的，它将在学生心里产生一种期望，一种渴望解决问题的心理定式，它将引导学生在上课听讲时注意力集中，把思想活动集中指向疑点，激发学生上课听讲的积极性。正是从这里开始，学习效率开始提升。如同一位采购员上街采购之前调查生产车间急需什么，如果事先知道急需一把老虎钳，上街后直奔五金店买回，效率极高。否则，即使被推进五金店也不知要买什么，因为他没有心理需求定式，行为没有目标，注意力就不会指向老虎钳。同样道理，如果上新课之前没有预习，没有发现所学新课的疑点或难点，心里没有形成希望排疑解难的心理定式，不是为解决明确的具体问题去听课，听课时没有目标，不仅注意力不可能持久集中，而且听课效果也肯定不好。心中事先有了明确的目标，听课时就会自然把接收老师讲课信息的频道打开，把与此无关的信息频道关闭，这就是常说的集中注意力听课。心理学称为有意注意，而有意注意比无意注意的效果不知要好多少倍。有意从何而来，当然是来自课前预习形成的心理需求。从操作方法上要注意两点：一是要后退两步预习，如假设明天上的新课为第三课，预习时就应从已上过的第一课看起，这样预习的好处很多，既可把新旧知识联系起来，又可增加对旧课的复习次数。二是发现新课中的疑难点，应用红笔在课本上作记号，可引起听课时的注意。

第二个环节，上课听讲，目标是排除预习中发现的疑点和难点。

老师讲课帮助学生理解课文，重点是帮助学生排除知识中的疑难点，因为学生课前有预习，师生在疑难点上直接对话，教与学都会是高效率的。可以肯定，老师的讲解自然包含了学生的大部分疑难点，当然也不可能全部包含，因为每个学生的疑难点并不完全相同，它与学生个人以往的知识构成有关。如果听讲时自己的疑难点没有全部解决，这没有关系，可用两个方法解决：一是当堂举手发问，向老师主动求教；二是在书上作个记号，下课后主动请教老师，或者与同学讨论解决。这里千万注意，对上课听讲中没有解决的疑点和难点，课后一定要及时解决，切不可忘记，否则，这就成了你的知识欠债，欠债久了，还本又要加利息。你带着没有解决的疑难点包袱，接着又要听新课，一知半解的内容增多，学习难度不断增大，欠债日益增加，不少学生成为学习"困难户"，就是从这里开始的。

第三个环节，课后复习，目标是消化整理，清除盲点。

在信息面前，人脑的功能像摄像机，但又不完全是摄像机，因人脑对信息的记忆有遗忘的特点，而且是二十四小时后进入遗忘高峰。所以当天听的新课，课后一定要及时复习，这就可以防止大量遗忘。复习当天所学新课的主要目标：一是消化理解，二是整理出知识基本点，三是清除知识盲点。

复习时一定要阅读全文，一个字、一个符号都不可丢掉，回忆课堂上老师的讲解内容，整理出课文中的基本知识点，抽出知识重点，然后，在课堂笔记的后面，用言简意赅的语句，写出大提纲和小提纲（这就是日后便于记忆的记忆编码）。

在复习过程中，一定要在课本上相关文字符号旁作必要标记，表明此处是重点或难点，尤其对数理科中的公式、定理、常数转换和推导过程，切不可漫不经心。通过课后复习，实现疑点全部扫除，重点已经明确，难点已高度注意。经过复习，必须不留盲点，对预习、上课中忽略掉的知识点（盲点），即使并非知识重点，也不要放弃。因为在知识应用过程中，作用的大与小是可以转换的。

我们如此强调课后及时复习的重要性，正是为了引起注意。一部分学生在学习中完全放弃这一环节，有人以做作业代替复习，没有作业则根本不复习，这是当前部分学生在学习方法上的最大缺点之一。课后不及时复习，到了系统复习时疑点成串，难点成堆，补救也就来不及了。

第四个环节，作业演练，目标是训练应用已学知识解题的能力。

在"作业"后加上"演练"二字,强调像参加毕业升学考试一样做题。如同解放军的"军事演习"一样,手上没有军事教材可看,身边没有军事教官指导,每个战士要像实战一样,运用平时军训中学到的知识和战术动作,独立应对千变万化的战斗。学生平时做练习题,是为了学会用已知的知识,独立解决千变万化的问题,也就是进行思维训练。在解题过程中,一定要按后面介绍的解题程序操作。课后作业演练要克服几个不良习惯:①边做作业边翻书,这样既不是在做作业,也不是在课后复习,什么目的也达不到;②教师没布置作业就不做练习,不知道自己找课本后的习题自做自解;③对作业中被老师评定做错了的题,不看、不想、不重做,而这些错误之处,正是日后考试丢分的主要原因。总之,作业演练的最终目标是"四能",即阅读能认知、口述能表达、思考能理解、解题能应用。

第五个环节,闭目回忆,目标是把新课中的知识基本点回忆一次,加深记忆。

这个环节用时不需很多,意义却十分重大。心理学实验证明,记住一个知识点,将受到记忆前后摄入信息的严重干扰,而这种干扰正是造成快速遗忘的主要因素。当我们完成作业演练之后,立即合上课本与笔记,静下心来,用两分钟时间,对这节新课的基本概念、重点、难点、公式、定律、定理、重要常数,如同放电影一样,闭目回忆一遍,并提示自己什么是重点、难点;当出现其中特别关键或特别容易出差错的内容时,让回忆暂停片刻,千万别小看这几分钟时间的作用,它能有效地把基本知识定格在记忆网络上,有效地阻止前后信息对记忆的干扰,具有"以一当十"的奇特功能。

完成了发现疑难点、排除疑难点、课后消化整理、作业演练、闭目回忆五个环节之后,新课的学习程序就全部到位了。这套程序是目标程序学习法的中心程序,把这一操作程序变成一种自然而然的行为习惯,学习成绩肯定能够得到显著提升。

有必要特别提出三点:①五个环节中的任何一环,多数人并不陌生,也许还会如是做。但是,把五个环节串成整体操作,与随意偶尔用某一环节操作的效果相比是有天壤之别的;②操作这一程序时,从第一环节到第五环节的先后顺序不可错位,每一程序不可打折扣,如果想求得学习高效,就只能这样做;③要把目标程序学习法变成自己的行为习惯,就必须持之以恒地坚持应用,时用时不用,或者这门学科用,那门学科不用,那么收获也将大打折扣。

全部学习活动中,循序渐进是必须遵从的最高原则。因此,除了学习新课的程序外,系统复习、解题训练、考试、思维、记忆等环节,都有合用的程序,都是应当遵从的,后文将一一作专题介绍。

二、复习要领

听完新课之后，必须及时复习。学习，复习，都是习。习的目标有三：一是阻止大量遗忘，加深记忆痕迹；二是扫除继续学习的障碍，加深理解；三是学会应用，训练运用已知求解未知的能力。复习的重要性是怎么讲也不过分的。所以，古人留下"温故而知新""学而时习之，不亦说乎"的遗训。

及时复习与勤复习，是抵抗遗忘的主要手段。我们知道，遗忘的规律是先快后慢。学了新课若不及时复习，时间长了，忘记得差不多了，再来复习，将如同学新课一样费时费力，学习效率自然很差。俄国教育家乌申斯基说过：我们应该巩固建筑物，而不是在建筑物快要倒下时再去修补它。实验证明，大脑中最容易忘记的知识，在九小时之内复习，只用十分钟，比五天之后复习一个小时的效果还要好。我国心理学家做过一个实验，用理解记忆的方法记一个有意义的知识单位，一天内复习，记忆效果最好，三天以后复习，比一天内复习的效果差很多。多种记忆实验证明，学习一种新知识后，十小时左右之后复习，记忆效果最好。许多高考状元的经验证明，上午听的新课下午复习，当天听的新课当天复习，记忆效果最好。如果三天之后再复习一次，记得就比较牢固。可见，及时复习，是一种事半功倍的好方法。

无论是平时复习，还是考前的系统复习，都应该遵从四步程序复习法，具体操作程序如下：

第一步：尝试回忆。复习开始后，不要忙着翻开书本，而是先考一下自己，回忆老师在本节课中讲了些什么问题，哪些内容已听明白了，哪些内容还不明白，哪些内容似懂非懂，如果绝大部分能回忆出来，就证明课前预习和听讲的效果不错。如果回忆不出来，就有两个好处：一是帮助自己找预习和听讲中存在的问题，以便及时改进；二是帮助自己在下一步复习中抓住重点。在这种意向的引导下看书，翻阅课堂笔记，从而又提高了做笔记与听课的效果。先作尝试回忆，发现问题，然后再打开书本看书的方法，与不先回忆就直接翻书复习的方法有截然不同的效果。因为，在尝试回忆的过程中，要追记听讲时老师讲课的线索，大脑的思维活动加快，养成爱动脑的习惯。这种长期磨炼出来的思考习惯，将最大限度洗刷人性中偏爱逃避思考难题的弱点。

第二步：精读课本。学校教育主要传授的是书本知识，学生获取知识的主要来源也是课本，因此，教科书中的内容当然可称为经典，是国家组织各方专家编写的，具有很高的权威性，是书店卖的一般参考书无法代替的。因此，教科书是老师教与学生学的共同依据。各类考试的试题，也是以教科书为依据。精读教科书，读懂了教科书，什么样的考试也难不住你。精读课本，是在课前预习、上课与尝试回忆的基础上进行的，因此，精读时要抓住以下要点：①关注回忆不出来的那部分内容，尤其是印象不深或理解模糊的部分，要反复读，一字一句地读，直到读懂；②抓住知识的重点读书，对理科中的定理、公式要读懂，对各种常数的推导转换过程要读懂，对文科中的重要观点和结论的推理分析过程要读明白，并用彩色笔将重点与基本概念画出来，将容易混淆的相关内容标上醒目的符号；③在理解的基础上，用准确简练的短句，将基本知识编写成大提纲或小提纲（实际上是记忆编码），整理写到课堂笔记的背面。这样的笔记将是日后系统复习和记忆的宝贵资料。

第三步：理解消化。精读之后就必须对本课或本章节的知识进行系统整合，一定要彻底弄懂，不留疑点，如果发现疑点或理解不畅，就必须再翻课本，看参考书，假如仍未搞明白，应立即写一小纸条记下，夹在课本的相关处，到学校请教老师或与同学讨论。

第四步：选题演练。在完成了尝试回忆、精读课本、理解消化之后，可紧接着选择一两道习题来做，检验自己对本课或本章节的知识是否真正理解了。一般来说，若能顺利解题，就证明复习的目的达到了，若解题受阻或思路不畅，证明复习中仍有没学懂的知识点，提示应寻找原因，及时补上，切不可留下知识隐患。

认真做好课堂笔记，对知识的复习理解和记忆的作用是很大的，它是许多高考状元的成功经验之一。因此，在复习功课时，我们要运用好这一学习工具。那么，怎样记好、用好课堂笔记呢？笔者总结的经验是：①笔记记下的是听课的原始内容。②笔记应当分正反（也称 A、B 面）来使用。用 A 面作预习与听课笔记，记下上课听讲中的体会、老师讲课中黑板上的板书提纲、老师引用的典型例证、在复习中发现没记的内容。反面即 B 面，用于记录复习后发现容易混淆的相关知识，重要的定理、公式及常数，整理后的大小提纲（记忆编码）。参考书上的精彩内容，也可摘抄在 A 面或 B 面的相关内容中，以加深对课本内容的理解。总之，无论是 A 面还是 B 面的笔记，都要以本课本章节的"双基"为主线，语言简明，中心突出，各课或各节、各章间要相对独立，不可相互交错。

课堂笔记是引导复习、加深理解、强化记忆的有效方法。有比较实验证明，做课堂笔记的学生比不做笔记的学生的测试成绩要好得多。听课后一个月，对听课学生进行测试，做笔记的学生平均得分率为 65%，而不做笔记的学生平均得分率只有 25%，两者相差 40%。大多数高考状元都做课堂笔记，这是他们比别人优秀的原因之一。道理很明白，做了笔记的人，考前可依据笔记来回忆复习，而不做笔记的人，只好凭头脑中残留的片段记忆来复习。概括地说，做课堂笔记有三个好处：其一，笔记是对学习的永久记录。对日后任何时候的复习都是有用的，各科各类笔记的累积，将是我们的一笔精神财富，对构建知识大厦是非常有价值的。其二，笔记对丰富知识储备，对修补知识缺陷是大有益处的。尤其是涉及大量图表、公式和数字的学科，因为人的头脑再好用，也不可能及时找到并应用大量细节资料。常言道，好记性不如烂笔头。我们的教育理想当然是长时间记忆，做学习笔记对这一理想的实现是有帮助的。其三，在做课堂笔记的过程中，要充分运用视、听、想等多种脑功能，而且还要动手写，理所当然地具有集中注意力、深入思考、强化记忆的作用，能够有效推动学生更加积极主动地学习。要做好课堂笔记，关键是锤炼敏捷思维，因为上课听讲毕竟主要是眼耳并用，看黑板，听教师讲课，不可能埋头只做笔记，所以课堂笔记只能是提纲式的，严格讲是思考筛选后的记录。自然，这是绝对必要的，如果只凭兴趣，随意记下一些短句，零乱无条理，这样的课堂笔记使用起来，效果将大打折扣。

复习是获取知识的关键环节，需要我们投入很多时间和精力。如同工厂的生产一样，没有投入，就不会有产出。我们投入了时间和精力，收获的是无价的知识财富。

以上所说，是对新课进行及时复习的操作程序，然而对大考如期末考试、学年考试、毕业考试和升学考试的复习，则另有要求。这类考试的范围很广，内容很多，少则三五页，多则一本甚至几本书，因此，大考前的复习也称作系统复习。系统复习的突出特点是强调系统和深入理解。系统复习的操作程序也是四步：

第一步：通读教科书，目标是从整体上把握知识，形成知识网络。通读，就是对教科书一字一句地读，不放掉一个字、一个符号地读，把应考范围的书全部读完。读书时要手拿一支笔，边读、边想、边写、边画，最终达到以下几个要求：①扫除知识疑点，不留知识欠债，若有不懂处，应立即看笔记，翻参考书，力求弄懂，若仍无法解决，则记在笔记本上，求教老师或同学解决；②对知识分章节、分专题进行整理，形成简明的知识体系提纲；③把梳理整合成的系统提纲背记几遍，让系统提纲存入大脑记忆网络中。

第二步：精读教科书，目标是对知识基本点、重点、难点深入理解。精读，就是抓住知识重点、难点，翻来覆去地读，精读中要达到以下目的：①认清重点，把重点知识彻底弄明白；②突破难点，确认自己的难点，积极思考，一一突破，不达目的誓不罢休，此处是决定考试结果的关键点；③通过精读，对系统化了的知识，应该做到：视听能认知，思考能理解，口述能表达，书写能解答。

第三步：演练精选习题，目标是检验基本知识掌握情况，训练解题能力。

第四步：自问自答，尝试回忆，目标是把复习好了的知识系统存入记忆网络之中。经过前面通读、精读与精练三个程序以后，基本完成了考前系统复习，应考范围的知识已条理化了。然后合上课本及所有资料，进行一次全面放电影式的回忆，不仅可以巩固系统复习的成果，而且可将备考的知识纲目锁定到记忆的网络上。这一步的操作应注意以下要点：①因内容较多，应该按知识体系本身的先后顺序，一章一章地回忆，从知识条目开始回忆，然后是基本知识要点（定理、公式、常数）、基本观点、典型例证、相关应用题的解题经验等，在头脑中能清晰理出每章节的大小提纲；②分知识专题进行回忆，如物理可分力学部分、电学部分等；③自问重点和难点，在完成上述回忆之后，可对全书的重点和难点进行自问自答。所谓重点，就是老师经常反复强调的知识点和在学习过程中能以一通十、融会贯通的知识点；而所谓难点，大都与计算公式、常数的推导过程有关，与公理、定理、定律的应用有关，在文科学习中，则与对知识点的表达理解有关。重点和难点必须在复习时透彻理解，一一自问自答，回忆时不受阻，让知识整体牢牢储存在记忆网络中。

三、解题要领

解题能力，就是解决问题的能力，主要是创造性思维能力。培养这种能力，广义而言，它是我国教育要实现的终极目标之一。狭义上讲，所谓解题，就是培训学生用已知的知识解决未知的，这种能力的培养，是通过完成一道道练习题实现的。通过完成课后作业问题，解答各类考试的试题，促进学生对所学知识的理解消化与记忆，这也是检验、评价学生学习状况的基本手段。因此，无论从哪个角度看，解题能力的培养对在校学生来说都是非常重要的。

对解题能力的培养要达到举一反三的效果。因此，既要明确目标，也不能陷入题海大战，而题海大战是当前中小学教育中最无奈的一件事。学生埋头做大量习题，不分析解题效果，不总结经验教训，误认为做题越多水平越高，考试中成功的概率也就越高，其实客观效果并非如此。问题在于每做一道题之后，是否弄清楚了"是什么"和"为什么"，是否从中总结领悟了经验和智慧。因此，我们应多解典型性强又有助于深入理解规律的题。所以，解题训练首先要善于选题，绝对不要见题就做。选题要把握以下标准：

①题目的内容要比较全面，要包含知识各方面的要点，题型也应是多种多样的。

②题目要典型，各类题型中的代表性题应包含其中。

③题目要有针对性。多做与自己知识和能力较薄弱点相关的题，对自己在复习中感到生疏的知识章节，也应适当多做几题，在做题中感到吃力的题型也应给予关注。

④题目的难易程度要适合自己的实际水平。要避免过易或过难，更不要花大量时间做难题。题目过易，达不到提高水平的目的，过难又可能伤害自信心。总之，多做"跳一跳，摸得到"的题。

⑤要明白自己的弱点和长处，通过有针对性的解题训练，弱点不断被克服，长处更显其长。

这里必须强调一点，无论是平时解题训练或是考试中解题，一定要坚持用"五步解题法"，具体操作方法见"考试要领"中的详细说明。

人们称赞身边的聪明人，不仅是因为他们用聪明的方法做事，更是因为他们事后表现出的聪明。他们十分重视事后的总结分析，从经验教训中增长智慧。许多高考状无疑就是这样的聪明人。他们对评阅后的练习本，对每次测试后的试卷，不是看过对错和分数后就万事大吉，而是认真进行总结分析，不断改正，把错误变成了聪明。状元们的一般做法是：

①无论是平时作业还是考试答题，做完题之后一定要验算，检验答案是否正确。

②对做对了的题，进行总结归纳，分析其中可作日后借鉴的东西。

③回忆解决这道题时应用了学过的哪些知识，回忆自己解答此题的思路，回忆往日解答此类题曾犯过的错误，并提示自己哪些地方最容易含糊出错，积累经验。

④开拓思维，想一想除了自己用的这种解题思路以外，是否还有别的解题思路。如果有别的思路，就应该尝试一下，有几种尝试几种，直到穷尽。一题多解的训练，是培养思维能力的最佳方法。这是做再多题目也无法达到的效果。

在提高解题能力时，对出现了差错的题绝不放过。许多高考状元都有一本名称不一的错题备忘录，有的取名"错题录"，有的叫"警示录"，有的甚至称"摔跤记"，名称虽不同，做法则一样。概括起来，具体做法是：

①把平日作业与各类测试中出了差错的题，分科全文抄到一个专门的笔记本上；

②对抄录的每道错题，经过再复习、再重做，将更正后的解题过程抄在错误答案之后；

③在更正后的答案下面，用三言两语点明自己做错了的主要原因，应写

下更正后的体会。

一般来说，每个学期各科积累的错题会有几十道，有了这本错题备忘录，会收到意想不到的好处。每逢重要一点的考试，考前认真看一遍，警示自己不再重犯同类错误。状元们这一经验十分宝贵。事实上，这些错题正是以往知识的缺陷，甚至是知识盲点，更正了错题，也就偿还了往日的知识欠债。而更为直接的效果，则是避免了后面考试重犯同一错误。事实上，平时出差错的题，常常是重要考试丢分的主要之处。

"举一反三""闻一知十"，是解题的理想境界。所谓"一"是指基本知识和基本原理，"一"是相对不变的。"三""十"指实际问题，指各式各样的试题，它是多变的，也可说是千变万化的。理想的解题能力，要求用相对不变的基本知识和基本原理，解答千变万化的各类试题。因此，在解题能力的训练中，"举一反三""闻一知十"绝不只是大量做题能达到的，它要求对知识的把握有广度，训练面要宽，要增强解题的应变能力，要增强思维的发散能力。所以，除了遵从上述方法应答平时作业和考试题外，还必须从以下角度强化练习：

（1）要强化广度训练。

循序渐进，是学习任何知识的第一原则，也是最高原则。尤其是学习基本知识，一定要遵从由易到难、由简到繁的顺序。每次解题训练，先要把全部试题分为会做与不会做两类，这是一种重要的解题战略，这一战略会使人产生一种轻松感，因为你发现多数题会做，不会做的题是少数。对会做的题要独立地去做，不要依赖任何参考资料，严格要求自己只用笔与试题对话，快速从头脑中提取相关的知识，解答问题，提高基本解题技能。对不会的题，要先回到课本中，查盲点，还欠债，弄清相关知识点，再开始审题，进入解题程序。在解题训练中，一定要从最基本的练习题开始，首先要把课本后的习题做完，每个章节后的练习思考题，是针对"双基"训练设计的，看起来很简单，涉及的知识面却很广，绝不可因易而不做，更不可因小而随随便便地做。相反，应该十分认真准确地去做。这种重基础、重广度的训练，对每个学生而言都是重要的。完成基础题训练后，再选择有一定难度的题进行训练，这类题往往是考试成绩优劣的分水岭。中等难度的习题，大多有一定的综合性。成绩差一点的学生，做这种练习可以提高成绩，中等生可以由此力争进入优等生行列，优等生可稳中取胜。在完成基础训练与中等难度题型训练之后，再根据各人实际，进入高难度与大综合性的题型训练。总之，训练的内容要宽一些，训练的题型要多样一些。还要在训练中改善解题方法，要反复训练"三点成一线"的解题思路，先准确全面把握题目中显现的已知知识点，再找到题目中的隐藏知识点，由这两点出发，准确找出题目要求回答的未知知识点，按思考的先后顺序把三点串成一条思维路线。这一训练对谁都异常重要，运用熟练了，将是终身受益的思想智慧。总之，进行了以上多点多面的训练，就能做到举一反三，不至于犯盲人摸象的错误。

只要我们全面理解课本中的内容，不留死角，就能以不变的课本内容应对万变的试题。一定要克服猜题押宝的心态，看这不看那，练这不练那，是要吃大亏的。

（2）重视精度训练。

现在崇尚标准化试题，选择、判断、改错型的题目较多，一字之差，对错分明。因此，要重视精确把握知识点的含义和文字表达。我们不要误认为理解了就是精确记住了，似是而非是做错题的重要诱因。也不要误认为学过的知识就能再现，为什么有人多次犯"一看就懂，一做就错"的错误呢？原因是对概念、定理、公式和常数记忆得不精确，满足于大体上记住了。训练时一定要达到"四能"的精度。一句话，只有精确无误地书写出来，才算准确掌握了知识。理解不等于精确，如同烧开水，虽然水温已到九十度，离一百度还差十度，温度不够，还差一把火，没有产生质的飞跃。

（3）关注深度训练。

前文说过，解会做的题，要主攻技能，让基本知识完全过关。对不会做的题，则要回到教科书上来，主攻基本知识，解决基本知识中存在的问题。深度训练是在广度和精度的基础上开始的，失去广度就失去了基础，忽视精度就丢掉了正确解题的保证，那么深度训练就没多大意义。前面推荐的错题备忘录是引导深度训练的导向灯，把有差错的题更正过来，将正误答案进行对照分析，就能准确找到深度训练的切入点，找到自己应向什么方向进行深入训练。差什么补什么，什么技能不熟就练什么，这就是深度。它包含三层意思：一是对不熟悉的基本知识要深入理解，完全明白；二是对含糊不清的知识要准确牢记，达到流畅提取的程度；三是对生疏的解题技巧要加大、加多训练，达到熟练应用。抓住这三点，就是深度训练。

（4）注意速度训练。

速度是能力的尺度。站在百米起跑线上，枪响之后，跑到终点花时少者是冠军。学习知识也有个速度问题，阅读速度、思考速度、书写速度，都是能力的表现。速度也是决定考试成败的重要因素，学生时代的各类考试，成年后各类职评职升中的考试，都是严格规定在一定时间内交卷的，会做的题因速度慢而未做，丢掉该拿的分很可惜，只有努力提高解题的速度，才能适应当今考试中题量大、覆盖面广的要求。解题速度是平日做题有意训练出来的，要培养聚精会神审题的习惯，要养成身外无物和心无杂念的思考习惯，要锻炼思维有逻辑、书写一次到位的技能。平日做各种练习题，要丢掉先打草稿再抄写一遍的不良习惯。

在培养解题能力过程中，重视以上"四度"训练是有必要的，它是考试成功的四个前提条件，广度是成功的基础，精度是必胜的保证，深度是争创高分的必备条件，速度是保证全局胜利的决定性因素。"四度"训练的要求很高，是一种理想境界。

四、 阅读要领

阅读，就是用眼、用心读书。中国人习惯称学生为读书人，可见，读书是学生的主要任务，是年青一代继承人类一切先进文化的责任。因此，提高阅读能力显得非常重要。在校学生，无论学习社会科学或自然科学知识，离开阅读是不可能的，尤其是语文、政治、历史、地理、生物等学科，几乎90%的学习时间是阅读。学外语也无法离开阅读。会阅读成了读书的硬功夫。仅是提高阅读速度，就有很多技巧。阅读速度取决于阅读内容的难易和阅读的目的。一般来说，阅读的目的多种多样，一是为掌握书中知识而读，需要多次重复，自然阅读速度较慢。二是为了复习而阅读，阅读速度较快。三是为了回答某个问题而阅读，因为是寻找某一需要的知识，自然不会从头到尾地读。四是为了知其大概而阅读，因而是浮光掠影地读，一目十行，速度很快。五是批判性阅读，为了评析而读，速度也快不起来。六是鉴赏性阅读。七是校正性阅读，注意语法、句法与标点符号。阅读目的不同，当然读书速度也不同。如读小说，只想知其结局，每分钟可读 750 个字，几乎一目十行，而读教科书上的重要内容，每分钟读一百多个字就不错了。阅读速度还受两个因素的影响，一是双眼的移动快慢，二是智力，而且两者都受阅读时的心态、情绪影响。从阅读内容分析，一个字、一个词和一个符号，都是内容的一部分，如果不认识或不理解它，阅读不会流畅，速度就快不了。有实验说，人与人的阅读速度差别较大，甚至有时阅读快者的速度是阅读慢者的三倍。但是，速度的快慢不是成绩优劣的原因。就个人而言，一切从需要出发，一切从实际出发，一切从内容出发，该快则快，该慢则慢，该快的慢条斯理，该慢的匆匆翻过，都不是好习惯，应该朝各自需要改变的方向努力。这里有条底线，如果阅读简单材料，每分钟只达 200 字左右，那就得引起重视，需要经过特意训练以尽快提高速度。

要在阅读过程中学习有效的阅读技巧。阅读前对阅读的内容要有个大概的了解，从而设计阅读策略。阅读中要抓住每一段的中心思想，一般来说，教科书的课文每段开头的一两句话，大多是本段的中心思想。后面的话就是论据。大多数文章最后的几句话点题或作最后结论。假如你不懂文章的主题，最好先读结尾一段，然后再读前文。阅读中遇到文章中的每一重要观点时，让自己的思想暂停片刻，或回头再看一遍，一是记，二是想，弄清是什么意思。尤其是文科，要努力避免先入为主的态度，因为排斥和偏见往往把人引向主观臆断。

怎样提高阅读能力呢？所谓阅读能力，就是从语言文字符号中获得信息的智能。横向来看，应包含阅读认知、理解和记忆的技能；纵向看来，可以包括认识理解、鉴赏评价、创造性阅读等阅读能力。培养阅读能力，首先要明确阅读的目标。有了阅读的目标，就变"老师要我读"为"我自己要读"。其次要尊重阅读规律，掌握阅读方法，提高阅读效率。中学生的阅读，要培养"四步阅读"的技巧。

第一步：认知阅读。目标是提高自学语言的能力。

先要掌握常用的字、词、句、段和篇的基本知识，会用工具书扫除认知障碍，能把书面语言文字转换为明确意义的口头语言，这是阅读中最基本的一种能力。有人调查发现，只有认识四千个左右的字词，阅读一般文章才不会受阻，只有认识五千个字词，读文言文才不会有困难。不过识字关，理解概念会有困难，而概念是思维的工具，不理解概念，思维必然结结巴巴。尤其是理性思维，要求有更丰富的概念知识，对句篇的认知水平要求更高，否则阅读自然是浮于表面。著名数学家苏步青说，语言知识对他的数学研究有决定性的作用。

第二步：理解阅读。目标是提高把握知识精髓的能力。

物理学家爱因斯坦说过，我们读书应当关注把自己的思想引向深入的东西。法国作家福楼拜批评读书不求甚解的人时说，现代人最大的傻是对现成结论的不思考。大师的话一针见血，告诉我们一个平凡的真理，只有理解式的阅读，才能让人从阅读中获得智慧。也就是说，有效的阅读是对书中内容进行筛选的过程，留下能把自己的思想引向深入的东西，去掉那些让头脑杂乱负重的东西，抛弃那些把自己的思维引入误区的东西，这种筛选就是理解阅读。小学的算术知识，读完初中就记不得那么多了，初中的数理化知识，读完高中也记不太具体了，只保留了那些基本法则和运算规律，为什么？因为我们理解了，把书读薄了。阅读要达到这种水平，就必须勤于思考，用大脑读书，用理解来读书，在阅读中加深理解。对阅读的内容来一次加工，下一番由此及彼、由表及里、由浅入深、去伪存真的苦功夫。怎样学会理解呢？一是从把握段落中心开始，再把各段落中心串起来，从而把握全文主题。二是学会把握文章的思路。教育家叶圣陶说，文皆有路，就是说文章都有作者的思路。人们写一本书、一篇文章，总是要表示对某人某事的观点和主张，先说什么后说什么，一层层地把观点和主张讲清楚，这便是思路。抓住文章的思路去阅读，很容易理解文章的精神实质。阅读自然科学的教科书，就是要紧紧抓住定理、原理及公式，而且要精读结论的推导过程，从而加深对定理、公式的理解。李政道教授说，读完一段后，把书合上，把思路走一下。如果走不出来，再打开书阅读。在结论面前，绝不当福楼拜批评的那种傻人。

为寻找问题答案而阅读，头脑中提出了问题，阅读就有了动力。什么是问题？一是自己认为书中的内容有问题，你想探个究竟；二是书中内容看不懂，想弄个明白。随着自己知识的增长，发现第一类问题会日渐增多，第二类问题会逐渐减少，这是人在进步的表现。

第三步：鉴赏阅读。目标是提高阅读鉴赏能力。

所谓鉴赏，是对文章作品的内容进行欣赏、分析、批判。大体是从思想内容的良莠与表现形式的优劣两方面展开的。鉴赏阅读应遵循八字原则：取其精华，去其糟粕。只有善于鉴赏的人，才能善于吸收，从而更快地丰富自己。

第四步：阅读表达。目标是提高文字和语言表达能力。

阅读后，尝试用回忆的方法，言简意赅地把全书、全文的主要内容复述出来，或用写读书笔记的方式记录下来，巩固阅读效果。对重要内容或精彩之处，应抄录摘记，日后可作借鉴。

四步走完，才能称作一次真正有效的阅读，半途而废是得不偿失的。

读写结合，是阅读必须遵守的重要原则。

第一，阅读与评点结合。一边阅读，一边在书本的空白处写上自己的评价分析，也可写上自己对该处的体会和意见。对重要之处用横线或符号标明，以引起重读时的注意。评点方法多种多样，随心所欲，但宜短不宜长，宜精不宜泛。评点的最大好处是引导和集中注意力。

第二，阅读与点化结合。点化，就是读到某一知识点，触发了自己的灵感和联想，就可以把知识点与自己所感融化在一起，表达出某种新意。点化可以推陈出新，也可以化腐朽为神奇，如借古喻今。边读边点化是一种高起点技巧，它以多读、多思为基础。

第三，阅读与借鉴结合。一边读，一边摘记下书中有用的资料，如经典论述、独特新颖的观点、新奇生动的描写、引人深思的开头与结尾。这是"拿来主义"，日后为我所用。高考状元们多有被称为"文笔仓库"的笔记本，做的就是这件事。它丰富了知识仓库，也帮助学生写出好文章。

第四，阅读与引发结合。书中的某一观点和某一人物，撞击到自己的心灵，引发了许多想法，迫切想表达出来，于是动笔写点什么。引发有三种情况：一是阅读后引发写作动机，如读后感。二是阅读中激发某种灵感，帮助自己写得更好。如托尔斯泰写《安娜·卡列琳娜》一书，正为写开头发愁时，偶然读到普希金的小说中宾客集聚别墅为开头的写法，激发了灵感，于是提笔写了开头。三是阅读启发构思。徐迟写周培源的报告文学时，为周培源激荡人生的丰富经历所感动，许多素材难以割舍，构思成了难事。因此，他重新阅读了许多报告文学名篇，借鉴他人之长而精心构思，于是写出了《在湍流的涡旋中》这一名篇。

第五，阅读与模仿结合。一切学习都始于模仿，模仿是学习之母。儿童学说话，是从看母亲讲话的口形，听其声音，一声一声模仿起步的，所有具体动作和操作性的技巧无不从模仿启蒙。模仿是学会写文章的有效途径。我们阅读的教科书，集中了众多名家的智慧和才华，多是名篇范文；我们阅读的课外书中，有那么多佳作，那么多精彩的思路、段落布局、开头、结尾，有那么多生动有力的词组、句型、描写、叙述、推论、判断等，都是我们模仿写作的生动教材。只要在阅读中细心品味，多看多记，一一贮存于脑中，练习写作时，都可信手拈来模仿借鉴。只要多写多练多模仿，不怕写不出好文章。不过，模仿不是抄袭，要在理解上下一番功夫，在多背多记上多花点时间，正如俗语所说：熟读唐诗三百首，不会作诗也会吟。别说三百首，只要熟读一百首，就能感到某种深刻变化。

第六，阅读与脱胎结合。阅读各类读物或文章后，可以试做改变题目、题意的写作练习，可以借其范文的模式写别的内容，也可根据范文原意反其道而写，这样写出来的文章初读起来与范文有相似之处，细读之后已与范文无关了，这就像脱胎换骨一样，此时，正是阅读与写作结合的高级阶段了，可独立写出好文章了。

总之，阅读是学生学习生活的一部分，是获取知识的重要手段。要真正实现有意义的高效率阅读，就要做到手、眼、心三位一体应用，就得把阅读与记忆、理解结合起来，就得在阅读中把摘录、模仿、脱胎试写结合起来。当我们能把厚书读薄、薄书写厚时，就具备了阅读的真功夫。

五、记忆要领

记忆是一种十分微妙的心理活动，是人脑的主观意识功能，是人类区别于动物的本质特征。动物只有本能，没有记忆。所谓记忆，是人脑对往日所见、所闻、所感事物的贮存和再现。因为人有记忆，方有人类文明的传承与发展。记忆功能对人类文明发展有无法估量的价值，没有记忆，就没有智力，没有智慧，就没有一切科学技术的发明和发展。所以在校学生，要十分重视开发与培养自己的记忆能力，努力学会和积累提高记忆效率的方法与技巧，这一点对争创优秀学习成绩太重要了，它是一切学习活动的基础。

记忆是一种十分复杂的心理活动过程，从认知到记忆要经历四个心理活动环节，即识记、保存、再认和再现。识记是认识外界事物和积累经验，如学生的阅读、听讲、做实验、参加实践活动等。保存是在大脑中存入并保留已获得的认识、知识和经验。再认和再现是根据不同场所和需求，把以往贮存在大脑中的知识与经验重新显示出来，如想出来、说出来、写出来、用起来。识记是保存和再认的前提，再认和再现是保存的检验与结果。把知识整理成简明有序的大小纲目叫记忆编码，记忆编码的输入、贮存和提取是记忆的三大功能，输入与保存的记忆编码越准确简明，提取就越快越准确，当然，学习成绩就越好，人也就越聪明。

遗忘，是记忆的大敌。所谓遗忘，就是存入大脑中的知识的消失，或是错误的再认与再现。遗忘的规律是先快后慢，一般条件下，学新课二十四小时后出现遗忘高峰，所以我们特别强调当天的新课应当天复习，过了一天再复习，50％以上已遗忘了。最快被遗忘的是无兴趣、不留意的内容，而十分重视而有意关注的内容则不易遗忘，所以我们处处强调关注课本中的"双基"，强调关注"双基"中存在的问题，把每个程序中的每个环节的目标锁定在"双基"上面。经验证明，特别熟悉的知识，有形象的知识，与自己的经历和经验有直接关联的知识，一般是不易遗忘的。熟悉必然与多次重复有关，一天当中起床后的清晨和晚上睡觉前的二十分钟记忆效果最好。

心理学实验证明，理解和重复是阻止遗忘的两个法宝。没有真正理解的知识，在大脑皮层上没有留下痕迹，而重复可加深已有的记忆痕迹。目标程序学习法非常强调复习，是因为只有复习才具有理解与重复的双重功能。那么，如何在复习中强化这一双重功能呢？

第一，当天上的新课当天复习。抢在二十四小时后遗忘高峰到来前复习，可阻止大量遗忘。

第二，要科学分配学习时间。平时复习以一小时左右为宜，大考前的系统复习，集中时间段安排复习不同学科，效果较好。对重点和难点，复习中有意重复三次有极佳效果。复习时要以一章的内容为一个时间单元，内容过多，时间过长，将产生内容混淆和精神疲劳。不同学科，要依据个人的基础和内容难易程度，在时间分配上有多有少，不可一刀切。

第三，要科学应用记忆程序。对自己比较熟悉的章节，可以先合上书回忆，回忆受阻或中断，则打开书本再认，再认后再合上书本继续回忆，这样做效果最好。如果是自己生疏的章节，可以先打开书本阅读，认真识记两三遍，再合上书本，静心回忆，当回忆受阻或没有把握时，则第二次打开书本，对回忆受阻部分内容再次识记，又称作校正识记，反复几次识记后，回忆能够准确无误了，方可进行下个环节。

第四，学会应用记忆技巧。高考状元们和研究记忆的专家学者总结了不少记忆技巧，笔者在这里精选了十个记忆技巧：①将常用的阿拉伯数字以人或物作代码，为自己造一个数字代码库，将要记忆的数字变成容易记忆的形象；②将要记忆的内容用谐音连接起来；③将要记忆的内容整合成简单的故事；④将内容关键词提取出来；⑤将一个内容较丰富的知识元，编成树状图形；⑥将同类型的知识元集中，列成一览表；⑦将知识重点和难点抄写到知识卡片上，随时随地背记；⑧学会高效率用时，如精选出记忆的黄金时段，专攻外语或古文；⑨自创几组形象化的记忆信箱；⑩使用丰富的联想。这十个记忆技巧的具体操作方法，后面将有专题介绍。

实验证明，12 岁至 30 岁是记忆力最强的时期，可见中学阶段正是记忆的黄金期。要记那么多东西，大脑受得了吗？据推算，人脑大约由一千亿个细胞构成，它可储藏一千万亿个单位的信息，如果认为一个汉字包含十个单位的信息，每小时读一万字，每天读八小时，三十万年之后大脑才可满载。可见人脑可储存的信息量有多大。据考查，即使是爱因斯坦这样的科学巨人，脑功能的开发率也只有 10% 左右。可见人脑的潜力是相当巨大的。只要我们勤用脑，会用脑，科学用脑，我们的头脑就会越用越聪明，即使把中学六年百余本书全部装入大脑，充其量也只是人脑的微不足道的一小部分。无论从哪个角度讲，人都应当放心地运用自己的大脑，用古今人类的一切文明成果丰富自己的头脑。记忆力是一把开发智慧的利刃，越磨越锋利。

六、考试要领

考试，无论从哪个角度看，都是学生要认真对待的一件大事。一次重要考试的成败，往往与学生实现人生目标息息相关。在我国当前实行的考评制度与办法中，考试成绩的优劣，总是在人生重大转折时起关键作用，有时多一分或少一分就能决定命运。因此，争取获得一次又一次考试的优良成绩，是值得高度重视的事情。

考试也是学习过程的重要环节，同样要讲究科学的方法。如果能正确对待以下三个问题，就能享受到考试的成功与欢乐。

（1）以主动积极的心态迎接考试，为夺取考试成功做好心理准备。

考试是重要的，也是无法避开的，与其被动无奈地参加考试，不如主动积极地迎接考试。面临考试，要不断对自己说："没关系，还有时间准备，从今天起就认真复习，我这一时期学得不错，可以争取比上一次考得好一些。人的进步总是一步一步实现的，我不想与谁比高低，我要自己与自己比，今天与昨天比，只要抓紧复习，我一定比上次考得好，好吧，我马上行动。"只要你不断以这样的心情激励自己，就会把对考试的焦虑、恐惧和紧张情绪驱散，让心情平静下来。

消除了焦虑与紧张，就可以常态进行备考复习。所谓常态，就是不要特意打乱或突然改变自己的饮食习惯、作息习惯、学习习惯。往日怎么吃就怎么吃，感到舒服就行，不用特意加餐、补充营养。打乱了饮食习惯，造成肠胃不适，会产生适得其反的效果。一定要坚持往日的作息习惯，绝不可因备考而天天加班加点，更不可天天学习到三更半夜。必要时延长一点时间并非错误，但是，应把晚上十一点当作底线，午休半小时是绝对必要的。突然大幅度变更往日作息时间表，将搅乱生物钟，使头脑昏昏沉沉，精神倦怠，可能效果不佳。学习习惯更要保持常态。那种整天和尚念经式的死记硬背，那种花大量时间攻难题，那种猜考试题的做法，只会引向失败。正确的方法应该是坚持以课本为主，以基本知识为主，以牢固加深自己已学会了的内容为主，确保有把握拿到的分拿到手。记住基本概念、定理、定律、公式和常数是十分重要的，然而绝不可死记硬背，即使牢记了，但是不理解其意，临考时也不会应用。有一种极端的做法更有害，误认为考试前的一天完全放松，只玩不学，这绝不是放松，只能叫放弃。正确的做法是考试前一天仍在复习，重点复习第一天要考的科目。

许多考生不知从何时开始养成了一种消极的心理定式，平时放松，一走进考场则心跳急剧加快，手心发冷，心里发虚。这是典型的临考恐惧症，这种心病害处极大，它将压迫心理，使记忆与思维呈现呆滞状态，直接影响考生的正常发挥。临考恐惧症是对自己缺乏信心的表现。强化积极的自我提示，是治疗此病的有效办法。你可以这样做：考试预备铃响，平静自如地走进考场，放好考试文具，双手平放桌上，双目虚视前方，深深呼吸一口气，在心中对自己说，"这门功课复习得不错，我应该有把握把应拿的分拿到手，这次考试肯定比上次考得更好一些"，然后等待发试卷。

（2）有条不紊地投入答题。

拿到试卷之后，万万不可匆忙答题操作。首先是要制订应试方案，具体做法是：①认真快速地将试卷粗略看一遍，按题目内容的难易程度分为 A、B、C 三类，A 类为一看就懂，拿起笔会做的试题；B 类是一看也懂，但解答不是确有把握的题；C 类是感到有明显困难，解答时心中无底的题，然后在题前用铅笔标明分类符号。②制订答题计划，先快速准确解答 A 类题，千万不要想别的事，力争万无一失。然后再做 B 类题，千万不可赶时间，沉着冷静应答。万一某题解答受阻，不可在此处花费过长时间，应暂时放下，继续解答下一题。当 A、B 两类题解答完后，不要立即着手做 C 类题，而是拿出一些时间，仔细检查与验算 A、B 类的答案，对发现的差错立即更正补充，切不可舍不得花这个时间，须知这两类题的准确无误决定着这门学科的基本得分，要确保把能拿的分拿到手。完成以上操作后，再动手解答 C 类题，当你应用答题程序解 C 类题时，能做多少都要写在试卷上，即便只能写出要应用的相关公式、定律或相关常数。没有做题时间了，就写出答题思路，表明你掌握知识的程度，这样做了，只会加分，绝不会扣分，一字不写，把难题完全空着，不算是聪明人。

制订了以上答题的操作方案，进入解题操作时，应该遵从下面的解题程序。解题程序是彼此连接的五个步骤，又简称"五步解题法"，具体操作顺序是：

第一步：仔细审题。所谓审题就是阅读题目，目的是认识题目是什么，已知什么条件，要求回答什么问题。从而找到回答问题的途径。具体做法是：①仔细阅读题目中的每一个字、每一个符号、每一个数字，绝不可忽略其中任何一个细节，认真理解所包含的意思，从整体上正确把握题意；②找到题中的已知条件和未知条件，特别是隐藏在文字中的已知条件和未知条件，尤其要准确认清题目要求回答什么问题，这个问题理解出差错，解题将迷失方向；③对题目中有关时间、空间和过程的描述要读懂，从联系理解中形成一个整体图像，在构成图像中发现的缺陷部分，正好是该题要求回答的未知目标，这个思考过程，在解答数学、物理、化学、生物、地理试题时特别重要；④将已知条件、未知条件及要求回答的问题连起来思考，找出它们内在的相互联系，让自己的注意力直指解题方案。完成上述思维活动，审题结束。解题如同打仗，审题是为了知彼，这一步马虎不得，等到解题过程中发觉题目理解有误，再重新审题，将浪费比黄金更宝贵的时间。不少学生有这一毛病，应给予高度重视。

第二步：回忆已知。审题之后就开始解题，要找到正确的解题思路，应先回忆已知的知识。这是为了找出解题的依据，找到武器仓库中要用的武器。回忆什么？从以往已学的知识中，筛选出与本题已知条件、未知条件以及要回答的问题相关的知识，包括公理、定理、公式与常数，还有基本概念、原理等，力争全面和准确。当然，这一筛选收集过程不是要求写到纸上，而是像放电影一样在头脑中过一次，并不会占很多时间。然后，再回忆往日作业中做过的类似题，从往日的经验中可迅速理出解题方案，更可避免重犯往日的错误。

第三步：选定方案。把试题中的已知、未知和求解目标与往日知识经验对照，认真比较分析，然后选出解题方案。这是解题的核心环节，是战争中的决战。具体方法是：①从回忆出的相关知识中，提取直接用于本题解答的有用知识；②把提取的知识纳入选定的解题公式中（文科纳入回答方案之中），再运用相关知识求出未知。这里再特别强调一点，一定要用心找出隐藏在题目文字中的已知条件，要用心从已知条件相互转换中求出未知，这种本领是解题能力的灵魂，意义十分重大，平日要在作业练习中刻苦培养。

以上三步是解题的基础，是不动笔的思维活动。如果思维活动不流畅，思维受阻，就应该回头审题，检查是否忽略了什么，有没有看错或丢掉了什么，记忆是否有差错，分析推理中是否有不完善之处。

第四步：书写答案。严格讲前三步是解题准备，只有快速、整齐、正确地把答案书写出来，才算答题完毕。思考的结果要正确书写在试卷上，书写错了则前功尽弃。书写答案要注意几点：①书写表达要规范化，理科书写，要原文引用定理和公式，表达中的连接语要简明准确，计算过程中的常数或单位量要书写清楚规范，文科表达要观点鲜明准确，要一条一条明白无误。②要按规定格式书写在试题规定的地方。③要全神贯注，提高书写速度，一次书写到试卷上。那种先打草稿后再抄写到试卷上的习惯不可取，因为这个习惯相当于把试题做了两遍，白白浪费了太多的时间。

第五步：回头检查。考试中的回头检查分为三种：一是每一道试题做完后，及时检查此题；二是做完 A、B 两部分题后回头检查；三是试卷上的题全部做完后回头检查。检查什么？一查审题时是否正确把握了题，求解目标是否无误，防止答非所问。二查解题中应用的知识是否正确。三查书写中是否有差错，是否符合试卷要求的规范。如果是平时作业演练，一定要想想是否还有别的解答思路，坚持这一点，就是培养第一时间的判断能力，第一次判断的正确概率最高。文科答题要重视标点符号，答案内容如有若干要点，一定要用数字标明，一逗到底肯定要扣分。一句或几句话写错了，只要画掉即可，绝不要把字涂成黑坨子，很难看。以上细节切不可粗心大意而随意处之。有人作过统计，把以上细节差错的扣分累计起来，会丢掉 7~8 分，在许多情况下，正好是这几分直接决定了竞争的成败。

（3）要正确对待考试的成败得失。

什么是对待成败的正确态度呢？对中学生而言，所谓成败，无非是作业与考试中的对与错，行为表现上的好和差，不是什么值得大惊小怪的事情，都是学业或行为的一种暂时现象，都应视作成长必经的一个过程。对于考试，正确的态度和做法应该是：

①刚刚考过的学科无论考得好坏，都要把希望放在下次，让神经稍作放松，从中吸取经验教训，振奋精神再投入下一学科的应考准备。

②一次考试全部考完了，应当暂时忘记考试中的一切，成也好，败也罢，不想那么多，让自己精神完全放松下来，投入一些自己有兴趣的活动，使身心恢复常态。要不断提示自己，没关系，待结果出来后，认真总结一下，即使考得不理想，也并不可怕，坚信下一次考试是可以成功的。

③对平时的单元测验、期中与期末考试考后教师评讲的试卷，一定要十分认真，对考卷要一题题分析，尤其是错题，要从"双基"上找原因，最好要查到课本上，并立即投入行动补救，还清这笔知识欠债，不然，下次考试又会在此处丢分。

④对升学大考以外的一切考试，考后拿到考卷时，有件事不可不做——应把试卷中做错了的题，分科全文抄录下来，在题后重做一次，千万要独立去做，直到做对为止。要知道，这是在补课，是清还旧债，也是杜绝以后再错，从此举中将积累一笔可观的精神财富。请记住一句话：在同一个地方摔两次跤的，绝不是聪明人，他的悲哀是从不留心自己走过的路。

第四章　优化学习习惯

习惯，是在同一目的与相似条件支配下，经过长期重复训练形成的一种自然而然的行为模式。当某一习惯形成以后，主观意识的作用会渐渐削弱，最终达到无意识境界，即习惯成自然。中学生在校六年，将在千万次重复预习、听课、复习、完成作业、阅读、识记、考试中走过来。如果没有良好的学习习惯，就难以在学习中争取优胜。

正确有效的学习习惯是由四个最重要的要素构成的：第一，时间要素。要学好一门知识，投入足够的时间是一个必不可少的条件。更为重要的是提高时间的利用率，严格遵守时间计划，什么时间该做什么事，做什么事有什么样的行为要求，一时切勿二用，用时长短和行为方式切实到位。第二，注意力要素。坐下来学习时，想想要做的是件什么事，用多少时间完成多少学习量。与此同时，把一切与此无关的东西放下来，将思想和认知器官（耳、眼、口、手）全部指向这一个目标，争取达到心无旁骛的境界，这叫一心一意，心无二用。注意力到位了，才有学习效果，人在教室，心在室外，眼在看书，心在书外，这是最坏的习惯。第三，行为规范要素。学习习惯也是行为规范，样子像在做，行为不到位，没有好效果。在学习行为规范中，最基本的行为规范一定要落实到位，如要分清主次的行为规范，每天或某个时段要把最重要的一件事先做完，然后再做别的事；又如善始善终、务必彻底的行为规范，不要一件事做一半然后去做另外一件事。第四，情绪要素，即心绪调控，就是学习时的心态。人的心态突出表现为情绪。当我们做一件事心情不好，如无可奈何、烦躁不安或充满焦虑的时候，精力是难以集中的。情绪是可以调节控制的，疲劳了可以听音乐或散步放松一下，心烦意乱时，要暂停一下学习，平心静气找出原因，想办法尽快消除。

只有让时间、注意力、行为规范与情绪四要素都到位了，才能在学习竞争中取得优胜。如同射箭比赛场上的运动员，时间是箭，注意力是依存于箭的箭锋，行为习惯则是给箭以飞行力量的弓弦，情绪便是操作弓箭的运动员在比赛中的心理素质，当以上四个条件处在最佳状态时，每支箭才会射中靶心——求知目标。

一、善于利用时间

人类文明的时空中，闪烁着灿烂的群星，而那颗最光彩夺目的星就是爱因斯坦，查阅他成功的历史，思考，分秒必争地思考，是这段历史的主题。如果说相对论是他创造的巨大财富，那么，时间则是他投入最多的成本。思考与时间的最佳结合，是一切创造发明取得成功的秘诀。投入时间不一定会成就一项事业，会思考的能人，也不会瞬间取得一项发明，只有善于将思考与分秒必争有效结合的人，才有可能一步步登上自己人生的高峰。在校学生只要勤于思考，学会珍惜时间，并长此以往磨炼自己，总能取得成功。

时间老人是公平的，谁也不会比谁多一分或少一秒，但人与人总是有差别的，这是为什么呢？其实，只要略加思考就会明白，人与人的差别看似十分复杂，细想却非常简单，就是看对时间采取什么态度，是珍惜，是消磨，或是无所谓。今天、明天一样过，没有丝毫长进，没有任何打算，对自己没一点要求，结果自然是"白了少年头"，一无所长了。

时间喜欢勤于思考的人，只要对自己有要求，心中有目标，以积极思考的态度对待不停流逝的时间，就会让自己的时间骤然升值。为了实现自己心中的目标，让每天、每周、每月的时间，都用来做与目标有关的事，那么就能成为自己时间的真正主人。事实上，任何一种目标，总不是一想到就能实现的。它总得分成若干个小目标，每个小目标有必须要做的事，把每件事落实到时间日程上，这就是计划。因此，目标和计划便成了有效使用时间的控制器。中学生要认真对待时间，因为，任何人的学习成绩优劣都以此为源头。所以，争取优秀成绩，应该也必须学会计划时间。

中学生拥有多少时间呢？中学生的时间有什么特点呢？不同特点的时间怎样使用才更科学有效呢？

初中三年、高中三年，要给这六年制订一个切实有效的时间计划并不容易，因此，制订时间计划前，我们要对不同类型的时间有一个明确的认识：

（1）中学生拥有的时间，可主要分为两大类，一是受控使用时间，如每天课表中除自习以外的上课时间，学校规定人人必须参加的集体活动时间等，这是受他人控制使用的时间。二是个人自由支配的时间，如课表中的自习时间，学校生活中的课余时间，晚上在家学习时间以及节假日时间，这是完全由个人自由使用的时间。两种不同时间，要用不同的方法使用，力争效率最大化。

（2）修整使用时间。在用于学习的受控使用时间与自由使用的时间之外，还有一大块时间是修整身心的时间，如晚上睡觉、午休与娱乐、体育活动时间。虽然这部分时间无人限制，似乎是自由支配的，但是，这种时间绝不可随意改作他用。睡眠与娱乐、体育是生理的绝对需要，对疲劳了的身心是一种保养和修整，将带给第二天更充沛的体力。如果将这部分时间改作他用，只会造成对身心的损伤，不仅得不偿失，反而要加倍偿还。

（3）边角余料时间。在各项活动转换衔接处，常常有半小时或十多分钟的边缘时间，如同工厂生产中产生的边角余料一样，不成形，大小不一，若看不上眼，不重视，可能毫不在意地丢掉。其实，这些东一点西一点的零碎时间，汇集起来，每天不会少于两小时，如果能够珍惜，会使用这一个月的几十个小时，是能小材大用的。著名数学家苏步青教授以数学家的独到眼光，抓住这些边角余料用于治学，成为苏氏治学的一个突出特点，也是后人争相效仿的对象。

（4）核心价值时间。在以上三类时间中，用效率与价值观点分析，可从中梳理出一种核心价值时间，如受控时间里的教师讲课时间，自由使用时间中的每天晚上 7 点至 11 点的时间，修整使用时间中深夜 12 点至凌晨 3 点以及中午午休半小时的时间，边角余料中的晚上睡前与清晨起床后的二十分钟时间，都可称为核心价值时间。也就是说，中学生要特别珍惜这段时间，要集中精力、全神贯注地使用这段时间，几乎可以说，仅从对核心价值时间的态度这一点上，就可判定成绩的优劣。

认识了不同类型的时间之后，就可以用科学的方法，制订更有成效的时间计划，支持我们顺利走向成功。那么，应该如何制订时间计划呢？

第一，安排时间计划。首先必须确认一项学习活动的目标和数量要求，并根据目标大小和数量多少来决定时间计划，这是使用时间的第一原则。目标的作用大得很，它能使人精力充沛，引导人的注意力，实现高效率的学习。漫无目的，没有数量要求，行为必然是随意的，可多可少，可学可不学，任何行动在心理上都被认为是合理的，自制能力不断弱化，如此一来，行为变成了脚踩西瓜皮——滑到哪里算哪里，势必从根本上失去了时间计划的意义。有了目标，就会强化珍惜时间的自觉性。

第二，坚持每日学习计划，这是遵循时间计划的基础。无论是住宿生或者走读生，都应该认真使用每天晚上的自学时间，这是至关重要的，是决定性的一环。每日的学习时间计划，要遵从以下原则：①一定要以消化整理当天所学新课为主。及时复习当天新课，不仅可抵抗遗忘，也是继续学习下一节新课的基础。②一定要有稳定的学习程序。近年来，各地高考文理状元们的学习程序是：第一步，复习已学新课，扫除知识障碍，理出知识条理；第二步，完成作业演练；第三步，把新课中的"双基"回忆一遍；第四步，对明天要上的新课进行预习，发现其中的疑点和难点，为上新课作准备；第五步，清洁个人卫生后，上床睡觉之前，用大约二十分钟的时间，背诵当天新课中的外语或古文。这一学习程序坚持下去，养成习惯，将会受益无穷。

③对当天新课中的难点和疑点，在当晚自学中切不可轻易放弃，一定要顽强攻关，力争排除。如若经过努力仍没攻克，应该在书上标明，第二天抽空请教老师，或与同学讨论，直至完全解决，否则将成为知识欠债，为日后学习埋下隐患。如果以往没有这样做，就应该从现在开始这样做，这是有益无害的。

每日的学习时间计划，要与一周的学习时间计划结合起来，每周课时较多的学科，自己基础较差或学习困难较大的学科，计划用时应该相对多一些。记忆难度大的内容如古文或外语单词，也应增加重复次数。这种日、周结合意义特别大，可看作目标程序学习法的运转轴心，是整个学习过程的中心环节，牢牢抓住了这一环节，坚持三至五周之后，就会感到自己发生了某些变化，一种轻松自如感悄悄到来。

第三，为单元测验及期中、期末大考制订复习时间计划。这种时间计划，一定要根据自己各科基础区别安排，基础差的多点时间，基础好的少点时间，难记忆的内容多点时间。为了应付难以预计的情况，应从时间总量中留出大约五分之一的机动时间，如同打仗一样，不留下一支作战力较强的后备队，把全部军力押上去的做法，绝不是聪明之举。

第四，充分运用两个黄金时间段，突破记忆难关。在一天的时间中，有两个记忆效果极佳的黄金时间段，一是每天早晨起床的二十分钟，一是每晚睡觉前的二十分钟。因为晨起后的片刻，心中没有以前信息的干扰，睡觉前的二十分钟没有后来信息的干扰，用来背记外语单词或古文，或理科中的定理、公式，将会有极佳的效果。千万别小看这早晚的四十分钟，只要你坚持，把这两段时间汇集起来，将是一笔惊人的财富！

节假日理所当然要拿出相对多一些时间参加兴趣、娱乐体育、访友的活动，让疲劳的身心得到修整，恢复活力。对于中学生来讲，也理所应当留出一大段时间，如一个或几个半天，用作单元复习，或系统整理课堂笔记。

时间虽然属于自己，但是使用起来则不能全是自由支配，它将受到来自四面八方的干扰，因此，科学运用不同时段的时间，要采取以下"四结合"的方法，把最有效使用时间的主动权牢牢握在自己手中。

（1）要把执行时间计划与上课结合起来，处理好计划与上课的关系。老师教什么，跟着学什么，应用目标程序法，心中首先要十分清楚一个目标：自己在课上的疑点和难点是什么？听讲中，把注意力直指这一目标，直到完全听懂。若仍有某些不懂之处，应立即在课文相关处做个特定标记，下课后再去解决。此处很关键，要特别留神，马虎不得，忘记不得，否则就会形成知识欠债。

（2）要把执行时间计划与复习旧课结合起来，处理好新课与旧课的关系。重复是阻止遗忘的法宝。在预习新课时，不要单纯只看新课的内容，最好的办法是向后退两步，即从已学过的前两节课的内容看起，每次预习新课都如此类推，这就把新课与旧课联系起来了，相当于每课重复学过三次。在考前复习时，也应该有这种后退两步的复习方法，如高中物理复习电学时，应先把初中物理的电学知识复习一遍，进而复习高中物理的电学，如此新旧结合，费时多一点点，效果将是事半功倍的。

（3）要把执行时间计划与完成作业演练结合起来，处理好时间计划与作业的关系。完成课后作业，最大的毛病是为做作业而做作业，把完成作业当成一种推不掉的差事。正确的方法完全与此相反，要特别留意每一道作业题所应用的知识点，特别留意此知识点是否为自己的知识疑难点，如果作业题正好切中了疑难点，必须在此处练一练举一反三的能力，在此投入多点时间，多解几道类似的题，这正是大幅度提升学习成绩的关键。相反，花大量时间重复做会做的题，仅仅是浪费时间。实际上，对自己会解的题，只需要看清题目有无新意，理一次解题思路即可。

（4）要把执行时间计划与考试结合起来，处理好时间计划与备考的关系。备考一定要应用复习程序，制定复习时间表，一要明确考试范围，二要估算可使用的受控时间和自由支配时间各有多少，根据自己各科掌握程度分割自由支配时间，各科复习与教师课堂复习保持同步，老师复习哪一章节，自己紧跟老师听讲，解决本章节的知识疑难点。

制订学习时间计划肯定是要花点时间的，但也是"磨刀不误砍柴工"，一切聪明之举，无不在于行为的合理性。一切计划正是为了保证行为合理性。时间为我所用，才可能追求合理，只有合理，才能争取最大效率。

二、学会集中注意力

"注意听讲"，中小学生经常听到老师讲这句话，这句极其平常的话，对获取优秀的学习成绩，有着极不寻常的意义。有人作过统计，一堂45分钟的课，学习认真的学生有35分钟能集中注意力听讲，而成绩较差的学生只有15分钟左右的时间能集中注意力听讲。可以这样说，是否集中注意力听讲，也许正是学习成绩优劣的分水岭。

注意力对人类一切活动具有十分重要的意义，对学习知识与生产活动而言是一个不可缺少的必要条件。古代教育家荀子说过：学也者，固学一之也。讲的就是集中注意力这件事。学生在校学习过程中，首先要培养自己把注意力指向有意义目标的习惯和能力，要求自己把注意力指向学习中最重要的事情。什么是学生应当指向的最重要事情呢？显然是教科书，是教科书里的"双基"，是"双基"中存在的一个个知识重点和难点，就是要把全部注意力指向学习过程中急于解决的问题。把学生学习的复杂过程，高度提炼为各项学习程序，每套程序都体现三定一限：定学习目标，定学习内容量，定要解决的问题，限定在一定时间内完成。并将此方法与听讲、复习、完成作业、考试结合进行操作，始终把注意力集中指向各门学科中存在的一个个没弄懂的问题。只要学生认真按这个方法操作学习，如同卫星被火箭送入了轨道，学习就能够井然有序地进行。知道什么时间该干什么，干多少，什么时间内干完，排除了种种诱惑与干扰，集中注意力干好每件事，时时都有成就感。

　　什么是注意力呢？注意是一种心理活动过程，是在一定时间内，人的各种感觉器官（手、眼、耳、口等）和心智活动集中指向选定的某一目标的过程。指向性与集中性，是注意力的两个基本特征。所谓指向，就是对准经过选择的目标对象，并表现为相当稳定的保持；所谓集中，是某一时间内专一指向一个特定目标，排斥其他目标。此时，心理上停止对其他事物的思考。例如学生上课听课，对教室内的各种事物一一筛选，把教师讲课这件事，从各种事物中选择出来，而把与教师讲课无关的一切事物抛开，长时间地眼看教师的活动，耳听教师的讲话，心想讲课的内容，手做课堂笔记，实现讲课声声声入耳，这是把教师讲课内容变为自己知识财富的过程。这一过程要经历几个心理认知阶段——从不知到知，从遗忘到熟记，从记忆到会用的演化，每个阶段各有一定的矛盾，只有一一排除了矛盾，学生方能接受这些知识。在知与不知阶段，理解是主要目标。当理解了以后，熟记与遗忘是主要矛盾，主要目标是巩固。当熟记了知识之后，又遇到死记与会用的矛盾，学会应用又成了主要目标。一个个的主要目标就是注意力的指向物。也就是说，在校学习的成败，取决于能否全神贯注地指向一个个要解决的学习目标，训练大脑集中思维。思维的效果，很大程度上取决于注意力的效果。掌握思维能力是一切教育要达到的目的，人的素质的优劣是思维能力的优劣，因为我们生活的一切领域都被思维统治着。只有注意力高度集中，外界的信息才能与大脑功能有效合作。所以，当运用目标程序法学习时，才能把注意力指向教科书，不断提出问题，不断思考问题，最终解决问题。只有坚持这样做，才能实现闻一知十的目的。要学好每门功课，必不可少的条件是聚精会神，注意力专一地听讲、复习和演练，可以说，注意力的培养是打开心智的大门，也是教育活动成功唯一的前提条件，舍弃了这一条，一切学习活动将变得毫无意义。那么，怎样培养注意力专一的水平呢？

　　首先，注意力专一与认识有关。立志成才的中学生，永远不要说"我喜欢理科，不喜欢文科"，也不要说"我喜欢文科，不喜欢理科"，而应当热爱并努力学好学校开设的每一门学科，只有态度正确，才不会产生偏科行为，才不会错误地分散注意力。每门学科都是必须注意力集中的目标，每门学科都是思维训练的不可分割的实体，对数学没有兴趣，并不等于不需要用数学训练大脑。即使是一道数学题做错了，而注意力专一地解题，将在精神领域收获丰富。题目做错了，但磨炼出来的精神之光，将照亮人的灵魂。因为努力求解用了一小时聚精会神地思考，也许解题没有结果，而在另一个神秘的精神领域将有新的进展。这种进展人们感觉不到，也无人知晓，但是，它将在日后解决其他问题的思维中大显威风。有位决心当作家的残障青年，苦练数年，写了一部又一部文学作品，一篇篇书稿寄出，又总被无情退回，他仍没当上作家。但是，在他代表全国残障青年写给党中央总书记的一封信中，充分显示了他的写作才能，他攻读科技读物，自学成才，在改变家乡贫困面貌的事业中，作出了巨大的贡献，他成为全国知名的模范人物。因此，有了正确的认识，才能做到注意力专一。

其次，注意力专一与行为动机有关。学生写作文，是不在意写的字是否美观的，而是精心选用恰当的词句，以便准确生动地把主题思想表达出来，此时的精心选词正是动机驱使的。要注意力专一地指向一件事，主观意愿是绝不可少的。在学习活动中，注意实现某一个唯一意愿，排斥其他与此无关的意愿，是精神活动中完成学习任务的首要条件。凡是想取得优秀学习成绩的人，必须强迫自己突出唯一的行为意愿。心理学认为，一个强烈的行为动机，必然在大脑里形成一个强大的兴奋中心，迫使其他兴奋中心降格为从属的兴奋点，有时甚至被抑制。这种兴奋与抑制的心理活动过程，就是注意力此消彼长、此强彼弱的心理基础。可见，明确强烈的行为动机，是诱导注意力指向的内部驱动力。一位学生立志要当建筑师，他就会注意力专一地学习数学、美术、物理、文学等相关学科。他必然会精心做好每科作业，他也就坦然正视自己的平庸之处，采取积极行动努力改进。在自己的不足之处，绝不寻找原谅自己的借口，显然，也不放过每次错误。要求自己重视老师的每一次评改，并努力改正。相反，假如没有一个强烈的动机驱使，与此无关的各种事物必定具有强大的诱惑力，使其对老师评改的作业不正视、不改正，更不去追寻产生错误的根源。要培养注意力专一的能力，应该从强化行为动机入手，坚决抵制分散注意力的种种诱惑，要争取学业进步，这是最重要的努力过程。换句话说，若不情愿修正老师指出的差错，无论如何努力，花多大的代价，也是难以取得成功的。

再次，注意力专一与习惯有关。习惯是种不可小看的巨大力量。它有时像成功的女神，使人在轻松愉快中走向胜利，帮助人如愿以偿；有时它又像一个魔鬼，不知不觉中把人引向毁灭。这就取决于养成了好习惯或是不良习惯。注意力专一，往往与好习惯为伴，上课听讲的习惯，按时完成作业的习惯，重视改正错题的习惯，不懂就问的习惯，遵守作息时间的习惯，把一件事做完再做别的事的习惯，深思的习惯等。相反，许多不良习惯则是分散注意力的直接原因，如一边做作业一边吃零食的习惯，做事丢三落四的习惯等。好习惯是有意养成的，不良习惯是放任自流积累成的。要养成注意力专一的习惯，必须经过长时间的自我严格要求的磨炼。没有良好的习惯，注意力专一只是一句好听的空话，而不改掉那些不良习惯，要在学习中专心致志是根本不可能的。因此，我们对自己要有自知之明。必须清楚自己有什么好习惯和不良习惯，这种有自知之明的积极心态，比什么样的学习进步都重要，人只有真正看到自己的短处和缺点，才会全神贯注地投入一项改变落后的努力。如果我们接受了这一真理，就获得了由自己发动的求索行动。

最后，注意力专一与情绪有关。人们往往把聚精会神与肌肉紧张等同起来，当然这是一种误解。有学者做过实验，教师要求全班同学集中注意力听他讲话，有大部分学生瞪着眼睛，也有少数学生收紧眉头，全身肌肉紧张起来。老师讲完后问那些紧缩眉头的学生刚才听见了什么，结果无一人回答得清楚，其实他们并没有集中注意力。可见，聚精会神与身心紧张是相互抵消的，注意力专一不需要紧张，恰恰相反，注意力专一需要精神放松，需要心情平静。那么，聚精会神需要什么样的情绪呢？人的智慧是由愿望诱发的，它接受愿望的支配。一切愿望都发源于某种情绪体验，积极的愿望源于积极的心理体验，消极的愿望源于痛苦的心理体验。一切愿望是为了追求享受乐趣和愉快的情绪体验。智慧是愿望的花朵与果实。学习中的乐趣支撑着学习行为，正如呼吸支撑跑步一样。解完一道有困难的习题，成功地做完一次实验，听了一堂有趣的课，获得了新的知识，帮他人解决了一个困难，学会了一个体育技巧等，自己的任何一次成功，即使是不算太大的成功，都是值得回味欣赏的。回味取得成功的过程，在陶醉中获得满足，体会快感，这是很有意义的。求喜乐，避痛苦，是人性使然。对体验到乐趣的事会产生再次体验的愿望，注意力专一的品格自然而生。因此，哪里有乐趣，哪里就须引导注意，哪件事有乐趣，做起来必定注意力专一。愿望是向着积极思维的，是唯一推动精神振奋的力量，多体验、多积累充满乐趣的情绪体验是提升注意力集中程度的有效方法。

注意力专一是一种有意识的努力，也许是一种最大的主观努力。这种努力是从学会放弃开始的，只有放弃与注意指向物无关的事物，注意力才会专一。注意力又是一种克服，只有真正克服了对注意指向物的厌恶，注意力才可能专一。注意力也是一种用脑技巧，只有当大脑停止杂乱的思维，让情绪保持平静，注意力才会专一指向目标。所以，学会注意力专一，学会聚精会神地听讲、复习、完成作业、思考，是一种精神财富。人的青少年时代，要在培养聚精会神地生活与学习习惯中度过，不重视培养聚精会神品格的人，将丢失一笔无价的精神财富。

三、养成良好习惯

习惯，是一个再平常不过的词，人们听得多，说得也多，但是，认真思考它的价值的则不是很多。其实，这个看似平常的字眼，却对人的一生具有极不平常的意义，每个立志有作为的青少年，理所应当加深对习惯的认识，从日常学习与生活中，从小事入手，培养良好的习惯。

什么是习惯？习惯是一种心理现象，是由潜意识支配的无须特别提醒的自然而然的行为。习惯是已经自动化了的行为方式。任何一种习惯与下面四个基本因素有关：①习惯来自人的本能，如睡眠习惯和饮食习惯。在人的习惯中将终身保留着本能的密码。②习惯是人性的顽强表现。能从中享受欢乐的事最容易养成习惯，而容易产生痛苦感的那些事，即使十分必要，要养成习惯也是十分艰难的，这是避苦求乐的人性在起作用。③习惯的核心是需要。只要是真正的无法取代的需要，即使产生痛苦感，也会因为需要的强烈，经过多次训练而成为习惯。④习惯是可生可灭的。就其本质而言，习惯是后天养成的。因此，在有意识努力后，已有的不良习惯可以被改变或舍弃，学习工作需要的良好习惯，经过主观努力和坚持训练，可以从无到有。从这个意义上讲，习惯是为人所用，为人所有的，人，应该也必须成为习惯的主人。那种认为习惯是天生的，或者说习惯是无法改变的认识，充其量是懦夫懒汉的挡箭牌。

俄国教育家乌申斯基说：如果良好的习惯是一种道德资本，那么，在同样的程度上，不良习惯就是无法还清的一种道德债务。这种债务会以不断增长的利息去折磨人，去给他的最好创举增添麻烦，并使他达到道德破产的程度。乌申斯基的话语重意切，在人类历史的长河中，该有多少杰出的人物被自己的不良习惯埋葬了。因此，习惯在培养优良个性的过程中起着特殊的作用。为什么？因为习惯如同阳光下的人影，人到习惯到，习惯几乎是无时不在，无事不在的，人的生活的一切领域被习惯统治着。习惯就是这样的一种力量，它总是在潜移默化中影响人。所以，每个立志成才的中学生，绝不可忽视对自己良好习惯的培养。

那么，什么才是良好习惯？大体说来，衡量一种习惯的优劣，可根据以下五条标准作判断：①定时性。什么时间做什么事，什么事该什么时间做，这是良好习惯的典型特征。有良好习惯的人，总是按约定的时间做约定的事。时间约定有两种情况：一是自我约定，即自己对自己的承诺，计划什么时间做什么事，到时就做；二是社会约定，即与他人的约定，与集体或社会团体的约定，如上课时间、开会时间、集合时间、完成任务的时间等，必须准时应约。②规范性。个人的任何行为习惯，一定要符合社会的行为基本规范，凡符合者是良好习惯，否则就是不良习惯。随地吐痰或乱丢果皮纸屑，就不符合公共卫生的社会规范；上课听讲时随便讲话，就与课堂纪律规范不一致，因此均是不良习惯。③无害性。良好习惯应是有益的，对个人、集体与社会是无害的，否则是坏习惯。每天有规律作息是好习惯，因为它有益于身心健康；喜欢讨论问题是好习惯，但是一边上课，一边不断与前后左右的同学讨论，就会变成不良习惯，因为它影响了别人的注意力集中，对别人不利。良好习惯强调有益无害，这一条是衡量习惯好坏的核心标准。④效率性。良好的习惯能节省时间和精力，不好的习惯会浪费时间和精力。不懂就问是个好习惯，但是，遇到难题不是先独立思考，而是先向同学问答案，再遇到类似的题仍然不会做，就是浪费时间和精力的坏习惯了。⑤一贯性。良好的习惯是一贯性的，到什么时候该做什么事都不是随意的，要严格遵守一贯性的规矩。

习惯是一切行为的基础。俗话说，播种行为，就收获习惯；播种习惯，就收获性格；播种性格，就收获命运。目标程序学习法，要求学生有计划地解决自己在"双基"中存在的问题，坚持下去，必定养成自学的习惯。良好的习惯是取得优秀成绩的保证，做好任何工作，都需要良好习惯。因此，每个学生一定要在培养良好习惯上下功夫。那么应该培养哪些良好习惯呢？

习惯是个十分广泛的概念，它几乎遍及学习、生活、工作的方方面面，但是，概括起来是两大类习惯，一个是做人的习惯，一个是做事的习惯。文明礼貌的习惯，尊老爱幼的习惯，勤劳节俭的习惯，做老实人、讲诚信的习惯，学生守则中的多数条文等均是做人的习惯。总之，与人交往中方方面面的从严律己的行为，都是做人的习惯的内容。做事的习惯更丰富，如重要的事先做的习惯，做事务求彻底而不留尾巴的习惯，不做样子、务求实效的习惯，勤于动脑、积极思考的习惯，积极主动的习惯等。其中，尤其是良好的学习习惯，也就是目标程序法要求的习惯，特别是课前预习的习惯，注意力专一听讲的习惯，及时复习的习惯，独立完成作业的习惯，认真做课堂笔记的习惯，勤问多思的习惯，计划时间的习惯，及时修正错题的习惯等，都是做事的习惯，都是直接影响学习效果的习惯，绝不可等闲视之。可以断言，谁养成了以上良好习惯，谁就是生活和学习中的赢家。

任何习惯都是在不断反复训练中自然形成的，目标程序学习法把复杂的学习活动精练浓缩了，形成了一套简明易学的操作程序。所以，根据个人的不同条件，逐步学习运用这些程序操作学习的各个环节，就是在培养良好的学习习惯。应用此法绝不会额外占用学习时间，只要坚持应用，重复操作，自然而然就变成习惯。

四、重视调控情绪

学习知识是一种十分艰苦的脑力劳动，谁想取得优秀的学习成绩，必须付出持久的个人主观努力，即使进了世界一流的学校，有世界一流的校长和老师，也只是具备了获得优秀成绩的外部条件。如同想学会游泳的人，有了超级优良的游泳池，有培养出世界游泳冠军的教练，若不跳入水中勤学苦练，是难以成为游泳好手的。学习知识比学会游泳要困难十倍，因为，除了知识本身就隐藏着太多的难题外，学习过程中还要克服学习者自身来自情绪和心理的干扰。那么，要争取优秀成绩的中学生，如何克服来自情绪和心理上的种种干扰呢？

首先，要坚定认识，坚持行动。

目标程序学习法吸取了专家学者的研究成果，总结了众多优秀学生成功的学习经验，是一种高效易学的学习方法，只要坚信它，不怀疑；只要坚持行动，不动摇，就能取得学习的成功。这种学习方法虽然一听就懂，一学就会，然而它的要求很高，一环接一环，环环相扣，只有步步到位方见奇效，可以说是一套近乎理想的操作规范。要把它变成自己的一种生活方式，必须坚定认识。思想通了，行动才会流畅。因此，我们要抛弃以下几种不正确的认识：

①"现在已经够忙了，每天的作业都做不完，哪有时间来学习新方法。"显然这是本末倒置的想法。被作业压得喘不过气来，本身就是方法不对造成的，只有改变学习方法，才能改变现状。俗话说"磨刀不误砍柴工"，用点时间把刀磨得更锋利，可以又快又多地砍柴，这不是多用了时间而是更有效地运用时间，用钝刀砍柴显然是费力不讨好。用点时间学习新的方法，将产生事半功倍的效果。花点时间学会了目标程序学习法，就会使学习进入了高效学习轨道，从而终身受用。而靠死记硬背和题海大战的方法获取知识，有如不知保险柜密码，用铁锤砸开保险柜，充其量是一种蛮干和笨拙。

②"这些方法以前都用过，没有什么特别的感觉。"这种想法犯了"盲人

摸象"的错误，摸着大象的一只耳朵就说"这是簸箕"，其实这是以偏概全。目标程序学习法中的某一个环节的操作要求可能用过，但并不是每个环节都是按规范做的，而是今天做这一点，明天做另一点，不是系统的、一贯的，"三天打鱼，两天晒网"理所当然不会产生显著效果。目标程序学习法是系统学习法，它将整个学习活动过程的操作规范组合成有机的整体，从阅读开始，包括课前准备、上课复习、写作业、记忆、考试等重要环节，并设计了操作规范，使得环环有目标，步步有程序，尤其是其中的许多学习技巧，如"目标阅读法""求解听课法""及时复习法"等，大多是优秀学生成功经验的总结。只要你心理上不拒绝，仔细阅读，自我对照，一定可以发现许多东西是值得学习的。只要你信你用，就会有新感觉。

③"这个方法要求太高，基础差的人很难学。"这种认识是对这种学习方法的误解。事实上，目标程序学习法正是强调注重基础的方法，各个环节的操作技巧具体明确，大多一看就懂，懂了就会操作。只要你多读几遍就可找到自己能做的内容。不可否认的是，方法内容的全面性对学习全过程的方方面面都提出了要求，但这并不是学用此法的困难，你完全可以选择最符合自己实际需要的一点或若干点学起，自己什么地方最差就从什么地方入手，学会使用了某一操作方法之后，再学习新的方法。你也可以从最简单的方法学起，如课前预习、错题备忘录、记忆技巧等。关键是丢掉怀疑，不怀疑自己的能力，不怀疑方法的有效性。目标程序学习法的使用对象是中学生，从初一到高三的学生，年龄与知识基础有很大的差别，在选择学用此法时一定要从自己的实际出发，才能取得理想的效果。

其次，不可小觑习惯的影响力。

人的行为大体分两类：一类是由强烈欲望驱动的目的性行为，一类是弱意识或潜意识驱动的习惯性行为。一般情况下，两种行为相互影响，又相互转化。目标程序学习法的操作行为，是有目的指向的行为，它的每套程序及程序中的每一步，都有明确的目的。然而，长期坚持按程序操作达到熟练程度以后，思想意识的作用就会慢慢弱化，目的变成了潜意识，这时目的性行为转化成了习惯性行为。一切操作变得轻松愉快，变为自然而然的行为。然而，这种转化却不那么容易，因为人的习惯往往是有好有坏的，当你要完成一个有目的的行为时，也许不良习惯就不招而至。所以，任何一次有目的的行为，都必须从克服不良习惯开始，学用目标程序学习法的过程，也是战胜种种不良习惯的过程。

定问题、定数量、定学习目标、限期完成规定的学习任务，"三定一限"是目标程序学习法的基本行为要求。显然，按这个要求学习，与那种自由散漫的学习习惯是完全不同的。只有克服了自由散漫的不良习惯之后，"三定一限"的行为规范才能真正得到落实。

目标程序学习法要求学习时注意力专一，把注意力指向一个学习目标，显然，这个要求与那种学习时爱左顾右盼、东张西望的不良习惯是完全不同的。只有克服了注意力不集中的不良习惯，才能聚精会神地学习。

做一件事务求彻底，只要开了头就一定要做完，这是目标程序学习法的基本要求。显然，这个要求与虎头蛇尾、做一半留一半的不良习惯是完全不同的。晚上学习完之后，用过的书本、文具堆满桌面，不收拾整理好就去睡觉，也是不良习惯，若不克服，实在难以出色完成学习任务。

"要事第一"是目标程序学习法一定要遵从的重大原则。什么是要事？即每个学习环节，要把"双基"中存在的问题当作第一要紧的事。学习过程中要把握要事第一的原则，就必须克服不爱动脑的不良习惯。我们每天要做的事，大体可分四类：一是重要的事，二是次要的事，三是基本的事，四是边沿的事。面对要做的那些事，要养成用脑想一想的习惯，先做好重要的事，再利用多余时间做其他的事。例如，今天晚上要做四件事：一是准备明天上午的外语单元测验；二是准备明天下午的古文默写；三是晚上七点到医院做关节炎理疗，这是事先预约好的；四是晚上八点有一场精彩的足球比赛直播。怎么办？按"要事第一"的原则，重要的事当然是今天晚上七点到医院做理疗；回家后全部时间用于复习外语，这是次要的事；看足球比赛只得忍痛放弃，这是边沿的事；至于默写古文的准备，只好明天挤时间准备了。如果不动脑想一想，就难以作出合理安排。因此，我们应当养成一种思想习惯：当你行动发生动摇甚至想半途而废时，先得反问自己是否有不良习惯从中作怪，是否是不良习惯在拉你的后腿？

再次，学会调节情绪，做自己情绪的主人。

我们做任何一件事，总是与这样那样的情绪有关。有了积极的情绪，必然能够积极地做事；相反，有了消极情绪，必然只能消极地做事。因此，要学会调节情绪，做自己情绪的主人。应当认真分析自己遇到什么事最易于产生消极情绪，努力找到调节的办法。一般来说，在与人打交道中最易于产生各种情绪，尤其是与家长、老师、同学发生矛盾时，产生的情绪很强烈，对行动的影响最大。在日常生活中，偏见、嫉妒、牢骚、委屈、怨恨、自卑、失望等情绪害了很多人，面对这些消极情绪时，我们要学会放松自己，把这些造成内心紧张、恐惧不安的情绪清除掉。你首先要学会原谅自己，不要过多地自我责备，不要苛求自己，遇事不要与自己过不去。然后，你要下决心把搅乱自己心情的人和事从心里放出去，学会忘记，学会放弃，学会宽容。

只要你这样做了，就会感到心中没有消极情绪，你已经实现了情绪调节，成了自己情绪的主人。这种方法，针对让你产生消极情绪的人和事都可以这样做，直到你内心没有不愉快的情绪为止。

学习过程中遇到的难题与挫折，可能诱发的消极情绪，也会导致行为发生动摇。尤其是学习基础中等或学习有困难的学生，如果上课听不懂，作业不会做，考试不及格，很容易产生自卑、焦躁或恐惧的情绪，导致学习积极性上不来。若不及时清除这些消极情绪，最终可能对学习采取放弃态度。我们每个人都可能碰到困难，对困难应抱着积极的心态。作业与考试中做错的题，你首先要欢迎它。要激发一股热情，让情绪兴奋起来，为什么？你解决的一道道难题，就是一个个胜利，这些胜利正是走向成功的一个个阶梯，每改正一个错题，就增长了一点智慧。所以，你要以积极的心态去对待一道道难题。要知道难题正是争取进步、改变现状的宝贵机会，世界上每一位成功的人，都是在困难的打击中成长起来的，世界上的一切都在变化之中，困难是不可避免的，成败取决于人的心态。有了积极的、不低头的心态，就能指挥你的思想，调节你的情绪，从而能坚定你的行动。无论遇到什么难题，都可用四步思维法对待它：一是给难题下个定义，想清楚"是个什么问题"；二是积极思考，搞清楚"为什么会发生这个问题"，找到因果关系，选准解决问题的方向；三是调动已有知识，找到"怎么解决这个问题"的方法和答案；四是总结经验，明确"问题解决得怎么样"。在解决难题过程中，你要对自己说，遇到难题又给了我提升能力的机会——一个享受成功欢乐的机会。

调节情绪就是调整心态，就是学会用积极正面的心态看人看事，看问题的角度不同，情绪也就不同。有这么一个传说，海边住着一户人家，无论天晴或下雨，人们总看见一位老妇人在哭泣，从年头哭到岁末，很是伤心。有一天，一位白发长胡子老翁翩然而至，站在老妇人面前，问老妇人为何总是难过，老妇人说，我见到大晴天，就为大儿子着急，因为他靠修雨伞为生。一见到下雨天又为小儿子着急，因为雨天不能出海打鱼了。白发长胡子老翁听了哈哈大笑，对老妇人说，你要从好的方面想问题，晴天为小儿子高兴，雨天为大儿子高兴，这样你就天天高兴了，老妇人听完沉思片刻，似乎悟出了什么，破涕为笑。

最后，要学会自我激励，不断为行动增加力量。

自我激励，就是自己给自己加油，就是自己给自己鼓劲，充分开发自身的潜在能力。每个聪明的学生，对自己的优点要心中有数。要学会经常反省自己，肯定自己做得好的地方，并改进不足之处。

自我激励的好处很多。它有利于强化行为的内心驱动力。经过自我激励，人的行动将不再依靠老师与家长的外来刺激，而主要依靠自己内心的自我追求。它有利于不断优化自己的学习行为。经常自我激励，可以不断增加学习的热情，以高昂的斗志面对学习中的困难，对实现心中的目标充满希望。它有利于以乐观的心态面对外界环境。经常自我激励，始终重视主观努力，对不利的外界环境不怨天尤人，把希望建立在自己奋斗的基础上，将有利于健全自己的性格。经常自我激励，是正确的行为，无论有多少困难，要鼓励自己坚持到底，如果行为是错误的，无论有多少诱惑都要改正。自我激励就是这样一个好办法，它让人更坚强，始终朝积极方向努力。

那么，用什么方法实现自我激励呢？主要方法有：第一，目标指向法。目标是激励的目的，目标又是力量的源泉。目标有大有小、有近有远。人生目标是大目标，一年的学习目标是远目标，学习一门功课、考好一次试、攻克一个知识难点是小目标，今天或明天的目标是近目标，用大、小、远、近目标组成自己的目标网络。小目标是通向大目标的一个台阶，近目标是实现远目标的起点。实现一个小的近期目标，就享受一次成功的欢乐，对实现大目标、远期目标是一次激励，这将唤起一股激情。第二，提高希望法。人活得快乐，就是因为活得有希望。做任何一件事，总得有获得成功的希望，只要有60%的希望获得成功，就可能激发出百分之百的能量。具体操作方法有三条：第一条是从最有把握成功的事做起，积小胜为大胜，把自己变成常常胜利的人。第二条是自我暗示，用纸条书写名人名言或鼓励自己的话，并贴在比较醒目的地方，天天鼓舞自己前进。第三条是为自己选择一个竞争对手。对手绝不是自己怨恨的对立面，而是比赛进步的竞争伙伴。捷克作家卡夫卡说：一个竞争对手能给人增加无限的勇气。如果选择各方面比自己略强或某一方面比自己强的人作为竞争对手，通过细心观察对比，学人之长，克己之短，鼓励自己超过他，待将他超越之后，再另选一个对手，这样一个接一个地超越，就是把希望变为现实，使自己一直处于兴奋之中。第三，成绩反馈法。经常回头看看自己取得的成绩，写个小结，分析有什么进步，有什么经验，找一找存在什么缺点，制定改进措施，或者主动征求老师和同学的评价，对自己会看得更清楚。第四，优势迁移法。任何人都有强于别人的一面，有自己独一无二的一面。人应该充分发扬自己的长处，认真总结自己形成长处的经验与体会，并大胆地将这些经验与体会用于学习生活的其他方面。自己的经验是无价的，将学化学的经验用来学习物理和数学，这绝对是"1＋1＞2"的好事。只要你坚持这样做，你的优势科目将不断扩大，成为一名优秀学生便指日可待。

要善于利用各种机会鼓励自己，抓住四个时机：

一是新学期开始之时。因为是新的学期，一切都是从头开始，教科书是新的，老师也有新的，学校提出的要求也是新的，所以应用目标程序学习法就可以作出新的计划，对自己也提出新的目标，这是目标指向激励的一个最佳时机。

二是选择新的竞争对手之时。过去的一学期，自己总会有所总结，总会发现比自己学得更好一些的同学，因此，可以找到值得自己学习的同学。这些同学为自己提供了模仿的具体形象，向他们学习点什么，如此对照思考可诱发向上的激情。

三是当自己取得某种成功之时。尤其不可忽视欣赏自己的小小成功，凡是小小成功都是十分具体的，回味起来生动亲切，给人以深刻印象，何况一切大成功全是小成功积累起来的。在品尝一次又一次的小小成功之中，自信心将充实自己的灵魂。

四是遇到挫折之时。挫折会使人产生痛苦感，容易使人灰心丧气。然而，正确认识挫折，勇敢接受挫折，可以激发自己的斗志，它在一定的条件下比成功更有推动力。司马迁写《史记》、曹雪芹写《红楼梦》便是经典实证。挫折是一服清醒良药，它让人在思过中认识到自己的弱点，更明白自己该做什么，该怎么做。"失败是成功之母"，我们不可忘记这则至理名言。

总之，这个目标程序学习法，强调以饱满的学习激情拥抱心中的梦想。

"目标+程序+习惯=成功。"谁怀疑，谁就失败；谁坚信，谁就成功。你终究会懂得：为培养获取知识的能力而奋斗，欢乐无穷；为攻克一道道知识难题而奋斗，欢乐无穷；为改正错误、完善人格而奋斗，欢乐无穷。奋斗吧，朋友，在奋斗中丢掉的是弱者的空虚和懦弱，赢得的必定是强者的充实和坚强。

第五章 技 巧

一、提高阅读速度

　　阅读，就是从各种文字、图片资料中获取有用信息的心理活动。快速阅读能力，对中小学生的学习以及成年人的工作与生活，都具有十分重要的意义。然而，现实生活中，人们往往并不在意这件事，尤其是中小学生及其家长，并没有认识到阅读速度的快慢是个问题，也不认为阅读能力强是能够让孩子学习进步的一个重要因素。某些老师也有类似想法，在指导学生学习的过程中忽视有计划地训练学生快速阅读的能力。因此，学生习惯于一字一字地匀速慢读，摇头晃脑地唱读，从而严重影响了阅读效率。

　　国内外成功的教育研究与实践经验告诉我们，高效快速的阅读能力，是丰富学生知识的加速器，是培养灵活思维的推动力，是激发大脑潜能的诱发剂。提高学生快速阅读的能力，可说是百年大计，无一害而有百利。"四快高效学习法"的创立者陈克正同志，从把三个女儿培养成博士的家教实践中，总结了一套提高快速阅读能力的训练方法，有很强的实用性，家长、老师与广大中小学生可加以借鉴。

（一）提高阅读速度，是时代的要求，意义十分重大

　　提高快速阅读能力的教育话题，可从西方先进国家的成就中受到启发。快速阅读引起世人的特别关注，是世界性文化浪潮与经济浪潮交互作用的结果，它最先出现在美国。为了适应社会生活快节奏的要求，20世纪初，哈佛大学率先办起了快速阅读培训班。这一模式很快风行全美，国家教育主管部门将快速阅读训练内容纳入学校教学计划，国家投入50亿美元加强中小学生的快速阅读训练。快速阅读成了一门专门学科，并得到社会各界的认可。美国政府要求小学三年级前要完成快速阅读的基本训练，甚至多届总统入主白宫前须先接受快速阅读训练，可见美国人是多么重视快速阅读能力的培养。法国也是最早重视快速阅读的国家之一，他们将快速阅读训练作为国家培训计划在全国中小学普及。众多著名学者对快速阅读进行了多学科研究。在科学研究的基础上编写了提高快速阅读能力的培训程序与教材，向全国中小学发行不同类型的快速阅读培训课本，快速阅读成为法国的独立学科。在德国，各级快速阅读的培训网络覆盖全国，包括西门子在内的著名企业集团，争先

恐后地投入巨资开发快速阅读培训服务。在亚洲，韩国与日本是较早重视快速阅读的国家，韩国政府认定快速阅读是极有科学价值的学科，并将其列为学生必学的科目。新加坡政府也向全国人民发出号召，倡议每个公民参加各级快速阅读培训班。

这些事实启示我们，当今世界正处于信息大爆炸的新时代，新知识、新科技发展极快，一切人类生存的领域都是快节奏的，可以肯定地说，不读书、不会读书的人，必定成为弱者，必定成为被社会淘汰的对象，快速阅读能力成为优势生存的基本功。早在新中国成立初期，语言学界的几位大师就曾大声疾呼，中国要尽快自强，必须尽快抛弃少、慢、差、费的阅读习惯，尤其是中小学生，应重视学习多、快、好、省的阅读方法，提高快速阅读能力。有学者做过调查，中国青少年的阅读能力较为低下，大多数人每分钟只能读200～300个字，离中学语文教学大纲规定的每分钟600个字的基本标准还差一半。由此可知，提高我国中小学生的快速阅读能力的任务是十分紧迫的。

什么是快速阅读？直白地说，就是从各类文字资料中快速获取有用信息的学习方法与工作方法，"一目十行"就是这个意思。实践已多次证明，一个中学生学会了快速阅读技巧，那么他的阅读水平可从每分钟300字提高到每分钟1 000字，甚至少数人可达每分钟2 000字，可见，人的阅读潜力该有多大。实际生活中，人们的阅读大体分为两类：一类称字读，即一个字一个字地读，最典型的表现是许多小学生的唱读，这种读法实在是快速阅读的大敌，是必须坚决破除的顽症恶习。另一类称行读，或称整体读，如同看电视一样，一个画面一个镜头地读，快速从一页甚至一篇文章中找到自己需要的东西。它要求的不仅是快，而且要理解，该记忆的东西一定要记得住。陈克正老师认为，行读或整体读是注意力高度集中的阅读，它是以寻找对自己有用的信息为唯一目的的阅读，因此，阅读的速度与理解记忆的速度是同步的。"一目十行"与"触类旁通"是同一过程。

如何理解快速阅读的本质含义呢？

其一，快速阅读就是搜索阅读。人脑接受信息的速度，要大大快于视觉接受信息的速度。人在看书的时候，眼睛是一个字一个字地识别，视觉就要一停一动地配合。而眼睛停的时间长，移动的时间非常短，这正是影响阅读速度的重要原因。相反，人脑的思维却非常快，特别是无语思维，即我们常说的感觉，则更为敏捷。如果经过反复训练，让眼睛看与脑子想协调起来，使视觉与感觉同步，便能提高快速阅读能力。

其二，眼脑直映阅读是快速阅读的科学方法。眼脑直映阅读，就是丢掉了语音这一中间环节，让文字符号直接映入人的大脑中枢，直接进行思维与记忆。可以肯定地说，眼脑直映阅读是真正的看书，又是实现快速阅读的最有效的方法。有人把快速阅读叫作扫描阅读，或检索阅读，显然十分准确与形象。在阅读过程中，对那些无关紧要的枝枝叶叶的东西，一跳而过，像雷达追寻目标一样，努力找到重要的、又是自己需要的东西。我们是为用而读书，是为追求新知而读书，在看书过程中，有所不为才能有所为，这一取舍哲学是可信的。如果你如此去看书，就可以用较少的时间获得较多的阅读量，从而花较少精力获得较多的新知识。

其三，快速阅读对中小学生来说意义十分重大。除了前面讲的能够提高阅读效率之外，它的好处还有很多。实际上，提高阅读能力直接影响一个人的基本素质。因为人的语言能力、文字表达能力、知识素养与阅读能力直接相关。中小学生的学习成绩的优劣，也与阅读能力直接相关，据美国教育学者调查，在学习成绩优秀的学生中，阅读速度很快或较快者占54%，而学习成绩差的学生中，阅读速度较快者仅占4%。人的阅读潜能很大，只要略加培养就会明显提高，只要经过系统训练，就可提高到原来水平的数倍。这样说绝不是主观想象，而是有科学根据的。专家们对人的眼睛和大脑的阅读潜能做过研究，先看人脑优势，人有上千亿个脑细胞，一个人的脑容量大得惊人，它可以储存50亿册书的信息量。同时，人的脑细胞处理信息的速度快得惊人，每秒钟可以处理上千万次。假如人脑处在理想的激活状态，一天就可记忆五册书的内容。我们再看眼睛的功能，人的眼睛有1.3亿个信息接收器，每一个接收器有5个光子点信息，在高度激活状态下，能对包含10亿个信息符号的内容进行探索。如果你是个身心健康的人，完全不必要因别人的快速阅读能力而自愧不如，完全不必为自己目前很慢的阅读速度而灰心丧气，一定要相信自己具有巨大的阅读潜能，并积极地将它开发出来。

怎样开发自己的阅读潜能呢？首先要走出认识上的误区。误区之一，认为快速阅读就是快读。从字面讲，"阅读"与"读"的意思差不多，但是，快速阅读与快读差别是很大的，快速阅读是通过眼睛直接把内容传入脑部，口中不发声，心里也没有默读，让眼与大脑直接反映，抽掉了中间的语言环节，因此，阅读速度大大提高了。误区之二，认为快速阅读就是快速阅览。阅览是什么？阅览是抓关键词而把握大意，对无关的内容全然不顾，它与快速阅读所要求的速度与理解同步完全是两码事。误区之三，快速阅读是好，就是难学。其实，快速阅读并不是什么特异功能，也不是什么人的专利，它不过是青少年的一种潜能，是一种看书的技巧，是潜能就能开发，是技巧就可以学习。只要通过训练，人人都能学会快速阅读的方法。误区之四，认为读得快忘得也快，实际情况是，只要是全神贯注地快速阅读，记忆效果就极佳，一口气快速阅读一篇文章，跟那种慢吞吞读一段、停一下、再读一段的效果大不一样，因为是整体读，脑中留下的是整体印象，有利于记忆。我们要修正对快速阅读的种种误解，坚信快速阅读的重大意义，积极学习快速阅读的基本方法，让自己成为快速阅读能手，无须多时，你就能享受快速阅读的欢乐。

（二）学会整体阅读法，训练快速阅读基本功

大多数学生读书，是一个字一个字地读，人们称为字读，此种读书法的缺点很多，一是浪费了大量时间，二是难以理解。事实上，一篇课文或一本书总是包含了许多内容，而对一个读者来说，其中一定有一些内容并不是十分重要的。因此，为了提高阅读速度与效果，就要学会选择，也就是说，我们要学会放弃一些东西，找到自己需要的东西。那么，怎样在宝贵的有限的时间内从阅读中获取有价值的信息呢？扫描快速阅读法就是一种有效的手段。

什么是扫描快速阅读法呢？它不是走马观花地读书，也不是囫囵吞枣地读书，它是一种既快又好的方法。只快不好，看似很快，读后一无所知，这不是快速阅读。只有读得快、记得多才是我们希望的快速阅读，扫描快速阅读则是一种全新的高效阅读技巧。实验多次证明，学会了这一方法，阅读速度比传统的字读速度快五倍以上，用此法精读或细读的效果同样好。因此，扫描阅读法是快速阅读的基础。扫描阅读，就是让读者的眼睛像雷达一样，在快速移动中捕捉追寻的目标，这是一种形象的比喻。其意是说，读者的双眼要快速地移动，从文章中寻找到自己需要的信息。这个方法的诀窍在于：丢掉逐字认读的习惯，把一行、几行或一页文字当作一个整体来对待，如同从一群人中寻找自己要找的一个朋友一样，它的突出特点表现在眼睛的快速移动上。

具体说有以下几个要点：

其一是扩大视野。一般人阅读用的是小视野，双眼看事物的清晰区为15度，而快速阅读要用大视角，将眼睛关注的区域扩大，变为30度的大视角。方法很简单，只要将眼睛余光可见的事物变为自己关注的对象。

其二是扩大自己的识记范围。一字一字地阅读同时只关注一个字，前后的字完全不关心、不看也不认，如果同时关注彼此相连的五个字或七个字，那么你的识记范围就扩大了五至七倍。

其三是充分重视视角余光区的作用。实验证明，没有经过系统训练的人，只要你重视发挥视角余光区的作用，一般人均可同时从横向文字中识记六个字而不是一个字。

其四是视线快速移动。视线移动有两种方法：一是从左向右的横向移动，

用于线式阅读，即一行一行地读；二是纵向移动，即一面一面地阅读。在此要特别强调，横向线式阅读是最重要的基本功，不会一行一行地快速阅读，纵向面式阅读就无从说起，如同人不会直立走路就无法学习快跑一样。怎样练习横向线式阅读呢？你可用较硬的纸板作挡板，将纸板裁成若干条形，在不同大小的纸板中剪出与课本文字一样大的空格，空格的横向长度以推进字数多少为准。一般来说，能推进三、五、七、九、十一、十三个字的纸板各一块就够用了。训练操作方法如下：①用事先做好的纸板进行训练，训练要由少到多，从三个字开始，一步一步地训练，循序渐进，直到十三个字。②训练方法：让纸板框住课文中任意三个字，眼睛看中间那个字，视觉余光注意它左右的两个字，扫视一下立即遮住空格，然后识记这三个是什么字。如此多次换位练习，直到能快速准确地识记，之后再练五个字，七个字，直到十三个字。③训练要领：视觉中心的字应比余光区的字数多。练七字板时，视觉中心关注三个字，余光区左右各两个字；如果用九字板训练，视觉中心关注中间的五个字，余光则关注两边各两个字；如果是用十一字板，视觉中心关注中间的五个字，余光则关注两边的各三个字。用此办法训练横向线式阅读，将培养快速阅读能力，达到一目一行，一目多行，直到一目十行的理想境界。此种线式阅读训练法，是最有效的训练方法，只要你坚持训练，实现一目十行的快速阅读绝不是梦。有了横向线式阅读能力，培养纵向面式阅读能力就不困难了，只要你把视觉中心选在一面文字的中心就可以了。面式阅读的诀窍有两点：一是要寻找与阅读目的有关联的关键词，二是视线快速由上而下地移动。这种面式阅读并不陌生，如同我们从电话簿中查找自己需要的电话号码，如同人们在饭店菜谱中点菜一样。当然，学习从横向线式阅读转变为纵向面式阅读也不要性急，开始可以是三行或五行当一个面，然后是八行或十行当一个面，一步一步地练习，再到一面一面地阅读。

横向线式阅读与纵向面式阅读的实用性是不一样的，横向线式阅读侧重于精读，多用于信息含量大、内容重要的材料，如论文，政府文件，教科书中的定理、法则、结论及其推导过程。纵向面式阅读则主要用于内容多只需粗读的材料，如课外书、报纸杂志等。横向线式阅读与纵向面式阅读也可融合应用，需横向线式则横向线式，需纵向面式则纵向面式。横向线式阅读与纵向面式阅读就是我们讲的扫描阅读。为了提高扫描阅读的效果，请注意以下提示：①一定要十分明白在阅读中要回答的问题；②一定要十分明白阅读材料的类型，因为议论文、记叙文等的写作特点是各不相同的；③一定要十分明白自己需要的内容在文中可能出现的形式，如重要观点往往出现在各段落的开头或结尾，而重要数据则往往出现在论证过程中；④一定要在可能找到自己所需内容的地方放慢阅读的速度；⑤当发现了所需内容时一定要暂停扫描阅读，让自己的注意力停在此处片刻，形成眼脑直映效果。用此法快速阅读，如同站在东方之珠的顶层俯瞰上海市貌，用最少的时间捕捉到最多的内容。如此阅读就要求我们放弃慢条斯理的字读老习惯，将阅读材料当作一个整体来读。

整体阅读法是从国外"进口"的，它的基本特征是按照事先设计的程序进行阅读。陈克正对整体阅读法做了深入研究，并把整体观念引入书写、计算与记忆的学习过程中，这一研究成果具有很高的价值。整体阅读的程序设计，就是让人们在头脑中形成一定的阅读模式。它提示读者要牢牢记住七个要素，也就是说要从文中找出七个问题的答案，这七个问题是：①文章是什么标题？②文章的作者是谁？③基本数据是什么？④基本事实是什么？⑤阅读后的心得是什么？⑥阅读后对此文的评价是什么？⑦文中可供自己应用的内容是什么？七个问题包含了最有价值的信息，照此程序快速阅读，可保证不会造成阅读的重大失误。

人类的一切阅读无非是两类性质：一类是休闲阅读，即无目的地随便翻翻；一类是为了寻求自己所需信息的有意阅读。然而，无论是哪一类性质的阅读，只要你依照此种模式阅读，你必定有两大收获：第一，你能提高阅读速度，以较少时间读大量内容，就不存在没有时间读书的问题了。第二，你获得的有用信息会成倍增加。总之，你的阅读效果将是令人喜悦的，这如同进入商场购物，事先有明确的目的，用时不多，走出商场将满载而归。虽然无目的地走进商场也许会碰到自己喜爱的商品，但是，生活的法则总是提示我们，事前想明白应该怎样正确地做一件事才是高效的。整体阅读就是快速高效阅读。

但是，不同文体的布局与思路是有差别的，七要素的程序阅读可因文体不同而略有差别，主要差别如下：①快速阅读记叙文，要把握以下要素：一题目，二作者，三出处，四时间，五人物、起因、经过、结果，六中心思想，七写作方法与特点。②快速阅读说明文，要把握以下要素：一题目，二作者，三出处，四对象及特征，五顺序，六写作方法。③快速阅读议论文，要把握以下要素：一题目，二作者，三出处，四中心论点即主要观点，五主要论据，六论证思路，七论证方法。总之，不同文体有不同特点，只要把握住特点，有程序地快速阅读，效果一定很好。

快速阅读中的程序，也称作要抓住的若干要素，实际上就是一种选择，要素就是从文章中选择出来的有价值的内容。阅读一部文学作品或一篇文章，如果面面俱到，什么都要，舍不得放弃那些对你并不重要的东西，这样的阅读必然要浪费很多精力与时间。因此，学会选择是有必要的。假如你要读一本书，应先快速扫描本书的前言、后记、注解以及各种图表，当我们扫读之后，对这本书应关注的要点就心中有数了。从应用的需要出发，在扫读这本书的主要内容时，可随手做点标记，为以后精读提供方便。对于篇幅很长的内容，如果一口气读完，往往会降低识记效果，而且在多数情况下会因时间不够而无法将此书读完。因此，对篇幅长的内容应采用分层阅读方法。如果作者本来已分了章节，就一章一章地读；如果没分章节，自己可依书中内容分为若干个部分，然后一部分一部分地读。分段阅读也可将内容分为若干个中心，一个中心一个中心地读。一个中心就是一个目的，当你读完各段以后，一本书也读了几遍，收获一定不少。

一切阅读都是有目的的，要从书中寻找对自己有用的信息。为达此目的，每读完一层、一章或一个中心之后，一定要动笔动脑，写个读后小结，几个小结连起来就是读书笔记，俗话说"不动笔墨不读书"，这是一条金科玉律，读书人不可不听。一本书读完之后应写个总结，用自己的语言对本书中的精华作出概括。这一点太重要了，它的好处有三：一是应用方便，二是丰富知识，三是把认识引向深入。如果读书不动笔不思考，书是书，你是你，书与自己没关系，读再多的书又有什么用？

快速阅读能力的培养，最佳时期是小学四年级到初中二年级，此时的学生认字水平一般在 3 000 字至 4 000 字左右，已具备了快速阅读的条件。这个年龄段的学生思维敏捷，记忆力好，字读的传统习惯还没有扎根，训练新的习惯可能性大。错过了这个时期，学习快速阅读技巧的心理障碍增大，习惯抗拒力很顽固，老师、家长和学生为此付出的代价更高。

怎样培养快速阅读能力呢？限时强迫阅读法是最佳选择。什么是限时强迫阅读法呢？它的训练操作要点如下：①选择若干与读者识字水平相当的千字文作为训练读物，其中记叙文、说明文、议论文各若干篇。②选出某一篇千字文，在限定的时间读完，限定的时间先多后少，如第一次四分钟，第二次三分钟，第三次两分钟，第四次一分钟。③一到限定时间立即停止阅读。④提出本文体阅读程序的全部问题，测定阅读效果了。测定公式是，A 代表文章的总字数，B 代表读完全文所用的时间，C 代表读后检查中答对七个问题的个数，那么阅读效果 $= A \div B \times C$。选取四篇相同文体的文章，如议论文，字数均为一千字，分别限定四分钟、三分钟、两分钟、一分钟的阅读时间，读完分别测定阅读效果。将四次训练结果记录下来，一周或几周后，用与上次同样的方法训练，同样记下结果，如此训练三至五次必见其效，训练次数越多，效果必定越好。训练议论文快速阅读若干次后，再换读记叙文或说明文。当快速阅读千字文到一定水平后，可把阅读文章的字数加一倍训练，再逐渐增多。限时强迫阅读法用起来很灵活，可自练自测，也可互练互测。

同一篇文章重复读，限定时间一次比一次短，如一篇千字文从限时三分钟开始，阅读时间一分钟一分钟地缩短，直到以秒为单位计时。这种训练是不以获取信息为目的的，而是冲击眼脑直映的识记极限，训练眼球转动的灵活性，是对漫不经心、一字一字阅读习惯的强力冲击。因此，限时强迫阅读法训练要求，同一篇文章要重复读六次，一次次减少阅读时间，当重复到三次以后就应当以秒为计时单位。要特别强调一点，限时强迫阅读法训练中，千万不要口头重读，不要回头重读，回头重读将使训练效果大打折扣。

为了保证快速阅读的效率，陈克正给我们展示了一种路标技巧。一篇文章总是有一个目的地，为了快速到达目的地，就会有文章的思路，如同司机开车从甲地到乙地一样，必定要选择一条正确的行车路线。而路线难免有转弯处，司机必然十分关注转弯处的具有特点的事物，并以此为引导正确行车路线的标记，即路标。一篇文章的思路同样有平路转折，转折处也会有路标，能识别文章思路的路标，就能保证阅读的速度。

陈克正提出了以下几种路标：

①标题路标。标题有两种：一是每篇文章的题目，也称总标题；二是文章中每部分的小标题，它可以引导读者准确理解文章核心内容，因此抓住题目与小标题，可大体把握文章的中心思想。

②标点符号路标。尤其要关注引号、分号、感叹号、问号，它涉及的内容大多与文章的中心思想直接关联。

③关键词路标。关键词是文章中直接表达中心思想的词，抓住关键词，读者的阅读活动必然走在作者思路的主干道上。

④重复句路标。文章中重复出现的句子就是作者反复强调的思想，而这些思想大多是为了体现文章的中心思想。

⑤中心句路标。文章的开头与结尾，尤其是议论文或说明文，开头或结尾的话十分重要，往往是文章的主题展示，与中心思想密切相关，所以称为中心句。中心句有时也出现在文章每一段落的开头。

⑥比喻句路标。文章中的比喻句，是作者借用读者容易理解的事，来说明文章的主题思想或较深刻的重要观点，因此，比喻句所指就是中心思想。

⑦过渡句路标。文章中的过渡句看起来并不重要，但是，它往往是文章中一个观点向另一个观点转折的连接中介。

⑧对比句路标。结构相似、内容对应的句子，往往深刻地揭示一种重要观点。《爱因斯坦的旧大衣》一文，说爱因斯坦成名之前，在路上碰见了一位

老朋友，那个人希望他买件新大衣，他笑了笑说：何必呢？反正这里的人都不认识我。几年后，爱因斯坦成了有名的科学家，一天又遇见那位老朋友，老朋友见他仍穿着那件旧大衣，又劝他该换件新大衣了，他还是摇摇头笑着说：何必呢？反正这里的人都认识我。爱因斯坦的"都不认识我"和"都认识我"，显然是他崇高人格的表现，抓住了这两句对比句，就抓住了全文。

⑨独立段路标。阅读许多文章或书，我们不难发现文中或书中总会出现字数不多的独立段，看起来似乎与上下文关系不大，但它往往是文章或全书的精华，是主题思想的闪现。

上述几个路标记住了，无论你读什么书，包括中学各科的课本，都可帮你提高阅读速度。

（三）快速阅读能力是训练出来的，坚持科学训练，人人可成为能手

除特殊人群外，每个人都具有快速阅读的天赋，成败的关键在于能否坚持科学训练。陈克正从家庭教育实践中探索，经过不断总结，不断完善，提出了一套易学有效的快速阅读训练法，下面择其要点作简要介绍。

人的阅读活动是靠视觉进行的，因此，眼珠转动的速度和灵活度与阅读速度直接相关。阅读要靠眼球不断动静结合，研究阅读问题的专家们用科学仪器观察阅读速度很快的人，发现他们的眼球总是追随文字而迅速移动，可见，加快眼球转动速度就能提高阅读速度。

怎样训练提高眼球转动速度呢？方法之一，横向转动训练，即左右横向来回转动。训练过程要先慢后快，然后要不断加快，最好在左右余光区的极限点找一个参照物，训练中要努力扩大视角，这种训练一天一次即可，但不可中断，每次训练不可让头左右晃动，有了疲劳感就应该休息。方法之二，快速扫描训练。具体训练方法如下：首先，将一张五厘米乘五厘米的硬纸片划分成二十五个小方格，在卡的反面标写1至5的顺序号码；然后选择二十五组互不重复的五字短句，其中最好有五组五言诗，十组随意编组的五个自然数，五组五言短句，五组从二十六个英语字母中随意选编的五个字母；最后将以上二十五组打散填入卡片格内，每格填入一个文字或一个自然数，这张字卡中的每个字都是训练者认识的。训练方法：①训练前将字卡的顺序打乱；②随意从事先编写的二十五组五字句中挑选一句，让训练者从一张卡中选出五字句中的一个字，最后排列成要寻找的那句。训练中要突出两个要领：一是训练者的目光只能投向字卡的中心，尽力让视线的余光区参入寻找，这一点非常重要，它有助于不断扩大视角；二是训练的时间要一次比一次短，如第一句用了一分钟，那么第二句就要尽可能在五十五秒以内完成，第三句就只能用五十秒，总之，所用时间只能一句比一句少，否则，训练将失去意义。

进行此种训练时，注意力要高度集中，心无杂念。每训练完十句之后应休息几分钟。进行此种训练，将极大地提高眼球转动的灵敏性，不断扩大视角区，这就是训练快速阅读的基本功，经过一段时间（至少三个月）的训练，阅读速度会明显加快。据说京剧大师梅兰芳先生的眼神特别灵敏，有人求教梅先生，他说自己曾在一段日子里，经常观看小鸟飞翔，眼球追随小鸟飞舞，时而左，时而右，时而上，时而下，不知不觉自己感到眼睛灵活多了。

以上介绍的快速扫描训练，普遍适用于小学三年级以上的学生，效果很好。到了初中阶段，学业负担较重，陈克正提出了短文中心训练法，可以与学生课外阅读结合起来，阅读内容可选择学生喜爱的短文，或者是语文课本中的课文。具体训练方法如下：①在上床睡觉之前，将一篇短文放在桌面上，注意力集中，心无杂念，视线指向文章的中心部位，先慢后快，尽量关注文章中心的上下左右的文字是什么，而且只认真扫视一次就放下；②上床睡觉，闭上双眼回忆刚看过的文章，尽力追寻中心点外文字的存在；③第二次再读下篇文章时，有意关注中心点上下左右余光区的文字；④然后一次比一次扩大中心点周围文字的范围，让自己感觉到整篇文章都在自己的视线之中。这一训练的主要目的，是不断扩大中心点外余光区的有效性，只要你经常练习，最好是天天练习，坚持三个月，一定卓有成效。

还有一种更简易可行的训练方法，可称作一指多字训练法。具体方法如下：①从当时所学的语文课本中选择几十个词汇或词组，二字词若干，三字词若干，四字词若干，抄写到本子上。②训练者用一个手指压住一个词，然后请被训练者注意，训练者把手指拿开，让被训练者扫视一眼，开始训练时大约一秒钟，训练者再迅速用手指把词语盖住，然后被训练者讲出是个什么词。手指盖住的字数要从少到多，给被训练者扫视的时间则从多到少，开始训练是一秒钟，然后一次次减少，直至0.1秒。③一指多字训练法熟悉之后，可训练一指一句，再后来可用纸板遮住一行，进行一行一行地扫读训练，一步一步达到一目三行，一目五行，一目十行。实验证明，一指多字训练前，小学生识读一个字要用0.5秒左右，一分钟识读120个字，经过训练之后，一般都能达到一分钟识读600字到800字左右，效果十分明显。高效快速阅读技巧，说白了是由一种瞬间识读能力决定的。科学研究发现，人认识一个字，是由瞳孔停留在那个字上完成的，这个停留时间习惯称为一瞬间，一般人识读一个文字符号大约是0.5秒，经过训练之后，识读一个文字符号只需0.1秒至0.2秒，所以，训练与不训练的效果有天壤之别。快速阅读能力的训练过程，就是开发自身大脑潜能的过程，也是向自己的心智能力极限发起冲击的过程，虽然训练是辛苦的，但也是有高回报的。必须肯定，快速阅读潜能人人皆有，谁开发谁受益，不开发就无收益，而且久而久之，潜能必然萎缩。

以上介绍了几种训练方法，虽然操作方法不同，但核心目标只有一个，即提高一瞬间的识字量。此外，需注意：①训练过程中要尽最大的努力改变一字一字识读的习惯，让视角内的文字符号尽可能多一些，从三个、四个、五个开始练，一步一步增加到七个、八个、九个，这是快速阅读的关键环节。在训练一行一行的阅读习惯时，学会把一行文字分割为几个小段，一个识读瞬间扫视一个小段，抓住各小段中的关键词识读。此种训练既可快速，又有助于理解。②训练时要强化自我暗示，命令自己"快一点"，计算阅读时间要以秒为计算单位。请注意，训练用的文字材料要通俗易懂，以利于扩大视角训练。快速阅读技巧不是为了表演，而是为了多读书、读懂书。

无论是什么形式的阅读法，都要遵循读书的共同程序。这个程序是：一看，即用眼看；二读，即阅读；三问，即边读边自问；四背，即边读边记忆；五习，即读后练习、复习。看、读、问、背、习，可称"读书五字法"，读书方法再多，万变不离其宗，这个宗就是五字法，无论读什么书，无论用什么方法读书，只要是尊重了读书五字法，就抓住了要领。

我国对快速阅读问题的关注是近三十年的事，学习西方有关快速阅读问题的资料，发现西方人借用了中国人研究的一些成果，腹部呼吸法就是一个经典例证。保加利亚著名教育家罗扎诺斯博士发明了快速学习法，他在研究报告中说，在他指导下的学生学习法语，每个单元学 200 个单词，记忆率可达 91%，他的两大法宝之一就是运用了中国的腹式呼吸法。而在东方，最早应用气功进行阅读的韩国人金永真，他大学毕业后到报社做校对工作，每天要读大量文字，实际工作需要他提高阅读速度，经过多年的研究实践，他把西方的快速阅读法与中国的气功腹式呼吸法结合起来，使阅读速度成倍提高，实现了每分钟近千字的超速度。腹式呼吸法的神奇功效源于它的科学性，什么是腹式呼吸法呢？腹式呼吸时，横膈膜将会比平常上升，因而可以进行深度呼吸，吐出较多易停滞在肺底部的二氧化碳。具体方法是：开始呼吸时全身用力，因腹部充满气体而慢慢鼓起，此时不可立即停止吸气，应尽最大努力吸气到极限后顶住三秒钟，此时心里略有紧张感，然后慢慢地吐气，吐气要慢要长，切切不可中断，腹中的气慢慢吐出时，腹部会慢慢下沉而松弛。然后接着重复以上动作若干次。完成呼吸训练之后全身轻松，心中产生一种平静的快感。腹部呼吸时全身放松，心无杂念，无论是站还是坐都可以，关键是全身心要放松，心平气和即可。

（四）学习快速阅读技巧，必须从克服不良读书习惯开始

好习惯可促使人好上加好，不良习惯诱惑人身陷泥潭。什么是好习惯呢？

从道德规范说，凡是符合社会行为规范的就是好习惯，反之就是不良习惯。从读书规范来说，凡有益于快速高效阅读的习惯就是好习惯，反之就是不良习惯。为了尽快学会快速阅读技巧，我们应该克服哪些不良习惯呢？学会默读是训练快速阅读技巧的起点。阅读可分为两类：一是有声阅读，二是默读。大多数学生习惯有声阅读。有声阅读是脑、口、眼、耳四个器官同时运作的阅读，它的认知过程很长。先是眼睛看到文字符号后，经过视神经传入大脑，然后大脑发出命令，嘴巴发出声音，声音传入耳朵，听觉神经再传至大脑，一个文字的识读过程才算完成，如此有声阅读对理解有帮助，但很浪费时间。发出声音是慢的主要原因。实验证明，不发声的默读比有声阅读速度快两倍。而默读只用眼、脑两个器官，比有声阅读少用了口与耳两个器官，这就是眼、脑直映的快速阅读，也就是无声阅读。有声阅读是学习快速阅读技巧首先要克服的不良习惯。

同时，陈克正还认为，要实现快速阅读，必须努力克服五个障碍：其一，注意力不集中。人脑有接受刺激的本性，当外界刺激量过少过慢过旧之时，人脑就不由自主地出现两种倾向，一是倦怠，迷迷糊糊进入睡眠状态；二是寻求其他刺激，不自觉地转向其他目标。结果，看样子在读书，其实没读进去。逐字阅读最容易诱发这两种倾向，结果是分散了注意力。其二，回头再读。读完第一句或第一行之后，眼睛虽然向第二句或第二行移动，但是心里却想前面没有看清楚，眼睛又快速拉回，对已读过的内容再读一次。实验推算，回头再读大约浪费了三分之一的时间或精力，返回来再读反映了自信心不足。其三，碰到了生字难词。阅读中生字难词无法避免，容易迫使阅读中断。解决的办法有两个：一是遇到生字难词不中断阅读，在阅读中猜测其意；二是全文读完后查字典。其四，句停行停。读完一句或一行之后，习惯暂停一下想其意，再读下一句或下一行。其实，只有把每一句或一行放在全文中前后联系思考才能准确领悟其意。其五，速度单一无变化。科学的阅读应有快有慢有精有细，该快则快，该精则慢，一快到底或一慢到底都不可取。以上五个障碍往往是无意中发生的，克服这些障碍却要长期有意识地训练。

一个社会有多少人爱读书，一个人生活中花多少时间读书，读什么书，是衡量一个社会文明发展程度的重要标尺。因此，爱读书、会读书不仅是一种文明的生活方式，也是一种文明的生活习惯。陈克正认为，学会文明的生活方式，要努力改变种种不良读书习惯与读书障碍。

二、提高计算速度

近十几年来，许多家长和教师片面强调学生做作业的准确性，而忽视了作业过程中的速度要求，这里面存在着重大的教育失误。可能由于它是一种隐性的失误，因此并没有引起人们的关注。陈克正从自己的教育实践中发现了这个问题，因此从小就重视提高女儿的速算能力。强调速算的原因很明显，即计算速度快可以赢得比别人更多的时间，由此获得更多的优胜条件。平时学习有了比别人多的时间，就可以比别人多读书多做题多思考多背诵。考试中比别人多些时间，可以多检查多修正多思考。何况如今的各类考试题都是题量大、时间紧，试想，别人没有足够的时间做完题，而你能提前十分钟答完题，完全有时间对试卷进行重新审题，修正答案。请问谁的胜算大？无须细说，提高计算速度的好处一想便知。

陈克正还提出了一个十分有趣的问题：为什么许多女孩子小学阶段数学成绩十分优秀，而进入初中以后数学成绩却步步下滑，明显地落后于男孩子，而且这种趋势到了初中二年级会更为严重。陈克正认为，问题就在计算速度上。小学阶段，学习内容不多，难度不大，女孩子比男孩子更用功，所以成绩一般比男孩子优秀，而男孩子想多点时间去玩，就会很快完成功课，也比较马虎，因此成绩一般比女孩子差一些，但是有了初步速算的习惯，而女孩子则养成了慢慢计算的习惯。陈克正从女儿小学阶段就重视速算能力的培养（同时重视培养快速阅读、快速书写的能力），三个女儿从小学到高中再到大学，学习成绩从没落后于男孩子。陈克正认为重视从小培养女孩子快读、快写、速算的能力，到初中、高中阶段，女孩子能同男孩子一样优秀，学习成绩的优劣不是性别使然，而是教育培养的方法所致。

（一）数学成绩不佳的原因分析

为什么一些同学在数学学习中感到很困难呢？为什么做数学习题老是出错呢？其实，原因出在基础不扎实。如果要说数学与其他学科有何不同，那么只有一点，它特别强调系统性，学数学尤其要循序渐进。不理解定理就难学算法，不懂加减就学不会乘除，不会四则运算就无法学代数。如同人不学会直立行走就学不会跑跳一样。走路歪歪倒倒的孩子，能要求他跑跳吗？那么，基础知识不扎实而导致计算慢、成绩差的原因有哪些呢？我们可从以下几个方面来分析：

第一，方法不对。让我们先讲一个众所周知的故事，被世人誉称为数学天才的德国数学家高斯，在上小学的时候就显露了过人的天分。一天，数学老师给全班学生出了一道数学题：$1+2+3+4+5+\cdots\cdots+99+100$，问答案该是多少。高斯看了题目后想了一下，不久便在小石板上写出了答案 5 050，然后交给了老师。老师以为高斯调皮，没看小石板一眼，顺手放到讲台上。过了好一会儿，待同学们都把小石板交给老师时，老师才看了一下高斯的小石板，惊奇地发现答案完全正确。高斯为什么算得又快又准呢？因为他方法正确，他用了简便速算法，而其他同学用的是最笨的一个数一个数的累加法，答案虽然对了，却比高斯多用了几倍的时间。什么是数学，数学就是寻求最快、最便捷的计算方法的一门学科。所以方法不对是算不快的，走了弯路，多花时间，也许还得出了错误的答案。学习不能怕动脑，平日作业解题，不要只用一种方法解题，应尝试多种方法。这样要求自己似乎太认真、太吃亏，其实，尝试多种方法解题的好处很多，这种努力肯定是吃点小亏占大便宜的事。

第二，知识脱节。数学是一门系统性与逻辑性很强的学科。前面知识是后面知识的基础和起点，后面知识是前面知识的深化和延伸，小知识系统是大知识体系的组成部分，其中任何一个环节中断都不行，都会造成无法理解后面的新知识。例如，乘法是加法的简捷运算，是加法的扩展与延伸，加法没学好，无论如何都难以学好乘法。又如整数的四则运算，它是 100 以内的口算技巧的并用，其中以九九乘法口诀与 20 以内的加减法最为重要。它是一切计算的基础，必须达到不假思索能脱口而出的熟练程度。随着学习内容的深入，计算数字日益增大，计算方式日益复杂，如果口算能力很差，即使最简单的数字计算也要用笔计算，那就麻烦了。因此，学习数学最怕吃夹生饭，最怕留下知识欠账，背着沉重的包袱是走不快的，因此必须真正学懂已学过的知识。一定要明白，假如前面的知识没学懂，后面学新知识必然会难以掌握，日后学数学的困难将成倍增加，花几倍的时间回头补习，改变落后状况是十分艰难的。

第三，常数不清。学数学离不开数字，离不开计算。人们把那些反映一个数与一个数恒定不变关系的数字称为常数，记住了反复运用的常数，可以帮助我们快速准确地计算，如圆周率是 3.141 59……，如果你对数学计算中的各种常数记得很清楚，能够信手拈来，省时又方便。尤其是到了初中、高中阶段，不仅是代数、几何中有大量常数，而且物理、化学、生物各科中也有大量常数，它是各类计算中常常用到的，如果记不住，将会给学习造成很大的困难。

第四，概念模糊。无论学习什么学科，把基本概念弄清楚是最重要的。学习数理化尤其要注意这一点。什么是清楚？你面对一个概念，能自问自答四个问题：是什么；为什么；怎么产生；有什么用处。例如一个数学公式，你必须明白它是什么公式，它由几个因素构成，各个因素之间是什么关系，它是怎样被推导出来的，用它可解决什么问题等，可以说概念不清是学不好数学的根本原因。假如你的数理化成绩不好，就必须从这个根本上找办法。

那么，什么是概念呢？概念就是人们在学习数学的过程中，把解决数学问题的规律与方法总结出来，精练简化形成的各种定理、公式和法则，它规定了各事物相互之间的关系。数理化有着十分严密的知识系统，无论知识系统大小，都是由一个个基本概念构成的，因此，概念是知识的基本内容，如果对概念似懂非懂、模糊不清，你就无法准确快捷地解答数理化中的计算题。

第五，书写太慢。当学生数学成绩不好或做错题的时候，人们常常这样说：慢点写慢点算，似乎学不好数学是写得快、算得快造成的，这是一个天大的误区。举个最简单的例子，两个数学成绩相差无几的学生，参加一个数学竞赛，一个学生书写得快，算得快，比规定的考试时间提前了十五分钟答完了试卷，他用这十五分钟重新审题，验证答案，修正文字表述中的错字或漏写的字。另一学生慢条斯理地答题，刚好在规定的时间内做完全部试题，没有时间来回头再审题与修正完善答案。请设想谁的成绩优秀的概率大呢？因书写得快、算得又快，提前的 15 分钟的价值是很大的，如同电影《南征北战》中敌我双方抢占摩天岭一样，时间有时比白金还贵。可见，算得快又准是好的，如果再加上书写快学习就更高效。数学成绩差绝不是快造成的，慢是慢不出优秀的，慢一点来争取学好数学是错误的，而上文讲的前四个原因则是没学好数学的真正原因。

学好物理化学的方法与数学相似，对书中的定理、定律、公式与法则这类知识概念要给予特别关注，必须学得十分明白，不仅要理解，而且要记得牢，必须会应用，因为它是计算的依据。对基本概念学得模模糊糊，是一定算不准、写不快的，是不可能取得好成绩的。

（二）口算是速算的基本功

要想算得快，没有口算能力是万万不行的。我们讲的速算，就是依据数学的定理法则，把各数字之间的关系与性质，以最简捷的方法求出答案，或者是不用计算工具直接写出答案。这种简捷计算就叫口算，又叫心算。可以说，口算是对常规算法的一种革命。口算能力的培养，口算技巧的学习，对学好数学具有非常重要的意义。因为口算最突出的特点是快捷方便，对中小学生是大有益处的。口算不仅可以节省很多宝贵的学习时间，赢得学习的主动权，而且可以培养敏捷周密的思维习惯。

首先，让我们来认识口算、心算与笔算的相互关系。口算就是人们常说的心算，计算过程不用计算工具，不书写计算过程，用思维直接算出结果。口算是笔算的基础。小学生学数学，都是以口算为基础的，学习四则运算，时时刻刻都在口算。离开了口算，笔算将难以进行，因此，口算能力直接影响笔算能力。无须证明，笔算是中小学生学习数学的主要方式。在笔算过程中不必每个计算细节都用笔算，见到了有特殊结构的算式，可以重新排列组合，抽出可用口算的部分来速算，因此，借助口算技巧可提高笔算的速度与效率。可见，口算是笔算不可分割的一部分。

怎样提高口算能力呢？毫无疑问，口算能力的提高是以扎实的基本知识为前提的，基础知识是口算基本功。这些基本功包括：①口诀。口诀是总结基本计算过程的简捷好记的口诀语。九九乘法口诀有45句，本书中还介绍了一种"19×19口诀"，又称大九九口诀。口诀要背得很熟，达到脱口而出的程度。不少高考状元学习时喜欢动脑筋，把那些重要的常用的定理、定律、公式与法则以及基本常数编成口诀，要应用时可随手拈来。掌握了这些基本口诀，可受益一辈子。②熟练掌握运算定律。如加法的交换律、乘法交换律等。到了初中、高中，计算中的许多法则也是定律性的知识。③牢记运算性质。运算性质就是计算中要严格遵守的先后顺序与规定。如加法的交换律与结合律，乘法中的交换律与结合律等。④理解和、差、商的变化规律。如一个加数增加一个数，而另一个加数减少同一个数，它们的和不变。如两数相减，如果被减数增加或减少一个数，那么它的差也会增加或减少同一个数。如果两数相乘，其中一个因数扩大若干倍或缩小为原来的几分之一，另一因数不变，它们的积也同样扩大或缩小。⑤熟练地引用公式。合理地应用公式是提高计算速度与准确率的关键，中小学生最常用的公式有：平方差公式、两数平方和的公式、两数平方差的公式等。⑥常用数据要记牢。如化学元素周期表，物理中的电子量、光与声的传播速度等。有了这些基本功，学会速算技巧是不困难的。

（三）提高认算水平，是学会速算技巧的基本训练

什么是认算？认算就是把数学计算中常见的基本算式当作一个数字来认识，如2+3=5，一见到2+3这类算式，你就想到5。只要见到这些常见的算式，你就能准确将答案当作一个数字来认。认识这样的算式越多，范围越大，计算的速度也就越快，把一个常见算式当作一个数来认，可使你的计算能力上升一个层次，实现计算能力的一次飞跃。对于中小学生来说，有了这种认算能力，是开发数学智能的一次大突破。陈克正认为认算训练对女孩子尤为重要，他的女儿从早期的认算训练中获得的能力，使她在初中、高中及大学阶段的学习中取得了竞争的优势。陈克正的这一提示，很值得引起女孩子和她们父母的重视。

那么，怎样进行认算训练呢？陈克正认为，一是从孩子的知识实际出发，不可急于求成，孩子上课学到什么程度就训练到什么程度。二是从最简单的算式起步，如从2+3或2×3一类的算式练起。三是要持之以恒，坚持训练，每次训练十来分钟即可。四是到一定阶段，可采用父母与孩子比赛或同学相互比赛的方式，让训练有趣味。

训练的具体操作方法如下：①手指遮盖训练法。家长可预先从算术课本上选择若干 2＋3 一类的算式，家长先用手指按住算式，请孩子注意，家长将手指拿开，让孩子看见算式，然后立即再用手指遮住算式，要孩子答出算式结果。其实这是一种加法口诀训练，不同的只是把算式当作一个字来认，多次练习就会习惯成自然了，这是训练的关键一步，时间要长一点，次数要多一点，内容要容易一点。②限时认算训练。每次训练出二十道算式，限定学生在规定时间内写完答案。限定的时间一次比一次少，迫使学生一见算式就写出答案。这种训练应注意下列要求：一是先练加法，再练减法，然后练乘除法。二是每一种算法训练题要由浅入深，由一位数到两位数。三是每次训练所用时间要做记录，一般来说，第一次训练不提时间要求，只要求尽量快点，然后记下时间作为基准，以后慢慢减少时间。③在四则训练到较快速度以后，即可加大算式的难度，在二十道算式中加若干分数、小数、平方数算式，比例由少到多，不宜过多过难。④到小学高年级或初中，即可进行综合训练，在二十道算式中各类算式都有一点，不仅有个位数的四则算式，也有两位数的四则算式，不仅有实数，也有小数、分数等。

培养认算能力是个长期的训练过程，无论是学生还是家长、老师，都需要有极大的耐心和极高的热情，世界上没有一步登天的事。乒乓球名将王浩的直板横打技术让对手难以招架，然而王浩练这项技术花了十多年，是无数次挥拍训练的结果。因此，只要在训练中有一点进步都值得高兴，都值得称赞。为了让这种认算训练持久有效，家长最好与孩子比赛，让训练有玩的感觉，如果发现孩子在某个算式上迟疑，就多练此类算式，而不可简单批评了事，批评指责不会增长热情，学会鼓励才是最明智的教育技巧。

认算训练实际上是口诀训练。陈克正在认算训练中有个创新之举，他给三个女儿加了个"19×19 口诀"的训练内容。三个女儿后来说，父亲的这一招真是妙不可言。背记"19×19 口诀"不仅提高了数学计算能力，而且提高了思考力与想象力。什么是"19×19 口诀"呢？我们知道"九九乘法口诀"是两个一位数相乘的口诀，而"19×19 口诀"则是乘数与被乘数在 20 以内的两位数的乘法口诀（见文后附表）。实践证明，背记了"19×19 口诀"的好处很多。第一，提高了两位数乘法的计算能力，只要是 20 以内的两位数乘法都可直接写出答案，省去了笔算过程。有了这一训练之后，计算任何两位数乘法的速度必然大大提高。第二，学了这个口诀，加法、减法、除法的计算速度也会相应提高。如"256÷16＝？"，一见到这个算式，即可写出 16 这个答案，因为"19×19口诀"中有"$16 \times 16 = 256$"，答案已牢牢记在头脑里了。第三，约数与倍数的计算变得十分简单了。记住了"19×19口诀"，就知道了数与数之间更多的关系，如323这个数，不仅知道323是19×17的乘积，而且知道了323是19的17倍，也轻易知道323的约数是19与17，反过来又知道了17、19与323三个数之间的相互关系。有了如此认识，在求倍数、求约数的计算过程中，头脑中有了更开阔、更灵活的思路。第四，学会了"19×19口诀"，分数计算就变得十分容易了。例如，分数加减法首先要通分，数字较大的分数要化简，通分与化简应用的是倍数与约数的原理，有了"19×19口诀"，通分与化简就省心省时多了。可以肯定地说，学会了"19×19口诀"是学数学的一个秘诀，尤其对小学高年级和初中学生来说，可从中收到丰厚的回报，初中生熟练应用"19×19口诀"后，到高中或大学仍将继续受益。因此，每个中小学生要像背记"九九乘法口诀"一样，牢记"19×19口诀"。其实背记并不困难，办法有三个：一是横向背记，一天背四五个。一次背五遍，一天背两次，半个月左右就差不多了。二是连环套背"19×19口诀"，仔细比较不难发现许多有趣的现象，如12×13与13×12交换不同位置出现，其乘积是同一个数，只要背记一个口诀就够了，此法可省去约一半的背记量。三是自编好记的顺口溜，如11×11、12×12，直到19×19，可编成一句好记的口语，如16×16可背成"16 16 又 56"，15×15可背成"15 15 又 25"，又如17×17，可背成"17 17 又 88 加 1"等。熟背"19×19口诀"，还可以充分联想，例如，当你牢记18的平方是324之后，再记18×17或18×19就十分简单了，18×17是324减去18，18×19是324加上18。千万别被"19×19口诀"难住了，只要认真，天下的难事就变得容易了。

数学是一门非常有趣的学科，这种趣味来自数字之间的特殊关系。记住了九九乘法口诀，一位数乘法就很简单；记住了"19×19口诀"，两位数乘法、除法、求公约数、求倍数的计算就化繁为简。有同学说，除法认算很难，不容易识别一个数能否被另一位整除，其实不难，只要留心，我们也会发现一个数被另一个数整除的认算诀窍，例如：

（1）所有的偶数都能被2整除。

（2）一个数的各位数之和能被3整除，这个数一定能被3整除。例如351这个数，$3 + 5 + 1 = 9$，9能被3整除，因此351能被3整除。又如2 754这个数，四个数字之和是18，18能被3整除，所以2 754也可被3整除。

（3）最后两位数能被4整除的数，一定能被4整除。如13 416这个数，它最后的两位数是16，能被4整除，因此13 416就一定能被4整除。

（4）凡尾数是 5 或 0 的数，一定可以被 5 整除。

（5）可被 6 整除的数，如果它是偶数，并能被 3 整除，那么，这个数肯定能被 6 整除。

（6）一个数是否能被 7 整除，有两种情况，如被除数是两位数，用九九乘法口诀可直接判断；如果是三位数，可用以下方法判断：先将被除数的百位数乘以 2，然后，将所乘之积加上后两位数，如相加之和能被 7 整除，那么这个数一定能被 7 整除。如 21 637 这个数，先将百位数的 6 乘以 2，所得的积是 12，再加后两位数 37，相加之和是 49，而这个 49 可被 7 整除，那么这个数一定能被 7 整除。又如 123 714 这个数，先将百位数 7 乘以 2，积为 14，加上后面两位数 14，相加之和是 28，而这个 28 能被 7 整除，那么 123 714 就可被 7 整除。

（7）一个 10 000 以上的大数能否被 8 整除，只要看后三位数能否被 8 整除，如 40 328，其后三位数 328 能被 8 整除，那么 40 328 就一定能被 8 整除。

以上所说的认算训练，看起来并无特殊之处，往往被人忽视，但到了初二，人们惊奇地发现不少优秀的学生突然成绩变差了，是什么原因导致了这种变化呢？孩子到了十二三岁，进入青春发育期，生理、心理正处在迅猛发展变化中，许多学生与父母对此缺少认识和心理准备，也正是这个时期，学习内容急骤增加，难度加大，如果学习的基础知识不扎实，学习成绩出现优劣两极分化就不可避免了。问题的关键集中到一点，打好扎实的基础是重中之重。值得强调的是绝不可把高分当作基础好的唯一标准，如果忽视了前文提示过的那些成绩不良的原因，忽视了那几方面的基础知识，那就是忽视了根本，这是一种重分轻能的危机。事实上，如果到了初二已由优生沦为差生了，回头再补基础，就得用九牛二虎之力了。所谓不让孩子输在起跑线上就是强调早抓基础。

附："19×19 口诀"

先说明两点：一是"19×19 口诀"共有 81 句，根据乘法的交换律，我们省去了一半，因为两位乘数位置互换其积不变；二是每句口诀后面可自行添加顺口溜，方便记忆。

$11 \times 11 = 121$;	$12 \times 12 = 144$;	$13 \times 13 = 169$;
$11 \times 12 = 132$;	$12 \times 13 = 156$;	$13 \times 14 = 182$;
$11 \times 13 = 143$;	$12 \times 14 = 168$;	$13 \times 15 = 195$;
$11 \times 14 = 154$;	$12 \times 15 = 180$;	$13 \times 16 = 208$;
$11 \times 15 = 165$;	$12 \times 16 = 192$;	$13 \times 17 = 221$;
$11 \times 16 = 176$;	$12 \times 17 = 204$;	$13 \times 18 = 234$;
$11 \times 17 = 187$;	$12 \times 18 = 216$;	$13 \times 19 = 247$;
$11 \times 18 = 198$;	$12 \times 19 = 228$;	
$11 \times 19 = 209$;		
$14 \times 14 = 196$;	$15 \times 15 = 225$;	$16 \times 16 = 256$;
$14 \times 15 = 210$;	$15 \times 16 = 240$;	$16 \times 17 = 272$;
$14 \times 16 = 224$;	$15 \times 17 = 255$;	$16 \times 18 = 288$;
$14 \times 17 = 238$;	$15 \times 18 = 270$;	$16 \times 19 = 304$;
$14 \times 18 = 252$;	$15 \times 19 = 285$;	
$14 \times 19 = 266$;		
$17 \times 17 = 289$;	$18 \times 18 = 324$;	
$17 \times 18 = 306$;	$18 \times 19 = 342$;	
$17 \times 19 = 323$;	$19 \times 19 = 361$。	

（四）四则运算的简便算法

四则运算的能力，是由以下几个计算基本功决定的：100 以内加减法的计算技巧，20 以内加法的进位技巧，20 以内减法的借位与退位技巧，真分数的通分技巧，假分数变真分数的技巧。如果上述基本技巧不过关，就难以快速准确地进行加减乘除四则运算。

（五）速算技巧的诀窍：练

前面我们讲了四个要点：一是算不快、算不准的五个原因，二是口算能力不强是算不快的主要原因，三是训练认算能力是提高口算能力的关键，四是介绍了四则运算基本速算诀窍。然而，这一切只是讲了方法，而方法并不是能力，只有熟练运用以上方法才是能力。那么，怎样把方法变成能力呢？办法只有一条，就是训练，一心一意地练，持之以恒地练，循序渐进地练。在这个世界上，要真正学会一种技巧，除了训练之外，别无他法。为了练出成效，不走弯路，下面提供训练中要把握的几个要点，以供参考：

（1）速算技巧是练出来的。

实践出真知，上面介绍的速算技巧，都是在数学计算中总结出来的，一切技巧都是讲操作的，不动手动脑实际操作，再好的技巧只是说说，不会产生任何效果。因此，要想使数学计算又准又快，只有在一切计算过程中运用各种速算技巧，从反复训练中提高速算技巧。也许有人会说，应用各种速算技巧是有条件的，不具备相关的条件，再好的技巧也不能用，当然，这种看法是对的，因为并不是所有的算式都可运用速算技巧。然而，只要你留心，有明确的速算意识，见到任何一道算式，不要拿笔就做，你可先仔细观察能不能用速算技巧，如见到 $225 \div 15$，可不用笔算即知商为 15，一份试卷中肯定有许多算式可以速算，不必处处笔算，不知不觉中便节省了许多时间。你想提高速算能力吗？请千方百计提高认算能力。

（2）速算训练要循序渐进。

任何一门知识都是从简到繁的系统，学会一门知识应遵循由浅入深的程序，练习任何一项技巧要遵从从低到高的过程。因此，训练速算技巧要循序渐进，万万不可急于求成。练习认算应从一位数的加减法起步，再练两位数的加减认算，然后再练乘法、除法的认算，当加减乘除的算式认算熟练以后，才开始练小数、分数、约数速算技巧。天才来自勤奋，只要你多练习，在练习中多思考，一切技巧都能为你所用。多练必熟，熟能生巧，巧必生妙。如果你拒绝多练，再多再妙的速算技巧都不会属于你。

（3）认算能力决定成败。

认算能力是速算的硬功夫，训练速算能力，要从练习认算开始，有了很强的认算能力，速算便水到渠成，因此，对认算训练要下大功夫，要舍得花时间。例如"19×19 口诀"，只要你牢记，达到脱口而出的程度，见到乘除算式，见到计算平方值，见到分数通分或化简，见到约数倍数求解，就可以实现快速准确的目标。训练的标准更不可一步到位，应一步一步提高。如认算一组 20 个算式的加法，第一次用了一分钟，第二次用 55 秒就是进步。训练的时间也不要过长过密，每次训练 15 分钟是适当的，一周训练一次是适当的，因为认算训练比较枯燥，过多过密的训练容易诱发心理抗拒。

（4）要目标始终如一。

极光为何能射穿钢板，运动员为何能突破体能极限，原因就在于目标高度集中，而且始终如一地在一个目标点上释放能量。精力聚焦有两层含义：一是做一件事时不分心，不三心二意；二是始终专注一个目标，没有实现这个目标以前，绝不向另一目标转移注意力。古人说得好，思之久而自悟，有所不为方可有所为。什么事都想做的人，一定什么事都做不好。学习速算技巧一定要静下心来，把心思完全投进去，这一点是绝对不可少的。你想熟记"19×19口诀"，就得认真地背，专心地背，下点真功夫，如果背背玩玩，三心二意，就会记住后面忘记前面，或者是东拉西扯而相互干扰，好像花了很多时间背，其实头脑中没留下印象，这是没有效果的。世界上的事就是这样的，看起来很简单，但因为不认真，做起来就很困难；相反，只要认真，看起来很困难的事，做起来却变得比较容易了，这完全是由态度决定的。

三、提高书写速度

（一）提高书写速度意义重大

首先要注意的是，我们提倡的快速书写不是乱写，而是在准确的前提下加快书写速度，又准又快地书写，慢不是争优的保证，快也不是成绩差的根源。那么，提倡快速书写有什么好处呢？有研究认为，书写是学习的主要行为方式之一，它占用学生全部学习时间的30%以上。提高书写速度，可节省学习时间，提高学习效率。以中学生为例，一个初中生每天用于书写的时间约两小时，少数学生则花三小时。如果运用科学的快速书写方法训练，无须太长时间，大多数学生的书写速度可比原有速度快一倍至两倍，少数学生可快三倍至四倍，若以提高一倍粗略估算，一天可节省一小时，一周节省六小时，一个月节省二十四小时，一年就大约节省两百八十小时，初中三年则可节省八百多小时。节省下来的时间大有用处，读名著、背单词、写日记、攻难题、娱乐等，不正是许多学生心中的渴望吗？再算个账，如果花二十小时复习，在考试中可多拿一分，八百多小时可多四十几分，这对升学考试意味什么，还需要多说吗？再说，现在不是各界呼吁减轻学生作业负担吗？在现行教育体制下怎么减，作业少一点，日后升学考试成绩上不去，谁来担责任，这是个两难的困境。提高书写速度，也许是一个良策。

在现行教育体制下，要把学生的课后作业量大幅度地减下来，绝不是件轻而易举的事。做作业就需要书写，因此每天的书写量很大，作业负担过重首先就重在书写量上。据粗略估算，小学中年级每天作业书写约700字，小学高年级每天作业书写1 000字左右，初一每天作业书写1 500字至2 000字，初二以后每天作业书写达到3 000字以上，进入高中以后，每天作业书写约5 000字。如果提高了书写速度，每天节省出的时间是极其可观的，此举是多方受益的。从实践结果分析，提高书写速度的好处有三：一是有效地减轻学生的精力负担，提高学习效率；二是改变学习中的拖拉懒散的不良习惯；三是有益于培养思维敏捷、行为快速的优良品性。

那么，为什么相当一部分学生的书写快不起来呢？显然，学生的个性差异很大，各有各的原因。然而，造成学生书写太慢的现象，也有几个共同原因：一是知识障碍。如概念不清、公式定理不理解、计算法则记不清、基本常数没背记等。如果基础知识扎实，只要自我提示写快点就可以提高书写速度了。一般来说，那些书写较快的学生，大多是学习上的优秀生。二是书写时注意力不集中。写作业时三心二意，思想开小差，如此书写，怎么快得起来呢？三是方法不对。不少小学高年级学生，甚至到了初中，仍然沿袭小学中低年级的书写方法，要求横平竖直，八种笔法笔笔规范，字字工整，如此书写自然很慢，显然这是得不偿失的。试想，在考试时，当答题时间只够你字字工整抄写题目，而答案却一字没写，评卷老师会因字迹工整而给你加分吗？这里有个认识问题，到底该以什么标准要求学生？对于绝大多数人而言，识字是为了求知，写字是为了表达。在小学中低年级进行写字的规范训练是启蒙训练，是基础工程，它对人的一生是重要的和必不可少的。错过了这个时机，日后要以数倍的代价补回来。然而，我们绝不可从小学、中学直到大学都坚持横平竖直、笔笔规范和字字工整的要求，道理很简单，学校教育不需要把每个学生都培养成书法家，这是不必要的，也是不现实的。

那么，我们应坚持什么标准呢？对绝大多数学生而言，坚持以下四条是符合实际的：①书写正确，不写汉字规范以外的错字；②不写音同字不同的别字；③写字清楚、整洁；④快速书写，写字不要慢吞吞。至于学生中普遍存在不正确的书写方法、不良的书写习惯，文后将作详细论述。总之，快速书写是个重要而有趣的话题，它与学习争优直接相关，请学生、家长、老师务必给予足够关注。

（二）认识汉字特点，享受书写乐趣，提高书写热情

在世界为数不多的古老文字中，一些文字被历史尘埃掩盖了，一些被朝代更替淡化了，一些在生存竞争中面目全非了，而汉字沿用了下来，而且生机勃勃地发展，成为世界人民共享的文化精品。汉字的强势存在绝非上天的恩赐，而是由中华文明的历史地位决定的，现代中国日益强盛，给汉字注入了更加强大的生命活力。汉字自身的显著特点，是它久传不衰的重要原因。

汉字源于象形文字，所以它的每个字都具有表意功能，只要认真观察，会发现文字结构妙趣横生，一字多音，一音多字，一字多义，如此丰富的内容与表现力，是世界其他文字无法比拟的。书写汉字成为一种书法艺术，正是其他文字所没有的奇观。汉字的特点使书写汉字产生愉悦感。汉字与生活血肉相连，多姿多彩的世界，五光十色的生活，都可以从汉字结构中看到因果。凡是与树木有关的东西，如桌、椅、床、森、林都有木字旁；与天上雨水有关的汉字，如雾、霜、雪、雷等，都有雨字头；而与地表水有关的事物，

如洼、湖、泊、海、洋、泳等，都有三点水。一个字可拆开成几个字，如"赢"字，拆开之后是亡、口、月、贝、凡五个字；而几个字又可组合为一个字，如中、心可组成"忠"字，丘与山可组成"岳"字，三个同样的字堆起来可组成另一个字，如水、火、木、金，可分别堆成淼、炎、森、鑫。一般说一个字稍作变化字义便完全不同，"人"字表示的是独立自由的一个人，而"囚"字表示的是犯了法而失去自由的人。只要细心品味每一个汉字，都可以展开想象的翅膀，品其中的含义。中国民间的测字先生，正是依据汉字的结构特点，对人们讲述他的推测。只要我们认识到汉字结构的特点，品味汉字及其丰富的含义，我们就能不断激发书写的兴趣，从书写中享受欢乐。

汉字虽然具有表意丰富、变化万千的特点，但是，基本笔画却只有点、横、竖、折、钩等八种，可说是万变不离其宗。书写汉字的速度平均是多少呢？据我国汉字学者考察研究，汉字楷书每小时可写三百字，汉字行书每小时可写八百字，平均每分钟可写 5 至 13 个字。语言学家丁西林统计，平均每个汉字的笔画是 11.4 画，一秒钟写两画，最多写 4 画，每分钟可平均写 10 至 21 个字，那么，每小时可写 600 至 1 260 个字。在书写能手比赛中，每分钟最快可以写 48 个字，如果书写时间超过半小时，就不可能保持每分钟 48 个字了。在写字准确的前提下，力争写快一点，目的就是节省时间，用较少时间多写些字。哪怕多节省三分钟或五分钟也是可贵的，俗话说，"寸金难买寸光阴"。在今天这个信息时代，时间的价值尤其珍贵，做什么事都要讲个高效率，什么是高效率呢？即以最少的时间做最多的事情。书写速度提高了，学习过程可赢得全面主动。不少学生或家长习惯于把书写差错归因于写得太快了，显然这是一种偏见。其实，差错来自没学懂，来自注意力不集中，来自三心二意，来自贪玩。而书写快一点，恰恰有益于克服这些不良习惯。

要求学生书写快一点是总的要求，从培养过程而言，可分三个阶段，坚持三条标准。小学是第一阶段，标准是写对，不写错字别字，不写没有的字。初中是第二阶段，标准是写快，多练行书，熟习简化字。高中是第三阶段，标准是整洁好看。先写对，再写快，然后求美，当然这里所说的美不是书法艺术标准，只要干净、整齐、易认即可。训练提高书写速度，应把握下列要点：一是重视提高能力。应当说，当前中小学生的书写能力是有待提高的，小学高年级学生每分钟约写 10 个字，写得快的每分钟也不过 15 个字。中学生书写能力较弱的约每分钟写 15 个字，写得快的也不过每分钟 20 个字左右。只要略加训练，小学生每分钟写 20 个字以上，中学生每分钟写 30 个字以上，绝非难事。可见，提高学生书写能力的空间大得很，关键在于是否进行了训练。二是提高观察力。学生写生字，开始是看一笔写一笔，然后是看一个字写一个字。如果对观察力加以培训，变一字一字地观察为整体观察，看一句写一句，进而看一个完整意义的独立句再书写，就可以一口气写几句，如此一来，书写速度将成倍提高。同样道理，写作文与答题目，一句一句想清楚，或一段一段想清楚，然后一口气写完，其效果自然很快。三是学习快速书写技巧。这是个大问题，后文将专题介绍。四是克服三心二意的不良书写习惯。边写边玩、注意力不集中是书写不快的，要学会自我提示，拿起笔就命令自己"写快一点"。五是需要一个安静的环境。周边有人高声谈笑、打牌，对提高书写速度是个大干扰，无论是白天还是晚上，光线一定要适中，过强过暗都是必须避免的。

（三）培养快速书写能力，要从训练基本功开始

怎样提高书写速度呢？陈克正提出了一套基本方法，主要内容由两部分构成：

其一，关于快速书写的用笔方法。①提倡用硬笔书写。硬笔就是圆珠笔、钢笔、铅笔，而不是毛笔。为什么硬笔书写比软笔快？这是因为硬笔书写最流畅，用力均衡，只有按而没有提笔动作，而软笔书写有按和提的动作，笔画有粗有细，必然会降低速度。汉字研究专家认为，硬笔书写汉字是汉字书写的源头与最初状态。因此，用硬笔书写是快速书写的最佳选择。②横向写比纵向写更快。曾经流行一种看法，认为根据汉字的结构的特点从上而下书写为好，其实并非如此，如果把方块形的一个汉字分割为四个小方块，分析一个汉字的书写过程，不难发现，90%的汉字的起笔在左上或左中，落笔在汉字右上、右下方的占78%，可见汉字书写左起右落用笔者最多。从左而右的书写用笔移动的路程最短，也就最省时间。而纵向写，书写时手腕必然要上下移动，停笔、起笔的动作不断更替，既费力又费时。而横向写则以手腕为轴心，上下左右运转十分方便，况且人们已习惯从左到右的横向阅读，因此，横向写比纵向写要好。③书写小字可加快速度。小到什么程度为宜呢？不能小到看不清字形笔画，也不能小到自己书写困难，以致无法运笔。字的大小似乎与书写速度没什么关系，实则不然，字写得过大，每一笔的运笔距离加大，用时一定会延长。书写的目的是表达自己的思想，书写的效果是由写字多少决定的，而不是由写了多少页纸决定的，因此，把字写小一点，是快速书写的技巧之一。④斜点写，书写舒适流畅，速度也会加快。斜点写可提高书写速度，是有科学道理的。一般人是右手执笔写字，手心、手腕是向左下方倾斜的，自然书写时顺势向左下方倾斜用笔，不仅方便舒服，写快一点也顺手，不易疲劳。如是左手执笔写字则向右下方倾斜。中国文字书写，讲究方方正正。如果字字方正而不略加倾斜，写字时手是垂直向下用力，动

作费力，容易疲劳，更难以提高书写速度。⑤轻一点写，既省力又畅快。道理很简单，轻点写可降低笔尖与纸相互之间的摩擦力，因此可提高书写速度。

以上五点书写技巧，是运笔的基本要领，学习难度不大，只要注意一下即可，关键是养成习惯，一旦成为书写习惯，书写速度自然会快起来。训练过程中，要注意把握适度，写小一点不可小到难写又难认，轻点写不可轻到看不见，斜点写不可斜到横睡在纸上。

其二，用行书字体书写，是快速书写的最佳选择。汉字书写流行三种字体，即楷书、行书、草书。从工整美观与规范的标准而言，楷书是首选，然而楷书讲究笔笔规范，画画到位，字字工整，因此，写楷书是想快也快不了的。草书的优点突出，既随意又省时，然而它的特点又是弱点，字形变化太大、太多，往往不易辨认，也不易学好，因此，虽然草书的书写速度很快，但不适宜中学生选用。行书兼备楷书与草书的一些特征，更适合中学生学习使用，所以，提高书写速度，行书是一种最佳选择。因此，每个学生可多购买几本行书字帖，放在手边，随时翻翻，多模仿，勤练习。

用行书书写为什么写得快呢？

行书字体介于楷书与草书之间，形体活泼、灵动，书写也十分流畅，是受人们普遍欢迎的字体，它的字形与楷书有许多相似之处，书写过程的提、按、钩、折富有节奏感，笔画之间相互呼应连接，笔画之间自然形成的多姿连线，往往赏心悦目。与楷书比较，行书自身有一些显著的特征：①行书笔画轻重自如，变化多样；②行书完全摆脱了楷书方正规范的约束，动静自由，粗细相错，潇潇洒洒，富有书写者的个性；③行书活跃跳动，笔画有增有减，变化多姿，字随心意。

行书书写为何如此快是由行书自身的特点决定的。行书有五个基本特点：①行书可以连笔写。楷书讲究笔画规范，笔画之间不可随意连接，而行书笔画就不必如此严格，笔画之间可顺手连写，不少笔画可以省掉，甚至一笔写成一个字，完全不用停笔。②行书书写可以省去运笔时间。行书书写不仅可省掉许多笔画，而且也可缩减笔画的长度，自然会节省书写时间，提高书写速度。③行书书写可随意改变笔顺。楷书书写，起笔、收笔讲究笔顺，笔画必须到位，很费时间。行书则不然，起笔、收笔随意，怎么顺手就怎么写，如此一来，书写速度自然快起来。④行书可简化字体结构，中国汉字十分丰富，笔画很多，写起来复杂费时，行书可简化书写，省时省力。⑤行书书写可改变字形。对笔画复杂的汉字，行书可改变字形，书写速度也就加快了。

中学生练习快速书写，行书是最佳选择，行书练好了，一生受益。练写行书，一定要把握以下要诀：首先，一定要尊重规范。行书是楷书的快写体，它是变化了的楷书，而变是有严格要求的，不可随心所欲地变。中学生要熟悉行书规范，最好的办法是模仿名家的行书字帖，著名书法家的字帖，是行书的范本，它是已被广大群众熟知认可的。因此，我们提倡尽可能选择两三位名家的行书字帖，字帖的内容最好广泛一点，将字帖放在随手可取的地方，只要有空，即使只翻看了一面，只看了几个字，假以时日，也会熟悉行书的书写规范。这种学习方法如同识字过程一样，先从学一个字开始，只要坚持，熟悉的字就会不断增多，经过不断的积累，认识几千字必定能实现。其次，从学习偏旁部首入手，可极大地加快学习速度。汉字结构有个显著特征，在同一个偏旁或部首下，可牵引出几十以至近百个不同的字，如丫、彳、丰、木等。只要熟练学会了一种偏旁部首的行书写法，与此偏旁部首相同的字就可以如法炮制了。因此，在模仿名家的行书字帖时，也可把同一偏旁部首的各种字集中到一张纸上，反复观察模仿名家如何起笔、收笔、连笔与省笔，如此学习可产生举一反三的效果。最后，培养良好的书写习惯。习惯是潜意识的一贯性行为，习惯是一种无形的力量，要提高书写速度，必须有良好的书写习惯。

第一，要有正确握笔的好习惯。当下，学生一般是用圆珠笔或铅笔书写，基本不用毛笔，比较重要的考试或文稿多用钢笔。圆珠笔、铅笔、钢笔的握笔方法大体一样，正确的握笔方法是：用大拇指、食指、中指夹笔，取离笔头3厘米的位置；握笔的三个指头发力，掌心放松；无名指与小指自然弯曲，轻松自如地放在纸上，与手腕合力；不执笔的另一只手，应轻放纸面，不宜玩东西。不少学生握笔过低或过高，或五指抓笔，或手腕悬空等，都是不正确的，都会降低书写速度。

第二，要坚持经常写练结合。中学生的作业量较大，不可能用许多时间专门练习书写，因此，要把写作业与练习书写结合起来，天天要写作业，天天在练书写，进步一定很快，切忌写练分家。

第三，要讲究整洁。速写不是乱写，字要写正确，字面要干净，横向书写近乎直，这三条是最基本的要求。不注意这些基本要求，写得再快也无意义。三条要求之中，最难的是横向书写近乎直的要求，其实这也是个书写习惯问题。只忙于一个字一个字地写，没用双眼的余光看看是否在一条横线上。如写"中国人民站起来了"一句，当写完前三个字后，在写第四个字前，应看看第一笔写在什么地方，注意了这一点，横向书写近乎直便不会有问题。因此，要改变只顾写而不看的习惯。

第四，要养成正确的书写坐姿，头要正对前方，略向前倾，眼离桌面一尺左右，眼神直视而微微放松，两腿平放地面，切不可架二郎腿。

第五，强化快写意念。人的意念统治着人的一切行为，健康的意念产生健康的行为，快写的意念产生快写的行为，心中没有快写的意念，书写是快不起来的。因此，老师与家长要不断地提醒学生，只要提起笔写字，就要用行书写字，写快一点。学生也要牢记，只要是写字，就努力写快一点，经过日常训练强化快写意念，当快写意念强化起来，写得快便是自然而愉快的事了。实事求是地说，练习快速书写是件比较枯燥的事，练好快速书写能力是不可以几天速成的，它需要坚持，需要勤写多练，这是一种硬功夫。因此，要把握两个要点：一是练习与写作业相结合，心中要不忘练习快速书写这个目的，既是写作业，又是练快速书写，只要做到写练结合，经常练习才能落实。二要鼓励，培养兴趣。每次书写练习时间不宜过久，以二十分钟为宜。时间过长容易疲劳而诱发倦怠情绪，难以激发兴趣。要善于发现书写的点点进步，不断增强信心。

第六章　能　力

一、培养自我觉悟的思想能力

人与动物有个根本区别，就是做一件事总是先有思想后有行动。思想是世界上最伟大的力量之一。先进的思想创造先进的事迹，落后的思想产生落后的行动。每一个有积极正确思想的人，他的行为总是有目的的。目的越明确高尚，学习与工作就越会有强大的动力。两次诺贝尔物理学奖获得者居里夫人说，人的天赋是用来做某种事情的，无论代价有多么大，都一定要达到目的。居里夫人有明确的目的、坚定的意志，所以战胜了一个个艰难困苦，登上了一个个科学高峰。

对于中学生而言，思想是否正确积极主要表现在人生志向上，集中表现在学习目的上。从现实情况分析，中学生的学习目的是有层次的，如果按从高尚到消极的次序排列，基本次序如下：①为社会的进步和公平而学习；②为做个有本领的受人尊重的人而学习；③为改变家乡贫困落后面貌而学习；④为孝敬父母，让父母生活幸福而学习；⑤为将来有份称心如意的工作而学习；⑥为长大做个名人而学习；⑦为赚更多的钱而学习；⑧为不输给别人而学习；⑨为不让父母生气而学习；⑩为混个毕业证而学习等。人的行为目的当然不是单一的，往往是几个目的复合，不过也往往是某一目的起主导的作用。目的决定行为表现，因此，我们习惯地将行为表现好的人称为思想觉悟高，反之称为思想觉悟较低。

这里提出了一个问题：什么是思想觉悟？有个近似寓言的故事，可以帮助我们理解这个问题。一位资深的人文学者，看到一处建筑工地上有三位工人正在建房，便走过去与他们交谈。他问第一位工人："你在干什么？"这位工人看了他一眼，愁眉苦脸地扬扬手中的一块砖，粗声粗气地说："在砌砖。"接着他又去问第二位工人同样的问题，那工人用手指着砌起的半截墙说："我在建一栋房子"，态度是那样漫不经心。最后他又问了第三位工人同样的问题，这位工人抬起头，直起身，用毛巾擦擦满脸的汗水，笑眯眯地对学者说："我正在建造一座漂亮的宫殿。"学者听了第三位工人的回答，微笑地向这位工人点点头表示赞许。学者在他日后的著作中多次提到这个故事，深刻论述了思想认识与态度的密切关系。我们也从中认识到什么是思想觉悟。第一位工人不知道自己在干什么，心理麻木，找不到努力的方向，心不甘情不愿，无可奈何地工作；第二位工人虽知道自己在干什么，但是看不见工作的意义，因此感觉不到工作的乐趣；而第三位工人则不同，他明白自己在建造一座漂亮的宫殿，或者是一座教堂、礼堂，许多人将在这里享受欢乐，得到精神满足。因此，辛苦一点，多流点汗，都是值得的。那位学者说，第三位工人同时在心里建起了一座精神的殿堂。我们可以说他比前两位工人的思想觉悟高。

可见，所谓觉悟，一是感觉，二是醒悟。从自己所做的事，从自己待人处事的经验教训，从自己获得的各种信息中，找到自己的认识体会，搞清楚自己干的是件什么事，想明白干这件事要达到什么目的，是别人要我干还是我自己想干，这就叫找感觉。所谓醒悟，就是在干的过程中，或是在干完一件事情之后，包括待人处事与接受外界信息，从经验与经历中提取自己最看重、最不愿意放弃的东西，这种寻找与发现就是醒悟。醒悟总会给人一种妙不可言的欢乐，有哥伦布发现新大陆的那种惊喜，有黑夜中出现一道闪电那样的快感，有手足无措时找到一种妙招的激动，有百思不解时忽然明朗的欣慰。然而，上帝将醒悟的欢乐这种幸福留给了思考不倦的勇士，这是精神上面的公平法典。因为一切令人兴奋的醒悟都隐匿在困难、挫败、浑浊不清之中，没有求索的热情，缺乏持久的耐心，不敢面对挫败的懦弱，是无论如何都领悟不到自我醒悟的重要性的。

人是从一个又一个醒悟中成熟起来的。我读过一个动人的故事。一位少女生活在家境贫寒的家庭，每天帮母亲做小手工品谋生，因穿着破旧而很少走出家门。一个圣诞节前的一天，母亲给她20美元，要她上街去玩玩，给自己买点最喜欢的东西。因为她有些自卑，怕见人，于是有意走小路避开人们的视线。她来到一家卖装饰品的商店，被五光十色的饰品吸引了。此时，一位售货小姐走近她，微笑着对她说，我给你挑选一枚淡棕色发卡，戴在你亚麻色的头发上，一定很好看。售货小姐边说边挑出一枚淡棕色的发卡，轻轻戴在少女头上，顺手给她一面镜子让她照。少女被镜子里的漂亮少女惊呆了，定神一看是自己，天啊，原来自己这么漂亮！接过售货小姐找给自己的钱，她激动地向门外冲去，在繁华的马路，她见到路边的人都在看她，听见人们在说，这位姑娘真漂亮，怎么从来没见过。当她正暗自高兴时，一位王子模样的英俊青年来到她的面前，对她说："圣诞晚会上请您当我的舞伴好吗？"少女面带羞涩地点点头答应了。她回家对母亲兴奋地讲了刚发生的一切。自此以后，母亲发现往日浮现在女儿脸上的愁云不见了，她每天都生活得很开心，母亲情不自禁地问她为何如此开心，女儿说："妈妈，我发现自己是这个地方最漂亮的女孩！"我们从这个故事中，可清楚地梳理出自我醒悟的典型过程。

　　这个家境贫寒的少女从自卑变为自信的心理历程，可分为四个小段：①感觉阶段。在装饰品商店里，从镜子里面看到戴上发卡的自己原来如此漂亮，仿佛一下子找到了自我感觉。②感知阶段。跑在马路上，看见人们喜欢自己的眼神，听见人们夸奖的声音，受到英俊青年的爱慕邀请，外界的多种信息告诉她"你确实是很美的"。③感动阶段。从感觉、感知获得最新认知与体验，必然对心理造成不同程度的震动，必然重新审视自己，要么被强化而更加坚定，要么被弱化而更加自卑。少女确信自己是漂亮的，也就消除了原先的自卑感，因此自信而愉快地生活。④醒悟阶段。新的认知产生新的体验，新的体验萌发新的观念。于是，思想认知就可能产生新飞跃、新突破、新发现，这就是新的醒悟。少女重新认识自己，并享受生活的欢乐，自信使她获得了勇气与力量，她从此领悟到一个新道理：人不是一无所长，发现自己的长处，就会充满信心。

　　少女自我醒悟的故事，给我们的重要启发有三点：一是要提高对人、对己、对事物的思想认识能力，必须学会积极接受与分析信息；二是自我醒悟不是由他人强加的，醒悟要靠自己不懈地思考；三是自我醒悟基本上是自我否定的过程，没有勇气否定已有的经验与认识，不可能有醒悟。由此看来，积极接受新的信息，是提高自我醒悟能力的决定因素。如果你想具有自我醒悟的修养，如果你想帮助他人觉醒，接纳与传递什么样的信息就显得十分重要。

　　我曾经对初中三个年级的学生做过问卷调查，在每一个年级挑选好、中、差各一个班，9个班有500多名学生，收回有效答卷450多份。学生根据以下四个问题选择预设答案：①什么人说的话，你听起来比较顺耳而且容易上心？②什么内容的消息，最容易引起你的特别关注？③什么样的观点，容易让你产生认同感？④什么样的信息，容易使你改变原有想法而重新思考？对有效答卷的统计数据进行梳理分析，发现具有以下特点的信息比较有影响力：一是与急切的内心需求或潜在的期望有直接关联的信息；二是与亲身经历的正反体验相互印证的信息；三是不同时间、不同场景出现的同一事物的不同信息，尤其是比较熟悉的人或事的信息；四是来自五种人的信息，按可信度由高到低的次序排列是：最喜欢的人，真诚关爱自己的人，经常鼓励自己的人，伟人，社会知名的人。不少学生回答某某老师，显然这些老师大多是第一、二种人。

　　这个调查结果很有意思，当老师、做父母的人可从中受到启发。当我们抱怨某个孩子不听话的时候，有必要先自我审问一句，我们讲的话是否与孩子的心理状态相离太远了。众多的模范班主任的成功经验从不同角度证明了学生在问卷上讲的是大实话，证明了一条真理，任何事物要有用才会有价值。不论是什么人说的话，不论是从什么渠道流传出来的信息，如果无用，不给人一点新东西，不贴近受听者的心理状态，那只能被当成耳边风和过眼烟云。因此，从传递信息或接纳信息的角度看问题，精心选择信息的载体与传递方式显得特别重要。这一点决定了信息的效果，也最终决定了一个人思想觉悟的程度。那么，一个中学生，应当用什么方法来优化自己的信息来源呢？有了良好的信息之后，又怎样提高自我觉醒的思想能力呢？把众多优秀学生的体会作为参考，以许多模范班主任的成功经验为借鉴，下面介绍几种方法供试用。

（一）经常读人物传记

人是在相互影响中生活的。与人格高尚的人交友，你的人格会日益高尚；与低级趣味的人为伍，你可能日渐趣味低级。如果心里装着一群伟人名人的形象，你就拥有一批值得信赖的朋友。当你在学习与生活中遇到困难时，心中的伟人名人就是你的良师益友，给你劝慰和指点，给你勇气与智慧。因此，我们说读伟人名人传记是人生一大乐事。周恩来总理的胸前常常佩戴一枚写着"为人民服务"的徽章，激励自己学习诸葛亮，忠实信守"鞠躬尽瘁，死而后已"的人生格言。伟人心中有伟人，凡人心中也会有伟人。雷锋学习张思德，张海迪学习雷锋，众多肢体残障的人学习张海迪。榜样的力量是不可计量的。伟人名人的感召力为何如此之大？原因很简单，他们都是人，他们来到这个世界之初也是平凡人，所有伟人名人成长过程与环境，与凡人没有根本区别，他们遇到的问题，凡人也躲避不了，如怎样立志励志、怎样对待学习、怎样面对困难、怎样认识错误、怎样认识自己、怎样对待他人等。

那么伟人伟大在哪里？他们为何扬名？你只有走近他们，触摸他们奋斗的心路历程，阅读他们的传记，才能具体认识他们。读伟人名人传记，你就能了解他们如何丰富自己的精神生活，克服自私自利，珍爱自己，善待他人，成为无忧无虑、充满爱心的人；你就能了解他们如何勤学好问，面对学习生活中的困惑，成为一个有感悟力的聪明人；你就会了解他们如何战胜困难，面对失败，成为一个勇于奋斗的坚强战士。因此，一位位伟人名人，就变成了我们心中有血有肉的人生楷模。尽管我们不能达到伟人名人那么高的境界，也绝不否认，我们一点一滴学习他们的意义。被生活千百次验证了的一条真理告诉我们，一个平凡人，如果坚持不懈地向一个或几个伟人名人学习，他的生活一定会减少许多低层次的烦恼，他的精神世界一定会摆脱社会庸俗偏见的诱惑，一步步成长为超凡脱俗的人。

现在是个出名人的时代，大量人物传记著作涌现，只要走进书店，不难发现许多新的传记作品。因此，购买一本人物传记的书很容易，读人物传记是否开卷有益呢？不一定。小学生就读不懂《孔子传》，初中生就读不了《史记》中的人物列传，所以读人物传记要切合年龄与知识水平的实际，学会选择。小学生应多读通俗易懂的、历史不过于久远的人物传记。初中生应多读些近现代的伟人、科学家、发明家以及革命英烈的传记，最好是厚今薄古，以中为主。高中生就有更大的选择空间，读点《史记》中的人物列传也会收益甚多的。希特勒、蒋介石、武则天、秦始皇……任何人的传记都可以当作历史来读，我们可以用更广阔的视野来学习，学习以历史的眼光分析人物生活的历史背景，以时代的观点评价人物的善恶是非，以哲学的方法总结应重视的人生警示。有人问读流行歌星的传记可以吗？那些重视人格修养、传承民族文化的歌唱家，也是社会精英，为何不可？至于在舞台近似发泄，低俗浮躁的一类，学生们迷他们，我们当老师的人，就得设法从伟人名人那里求助，将那些激励人心的故事千方百计地传给这些学生，以此慰抚幼稚浮躁的心灵。

（1）学有计划，贵在坚持。

读人物传记是课外阅读，没有考试，纯属自己加的任务。没有明确的自我要求，充其量只是一句好听的空话。因此，定个目标计划，有个时间安排很重要。一般情况下，一个学期读一本人物传记是可以的，如果是《毛泽东传》或《周恩来传》那样几百页的大部头，一年读一本比较实际。无论选择什么样的传记，心中都要有预设的阅读时间。这里有三种安排比较易行：第一种是每天读一两页，没有压力；第二种是每周抽出一个小时阅读，这也不难；第三种是双休日或节假日集中半天阅读也可行。总之心中有明确的安排，坚持落实。学习很忙，要做的事很多，往往容易忘记，怎么办？最有效的办法是把人物传记放在家里的书桌上，容易看到，见到就会想到，不易忘记。

（2）读写结合，学习感悟。

传记中的主人公，在他的人生征程中肯定有动人的故事。有待人处事的金玉良方，有引人深思的经典名言佳句，这些内容是闪烁思想智慧的亮点，可随手记录下来，边记边想，想过去，想现在，想所见所闻，想自己所想，你就会有思想闪电的感觉，自己似乎发现了新的东西，这就是感悟。感悟往往一闪而过，我们应马上拿笔记下来，如同蜜蜂采花粉酿蜜一样。正如爱因斯坦所说，在阅读的书本中找出可以把自己引向深处的东西。读书动笔，增长才干。

（3）点点入心，滴滴践行。

学以致用是一切学习活动的终极目标，也是社会推崇的学习态度。有人说学以利己，怎么利己？有利于提升自己，有利于充实自己，有利于改变自己。现在国际上有个普遍认同的观点，只有那些导致改变行为方向与行为方式的学习，才是最好的学习。读人物传记，就是向传记的主人公学习。学什么？不可能是学当伟人。要求每个人都达到伟人名人那么高的境界，这种要求既不现实，也不科学。假如每个人都是伟人名人，世界上就没有伟人名人了。但是，要求我们点点滴滴地学习伟人名人是合理的，一个平凡人坚持一贯、点点滴滴地学习伟人名人，哪怕是从模仿做起，都会减少许多低层次的烦恼，摆脱许多庸俗偏见的诱惑，精神生活将变得轻松愉快。书中一个个动人心扉的故事，一段段令人耳目一新的话语，一个个引人深思的观点，一种种智慧的待人处事的态度与技巧，只要我们留心，只要我们想学，就可以让我们从狭隘中跳出来，让心灵扫除浮躁，一天天变得宽容起来。我们有理由相信，坚持常读人物传记，必定获得感悟人生的丰富资源，必定拥有一批懂得思考的良师益友。组织中学生读人物传记，每一位班主任将增加一批得力的助教。读人物传记真是好处多多，何乐而不为呢！

（二）力所能及地学点文化经典

中华文化博大精深，文化经典数不胜数，中华民族的子孙为此而自豪，我们更应担当传承与光大的责任。数不胜数的诗、词、赋，首首均是珍品，朗朗上口而流传千百年。论人论事说天道地的思想论著，语言精练，观点深邃，篇篇是佳作。丰富多彩的文化典籍，是我们吸取精神营养的思想宝库。我们没有理由弃之不学。中学的语文教科书只精选百余篇，可以说是凤毛麟角，却是用来指导我们阅读的范本，与此同时，我们不能因此而放弃广泛摄取，如同我们不应该只吃米饭而不吃蔬菜水果一样。力所能及地多读点文化经典，不仅可以丰富自己的文学知识，还能学习更多的写作技巧，正如俗语所说的，"熟读唐诗三百首，不会作诗也能吟"，而且可以从中感悟人生。

"百川东到海，何时复西归？少壮不努力，老大徒伤悲！"我们从中领悟到人生时光的可贵。古诗中蕴含了许多可贵的人格境界，激励后人即使身处寂寞时，也要有"独钓寒江雪"的忍耐。一个人是否聪明并不重要，很重要的是对选定目标的执着。古诗古词读得越多，类似的感悟就越多。还有穿越时空流传中外的名篇佳作，纵论天下，侃谈人世，篇篇展现拨云见日的神奇写作技巧。一针见血的思想观点，无不堪称典范。孔子的《论语》，虽然只有一万余字，但被人誉为修身、齐家、治国、平天下的经典；庄子的《逍遥游》，告知后人看人看事、待人待己的大智大慧，可从中领悟超脱、宽容、快乐的做人态度。尤其是浓缩了前人思想智慧的普及读本，如《三字经》《菜根谭》《增广贤文》一类的古籍，言简意深，字字千金，句句启发人。"人之

初，性本善。性相近，习相远"，告诉我们人本来都很善良，但渐渐地，有人
变得更好，有人变得很坏。"业精于勤而荒于嬉，行成于思而毁于随"，讲得
多精彩准确！学业之优靠勤奋，贪玩就荒废学业，正确的行为是努力思考的
结果，落后失败的行为是随随便便不负责任造成的。因此在日常生活中，挤
点时间出来读点文化经典，大有益处。那些写文章笔下生辉，讲话生动有理
者，多是具有较多文化知识的人。

（三）选择抄录名人名言、警句佳句

在成长过程中，年长者总会用前人的古训教导我们。少年时代第一次远
离家门时，父母会说，嘴巴下面就是路，告诉你多问不会迷路。假如我们因
为不问而走错了路，父母就会说，"不听老人言，吃亏在眼前"。当我们初次
独立走向社会时，父母就会教育我们，要"踏实地做事，诚实地做人"，"要
想人不知，除非己莫为"，"为人不做亏心事，半夜不怕鬼敲门"，"传播是非
者，就是是非人"。这些前人传承下来的古训，如同火炬，指引我们成长前进
的道路。一本《增广贤文》，正是集前人古训之大全，给我们提供了丰富的思
想资源。自然界有火光、电光、阳光，而名人名言、警句佳句是我们精神生
活中的火光、电光、阳光，照亮了我们的心灵。它们一旦受到我们的重视与
珍爱，就能创造激浊扬清、拨云见日的神奇。它们能使人在浑浊中得以清晰，
在困惑时忽然醒悟，在杂乱时理出头绪。名人名言、警句佳句对成长中的中
学生是有益无害的，它们是一种心灵的火炬，照亮我们成长的道路。如果有
人说只要背记几十句名言格言，思想就立即高尚，人格就立即高大，请千万
别信，这是不可能的。如果说经常记一些名言格言是白费功夫，一点益处也
没有，这也不可信。俗话说：毛毛细雨湿衣裳。经常选抄一些名言格言并学
会理解应用，这些名言格言便犹如春风化雨，点点入心，一定有益于丰富我
们的头脑，提高思想境界。

当你遇到十分不顺心的环境时，想一想下面一句格言："埋怨环境，天昏
地暗；改变自我，天高地阔"，也许思想就会顺多了，似乎找到了应对的方法
与出路。当我们决心实现某个目标时，"一万句口号不如一个行动"，鞭策你
赶紧行动。一句格言，一句名人的话，可点燃你的心灯。每句格言和警句，
都是浓缩的思想精品，是智慧的火种。有人问过一位智者，人的智慧是从哪
里来的？诗人说智慧源自悲苦。什么是悲？挫折与不幸。什么是苦？艰难与
困惑。名人的名言，千古流传的成语格言，都是前人名家生活经验的总结，
饱含着智慧的哲理。许多优秀的班主任，以极大的耐心引导学生学习名人名
言，收集格言警句，通读成语词典。有的班主任让全班学生轮流每天选一句
名言写在黑板一角；有的坚持让学生在日记本和读书笔记本上抄录名言格言；

有的指导学生总结自己的经验教训，并将它浓缩成最精练的一句话，创作自己的警世格言。有句名言说得好，真理再向前迈出半步就是谬误。

我们提倡中学生学习、抄录名言，绝不是认为名言可改变一切，几句名言不可能使人一个晚上就变成思想家。人的思维是一个十分复杂的认知过程，思想水平高低直接取决于人的社会经历、知识结构与品德修养。提倡中学生学习、抄录名言，正是为了增强总结自己社会经验的能力，为了扩展丰富知识结构，提高品德修养的水平。学习、抄录名言警句至少有以下几个好处：①给我们认识和处理问题提供新的角度与方法。②给人巨大的鼓舞力量。③名言警句本身就是人类文化思想宝库中的精品，它可提高我们思想语言的品位。

（四）学会确认精神支点

我们生活在一个快节奏的时代。不少人常常莫名地产生一种心理疲劳感，觉得有许多事该做还没做，不少问题该想还没想，有时似乎无事可做，而心又静不下来。这是为什么？心理学家认为，心情陷入茫然困乏状态，是我们思想上出了问题，失去了行为目标。产生这种状态，与我们所处的时代有关。我们处在一个竞争的时代，优胜劣汰无处不在。我们生活在一个物化的时代，物欲横流，搅得人心浮气躁。我们又生活在一个信息爆炸的时代，巨大的信息量使人们眼花缭乱。因此，人们常常陷入某种困惑，不知道自己该做什么，也不明白自己正在做什么。正如一位诗人说的，人哪，我们想得太多，走得太远，却忘记了自己为什么出发。我读过一个有趣的故事，有个人要在家里的墙上挂一幅名画，找来一个钉子想钉在墙上，结果钉不牢，于是想在墙上打个木桩，找来木桩又太大，于是又去找了一把斧头砍木桩，发现砍得很吃力又去找锯子来锯，找到锯子后发现锯条断了，又到处找锯条，当找到锯条后，却不知道该做什么，完全忘记了要挂一幅名画的事。生活在竞争无处不在、物欲横流、信息大爆炸的今天，我们往往陷入忘记出发点的尴尬，这是一种有力不会使和有事却无力的尴尬。

为什么会产生这样的尴尬呢？物理学的力学论中有个支点理论，无论是作用力还是反作用力，如果失去了力的支点，力将无功率可言。记得一位物理学大师讲过一句话：只要给我一个支点，我可以撬动地球。可见支点多么重要。人都有思想，思想是一种主观能动力，思想一旦有了支点，就能勃发出巨大能量。在这个地球上，人是唯一靠思想驱动行为的动物，我们说话、办事、想问题、制订计划、吃苦耐劳、奋斗牺牲等言行，心中总有个目的，也就是出发点，就是我们提倡的精神支点。周恩来总理日理万机，胸前总不忘记佩戴"为人民服务"的徽章；江姐临刑前满怀深情地绣红旗，心中想的是打败蒋介石，解放全中国；艰苦训练的运动员，为的是拿金牌，奏国歌，升国旗；雷锋助人为乐，时刻不忘自己的诺言，是因为"我要把有限的生命，投入到无限的为人民服务之中去"；世界拳王泰森在自己卧房的天花板上，写了"我一定能战胜对手"这句话，在自我暗示中入睡又醒来，从而激发了沉睡着的巨大潜能，一次又一次称雄世界拳坛。伟人胸前的五字徽章、先烈心中的目标、楷模对自己的承诺、运动员心中的梦想、拳王早晚相见的自我提示，都是支配行为的精神支点。这样的精神支点，是人们心中最看重的东西，是人们最不愿放弃的东西。它是信仰，它是行为目的，它是誓言和承诺，它是自我完善的决心。当人们将它说出来，写在日记本扉页上，写在一张纸片上，贴在容易看到的墙上、书桌上，天天看一眼，念一遍，铭记在心，落实于行动，就成了千古传承的修身法宝，人称"座右铭"。有了自己思想与行为的座右铭，就是确认了自己的精神支点，我们在忙碌中就不会忘记自己为什么出发了。

中学生正处在勃勃生长的时期，自己经过深思熟虑选定了座右铭，从中受益是多方面的。我们可从中学会自律自励，学会选择与放弃。人有了自选的座右铭，茫然时将学会清醒，将学会坚持。优秀的中学生，大多有过用座右铭激励自我奋斗的成功体验；优秀的班主任，大多有以名言格言激发学生斗志的成功经验。可以肯定地说，学生心中有了自己的座右铭，思想行动就有了一个精神支点。那么，如何选定与运用座右铭呢？从优秀班主任与优秀学生的经验中总结出以下几点：

（1）选定的座右铭内容，一定是经过自己深思熟虑的。对所写内容确信无疑，铭记在心。形式主义的简单抄录，做个样子将毫无意义。

（2）座右铭的内容，一定要有极强的针对性，从内容中可鲜明无误地表明自己想干什么，要实现什么目标。

（3）座右铭的内容是动态的，完成了已定任务，选定了新的行动目标，座右铭的内容应随之改变，这种改变无固定的日期，完全从实际出发。

（4）座右铭没有规定的统一格式，可以是一句话或几句话，也可以分列出三条五条，但语言表达一定是言简意明、好记好做。比较多的人选定的座右铭用的是五条编写格式，即座右铭中表明了五层意思，按先后顺序是：①我要向哪位伟人、名人、楷模学习；②我要铭记的名人名言、格言、警句、成语；③我要实现一个什么目标；④我要向学校或年级或同班的哪位同学学习，学习他的什么优点特长；⑤我要提醒自己的一句话。实践证明这样的座右铭效果最好。

（5）座右铭放在什么地方最好？成功的经验是：座右铭一式三份，一份放在日记本的第一页，一份放在学校课桌的上角，一份放在家里的书桌上，或放大后贴在书桌前面的墙上。这三个地方最经常陪伴着你的学习与生活，可以及时触摸自己的心灵。我们欢迎衷心的劝告，真正的自我改变靠实际行动，形式的辉煌只会是欺骗。

（五）坚持做意志力体操

一个人要将自己的思想目标变成现实，绝不是认识正确就能实现的，这里需要多种条件，其中最重要的条件之一是思想的坚定性，即目标先进明确。遇到困难就打退堂鼓，行为就会松松垮垮和随意放弃，这就不是思想坚定，而只能算作思想冲动。一种思想，它的力量强弱靠三个支撑点：一是明确的认识，认清了原因和必要性；二是情感需求；三是意志力。如果说认识与情感是思想的血肉，那么，意志力则是思想的筋骨。意志力是后天有目的地培养出来的。

怎样培养意志力呢？没有坚持就没有意志力，没有克服困难的奋斗就没有意志力。越是接近成功的时候，越是最困难的时候，也是最容易动摇的时候。只要我们坚持一下，成功就在坚持一下的努力之后。据说人的潜能总是在到达极限时爆发出来。有个动人的传说，一位农夫在山里捉到一只雏鹰，把它放在一群小鸡中喂养，它长大之后不会飞，农夫觉得养它无用，便把它抛下悬崖，那只鹰在落地之前，飞翔的潜能突然爆发了，鼓动双翅飞向蓝天。这个故事耐人寻味，它告诉我们，绝境、极限、危难是激发潜能的好机会，只要你咬牙坚持，奋起一搏，就会出现奇迹。意志力就是在坚持奋进中培养出来的。

我们提倡的意志力体操，能创造唾手可得的坚持一下与奋起一搏的机会。所谓意志力体操，就是每天坚持三项运动，即原地高抬腿、仰卧起坐、俯卧撑。这三项运动操作简单，不花分文，普遍可行。只要愿意，人人均可做到。为了达到培养意志力的目的，有几个要求必须做到：①动作要规范，随随便便将失去意义。②要循序渐进，先应按动作规范测定出个人的极限基数，在基数的基础上每月适当增加次数。不增加数量，即失去意义。③必须坚持天天做这三项运动，"三天打鱼，两天晒网"，将会毫无意义。④要有竞赛性，开展竞赛能有效弱化三项运动的枯燥性，竞赛能增加趣味，趣味能促进坚持。竞赛的形式多样，可自选结对子随时比赛，可有组织地定期进行小组之间、个人之间的比赛。坚持意志力体操好处很多，它不但能培养坚持精神，而且有益于培养好习惯。事实上，中学生学习活动中需要坚持精神，上文倡导的读人物传记，学文化典籍，抄录名言，实践座右铭也少不了坚持精神，下文要讲的写成长日记活动，更需要坚持精神，人无论是思考还是行动都要有坚持精神。有人说，选择行为目标是重要的，而更重要的是为实现目标而执着追求的一个个具体行动，这就是坚持精神，这就是思想的筋骨。

（六）学会观察与分析，写成长日记

只要你留心，就会发现一种现象，那些思想丰富、观点深刻的人，都有坚持天天写日记的习惯。文学巨匠巴金、文学旗手鲁迅、青年楷模雷锋，直到生命终点的时刻，才放下写日记的笔。众多优秀班主任都重视引导学生写日记，记下他们成长的经历。实践证明，中学生写日记的好处很多，最直接可见的有以下几点：

可以牢记与总结自己的经验教训，吸取自己经历中的智慧，使你变得更聪明。人的思想与品质成长，并不是一条直线，往往是要经历几个翻来覆去的过程，大体变化轨迹是：青少年时期心灵善良、纯洁，追求上进。然而随着年龄增长，社会交往扩大，感到善良吃亏，好报不多，因此，善良渐渐弱化，开始模仿假恶丑。但是，社会的教化与自己的良知让自己重新觉醒，难以狠下一条心作恶到底，于是重新找回善良与进取。中学生的成长过程，就是在善与恶、勤与懒、进与退的左右摇摆中走过来的。这些左右摇摆体现在每天的生活中，记下这些经历，留下种种体验，日后回头看一看，成功的经验可享受欢乐，过失的教训则警钟长鸣。不重犯同一个错误，往日的迷茫，可作为今日清醒的起点。

可以提高观察分析问题的能力。日记总是写自己的所见所闻和所思所疑，写自己交往过的人，写自己经历过的事。只要你动笔写，必然要表达自己的感受，表达是非看法，总要讲讲原因，总要说说自己的主张，这一切思想活动就是分析。今天分析一件事，明天分析一个人，久而久之，养成了爱分析的习惯，培养了分析能力。只要你写日记，必定是这个结果。

可以帮助自己改进不足之处，有益于自我修养的提高。向上，求好，被尊重的欲望，是人性使然。写日记，就会自己劝自己要进步，要勤奋，要虚心，要诚实，要自信，要助人，总而言之，劝自己向上。很少见到写日记劝自己作恶的，人不会劝自己懒惰、自傲、自卑、自悔的。人有个怪毛病，自我批评总比被人批评舒服得多。自我劝告总比别人劝告听得更真切。所以，写日记是促进自我改进的好方法。

可以有效地提高写作能力。写作能力是现代人重要的生存能力。一切被称作能力的东西，不是天生的，而是后天培养训练得来的。仅靠写作文的有限训练，难以快速提高写作能力。写日记则是一种非常有效的方法，日记天天写，也就是天天练。写日记可随心所欲，可长可短，日记无体裁限制，感想、心得、记叙、评论、诗歌、散文、计划、总结等形式，想写什么就写什

么，想怎么写就怎么写。写多了，就会思路如流水，下笔生花，这一好处是一点即明的。

可积累一笔可观的精神资源。日记里保存了个人成长的感悟，抄录了阅读中的珍品精华，记录了对社会万象的观察与思考。这一切都是人生的无价之宝，是日后做人做事的精神资源。一本日记是一段历史，而历史总是最权威的行动指南。

以上五条也可概括为一条：坚持天天自学自省，将练就一种坚韧不拔的意志力，这一品格则是成就一切事业的基石。写日记的好处很多，但一些中学生却说不会写。其实，只要你动笔写就能学会。学写日记如同学说话一样，学说话只要愿意开口就行，写日记只要动笔写就能学会。第一天只写一句，然后两句三句，实在无话可讲，抄一句名言也行，或者再写几句感想更好，坚持写下去就会喜欢了。魏书生老师引导学生写日记，用了出作文题的方法，根据学生的思想状况出题，收到了良好效果。如"心中的两个我""善与恶的对话""一次成功的喜悦""考试后的得失分析"等，把写日记与自我教育结合起来，一举多得。

二、培养自问自解的思维能力

人是靠思维决定行为的动物。什么是思维？思，就是用脑子想；维，就是事物之间的联系。所以，思维就是用脑子想问题，想明白事物之间的联系。世界上的万事万物都是相互有关系的，任何一个事物的存在，不是甲事物发生之因，必定是乙事物发展之果。冰的形成，是水温降到0℃以下的结果。正确认识事物存在与变化的关系，才能科学有效地认识问题和解决问题。

据说，佛教创始人释迦牟尼曾经向众弟子提出各种问题，以培养弟子们的思维能力。在一次与弟子们闲谈中他问众弟子：赤日炎炎的夏天，为了让一滴水不会很快蒸发，应该怎样保存？众弟子沉思良久，有的说把它装进瓶子中，再埋在土里；有的说把它装在密封的小木桶里，再放进屋里；有的说把它冰冻起来，而其余的则无言以答。佛祖先摇摇头，表示弟子们想的办法都不可取，众弟子对释迦牟尼投去求教的目光，他微笑着轻轻挥动一下右手说，把它投进汪洋大海中去。弟子们听了，若有所悟地你看看我，我看看你。佛祖顺势对弟子们说，只有与众人团结在一起，才能保持自己的活力。

佛祖又说一个人多思则聪，少思则惰。不思考和懒思考是人性的劣根。人为什么要上学读书？一种最常见的回答是：学习知识，用科学的知识武装头脑。这种认识对吗？对，但只对了一半，也许并不是重要的一半。为什么？请问，学知识干什么，自然是为了用，用学到的知识解决生活、工作与创造中的问题。用就是想，就是思考，可见学知识是为了思考，学习过程就是训练大脑思考的过程。一个满腹经纶的人，不一定是聪明人，只有具有丰富的学识又善于运用已学的知识发现问题并解决问题的人，才有资格享受聪明的赞誉。所以，学必思，思中学，才是科学的方法。中学时代的可贵，正是因为由此起步，为锻造一个善于思考的大脑奠定坚实的基础。那么，中学生在日常学习活动中如何培养思维能力呢？应该从哪些方面培养良好的思维品性呢？

第一，要把培养独立思考的品性当作最重要的目标。所谓独立思考，就是自己提出问题，自己寻求解决问题的方法与答案。人的一切行为效果都是由思想决定的，一切坚定的思想都来自独立思考。因此，离开了独立思考的品性和习惯，其他任何优秀的品性和习惯，都是无源之水、无本之木。

独立思考的品性与习惯，要以强烈的探索欲望作支撑。托尔斯泰在一部小说中讲了一则寓言故事，一位皇帝对自己提出了几个问题：一个人要活得受人尊敬，什么人是最重要的？什么事是最重要的？什么时间是最重要的？这三个终极性的问题时刻在心里搅动，他紧切地想寻求答案，然而百思不得其解。他与身边的大臣多次讨论也没找到满意的答案。一天他装作一个平民出宫，信步走向城郊，边走边思考。夜幕下来到一座农舍，敲开门，一位老汉问他有什么事，他说请求借住一夜，老汉热情地说："进来吧。"睡到半夜，一阵敲门声将他和老汉惊醒，只听见门外人央求道："一群歹徒在追我，请让我进来躲一躲。"老汉急忙开门，一个身上多处流血的人就冲了进来，老汉随即把来人藏起来。不久，几个手持刀棍的人冲进屋，凶巴巴地问老汉见到一个人逃过来没有。老汉平静地说没看见，手持刀棍的人在室内胡乱闹了一阵便离开了。后来，老汉帮那个受伤的人洗去了身上的血迹，那人向老汉道一声谢就要走，老汉将那人送出门就睡了。这位皇帝百思不得其解。第二天早晨，皇帝问老汉，你把那人藏起来，又不问姓谁名谁，让他走了，你就不怕遭灾惹祸吗？老汉平静地说："我一辈子就是这样为人的。生活中你身边有困难的人，是你要认真对待的最重要的人，帮助别人渡过难关是你要做的最重要的事，在别人最困难的时候雪中送炭，重在当下做事，这是最重要的时间。"老汉讲的一席话，使皇帝心里一亮，冥思苦想的三个问题都获得了答案。可见，只有强烈的探索欲望支持，才会产生持久的独立思考，也只有对某个问题的探索达到执着的精神状态，才不会因受到外界压力而选择放弃，也不会因种种诱惑而转移注意力。

第二，培养独立思考的品性与习惯，要有顶住外来压力的勇气。任何新思想与新发现，必须是以与众不同的独立思考为起点的，与众不同就意味着面对他人的反对和非议。发明用接种牛痘预防天花的医生琴纳，在 18 世纪的欧洲正是教会当道，琴纳要用疫苗在人身上做实验的想法，是对教规的大逆不道，教会宣布要对琴纳实施严厉惩罚。他要在自己儿子身上做实验的想法，更是遭到全家人的反对。琴纳目睹了成千上万的孩子死于天花的惨状，更坚定了自己的思想，顶着家人与教会的强大压力，在自己儿子身上接种了牛痘，儿子除了体温略有升高之外，没有发生什么可怕的后果，三天后，儿子恢复了活泼健康。琴纳成功了，人类战胜了恶魔般的天花，天下的孩子不再遭受天花的伤害。外界压力是独立思考的第一个阻力，因为压力往往使人心理紧张，紧张又最直接连通人的最脆弱的神经，最容易导致放弃。一般说，压力的后面往往跟着放弃。对中学生而言，坚持独立思考常常会遇到三种压力：一是临考前的焦虑压力，越是临近考试日期心理越紧张，心情不安，对问题的独立思考就难以坚持；二是学习中遇到困难的时候，放弃的想法搅乱了自己，难以坚持独立思考；三是学习疲倦的时候，思想最容易走神，此时的独立思考最难坚持下去。你想培养独立思考的品性与习惯吗？那就要学会顶住压力的方法，当你受到某种压力想放弃思考的时候，你就得命令自己坚持一下，成功往往就在坚持一下的努力之后。

战胜各种诱惑，是培养独立思考的品性与习惯的重要方法。独立思考必须心神专注，必须目标始终不转移，做到这一点实在不易，只有排除了各种诱惑，坚持既定目标不转移，胜利才是你的。有这样一则寓言，一群青蛙在一座铁塔下玩耍，忽然一只青蛙说："我们爬到塔顶上去玩吧，塔顶高，可以看到更远的地方。"这个主意受到众多青蛙的欢迎，于是一群青蛙争先恐后地向塔顶爬去。但在这一过程中不断有青蛙半途而废，唯有一只小青蛙继续向上爬，尽管爬得很慢，但仍不停步，爬呀爬呀，终于爬到了塔顶，见到了远处许多从未见过的东西，高兴得又唱又叫，已经回到地面的青蛙惊奇地看着塔顶上十分得意的小青蛙。当小青蛙回到地面时，众青蛙七嘴八舌地问小青蛙怎么没有动摇呢？是什么力量支持你爬上去的呢？小青蛙说："我只想向上爬，没有回头看，不知道你们都没有爬了，也没有听见你们在说什么。"这则寓言故事很有意思，因为小青蛙听不见众青蛙消极的鼓噪，排除了诱惑，没有放弃既定的目标，最终实现了自己的愿望。中学生尤其是初中生最容易接受外来的诱惑与暗示，一有风吹草动就盲从盲动，听课不专心，做作业不用心，因此提高排除诱惑的能力，是培养独立思考的品性与习惯的头等大事。排除外界诱惑的习惯要经过有意识的锻炼，中学时代的毛泽东故意到闹市路边读书，许多高考状元特意打开房门学习，就是为了锻炼抗干扰的能力。

独立思考的习惯也是一种精神状态，它与固执、傲慢、偏激、盲从绝无关系，因为独立思考本质上是追求真理。具有独立思考习惯的人，他很自信，绝不会做完作业就与别人对答案；他勇于改正错误，不轻易放走一道做错了的习题；他虚心，对自己不懂的东西绝不装懂，经常与成绩优秀的同学讨论，主动向老师提问求教。因此，独立思考的品性与习惯，自然是优秀学生的共同特征。你想培养独立思考的习惯吗？请从强化求知热情，学会顶住压力，学会排除诱惑，听好一节课，完成一道作业题做起。

第三，要学会对一种现象问几个为什么的思考习惯。天下万事万物是相互联系的，一种原因会产生多种结果，一种结果往往是多种原因造成的。真正的原因往往躲在现象的背后，是很难一眼就看明白的。例如，人高烧到 41 度时，你绝不可简单断定是身体受凉而感冒了，因为淋巴炎、肺炎，甚至许多危险的重病都有高烧的病兆。身体高烧只是现象，绝不是病因。要找到真正的原因，就必须到医院看病，经过检查和深入分析，才能作出准确的判断。学习生活中，无论碰到什么现象，一定要多问几个为什么，我们才不会被现象所欺骗。物理课上，老师拿出一根条形磁铁，用磁铁的一级靠近指南针的同级，你会发现两者立即相互吸引到一起，为什么会产生同性相吸的反常现象呢？老师告诉同学们，这是因为条形磁铁的磁性比指南针的磁性强大得多，强大的磁性很快将弱磁性的一级异化了，变成了同性相吸。如果不深入思考，就会动摇对"同性相斥，异性相吸"这个物理学原理的认识。对现象多问几个为什么的思考习惯，能帮助我们深刻理解事物的发展规律。

思考和分析见到的种种现象，找到现象掩盖着的事物本质，是科学家们的思考习惯。社会学家马寅初提出计划生育的主张是个经典例子。1954 年马老回浙江老家探亲，有侄子领来九个孙辈拜见公公，此情此景使马老大吃一惊。对人口过快增长的现象，马老经过三年的调查与思考，经过严密的推算论证，发现我国人口的增长率高达 23%，不用 20 年我国总人口就可翻一番，过多的人口将成为民族兴旺的重大包袱，成为国家经济发展的严重障碍。于是马老出于科学家的责任感提出了中国人口论，但却受到包括国家主要领导人在内的全国性批判，并被强加以反动右派的罪名，然而马老并不后退，他坚定不移地坚持自己的观点，因为他的观点是经过深入思考的。30 年后的事实令人信服地证明马老是对的，国家给他平反，计划生育成了振兴中华的基本国策。如何养成遇事深入思考的习惯呢？一不要盲目相信现象，对任何现象持怀疑态度，多问几个为什么。二要学会联想，不要把见到的现象孤立起来，要从一个现象与另一个现象的关系中找联系，从重复现象中找原因，一句话，找到说服自己的理由，这就是爱因斯坦的方法：思考，思考，再思考。

坚持课前预习是培养深入思考习惯的方法之一。上新课之前预习要学的课文，可以发现新课中的疑难点，带着疑难点听课，自然会把注意力引向知识的深处；反之，没有课前预习，听课是被动的，没有关注目标，心中没有追求，思考当然是肤浅的，大多是一知半解的。

懒惰是深入思考的最大障碍。有相当多的中学生，特别是初中生，班主任不严抓考勤他就迟到，任课老师不考试他就不复习，老师不清点作业本他就不交作业。为什么会如此懒惰呢？关键是没有深入思考当前的学习与自己的未来是什么关系，害怕艰苦，对自己的未来不负责，没有动力进行深入思考。

第四，要努力培养多角度思考的习惯。任何事物的发生与发展是千姿百态的，发生的原因是多方面的，表现出来的形态是千变万化的，发展的最终结果也有多种可能。因此，我们认识某个问题就不可以是一个角度，解决问题的方法就必须选择多种方式，从多种方式中选择投入最少、效果最好的方法，这叫作多角度思考，也叫作换位思考。用多角度思考认识和处理人与人的关系，不能固执地站在自己的利益与感觉的角度思考，更要有勇气与宽容，站在对方的角度去思考，只有具备这种态度才能取得最好的方法与效果。在认识与解决问题时，最容易犯的错误是钻牛角尖，当遇到一道作业难题时，切不可死抓住一种方法不放。我们要有意从两方面锻炼自己，当用某一方法解题受阻时，应立即变换思路，尝试新的思路与方法。如果仍然不解，再变换思路，直至正确求解。当我们选择的思路与方法将问题成功解决的时候，思考绝不能停步，我们还可尝试其他方法求解，这种一题多解的思考演练，正是提高思考能力的最佳方法。自己解题选择用过的思路与方法，正确的或错误的都要比较分析，这是一种经验教训的积累，善于积累就是聪明，我们从积累中获得的就是多角度思维的能力与智慧。永无倦怠的思考是艰苦的，当我们从思考中享受成功的欢乐时，我们会实实在在地感悟到成长的满足。

三、培养创造性思维的能力

培养创造性思维能力，对中学生来说是一件非常重要的事情，这一能力的强弱大小，几乎可以决定青少年的未来。什么是创造性思维呢？简言之，创造性思维是指认识问题的角度与解决问题的方法突破常规的思维。具有创造性思维的人，他的精神状态与思想活动大多呈现以下几个基本特征：

第一，思考问题的精神状态常常是高度专注的。数学家陈景润因在走路时思考问题而撞上电线杆；阿基米德坐在书桌前思考是什么力量推动地球运动时，竟察觉不到敌人的屠刀已经架在了自己的脖子上。可见思考问题入迷，是创造性思维的显著特征。

第二，喜欢从相同的事物中寻求不同的东西。天文学家哥白尼生活的那个时代，人们的思想被宗教统治着，认为地球是宇宙的中心，太阳绕着地球转的观念神圣不可侵犯。哥白尼经过长期的观察思考，对这一观念产生了怀疑，这种求异思维、挑战权威的勇气支持他进行几十年的观察与思考，他终于提出了日心说，把人类从对宇宙的迷信偏见中解脱出来，引发了一场思想大变革。求异思维是创造性思维的推动力，人云亦云与创造性思维是根本对立的两种精神状态。

第三，思考问题的方法是多元、全方位的。怎样鉴别一个学生是否有创造性思维呢？只要比较学生对某个事物的联想力就一清二楚了。教师在黑板上写出"衣服"二字，要学生充分联想，结果将十分不同。一些学生联想到不同的衣服，如衬衣、棉衣、男衣、女衣、童衣、花衣等；另一些学生联想到衣料、服装厂、制衣机、服装市场、棉花生产等。可见前者的联想是直线单向的，后者的联想是多元发散的。显然后者的联想表现出创造性思维的特征。

第四，思想与言行往往敢为人之先，表现出鲜明的独创性。他敢说别人没说过的话，敢做别人从未想过的事。他认识问题和解决问题多是与众不同的，喜欢独出机杼。只要我们看看一切发明家的传记就会发现一个事实：任何发明与创造，都是在怀疑或反对的声浪中实现的。因此，要培养独创精神，最要紧的是两条：一是不放过任何与众不同的想法和一闪而过的念头；二要坚定，不要怕人们反对，不要怕人们嘲笑，不要害怕失败。不过，要严格把握一个原则，即一切想法与做法，要以不伤害他人利益为前提。忽视了这一条，独创就会变成害人。

中学生应当重视在日常学习与生活中培养创造性思维的幼芽，点点滴滴地培养。创造性思维能力是人类能力的核心因素，它的构成与培养是多种条件复合而成的。知识、性格、习惯、兴趣、意志以及生活经验教训等因素，是它的基础条件，它绝不是荒郊野岭孤立的一棵树，而是植根于沃土的一片茂密的森林，孕育着生机勃勃的生命活力。我们要有效地培养自己的创造性思维能力，也应当从多方面培养，从日常学习生活的小处入手。集合中外教育心理专家的意见，如下若干建议可供选择：

①在预习、听课、复习、作业、实验等学习活动中要不断暗示自己专注，一心一意，排除内心与外界的一切干扰；

②要学会并习惯与人讨论问题，学会提出问题，学习与人争辩问题，这种讨论与争辩贯穿于日常学习与生活之中；

③要进行从看来彼此无关的事物中找到内在联系的思考训练，养成训练

联想的习惯；

④要培养训练观察问题与提出问题的习惯，从相同的事物中找差别，从不同的事物中找共同点，从原因方面提出问题；

⑤要训练自己悉心观察一切事物的良好习惯，观察到别人不易发现的问题；

⑥要培养自己在空闲时间思考自己感兴趣的问题的习惯；

⑦应有意培养自己的好奇心，对自己没见过的东西留心观察，并暗示自己努力认识它，问个为什么；

⑧要敢于对现有的结论提出疑问，对课本、老师以至专家的观点提出不同的意见；

⑨应当鼓励自己对身边的各种现象用心观察，找到这些现象产生的条件和原因；

⑩在认识问题、解决问题时，应鼓励自己找到与众不同的方法；

⑪应努力学习预测各种事物发展的结果，并想方法验证这一结果的正确性；

⑫要培养自己承受挫折与失败的能力，激发自己从头再来的决心，学会分析失败的原因，绝不轻言放弃；

⑬要学会奖赏自己，对任何事物有了新发现，找到解决问题的新方法，应激发兴奋的情绪，喝杯香茶奖励自己，高歌一曲，享受一下成功的欢乐；

⑭应重视释放学习过程中的兴奋情绪，听完一节课，攻克了一道作业难题，记住一首古诗，做实验获得了预想的结果，应有意再回味一次欢乐的心情，或者与他人分享自己这一欢乐，从而强化这种欢乐，久而久之，必将激发自己更大的思考兴趣与热情；

⑮应鼓励自己在解答学习生活中的问题时提出新设想、新方法，甚至在与同学娱乐时提出新方式；

⑯应从日常生活中培养"打破砂锅问到底"的精神，培养追问习惯，重视最终结果；

⑰要重视培养自己闹中求静的心理品质，学习毛泽东，在吵闹、多干扰的环境中看书背书；

⑱应养成与人分享欢乐的习惯，主动把自己的新发现告诉别人，并虚心听取别人的看法；

⑲在写作文与回答老师、同学的问题时，有意运用类比和推断的方法，不害怕与众不同；

⑳应培养自己的综合能力，要求自己用最简练的语言概括学过的知识，

不断总结快速有效阅读的方法；

　　㉑应重视培养与人交谈的能力，要求自己在交谈中运用新词语、新概念、新信息，学会说俏皮话。

　　以上种种建议，中学生不妨择其若干条尝试，只有好处没有坏处。在这样做的过程中，你难免受到他人的种种非议，什么顽皮啊，奇怪呀，这没什么可怕，只要你坚定，各种非议将随风飘去，留下的是创造性思维的种子，终有一天会在你的心田里发芽，长成参天大树。

四、培养自主自控的自制能力

　　天下的学问万千，最深奥的学问是正确认识自己。天下的困难事万千，最困难的事是合理地管理自己。成功的人，最成功的方面是实事求是地认识了自己；成熟的人，最成熟的表现是自己管理了自己。所谓正确认识自己，就是实事求是地认识自己的优点与弱点，明白什么东西对自己最重要、最不可放弃。所谓管理好自己，就是清楚地认识自己什么时间该做什么事，什么时间不该做什么事，也十分清楚什么场合该做什么事，不该做什么事，什么事必须做，什么事坚决不能做。一句话概括，我是自己言行的唯一主宰者，我是自己言行的最高统治者。人们把这种能力简称为自制能力。经过长期观察，中学生之间的优差之别可罗列几十条，但是，最根本的只有一条：优生自制能力较强，差生自制能力较弱。这种差别最典型的表现有三个方面：一是思想上有无明确的奋斗目标；二是言行上有无约束要求；三是时间上有无计划安排。

　　任何一种能力的获得绝不是轻而易举的事，不是一朝一夕就可得的，没有长期的有意磨炼是不行的。对中学生而言，培养自制能力要结合日常大量学习生活的实践进行，从一点一滴的小事做起，尤为重要的是不能空谈，而要踏踏实实地身体力行。总结各地优秀学生的经验，精选各地先进班主任的成功方法，以下若干方法是可行且十分有效的。

　　第一，要使自己心里装着某种明确的追求，假如你心中没有任何追求，那么你必须努力寻找。

　　从许多高考状元走过的心路历程分析，从众多先进班主任的先进经验总结可知，开展编写目标设计书的活动很有意义。这种目标设计书，大体可分三项，即"人生设计书""六年设计书""三年设计书"，具体做法是：

　　(1)"人生设计书"。进入中学读书的青少年，坐下来认真想一个问题：我要做一个什么样的人？也就是设计一个自己终生奋斗的目标，想好了几条内容就写几条，这就是"人生设计书"。有人会说，中学生年龄小，不成熟，许多想法是天真的幻想，并不切实际。何况人生几十年，将来会碰到什么变化谁也无法预计。这些想法不是没有道理，但是，我们是从人的培养、成长角度提出问题的，"人生设计书"不是国家建设计划，事实上，当一个人有了一份"人生设计书"，即使是粗线条的，或者是极不全面的，也会大不一样。没有它，学习生活是浑浑噩噩的，"凡事预则立，不预则废"，而有了这种设计的人，将能推动自己站在一个高起点上做事和想问题，结果会有天壤之别。每一个人的"人生设计书"不像解数学方程式那样严密，也不像一台车床那样每个零部件都是标准化设计，只要求思想明确即可。如同登山运动员一样，只要知道自己登顶的目标就行，至于如何成功登上去，那是另一个问题。世界足坛名将罗马里尼奥的故事给人很多启发，当他少年时代迷上足球的时候，他给自己设计了一个人生目标：要当一个贝利那样的足球名将，不踢进 1 000个球决不离开绿茵场。目标激发了他生命的巨大能量，他最终成了巴西著名"国脚"，成了 20 世纪 80 年代至 90 年代的世界足球明星。到 2001 年初踢进999 个球的时候，他已经 41 岁了，今天仍是各国守门员害怕的禁区杀手。"人生设计书"不要求长篇大论，也不需要太多的具体数字，只要求实和认真，心里怎么想就怎么写。有个 15 岁的美国少年勃拉德，他把自己一生想做的事，一件件写到一个本子上，在第一页写上了几个字：一生的志愿。他为自己设计了到亚马逊河探险，登上一座海拔 7 000 米以上的高峰，探访马可·波罗走过的路，读完《莎士比亚全集》，写一本书，游览世界知名城市，读名牌大学，搞一项发明创造，结婚生子等共计 120 个目标，当他到 43 岁那年，他已经实现了其中的 106 个，为此他也经历过 18 次死里逃生的风险。当然，这绝对不是提倡中学生要向这位美国少年那样选择目标，也不必选择那么多的需要许多客观条件的目标。我们讲的是要有人生奋斗目标。事实上，无论处在何种状况下，青少年只要心中有了自己想要实现的目标，就会萌生一种庄严感，就会用比往日严肃得多的心态对待自己，就能一步一步加快成熟，当然也慢慢懂得时光的可贵。

（2）"六年设计书""三年设计书"。所谓"六年"，是指从初中到高中毕业的六年中学时期。所谓"三年"，是指初中三年。从我国相当长的一个历史时期的国情和民情而言，并不是每个中学生都能上大学的，就广大农村而言，也并不是每个初中毕业生都能上高中的。因此，中学生应非常珍惜中学六年和初中三年的宝贵时光，站在人生的高度做好人生设计，从自己要成为一个什么样的人的角度，选择好若干自己要努力争取实现的目标。在进行六年或三年人生目标设计时，应当把握四个原则：①一定要关注德智体全面发展，不可偏废。②要与自己下一个人生奋斗目标相衔接，如果客观条件不允许读高中或上大学，自己决心走自学成才之路，就应当特别重视语数外基本知识的学习。如果决心上大学，自然要学好各门功课，更应当扩展自己的知识面。③一定要从自己的实际情况出发，如果你的学习基础比较差，就不要死死锁定考大学、上重点的目标，为自学做准备也是上策。④目标一定要明确，不宜过多，经过实践，发觉自己还有潜力，或者目标选择太低或太高，重新修整就是了。但是，你所制定的目标，一定是自己真心想实现的，而且是乐意为它付出艰辛的努力的，否则决不可写上去。因为不打算付出辛勤劳动的目标，充其量只是一句动人的谎言。

第二，要让自己的学习生活有计划。计划，尤其是时间计划，是实现人生追求的保证，是自我管理的技巧。行动有计划的人，才是自己真正的主宰者。只要心中有了想法，就会千方百计把想法变成现实。所以，目标激发欲望，欲望催化行动。人们的这一心理活动趋势便是自己管理自己的内心驱动力。选定了追求目标之后，最要紧的事是行动。行动总得分清先后，总得抓住要点，所以制订行动计划是顺理成章的事。最有效的计划有两种：一是时间计划，二是项目计划。

什么是时间计划呢？就是在某一时间段内自己要做些什么事。一般来说两种时间计划最有效：一种是学年或学期计划，在一个学年或学期开始时，认真分析自己的现状，把这一年或这一学期要达到哪几项目标，采取哪些措施，时间如何安排，一条一条写下来，放在手边经常看看，变成日常言行的提醒。有一定自我约束能力的学生，还可以把学年或学期计划细分为月计划，更易于落实。另一种是日计划，即每天的自我约定，日计划不必太细，只要准备一个名片大小的笔记本，每天晚上睡觉前想一想，把明天要做的事写在本上，多则三五条，少则一两条，随身携带，每晚打开看看，若没落实便纳入第二天的计划。这能让我们成为一个行动高效率的人，让自己每天的学习生活有计划。开始也许不习惯，坚持一段时间就习惯了。只要你这样做，只要你坚持，就会发现自己已发生了可喜的变化。

某省文科高考状元曾说，要想学习好，最重要的一件事是安排好作息时间，定个时间计划是大有益处的。按照老师的教学进度与课程表，把每天的学习时间做个安排。为了学有目的，他几乎是每个星期日晚上用半个小时想一想下个星期的学习应当注意哪些问题，抓住哪几件重要的事，课余时间怎么利用，做到心中有数。想好后，简要地写在一个小本上，放在书桌上，每晚睡觉前看一下。定这种计划要严格注意两点：一是任务要求与时间分配不紧不松，留点余地，太紧了忙不过来，完成不了会影响信心；太松了没有意义，失去自我监督的作用。二是定了计划就坚决实行，不寻找原谅自己的理由，因各种原因没有完成的计划，一定要挤时间补上来，计划十分完美，做不做无所谓，那是自我欺骗。

应该怎样制订计划呢？下面是魏书生老师班上一个学生的初三学期计划，现将原文抄录如下，可供参考：

一、目标

坚决改掉爱与人计较小事的毛病，要求自己得理也要让三分。

扬英语之长，积极参加各类英语竞赛，要在去年英语竞赛第 10 名的基础上超越 4 个人，进入前 6 名。

加强物理学习。物理是各科成绩最差的一门，要多花时间，改进学习方法，不拉总分后腿。

学期总成绩要从去年的年级第 38 名前进到第 20 名。

3 000 米长跑要超越去年，进入校运会第 3 名，为班级争 4 分，加强弱项铅球的训练，不让它拉体育成绩的后腿。

二、措施

（1）再读两次《周恩来传》，学习总理的博大胸怀，经常想到自己的座右铭：比天空更广阔的是人的胸怀。

（2）除参加学校英语兴趣小组的活动外，自己每天晚上要拿出适当时间学习英语，多做英语辅导题。

（3）物理成绩不理想，是粗心大意造成的，该记住的公式记得不准确。本学期要强化物理公式与定理的背记，多做物理习题，要认真编写物理错题笔记。

（4）上学期年级第 20 名的总成绩是 635 分，我的总成绩是 620 分，相差 15 分之多，主要差在物理上。物理我只得了 78 分，扣的 22 分中有 8 分是马虎，有 9 分是记忆不准，不理解的只有 5 分。如果加强记忆，态度认真，物理过 90 分应该不难，争取与年级第 20 名并列是可能的，何况我的英语强项在初三更可发扬优势。

（5）每天下午练长跑，与班上长跑好的人同组跑，每天比别人多跑 1 000 米，去年我 3 000 米是第 6 名，今年争取进前 3 名并不难。

三、时间分配

上学期学数学时间多了一点，这学期应适当减一点，加到物理上。

双休日、节假日的时间要计划安排，原则上每天上午应学 3 小时，晚上 3 小时，下午不学习，用于郊游、文娱活动。

学习计划、月计划、周计划都要有三项具体内容：目标、措施、时间安排。

为了落实各类计划，提高计划的效率，制订单项计划是个好办法。如单科学习计划、考前复习计划、体育锻炼计划、矫正某个缺点的计划等。有人会说，制订这么多计划，既费精力又很麻烦。其实这是个习惯问题，前边讲过写日记的好处，如果把制订计划的事当作写日记的一个内容，制订计划就不是一种负担了。

学会有意义地过好双休日，也是生活有计划的重要方面之一。

现在每周上五天课，周末休息两天。说实话，双休日给中学生带来了欢乐，也提出了自我管理的要求。试想，一年的双休日有九十多天，加上几个节假日，由学生个人自由支配的时间约占一年的三分之一，三年初中就只有两年学习，一年在休息，六年中学时光只有四年学习，两年在休息。可见，双休日是中学时光的三分之一。因此，让双休日过得有意义，就是个值得认真关注的大问题，管理好了是一笔大财富，任其自流是重大损失。这样说绝非故意夸大其词，现实生活已有大量事实证明了这种判断。

为了让双休日过得健康有益，就要求正确认识双休日。双休日，顾名思义是让中学生在身心两方面得到休整，它的意义可从两个方面理解：一是让紧张学习了五天的身心松弛一下，改变一下身不由己、环环相扣的紧张生活，这是青少年身心成长的需要。松弛一下，放松一下，是一种精神休整，为下周五天的学习积聚精力能源。二是给青少年个性发展留出一定的时间和空间。一般说来，在校学习的五天时间，学生的一切活动受学校规定的控制，上课、作业、考试、作息时间都是固定的，学生自由时间很少。而双休日则是由学生个人自由支配的，可以利用这个时间做自己想做的事，发展个人兴趣特长，培养个性。一句话，双休日应该是中学生的福音。

把双休日带来的福音变为实实在在的欢乐，需要对时间作出适当的安排。从当前情况看，中学生的双休日生活，可归纳为三种基本类型：

一是受控型。名义上有了双休日，实际上被老师和家长控制了，名目繁多的培优班、补课班，其实是加班，学生仍然像平时上课一样，背着书包早出晚归地上学放学，或者是周五带着各科老师布置的大堆作业回家，双休日泡在题海中出不来。也有的学生在家长的强制性要求下，只许在家里阅读五花八门的辅导资料。总之，学生的双休日被他人支配了，自己基本难以自由支配。

二是放纵型。处在此种状态的学生，认为双休日就是放假，就是不学习。因此，对生活没有任何要求，早上想睡到何时就是何时，晚上何时睡觉也随着性子来，无论干什么事，都只求一个字——"够"，于是玩无止境，睡无定规，思想是没有要求的，行为是没有自我约束的。

三是轻松型。处于此种状态的学生，双休日是有计划的，他们都以学习为主，也享受娱乐、交友、发展个人兴趣的欢乐。每天学习三至五小时，整理课堂笔记与错题集，预习或复习自己较薄弱的学科。他们利用双休日读课外文学名著，读名人伟人传记，他们在双休日里有意帮父母做点家务，与父母愉快交谈，有计划地到城郊大自然里放松身心。应该肯定，第三类学生的双休日是健康有益的。

以上三种类型中，前面两种类型是不值得提倡的，也不是双休日的本意，对中学生的健康成长是有害的。而轻松型的双休日生活，受到广大中学生的喜爱，给人健康，享受欢乐。轻松型双休日生活方式，说白了是以自学为主、张扬个性的生活方式，它近似一种三三制方式，在双休日或节假日期间，用三分之一的时间学习功课，用三分之一的时间发展个性特长，如阅读文学名著与名人传记，发展书法美术等爱好，用三分之一的时间参加体育、文艺、郊游、访友、购物等活动。当然，时间划分不是机械死板的，根据活动内容不同可多可少，三三制是一种总量分割原则，做到三方兼顾即可。

第三，扬长避短，尤其是避短，是中学生培养自制能力的核心方法。人是在不断扬长避短中成长进步的。俗话说"尺有所短，寸有所长"，无论何人，总是有长处、有短处的，成功靠扬长，进步靠避短。一般来说，人大多是识长容易识短难，中学生尤其要提高自己识短避短的勇气和能力，仅此一点，大体决定一个人能站在什么高度。有一个著名的理论叫"木桶效应"，其大意是说，一个木桶装多少水，是由木桶中那块最短的木板决定的。也就是说，一个人成就的大小与进步的快慢，往往是由他能否改正缺点与克服短处决定的。改正缺点坚决，克服弱点短处很快，他的成绩就好，他的进步就快，这是必然的，问题在于许多人对此认识不坚定，或者是认识了，但行动不坚决，这是不少处在后进状态的中学生的通病。因此，特别关注自己的弱点与缺点，少说多做，坚决改正克服，这是提高自制能力的行为密码。行为效率论中有条"鞭打尾羊"的法则，其意是说，一位牧羊人赶着一百只羊上山或回家，他手中的羊鞭总是打在走在最后的一只羊身上，为什么？道理非常容易理解，走在羊群最后的那只羊因种种原因会离群掉队，如果牧羊人的鞭子只顾鞭打领头羊，不管尾羊，那么，在到达目的地前，羊会一只一只地离群走失，最终一百只羊也许只留下几十只了。这正如航行在大海的一支舰队一样，这支舰队的航行速度是由最后一支舰的航行速度决定的。"鞭打尾羊"的法则告诉我们，要想争取好成绩，要想提高自己的能力，那就需要特别关注自己的缺点和弱点，并坚决予以改正克服。

那么如何以"鞭打尾羊"法则提高自制能力呢？

首先，坚信一个事实：世界上没有十全十美的事，也没有完美无缺的人。承认不完美，是对事对物、待人待己的稳操胜券的态度。太阳光芒万丈也有黑点，月亮温柔明亮也有残缺，伟人盖世功德也有弱点。因此，我们要勇敢承认弱点和缺点，这将打开心灵的窗户，吸进新鲜空气，清除前进途中的障碍。看不到自己的弱点和缺点，或者明知自己的弱点和缺点而不重视、不改进，听之任之，可以断言，不愉快的事将不断向你袭来，落后是必然的，更有可能你在竞争中被淘汰，在群体生活中被边缘化。这一切令人不快的事，终归降落到你的头上。你想进步快一点吗？如果你想培养自制能力，请承认自己的弱点。

其次，认识自己有什么弱点和缺点。事实上千难万难，认识自己最难，认识自己的弱点和缺点是难上加难。为什么？人性弱点使然。无论伟人、名人、平凡人，一切情感言行，处处受到避苦求乐欲望的支配，爱听好话，渴望被尊重，想成为群体中的重要人物。当然这绝不是过错，而是人追求上进的强大动力，丧失这些欲望倒是十分可悲的。然而问题也正出在这里，人又常常因此而变得不清醒，心理上产生不喜欢批评、拒不承认自己的弱点和缺点的错误倾向，这是一个心灵的陷阱。人们渴望得到他人的称赞和好评，但是又抗拒批评，不承认弱点和缺点，来自外界的好评与赞扬自然将日益减少以至消失。伟人的伟大，不是他没有或抗拒弱点，恰恰相反，他们正是从克服自身的一个又一个弱点的过程中走向伟大的。那么有什么方法认清自己的弱点和缺点呢？

第一，从比较中发现自己的弱点。当然，是与先进人物的比较。读伟人名人传记，听先进人物的报告，听优秀学生介绍经验等都是好方法。将他们学习工作、待人待己的想法和做法，平心静气地与自己比较一下，发现其中的差别，他们的长处也许就是自己的短处，他们的优点也许就是自己的缺点。当然，个人的生活环境千差万别，年龄不同，要求也不一样，不可简单照搬，一定要从自己的条件出发，择其适者而行之。

第二，从评价中找弱点。班主任和任课老师经常面对全班评价人或事，老师也会对学生的学习和言行进行评价，如表扬、劝导、批评。同学之间也会对某同学的优缺点进行评价，这类评价很多，只要自己虚心，只要对自己从严要求，就不难发现自己的弱点和缺点，扬其长，避其短，何乐而不为呢？

第三，从过失中找弱点。中学生说错了话，做错了事，答错了题，这是常事，很正常。正确的态度是知错必改，不屡犯同一个错误。事实上，错话、错事总会有发生的原因，找到了原因就找到了弱点和缺点，而屡犯难改的根源，就是不能从错误中找到自己的弱点和缺点。

只要人有心，世上没有登不上的山，也没有走不通的路。只要保持一颗进取的心，就能不断实事求是地认识自己。如果有人说你没有弱点，或者说你没有优点，那是不可信的。人为什么长两只眼睛，就是为了全面看清事物，既看美的，又看丑的，既看优点，又看缺点。不需要什么特别的本事，就能从先进人物那里找到自己的缺点和不足，从老师对同学和自己的评价中找到自己的弱点，从分析自己的错话、错事、错题中找到自己的缺点，认真克服自己一个又一个的弱点和缺点，就是实实在在的自我控制。

培养自制能力的最后一点，一定要抓住一个"小"字。学习与生活中有许多被看成小事的东西，因为它小，往往被忽视、被忘记。事实上许多小事正是构成大事的基本因素，如同高楼大厦中的一块块砖、江河湖海中的一滴滴水。我们学习生活中也有许多这样的小事，你不管它，任其自流，所讲的提高自制能力，就是一句动听的空话。从中学生的实际出发，有些小事是天天在你身边发生，你却往往视而不见的。我看最值得特别关注的有这样一件小事：管好生活的每一天。世界上最宝贵的东西是人的生命，浪费时间就是糟蹋生命。常言道，时间似流水，一去不复回。今天过去了就是明天，过去的365天就是一年，人生有多少个一年，闭目一算，每个人心中会有一个数。人往往自相矛盾，想到人生短暂，觉得时间无价，具体到生活中的每一天，又变得非常大方，变得无所谓。心想怕什么，明天多的是。记得上小学的时候，读过一篇《日历》的语文课文，日历，日历，挂在墙壁；一天撕去一页，让我心里着急。它讲的就是要珍惜生活中的每天。365个一天就是一年，几十个一年就是一生。道理就是这么平凡简单，信不信由你。

怎样管好生活的每一天呢？办法有三个：一是重视，一天看来是小，你细想一想，小即大。二是计划，你可备一小笔记本，放在家里书桌上，每晚睡觉前，思考一分钟，将明天要做的事筛选一下，按轻重缓急排个一二三，每天要做的事不要多，抽其中重要的三件就可以了，言简意明地写在小本上。第二天上学前看一下，放在心中，并努力实现。三是习惯，要千方百计实现计划要求，切不可找理由原谅自己，半途而废。如果出现特殊情况无法完成，可转入明天，接着去做，并把这一行为方式变成习惯。如果兑现了以上三条，生活中的每一天将会变得很充实。

最后，减少无意义的活动，是中学生提高自制能力的重要方法。人的经常性活动主要有三项：说话、做事、想问题。所以，一个自制力强的人，往往从这三个方面表现出来，中学生的突出弱点也大多表现在这三个方面。

关于说话，自制能力强的人，明白什么话该说，什么话不该说，什么时间可以讲话，什么时间不可以讲话。中学生讲话往往不知禁忌。上课、自习、开会、看电影的场所，是不可随便与人讲话的。在此种场所讲话，将影响别人，显然讲话者自己也是浪费时间而毫无收获。除此之外，有少数中学生喜欢背后讲同学的坏话，或传播是非，往往伤害了别人而一无所知。不该讲话的时候讲话，不该讲的话随便讲，都是没有意义的话，也是闲话，是自制能力很差的表现。这是不少中学生常见的通病，但往往被认为是小事而不加控制，这个问题应该引起我们足够的重视。

关于做事，做每件事都应善始善终，有个结果，讲求效果。不少中学生把做作业变成抄袭别人的作业，也有学生喜欢做无用的事，上学放学路上喜欢看热闹，哪里人多就往哪里看，哪里有人争吵就站在哪里围观，浪费很多时间却无丝毫意义。诸如此类事，也往往被认为是小事而不加以改进，放纵自己而不加以控制。

关于想问题，人是万物之灵，灵就灵在大脑能想问题。聪明的人之所以聪明，他的过人之处就在于善于想问题。什么是善于？该想清楚的问题要穷思不舍，抓住不放；不值得思考的问题不放在心上，坚决放弃。对问题善于取舍是自制能力强的显要特征。该想的不想，不该想的胡思乱想，正是不少处在落后状态的中学生的弱点。作业遇到难题就想抄袭，某门学科太难就随便放弃，病根就是害怕艰苦的思考，该想的不想。相反，有些毫无用处的事则想入非非，如将来我有钱了到什么地方去玩，有个照相机该多好，如果我学到了隐身术我会干什么等，正是这类胡思乱想让不少中学生远离现实而无心学习。

总之，培养自制能力不靠天、不靠地，他人也无法代替，只能全靠自己的主观努力。一靠人生有目标，目标激发追求，追求产生行为动力；二靠生活有计划，计划帮助你把时间安排得有条有理；三靠"鞭打尾羊"，对自己的弱项特别注意；四是从小事做起，滴水成潭，抔土成山，一步一个新高度。从实际效果而言，从小处着眼，从小事做起，对培养自制力特别有益。许多优秀的中学生就是这样做的，他们不随意浪费每一天，今日事今日毕。他们不随意放弃一道做错了的习题，从错题中找知识缺陷，直至完全学懂。他们不随意放任自己的一个言行缺点，不拒绝老师的批评，找出原因，从严律己，坚决改进。人的最大弱点是不喜欢听批评的话，不喜欢多想自己的弱点和缺点，更不喜欢在众人面前承认自己的错误，如此便阻碍了我们的进步，这也是我们重犯同一类错误的根源。许多优秀班主任为帮助学生克服这个弱点，仿照医生给人治病的办法，引导学生对自己的某一缺点或弱点写"病情诊断书""情况说明书"，并在此基础上给自己开治疗处方，这些方法不会引起心理对抗，能在比较放松的情绪下开展自我教育，实践证明也是培养自制能力的好方法。

五、培养自我探索的自学能力

讲到自学能力，不能不提到华罗庚，他是中国一位著名的数学家，是一位自学成才的代表性人物。华罗庚家境贫寒，15 岁那年初中毕业，因家庭经济困难而中断了学业，在家帮助父母做事以谋生计。然而强烈的求知欲望使他不愿意放下书本，哪怕贫困和劳苦也无法阻止他的求知欲望。他每天晚上挑灯夜读，自学了高中数学的全部课程，接着又自学了十多本大学数学教材，并在此基础上研读中外数学名家的不少专著。他在数学王国里尽情地遨游，23 岁那年发表了第一篇数学论文，引起数学界的特别关注。自学，发奋地自学，使他终于站在数学高峰上，成为数学大师中的一员。为什么一个 15 岁的初中生，一个没进过大学校门、没有大学文凭的青年，后来竟成了中外著名的数学大家？答案很明白——矢志不败，自学不怠。包括华罗庚在内的天下杰出人物的奋斗经历，向我们揭示了一条简单的真理：人生就是自我奋斗，没有上帝，只有自己；没有坐享，只有奋进；没有天生，只有学习。有人说人来到这个世界上，高于一切的任务是求生存，为了赢得生存优势，就要努力创造。有各种方法的生存，有各类层次的创造，无论何种生存与创造，如果没有知识、经验和技能，生命必然会枯萎，如同生命没有血液一样。正是从这种认识出发，可以说学习就是供给人生的新鲜血液，自学能力是人生的造血功能。所以毫不夸张地说，人的一生一刻也不可放松自学，培养自学能力，将受益终身。

在校学生更应倍加珍惜在校学习的时光。从我国现实条件出发，只有四分之一的青年能上大学，尤其是广大农村的青少年，绝大多数只能读完初中，真正意义上的学习是在初中毕业之后。所以，在校学生的学习，都要从两个方面下功夫：一是扎扎实实地学好基础知识，为今后自学作知识准备；二是重视在日常学习活动中培养自学能力，这是日后自学的看家本领。事实上，无论是今天还是将来，自学能力都是一种学习的基本功，没有这种功夫，要获得优良的学习成绩是十分困难的。

怎样培养自学能力呢？常言道，好钢要用高温炼，游泳要在水中学，快刀要在石上磨。自学能力只能在学习过程中一点一滴培养出来。本书第二章讲的学习过程的六个基本环节，是从认识与方法上提出基本要点，侧重于各环节的具体目标与学习程序。这一节是侧重于几个重要方法，突出操作过程的细节，突出操作细节中自学能力的培养。一般来说，这些操作方法是完全由自己独立自主进行的，独立看书，独立解题，独立考核，不依赖老师指导这根拐杖，自己从学习过程中学会学习。

1. 特别重视预习

提高预习效果，这是培养自学能力的第一要务。对即将学习的内容提前阅读，为上课做准备，这种阅读统称预习。阅读就是读书，独立自主地读书，是自学的基本方式。在预习中提高阅读能力，就是在培养自学能力。所以，在校学习期间高度重视预习，意义特别重大。预习就是自己看书，预习的主要任务有四个：

一是查。一篇课文，一篇文章，一本书，因为是第一次阅读，必然会碰到不认识的生字，不理解的生词和概念。怎么办？查字典，查词典，并把查到的结果标记在生字、生词、生概念的旁边。要知道，学会了查字典、词典将一生受用，它是自学的基本功。扫除了阅读中的障碍，就可以深入学习了。因此，各类字典、词典是学习工具，尽可能多准备一点为好。

二是筛。清除了阅读障碍之后，就要学会筛选，从课文中筛选出三点，即重点、难点、疑点，筛选出的三点应在文章相关处标明，以便听课或深入学习时特别关注，学习的主动性就是从这里起步的。

三是梳。即通过阅读，梳理出课文的基本层次结构，明白知识的基本点。如讲了几个观点，几个段落，各个知识层次的相互关系等。

四是明。即明白下一步学习的要求，什么地方是关键，要用什么参考资料，时间怎么安排等。

抓预习如同牵牛要牵牛鼻子，预习做好了学习过程中处处主动。众多高考状元谈学习经验，都强调课前预习的重要性，体会到预习的很多好处。其一，预习使人学会了有目的地看书，养成了读书的好习惯，培养了阅读能力。不知道怎么样看书，就说不上自学，没有阅读能力，哪来的自学能力？其二，预习过程促进思考能力的提高。预习中筛选重点、难点和疑点的过程，就是比较和分析的过程；预习中梳理知识结构与要点的过程，就是概括与综合的过程，也是认真进行逻辑思考与判断的过程。预习中发现的疑点，可以引导我们上课听讲的注意力，从听讲中力求排除疑点，也培养了积极思考的好品质。其三，预习能帮助我们开拓思路，提高了深刻理解知识的能力。因为事先预习了，能够紧跟老师讲课的思路与速度，有条件把新旧知识联通起来深入理解。其四，预习可以显著提高学习效率。因为事先预习了，听课的注意力直指重点、疑点和难点，听课效果好，复习顺畅，作业用时少，越学越有趣，越学劲越高，学习成绩越来越好，可见好处很多。

预习的具体要求因人而异，内容多少不可众人一样。一般来说，学习基础较差一点的学生，主要抓短程预习，而学习基础较好的学生，在短程预习的前提下，逐渐增加远程预习。短程预习就是对明天讲的新课的预习，远程预习就是对将要学的新课，甚至整本教科书的预习。

2. 学会自学一本书

有人做过预算，人的一生，在校学习的时间能占一生时间的四分之一。大部分的时间是自学，何况在校所学知识到社会工作时不是过时了，就是学非所用，许多新知识和要用的知识只能靠自学，靠自己面对一本本陌生的书。因此，独立自学一本书，是自学的最基本的能力之一。许多具有现代眼光的老师十分重视这一能力的培养。下面要介绍全国优秀班主任魏书生老师的两个卓有成效的做法：

一是把厚书读薄的训练。魏书生老师教初中语文20多年，对初中三年的六册语文教材非常熟悉，他动员每个学生备齐六册教材，与同学们分析六册教材的知识结构体系，组织学生编写初中语文知识结构图。魏书生老师引导学生分析语文教材书的特点，发现看似一篇篇相对独立的课文，其实是按一定的目标与内容构成的，有层次，有体系。经过与同学们讨论，认识到六册教材共有80课，200多篇文章，编者的目的是让学生接受一定系统的语文知识。综合起来是四大部分：基本知识、文言文、文学常识、阅读与写作。这是第一个结构层次。进一步分析发现，基本知识部分，又包括语言、文学、词汇、句子、语法、修辞、逻辑、标点符号共八个方面的内容。文言文部分，包括字、句式、实词、虚词共四个方面的内容。文学常识部分，包括外国、中国、古代、现当代四个方面的内容。阅读与写作部分，包括中心、选材、结构、表达、语言、体裁共六个方面的内容。这是第二个层次，共22个方面。再进一步细分，每个方面又包括基本知识点，如语法就包括词类、词组、句子、复句共四个知识点，这就是第三个结构层次。22个部分有130多个知识点。这个知识结构图如同一张中国行政区域地图一样，各个省是第一层次，地市是第二层次，县乡是第三层次。用这样一种思路把课本初读一遍，列出结构图，就会明白全书的重点、难点，什么是已知，什么是未知，心中大体有数了。这种知识结构图把六册教科书变成了几页纸，渐渐地练就了把厚书读薄的本领。从语文教材的编写练习，学到了厚书读薄的方法，再用此方法阅读数理化各学科就不难了。一张地图在手，旅行不走错路；知识结构图在胸，学习目标很清楚。在知识结构图引导下，抓住了重点，突破了难点，扫除了疑点，一个个知识点学懂了，一本教科书的知识体系梳理明白了，也就是把薄书读厚了。通过厚书读薄，又薄书读厚，这就是扎扎实实的自学，培养了实实在在的自学能力。

二是写预习分析报告，要求学生预习完一本教科书以后，对一本教科书写分析报告，引导学生从整体上把握全书的知识系统。每到寒暑假前，他就把下学期的课本发给学生，让学生在假期里做这件事。

怎样写一本教科书的分析报告呢？魏书生老师以语文教材为例，向学生提出六点要求：①列生字表。生字就是教材中有拼音的字，生字表分现代文生字表与文言文生字表两类。还应该花点时间找出没有拼音的生字。②列生词表。将课文中不理解的生词筛选出来，分现代文与文言文两类列表。生词按在课文中出现的先后编号，并将号码标记在生词旁边，以防学习中忽略。③单元分析。分析统计本教材中，记叙文、说明文、议论文、文言文每单元各有多少篇，从而明确本教材要注意的重点。④习题归类。统计全册课文后的习题共有多少道，并将它划分为四种类型：字、词、句训练题多少道，语言、修辞、逻辑训练题多少道，听说训练题多少道，读写训练题多少道。一般来说，初中语文教材每册有150道题左右，要理解记忆的有100道题左右。⑤知识归类。对本册教材中的基本知识要心中有数，语法、修辞、逻辑、体裁、写作等知识，有几篇课文是重点，应注重熟读或背诵。⑥书后附录。写清本册教材有什么书后附录，它对学好本册教材有什么作用。按教材先后顺序列出作家简表、作品名称、选自何著作、有何名著。外国作家应写清楚国籍、作品发表年代、作品体裁。一本书一篇分析报告，大约费时三个小时，篇幅为1 500字就行了。有了知识结构图与教材分析报告，就从整体上把握了知识体系，使学习过程处处主动。经过以上训练，手拿一本书就知道该怎样读了。虽然是以语文课本做训练，但从中学到的方法同样可用于其他学科。事实上，自学任何一本书，内容虽有不同，但都要从文字阅读开始，自学能力的首要功夫是文字阅读能力，魏书生老师的高明正在这里，这叫眼界决定境界，境界左右着人的未来。

3. 寻找符合自己实际的高效读书方法

自从人类发明了文字以后，书就成了人类一代一代传承文明的载体，人们从书本中吸取知识与智慧。自学就是自己看书，尤其是成年人，要在繁忙的工作中自学，不可能用整月或者整年的时间专注学习，因此，从在校学习过程中寻找适合自己特点的高效率的读书方法，是一件意义深远的事情。事实上，世界上没有什么万人同一的读书法。数学家陈景润运用的是拆书读书法，他把一本书拆开，每天随身带着几页书抽空阅读。毛泽东运用的是交错读书法，他精选两三本不同内容的书，分别放在床头、办公桌边和沙发上，随手拿在手上读。中学生大量读的是课本和相关资料参考书，或者加几本文学或兴趣读物。放眼未来，无论读哪类书，都要找到适合自己特点的读书方法。总结优秀学生的体会，一种有效的读书方法，都有如下共同特点：①由粗读到细读；②一次重点阅读实现一个目的；③经典段落，一字一句地精读；④读与记结合，一边用笔记，一边用脑记。

当前，比较普遍的方法是四步读书法，其基本操作过程分为四步：第一步是粗读，即粗略地把书翻一下，读前言、后记、目录，看一下全书的章节题目，对自己有兴趣和感到十分新颖的几个章节，快速地看一遍。粗读不是一字一句地读，也不必花太多时间，如同到书店购书那样，只要知道书本将给读者讲什么内容就行了。第二步是通读，这一步要求一字一句一个标点也不放过，通读要达到两个目的：一是了解全书的主要内容与知识的结构层次，二是找到书中的重点、难点和疑点。这一步是四步中要多花点时间的一步。要特别强调一点，对找到的重点、难点和疑点，要用不同符号做标记，指引第三步阅读的注意力。第三步即熟读，沿着第二步的标记顺序，再读重点，突破难点，攻克疑点，主要目的是把一本书读通，在"通"字上下功夫。第四步即精读，放下那些并不重要的内容，把时间和注意力放在重点与新知识点上，读中想，想中读，一切为了理解吸收。请注意，精读要手脑并用，一边用脑思考，一边用笔写点什么，如做摘记，编知识卡片，同时选个习题做一下，验证自己是否真的读懂了。

四步读书法绝非唯一的读书法，也不是适合每个人的读书法，实事求是地说，对学习基础较差的中学生，应用此法有一定困难，可参考使用。然而对广大成绩中等以上的学生，运用此读书法无不可，熟用四步读书法，将来自学便是得心应手的工具。在校学生运用此法学语文，一定有良好的效果。不过每一步的目的有不同的侧重点。第一步粗读，要了解文中的主要内容与主要人物；第二步通读，要了解知识的结构层次，能复述文章的大概内容；第三步熟读，要突破生字生词关，提炼重点，理解中心思想；第四步精读，整理出写作特点。语文教材是由几十篇或长或短的范文构成的，用四步读书法读一篇课文，不一定每篇文章都要分四步读，经典现代文、古文、散文、诗文，只用四步读也许不够，因为有的要背记，有的要反复欣赏品味。然而，课外读物、报纸、杂志中的文章，也许读一遍知其大意即可。因此，应用四步读书法读书，应因内容特点而定。

4. 养成用笔读书的习惯

人为何要读书，不就是为了摆脱愚昧，获得智慧吗？如果你读了很多书，却没留下一点东西，读书就失去了意义。读书要充分发挥大脑的功能，这是真理。然而我们头脑要面对的事情太多，不可能万无一失，那么，用什么办法来帮助我们的大脑呢？古今杰出人物的经验证明，用笔读书是个好方法。中国有句俗语说，好记性不如烂笔头，意思是说，读书不忘用笔，一边读一边写，写什么？写摘记，写标记，写心得，读书时想到什么写什么，需要什么记什么，只要动笔记了，就永远不会丢失。尤其是日后的自学，用笔读书的习惯将给人说不完的好处。

用笔读书的方法灵活多样，可按自己的兴趣与习惯随意利用。比较常见的方法有下列几种：

（1）符号标记法。对书中应提示自己关注的内容，用形式多样的符号记在相关内容旁边，文字下沿画不同颜色的横线、波浪线、双横线，或者在相关词句边标出问号、感叹号等。事先想明白各种符号标记所表示的特定意思，以便复习或再读时注意。这一方法对在校学生的预习和复习很管用。

（2）点评法。在读书过程中，可在书面的上下左右空白处写点评，如对相关内容的感觉、不同的意见，以及提示自己的话，也可写上自己提炼概括的知识条目。请注意，以上两种方法切不可用在借来的他人或公用图书上。

（3）写摘录。对所读内容写摘抄笔记，例如书中的重要观点、精彩的警句、妙趣横生的语言表达等原文抄录下来，对重要问题的逻辑推理与分析，做简明的摘记，对有保留价值的背景资料、经典数据、重大事件的年代与重要人物做摘记等。对十分经典又有长期保存价值的文章，可下功夫全文抄录并背记，存入脑中一生享用。

（4）编列提要。读完一本书，按书的章节顺序，列出全书的大小提要，在各节中用三五句话点明要点。写出这个提要有三点好处：一可帮你把握总体结构；二是筛出了重点、难点；三是深入复习和再读就有了明确目标，既省时，又高效。

（5）课堂笔记法。记课堂笔记的方法，本书第二章第一节作过说明。这里要强调课堂笔记对自学的好处。一般而言，自学往往是忙中偷闲地学，是挤时间学，自学者的时间尤为宝贵。因此，提高单位时间的学习效率成了自学效果的决定性因素。所谓课堂笔记，对在校学生而言是一边听课一边记笔记，对自学者而言就是一边读书一边做笔记。做笔记的好处很多，其中最重要的有三条：一是能最大限度地排除分散注意力的不利因素，最有效地把注意力集中到学习活动中来。二是能够促进积极思考。记笔记不是录音机式的工作，记什么，不记什么，详细记什么，简略记什么，头脑要进行比较、分析，综合的选择与思考，这种思考不是被迫的，而是积极主动的。三是有利于以后的复习和深入学习。因为做过笔记，知道知识的结构，知其重点与难点，复习和再学习就不会浪费精力。

（6）制作知识卡片法。写知识卡片的做法和用法，在前面章节已讲过，这里要强调知识卡片的保管方法。知识卡片是小纸片，而且是不同时间分散制作的，保存不善，用起来很麻烦。因此，编写后的知识卡片一定要有序存放。第一，一定要分科存放，每一本书的知识卡片集中存放；第二，卡片编号要与书本内容顺序一致；第三，卡片应用活页装置，取用还原十分方便。或者分章节用回形针别在一起，切不可用订书机装订。知识卡片还可以按问题集中存放。平日读书看报，发现其中某一观点很吸引人，某一数据有保留价值，某一事例特别典型，某个问题的背景资料很有价值，某个观点的表达方式很独特，都可随手摘抄成卡片。这些卡片来源于多方面，不是出于同一本书，为了日后查用方便，应该按问题分类集中存放，许多名家学者多用此方法存放卡片。

（7）写读书札记。也称读书笔记。读完一本书或一篇好文章，把自己的所思所想所感写下来，内容多类，形式多样，文字可长可短，长期坚持，养成习惯，将多方面受益。读书札记的主要形式有两类：一是感想体会，即学习心得，想到什么写什么，任自己的思绪自由奔驰。二是评论，对阅读的内容发表自己的看法，评论的类型有三种：第一种是表示赞同，可充分表达自己赞同的理由；第二种是表示反对，可充分表达自己反对的理由与事实根据；第三种是发散联想，从阅读中的某一观点和事例引发联想。这种联想可全方位扩展，从时间上可古今联想，将过去、现在、将来串起来想；从空间上可中可外，四面八方。联想不要怕已有的权威结论，也不要怕多数人怎么说，让自己的个性充分张扬出来。也许思考问题时思绪的自我放纵，会给人意想不到的精神回报。

当然，用笔读书的方法绝不止这几种，在这个世界上人人都是创造者，自己独创的方法，会结出更鲜美的果实。

5. 集中一点突破读书法

无论是在校学习，还是业余学习，最有效的自学方法是集中一点突破法。理由很简单，饭要一口一口地吃，路要一步一步地走，读书要一章一节地读，这是常识。尤其是业余自学，要用有限的时间，争取最佳的效果，如同军事家打仗一样，将有限的火力集中起来，打完一个胜仗再打另一个胜仗，如果战线拉得很长很长，就难以打胜仗。同样道理，在一个单位时间内（一周或几周，一个月或几个月），不可能同时完成多个目标的学习任务，贪多是消化不了的。自己对时间量应先有估算，根据时间量的多少确定攻克的目标，时间不多只学一节，时间多就攻读一章，若有几个月就攻读一本书或一门学科。有外国学者认为，只要有一定文化基础，用科学方法读书，六个月学懂一门基础学科是办得到的。据说这一论断是经过科学推算的。心理学实践证明，一个智力发展正常的人，认知一个知识点需要一分半钟时间，一门基础学科大约包含50 000 个的知识点，认知完 50 000 个知识点大约要花 1 000 个小时，每天有效学习六小时，六个月就差不多了。不过，请注意，这位学者的推断有两个前提条件：一个是有一定的文化基础，一个是读书方法科学。显然，选择的学习内容要与已有知识基础相适应，文盲不可能学自然辩证法，初中生不可能读相对论。小学毕业生自学初中课程，初中毕业生自学高中课程，如此选择当属合理。那么什么是科学的读书方法呢？这正是我们讲的集中一点突破读书法。这种方法的基本要点有三条：

第一条是集中一点。就是集中某段可用时间，集中注意力，放下一切其他要做或要想的事，专注于选定的一个具体目标，如同射击运动员瞄准靶心那样。如果只有一个上午的三小时，就选定某学科某章的某一节作为目标；如果有一天或两天的时间，就集中学习某学科的某一章，或某学科的某一专题；如有一个月或几个月大块空闲时间，可选择一门学科或某一本书。如此自学，表面上好像放弃了不少东西，实则是有所不为才有所为，不懂放弃，当然不会拥有。集中一点学习的好处很多，它有利于排除干扰，有利于新旧知识融合，有利于记忆。

第二条是分段攻读。将计划用于读书的时间划分为三个时间段，各时间段完成明确的读书任务。例如，计划用一个上午约三小时的时间，自学物理学科的第一章第一节，大体可按以下的比例划分时间和任务，第一个时间段为一个半小时，即三小时的一半时间，任务是解决三基问题，即搞清楚本节知识的基本概念、基础知识、基本结构体系。第二个时间段为四十分钟左右，约占三小时的四分之一，主要任务是攻读三点：知识的难点、疑点与盲点。所谓盲点，就是第一时间段忽略了的和没有看见的知识点。完成了上面两个时间段的任务，本书内容就读懂了。第三个时间段为四十分钟，约占三小时的四分之一，主要任务是闭目回忆，把本节全部内容在脑中像放电影一样过一遍，从知识层次结构上综合整理，把握本节知识体系。

第三条是三化整合，即从三个角度把知识存入头脑中。具体要求是：一是深化，即强化以知识重点为主线消化本节知识，实现真正理解；二是简化，在真正理解的基础上，将每个基本知识点提炼成最简单明白的一句话或两句话；三是序化，即将已简化了的知识点结合起来，按照知识本身的体系串起来，成为有逻辑次序的知识。

以上是培养自学能力的五个方面，自学应该注意哪几个方面的问题呢？我们可以从一个残障人的故事中得到答案。

中央电视台综艺频道正在进行一场别开生面的比赛：一位失去双手的残障人与两位四肢健全的一男一女比赛，主持人给了每个人针线和两块布，要他们将两块布缝成一个布袋。比赛结果是女士第一，残障人第二，男士则第三。观众一片欢呼，大家为那位残障人的表现称奇。残障人的母亲上台，给观众讲述了一个感人的故事：残障人五岁那年由于触电烧伤导致高位截肢，母亲十分焦虑，苦思良久后，母亲作出了一个决定，训练儿子用双脚吃饭、洗脸、穿衣，日复一日地训练，随着年龄的增长，别人用手做的事他也可以做了。长大成人后，怎样自食其力的问题必须面对，费力的重活肯定干不了，这位残障小伙子从一只旧手表上受到启发，于是开始学习修手表技术。他用脚拆装手表，拆了装，装了拆，几百次，几千次……手表的细小零件在他的双脚上自由摆弄，即使是细如发丝的油丝也能自如清洗，此时他决定出门求师，真是上天有眼，小伙子的执着与忠厚，打动了同为残障人的一位修表师傅。在师傅的指点下，不到一年工夫，他就熟练地掌握了修手表技术。今天，他成了北京街头很受人信赖的修表能手。

一个失去了双臂的残障人，靠自学成了修表能手，这个平凡而又感人的故事给人极大的启示，尤其对自学者有很多教益。

教益之一，自学要量体裁衣，善于选择。社会的发展进步，给自学成才提供了多种选择的可能。但是，人的一生只有那么多时间，如果你什么都想学，什么都想精通，绝对办不到。所以，我们每个人，尤其是中学生，对自己学习的内容一定要学会选择。身体残疾的小伙子的成功之处正是这一点。他必须学一门技术，这是生存的需要。学什么呢？他没学木匠，也不学汽车修理，因为没有双手而力不从心，于是选择了学修手表，手表体积小重量又轻，也有技术含量，正切合需要与可能。不善选择是当下许多中学生的毛病，学科参考书见到就买，不加选择，文学名著每本都想读，钢琴想考级，围棋想升段，什么都想学，结果是什么也没学好，浪费了有限的宝贵时光。自学的成败贵在选择，一要切合需要，二要切实可能。对那些需要但不可能的东西，或是有可能但并不需要的东西，一定要坚决抛弃。在纷繁复杂的时代，要学会放弃。

教益之二，自学要脚踏实地，循序渐进。人生总是从学站立开始，一步一步学会走、跑、跳的。小伙子学修手表技术，只有先学会用脚夹筷子吃饭，才能学会用脚上手表上的螺丝，清洗表中细如发丝的油丝，这就是循序渐进。读过达·芬奇传记的人，无不知道他的名作《蒙娜丽莎》《最后的晚餐》在世界艺术史上的里程碑地位，然而这位艺术大师学绘画是从画鸡蛋开始的。他认真画了三年的鸡蛋，于是才有了后来创作的名画佳作。达·芬奇画鸡蛋的故事，残障小伙子学修手表的故事，告诉我们同一个道理：任何一门学科知识，任何一门技术，都有由易到难、由简到繁、由浅入深的结构层次，不学会前面的东西，就学不好后面的东西，任何运动物体的加速度都是先慢后快的。不学加减乘除的综合运算，就学不了代数几何；不学认字和语法，就写不出好文章；不学概念、定理、公式、常量，就解不了物理化学习题。走路、跑步不能踏空，踏空了就要摔跤。

教益之三，学习，尤其是自学，一定要持之以恒，养成习惯。我们的祖先从直立行走开始，把两只前掌变成双手，经历了漫长的艰苦磨炼。这位残障人只用了十年的苦练过程，就完成了一双脚代替双手的转变，这只能说是生命创造的一种奇迹。人们将人类创造种种神奇的生命功能誉称为达·芬奇密码，虽然今天的科学成果还无法破解这个密码，说不清这个密码是什么，但是，我们有充分的根据猜想，持之以恒、养成习惯是这个密码的基本因子之一。正是这种生命基因的功能，使身残志坚的小伙子战胜了命运的不公。因此，我们从中感悟到一条生活的法则：好命不如好习惯，好习惯创造好命。不难设想，如果没有十年如一日的苦练精神和训练脚趾代替手指的功夫，那么，失去双手的残障人，只能是生活不能自理、生存不能自立、命运不能自主的苦命人。或者再进一步设想，假如不是从五岁而是从二十岁开始训练用脚进行生活自理的习惯，其艰难性不知大多少，遭遇的挫折又不知大多少。可见，人自身求生存、求发展应当具有良好的行为习惯，越早养成越好，早养成早受益。记者问著名武侠小说作家金庸：您老在八十岁的高龄时，为什么要到剑桥大学攻读文学博士学位？他说读书是一种无法言表的愉快。当记者请他对青少年说几句忠告的话时，他说：我从小养成了读书的习惯，一生从读书中享受了很多快乐，希望青少年从小养成爱学习的习惯。老人的话真是金玉良言。文前讲过的种种学习技巧，如课前必先预习、先复习后做作业、编错题笔记、早晚坚持读书、手不拿笔不读书、写读书札记等，都是优秀学生获得成功的学习习惯，谁早一点养成就早一点受益，早享受学习的愉快。生活是一位公正严明的法官，一切让人上进的机遇，都是留给早有准备者的奖赏。

附：快速记忆的十种技巧

良好的记忆速度与效率，是取得优秀学习成绩的关键。谁想获得优秀的学习成绩，就必须在提高记忆的能力和技巧上下一番大功夫。有人认为，记忆力是天生的，与努力无关。这显然是一种误解。人的记忆力，当然与生理遗传基因有关，但是，如同其他智力因素一样，绝大多数人先天记忆力的生理条件的差别是很小的，不同的人表现出不同的记忆力水平，是各人努力程度不同的结果。因此，遵循科学的方法积极训练，是提高记忆力的决定性因素。

如何才能提高记忆力呢？最基本的方法有四条：

其一，强化记忆动机。当你想记住某一知识要点时，你应该命令自己在十分钟之内非把它记住不可，不记住它就不做别的事。于是，在一种强烈欲望的推动下，俯而记，仰而忆，不断反复，最终牢牢记住了。最有体会的是汽车司机驾车去某地，要记住返回的正确路线，就会提示自己一定要记住变线转弯处的特殊标志。学生在学习记忆的过程中，只要一心一意地又记又忆，效果肯定好，强化记忆动机一定出奇效。

其二，注意力要高度集中，专心致志。要快速记住一个知识内容，你所有的感知器官应集中指向一个目标，对其他事物要全都放下。例如，当你要背记一首古代诗词的时候，耳、眼、口、手、心都要关注这首诗词，感知器官决不要关心与此无关的事。假如你看起来像是在背古诗，心里却放不下即将转播的一场足球比赛，眼神常下意识地离开书本去看手表，或者改不掉爱吃零食的习惯，边吃边背。可以肯定地说，如此背记的效果将大打折扣。

其三，学会有规律地反复识记。反复是记忆的基本方法，如同用力在木板上刻字，要把"一"字刻清楚，必须反复刻几刀。记忆活动的多次重复，必会在大脑皮层上刻下深刻的印记。不要相信人间有过目不忘的天才。然而，反复绝不等于高效率记忆。规律性反复才能产生高效率。何为规律性反复呢？心理学认为，最佳记忆过程应经历五个心智活动环节：①认知。对记忆内容认识和理解，把握正确含义。只有理解了才记得住，记住了才会用；②识记。一面认知一面记，看着书大约反复记三五次就可记住。这两个环节是打开书本进行的；③回忆。把书本合上，微闭双眼，尝试把前面识记的内容在头脑中回放；④再识记。第三个环节的回忆，往往可能出现中断或错误，这是记忆不牢的表现，此时第二次打开书本，重点对记忆中断和错记之处再识再记，经过三五次反复识记，直至牢记为止；⑤选择提取。经过再识记之后，合上书本再回忆，若无中断，则随意选择其中某部分回忆，直至准确无误。只要你按以上五个环节进行记忆，效率会比死记硬背高出数倍。

其四，充分发挥右脑形象记忆的潜能。左脑负责逻辑思维，右脑负责形象思维。现在有一派学者认为，如果把左脑看作是现代脑，那么右脑则应称作祖先脑。右脑装着人类约五百万年积累的所有的遗传信息，它包含人类生存的本能，也包括人类自古以来生活、生产与人际交往的经验，是人类先天经验和记忆的宝库。与之相比，左脑只是装着后天积累的信息。有个经典例证，刚出生几天的婴儿如果左脑出了毛病，仍可以照常自己吸奶，但如果右脑出了问题，婴儿是不会自己吸奶的。可见，下意识的行为是由右脑支配的，这说明大脑中生存的最初信息储存在右脑中。以上认识可以合理解释当代流行的"肯定思考"与"自我暗示"的观点。因此，右脑中所储存的祖先传承下来的信息，是人类智慧基础的一种软件。相关研究认为：左脑是以文字和语言储存经验进行认知活动的，而右脑则是以形象经验储存信息进行认知活动的。人类在发展的长河中无数次陷入绝境，遭遇过难以计数的艰险，在超越绝境中也超越自身，在战胜艰险中也战胜自己。毫无疑问，这些超越和战胜自身的丰富经验都储存于右脑之中。当今一切被称作发明和创造的成果，都离不开灵感或突发奇想，事实上，这正是右脑的功绩。今天的文明人开始认可以下观点：没有形象思维，就难以有重大发明创造。人的记忆力在联想、想象、图表、音韵的牵引下，可以提升到令人称奇的水平。可见，只要你相信以上观点，就应当充分开发右脑的潜能，创造自己的奇迹。

众多学业优秀的学生在总结自身学习经验时，大多不忘称赞记忆技巧，而许多记忆技巧，正是由右脑功能支持，使得联想、图表、情景、谐音等心理和文字技巧运用自如。概括起来，主要是以下十种记忆技巧：

（一）数学标码记忆法

阿拉伯数字抽象，即使记住了也容易出差错，按传统的方法熟读硬背，记忆效率也很差。如果充分利用右脑的形象记忆功能，记忆效率将成倍地提高。下面以一组无记忆规则的 30 位数字为例：在 10 分钟时间内记忆 887325479356174819404399386175，要求各位数字位置先后顺序不改变。多次实验证明，多数人只能准确记忆 16 位数，记忆率在 45% 左右，少数人可记住 20 位数左右，记忆率也只在 56% 左右。建议读者也做一次自我测试，并计算出自己的记忆率。

然后，再换一种记忆方法：首先以具体形象的人物、事物或活动场景的名称代替数字，一个名称代替两位数字：爸爸代表 88，祁连山代表 73，双手代表 25，司机代表 47，鸠山代表 93，五楼代表 56，大门代表 17，鲜花代表 48，葡萄酒代表 19，小车代表 40，高山代表 43，重阳节代表 99，妇女代表 38，儿童代表 61，集体舞代表 75。然后，将六位数分为一组，用三个名词组成一个短句，例如，887325 可用"爸爸在祁连山举双手赞成"代替，479356 可用"司机鸠山从五楼下来"代替，174819 可组成"在大门口手拿鲜花葡萄酒"，404399 可组成"我坐小车到高山过重阳节更好玩"，386175 可组成"那里有妇女和儿童跳集体舞"。一句话代表六位数字，只要按先后顺序记住了六句话，30 位数即可顺利记忆。多次实验证明，运用这种方法，多数人用 10 分钟能熟练地记住数字，顺背倒背如流，记忆效率比死记硬背提高了两倍至三倍，少数人约五分钟即可识记，记忆效率提高了四倍至六倍。读者试验一下，就可发现自己创造了奇迹。

用形象化的人与物的名称作数字记忆代码，记忆效率会立即以惊人的速度提高，这是何故？无须质疑，是形象记忆创造了这种功绩，是右脑略展神秘的潜能。可见，开发右脑记忆潜能大有可为。人们会问，数字是变化无穷的，怎样运用数字形象代码的方法，才能方便高效地记忆千变万化又枯燥无味的数字呢？具体应用方法如下：

1. 建立自己终身专用的数学代码库

建设自己专用的数字代码库应把握以下要点：数字代码总量有 103 个数就够用了，从 1 到 100，再加 0、00、000，三个即可；数字代码以自己最熟悉的人和事物的名称为宜，一经设立，不随意改变；选择代码要以数字的形音意为选用标准；代码设定之后，要记得滚瓜烂熟，如同自己的姓名一样。下面以笔者的数字代码库为例：

① 1（大树）、2（儿子）、3（耳朵）、4（小狗）、5（手套）、6（鼻子）、7（手枪）、8（哑铃）、9（路灯）、10（独轮车）；

② 11（筷子）、12（独儿子）、13（巫婆）、14（石狮）、15（月亮）、16（石榴）、17（大门）、18（石坝）、19（葡萄酒）、20（自行车）；

③ 21（二姨）、22（双胞胎）、23（峡谷）、24（螃蟹）、25（双手）；26（二楼）、27（火车）、28（台湾）、29（二舅）、30（三轮车）；

④ 31（三姨）、32（三儿）、33（海滩）、34（参事）、35（雷锋）、36（三楼）、37（日本）、38（妇女）、39（胃药）、40（小车）；

⑤ 41（四姨）、42（四儿）、43（高山）、44（草地）、45（师傅）、46（四楼）、47（司机）、48（鲜花）、49（四舅）、50（吉普车）；

⑥ 51（工人）、52（五儿）、53（午餐）、54（青年）、55（端午）、56

（五楼）、57（干校）、58（舞吧）、59（五舅）、60（交通车）；

⑦ 61（儿童）、62（六儿）、63（庐山）、64（绿色）、65（独舞）、66（六楼）、67（楼梯）、68（逃兵）、69（六舅）、70（大货车）；

⑧ 71（党员）、72（七儿）、73（祁连山）、74（骑兵）、75（集体舞）、76（七楼）、77（卢沟桥）、78（宴会）、79（七舅）、80（载重车）；

⑨ 81（军人）、82（八儿）、83（爬山）、84（巴黎市）、85（芭蕾舞）、86（八楼）、87（妈妈）、88（爸爸）、89（八舅）、90（大吊车）；

⑩ 91（九姨）、92（九儿）、93（鸠山）、94（教师）、95（醉拳）、96（九楼）、97（香港）、98（酒吧）、99（九舅或重阳节）、100（宫灯）；

⑪ 0（皮球）、00（眼镜）、000（葡萄）。

2. 操作方法

以 12345678910 这组数字为例：第一步，把数字翻译成代码。以两位数为单位，对照自己的代码库将 12 转换成"独儿子"，34 转换成"参事"，56 转换成"五楼"，78 转换成"宴会"，91 转换成"九姨"，0 转换成"皮球"；第二步，以代表 6 个数的代码造一个句子。即"独儿子当了参事到五楼吃饭"，"宴会后帮九姨买个皮球回家"。只要记住这两句话，10 个数及排列顺序全记住了，顺背、倒背或选择性背诵将毫无问题；第三步，将代码转换为数字："独儿子"是 12，"参事"是 34，"五楼"是 56，"宴会"是 78，"九姨"是 91，"皮球"是 0，准确无误。

3. 实际应用举例

（1）地理知识：珠穆朗玛峰海拔 8 848.13（现在海拔高度为 8 844.43米）米，人类于 1953 年 5 月 29 日第一次登顶成功。这个知识点，难记的是两组数字，即 884813 与 1953529。对照操作方法，第一组数可转换成"爸爸要戴鲜花的巫婆"，第二组数字可转换成"午餐后戴上手套提葡萄酒去二舅家"。两句连在一起就更好记了。

（2）历史知识：中国共产党于 1921 年 7 月 1 日在上海成立。其中的数字192171。可转换成"手提葡萄酒的二姨，陪党员到上海参观"。好记又好忆。无论任何学科的知识，只要有数字，都可按此法记忆，完全无须死记硬背了。为了好记好转换，要注意两个小窍门，一是以六位数字为一句，造句容易，假如断句后尾数剩下一位数，即可在后面加上 0 便成为两位数；二是造句时只要合句法就行，不管是否合情合理。此法只要多练多用，应用范围大得很。

（二）谐音连接法

为什么诗歌或歌词朗朗上口，好记又好背呢？因为它有韵律，有节奏，短小精练，大多用谐音押韵。充分利用谐音的这一特点，把要记忆的内容加以重新组合，使其谐音连接成串，从而轻而易举地记忆，例如，要记住以下成语或短句：

畏缩不前　无私无畏　大公无私　和而不同
里应外合　怒气冲天　前程万里　众志成城
德高望重　同心同德　探头探脑　雪中送炭
程门立雪　阔步前进　天高地阔　恼羞成怒

对上面16个成语或短句，先用传统死记硬背的方法记忆，顺便记下背熟所用的时间。然后，再用谐音关系，即可一口气背下来，顺畅如流水：大公无私、无私无畏、畏缩不前、前程万里、里应外合、和而不同、同心同德、德高望重、众志成城、程门立雪、雪中送炭、探头探脑、恼羞成怒、怒气冲天、天高地阔、阔步前进。这样识记如同做文字游戏，轻松愉快，只要牢记开头第一句就行了，诵读起来就是一串，比起死记硬背用的时间要少得多。你会说，要记的知识内容如此多，哪有那么容易。一般而言，除诗歌外，有韵律的知识内容并不多见。是的，上面引用的例子是精选出来的，用意是突出这个方法的要领。其实，诗歌也是人写出来的，没有谐音和韵律的记忆内容，完全可以在原意不变的前提下，进行再造与改编，何况中国文字如此丰富，要动点脑筋是不难做到的。例如，有道高考题是有关作家与作品的，内容是：庄周著有《秋水》和《逍遥游》，鲁迅著有《彷徨》与《呐喊》，老舍著有《林海》《养花》，托尔斯泰著有《安娜·卡列尼娜》与《战争与和平》，高尔基著有《童年》与《母亲》。要记住这组知识，只要稍作改编，即可写成一段顺口溜："庄周逍遥游秋水，鲁迅彷徨要呐喊，老舍林海养花儿，托尔安娜要和平，高尔童年母亲（情）浓。"只是稍作改编，朗朗上口，易记好背。实事求是地说，许多要记忆的知识，本身没有一点韵律，是否可应用谐音连接法呢？可以，而且普遍可行。只要在操作中注意以下几点即可：①准确理解把握知识点的含义，不要在改编句型时错改其意；②要把改编后的句型尽可能浓缩精练，一般以每句不超过十个字为宜，这可以大幅降低记忆难度；③要把记忆内容改编为有韵律或谐音的语句结构，这种结构有两种形式，一种是两句一组谐音押韵，如前文举例，另一种是上下句之间用谐音连接；④在改编过程中只要不改变题意，原句型可作适当改变，如记忆"三个代表"重要思想时，"中国共产党要始终代表中国先进生产力的发展要求"可改编为"先进生产代表"，"要始终代表中国先进文化的前进方向"可改编为"代表先进文化"，"要始终代表最广大人民的根本利益"可改编为"化利为了人民"。五十字左右的内容，可用谐音相连成一首顺口溜：先进生产代表，代表先进文化，化利为了人民。如此记忆就轻而易举了。这个谐音连接法应用面很广，语文中的写作特点，作家与作品，历史中的相关事件的原因、教训和意义，政治中的原则、要点及意义，生物中的特征、系统，地理中的特征、特产等知识要点，都可应用此法提高记忆效率。

（三）故事情节法

每个人都有这种体验，看过的小说或电影、电视、纪录片，亲身经历过的事件，对其中的主要故事情节及主要人物，虽然事先并未刻意记下，但是过了许多年仍难以忘怀。其实，这种现象正是人脑中形象认知的结果。利用人脑的这种功能对要记忆的知识内容进行适当改编，创造近似的人物活动情节，使枯燥乏味的内容生动起来，背记就会变得有趣味。例如，要准确记忆全国所有的直辖市与省会城市，一个个背很没趣味，略加整合成句，则可快速记忆。从 34 个城市名中各选出一个字，编成下面六句话：哈哈一笑人长寿，津济沈石南海杭，北呼郑南肥长贵，乌拉西西银太兰，成汉宁昆口福重，广澳港台大团圆。六句话中，第一句记住了哈尔滨、长春，第二句记住了天津、济南、沈阳、石家庄、南京、上海、杭州，第三句记住了北京、呼和浩特、郑州、南昌、合肥、长沙、贵阳，第四句记住了乌鲁木齐、拉萨、西安、西宁、银川、太原、兰州，第五句记住了成都、武汉、南宁、昆明、海口、福州、重庆，第六句记住了广州、澳门、香港、台北。背熟六句话很容易，34 个城市一个不差。背记时顺口有趣，容易记忆。

有些知识不但难记，先后顺序也容易记错，用故事情节法记就易如反掌了。如五千年中国历史，经历了哪些主要朝代。我们以中华民族人多吃饭难为题，编个历史故事：原夏商人爱吃（周）粥，春秋战国米不够，秦汉三国分地忙，两晋南北朝（吵）不休，直到隋唐宋（送）金元，明清粮食刚刚够，民国又遇军阀乱，中华四九才出头。以上八句话，就像历史老师讲的一个历史故事，容易记住，第一句记住原始社会、夏朝、商朝、周朝，第二句记住春秋战国，第三句记住秦朝、汉朝、三国，第四句记住东晋、西晋、南北朝，第五句记住隋朝、唐朝、宋朝、元朝，第六句记住明朝、清朝，第七句记住民国，第八句记住中华人民共和国。主要朝代一个不落，时间顺序一点没错。

需要记忆的知识，如果是由多个短句组成，也可以编成一个故事来记。例如，记忆以下一组短句：一心报国，前程似锦，千里冰封，万里雪飘，学海无涯，千秋万代，学有所成，心想事成，红光满面。可编下面一个故事：一位青年一心报国，满怀前程似锦的心情，来到千里冰封、万里雪飘的地方学习，没想到学海无涯，经过了千秋万代的努力，终于学有所成，心想事成，高兴得红光满面。事实上，如此整齐划一的知识内容并不普遍。然而，这并不会难倒我们，最方便的方法是改编，我们把要记的每一个知识点改编成短句即可，改编时应注意两点，一是不改变原意，二是抓住句子中的几个关键词，如"三个代表"重要思想的三个知识要点，可改编为"先进先产""先进文化""人民利益"，记住这十二个字就抓住了实质。

（四）筛词联想法

这个方法的要点是：先从要记忆的内容中筛选出关键词语，然后把筛选出的词语记住，再充分想象，借用谐音技巧，以造句或编故事的方法进行记忆。语言学家发现，在一个句子中，主语和谓语很重要，在句子中起关键作用。关键词能产生丰富的联想，也不易忘记。因此，从句子中筛选出来的关键词越多，记忆的效果就越好。关键词意义重大，它可以把许多信息联成一串。同时，关键词又是回忆的线索。只要记住句子中的一个或两个关键词，就很容易回忆出句子的原貌。

筛选出关键词来联想记忆，大体是三种情况：一是若能用筛选出来的关键词造句，记忆效果特别好。例如，要记忆我国综合国力增强的七个表现：①政局稳定，各民族大团结，万众一心奔小康；②经济实力快速增长，已成为世界经济大国；③科学技术水平迅速提高，科学技术已成为第一生产力；④国防能力日益强大，有一支强大的国防军；⑤文化教育事业空前发展，人民文化素质历史性地提高；⑥国际地位日益提高，外交活跃，朋友遍天下；⑦资金厚实，成为世界上外资投入最多的国家。我们从每一表现中筛选出一个关键字：政、经、科、防、文、外、资。把七个字联成一句，政经科防（访）文（问）外资（企业）。如此记忆，十分容易，非常有趣。二是若筛选出的关键词不易组成一个句子，可用两个方法应对，首先看可否用谐音代替其中的字词，创造成句的条件，如记忆古诗"横看成岭侧成峰，远近高低各不同。不识庐山真面目，只缘身在此山中"，先把各句第一个字筛选出来：横远不只，再将"远"字取谐音"软"字，"只"字取谐音"直"字，即串联为"横软不直"，好记多了。另一应对方法是简化，一句记一个关键的字或词，比死记硬背的记忆效果好。三是通篇背记课文。先从每句中筛选出关键词，再将各句关键词串起来联想，最终记住每一句，一句接一句，记忆全文。例如要记忆下面一段文字：妈妈拿来一盘花生，妹妹的头发剪短了，女孩子爱穿小红袄，树枝被风吹断了，同学们都举手了，搭房子开始了，下雨了没有人来开门，找来几根绳子。记忆时，可一边看句子一边理解其意，筛选出每句话的关键词：妈妈、妹妹、女孩子、树枝、同学们、房子、下雨、门、绳子。默念几遍关键词，就可以将它们串联起来，以关键词为线索回忆起原来的句子。

（五）树状图形法

人脑记忆图形的能力大大高于记忆文字的能力。因此，只要把知识的文字结构变成图形结构，记忆效果将显著提高。中学阶段的各门学科的知识是基础性的，每一个知识单元都是由若干个知识点构成的，而每一个知识点又是由若干个知识细胞组合而成的。这种知识结构如同一棵大树，一个主干生出多个枝干，每根枝干上又生出几个小枝干。例如，语文中的一篇文章或一篇文学作品，必须从作家、体裁、主题、写作特点、人物分析等若干方面去认识体会；历史上的重大事件和重要人物，必然要从多角度去分析；政治中每个范畴或一种理论观点，必然由若干知识要点展开分析；地理中的山脉、河流、气候、地形等知识单元，必然由若干知识要点构成。各门学科的任何一个知识单元，都可以用树状图展示。以秦末农民起义为例："陈胜、吴广起义"是树的主干，从主干上长出多条枝干，即起义时间、起义地点、起义原因、起义口号、失败原因、历史意义等就是枝干，而枝干上又有小枝干，如起义原因、失败原因和历史意义大多有两点或四点。当你如此表示在笔记本上，一个树状图立即显现出来，一旦将此图形记入脑中，回忆将是非常容易的。

（六）归类列表法

中学所学的各门功课中，许多知识单元的类型是相同的，不同的只是内容，如语文学习中的课文，大体可分为古文和现代文，各篇文章题材是不一样的，然而不同之中又包含许多相同之处。无论什么题材的文章或文学作品，都是由一些共同因素构成的，如作者、写作年代、主题思想、主人翁、写作特点等。又如历史课中的农民起义，无论哪次起义，都有起义领袖、起义时间与地点、起义原因、起义口号、起义失败原因、起义的历史意义等；地理学习中，有一系列的山、河、湖、高原、平原，每座山都有名称、地理位置、海拔高度、气候条件、植物分布等。如此多的同类知识一个一个背记很繁杂，尤其是大考前的系统复习阶段将很费时费力。如果将各门功课中类型相同的知识集中分类，设计出若干知识项目，纳入同类知识的不同知识要点，编制成一览表，一类知识一张表，一目了然，记忆起来省时又省力。例如，学习中国自然地理，关于河流一类，有长江、黄河、黑龙江、珠江、湘江等，每条河流都有若干知识点，如发源地、入海口、全河长度、流经行政区域、水质水量、生态特点、经济价值等，可按河的长度排序列表，分项设表纳入相关知识要点，即可编制成中国河流一览表。一表在手，关于中国河流的知识将统统在脑。其他各类如山、高原、平原、湖泊等均可用同样的方法归类列表。看似复杂的事物，只要善于分类综合，其实就这么简单。把各科知识中的相同类型列表，是对知识系统化、条理化和记忆编码化的三合一的学习过程，只有好处，没有坏处，对此投入一点时间是肯定有高回报的。

（七）知识卡片法

什么是知识卡片？将需要的信息资料抄录在一张纸片上，纸片即知识卡片。一般做法是：将质地稍厚的白纸裁剪成二寸见方的纸片，常备百余张，随用随取。卡片制作的基本规范有三条：①卡片左上角应标写科目与编号，以便分类存放；②卡片右上角应说明资料来源，注明章节页码；③卡片的正反两面均可书写利用，但一定是分科使用，一个知识点制作一张卡片。

什么样的资料信息应运用知识卡片呢？①最有价值的，需要长期保存的；②学习工作中需要牢记，要经常用到的；③记忆难度较大，需要多次重复背记的。显然制作卡片不是无选择的抄书，无关紧要的内容不必抄录成卡片。

怎样使用知识卡片呢？许多高考状元的基本经验是：①卡片制作后，应随手分科或分类存放，以便需要时伸手可得；②每天上学或出门，应随身携带三至五张卡片，上学、放学路经人少、车辆少的路段时，随手取出一张背记；③家里书桌上和上学的书包里必备若干空白卡片，以便学习过程中使用。以上行为应成为一种习惯。苏步青教授是大数学家，他毕生有个习惯，就是无论身在何处，身上的衣袋里装着一支笔和一个小本子，随时记下思考的成果。陈景润喜欢把要读的书拆开，随身在衣袋里都装几页书，只要有空余时间，哪怕是十几分钟，也会随手拿出一页书来读。人们算过一笔账，用知识卡片法读书或背记知识，一天挤出 30 分钟是轻而易举的，每个月可挤出 15 小时，一年可挤出 180 个小时，相当于 200 多节课。学用知识卡片将给你带来一笔可观的知识财富。

（八）高效用时法

把各种学习活动与记忆截然分开，似乎只有排除专门背记的时间，记忆才有效果，显然，这是一种错误认识。其实，任何一项学习活动，都有记忆功效的因子，问题是你是否有意识地提取了这种因子。这是一种主观能动性，也是一种技巧。有了这种技巧，可以一举多得，实现高效利用时间的目的。具体方法是：

（1）记忆与阅读结合。学习过程中的阅读是以理解为中心的，一般人大多只注重理解其意，排疑解难，这是对的，然而，阅读还有一个重要的目的，即筛选其要，就是理解之后还要找出其中最基本、最重要的知识要点，这正是需要日后牢牢记住的知识。在完成阅读任务后，应当提示自己，那些重要内容必须记住。于是，思想活动就在此停留两分钟，强化记忆，反复把这些重要内容背记几遍。这种阅读后加两分钟的记忆效果是非常好的，绝对会有事半功倍的效果。

（2）记忆与听讲结合。带着预习中发现的疑难点听老师讲课，是听讲的主要目的。然而，认真听讲绝不只是排疑解难，梳理出日后必须牢记的知识要点，也是听讲时应关注的目标。当听到老师多次重复讲到的知识点时，当老师提示这个地方要特别注意时，就是在告诉你，这些知识点是重点或是难点，你一定要听懂，一定要记住。于是，随手在书本的相关位置做上特殊标记，让自己的思维在此停留片刻，重复看两遍。因为此时这种瞬间快记强记，效果是神奇的。

（3）记忆与复习结合。无论是课后复习，还是考前系统复习，主要目的是消化知识，将知识条理化。这个时候，你可抱着强烈的记忆愿望，顺手把条理化的内容再加工一次，尽可能简化，编写成易记的短句。最好是将这些短句轻轻念出声音，如此也许会多费几分钟时间，但效果是事半功倍的。

（4）记忆与作业结合。做作业是最常见的一项学习活动，每道作业题必定要应用基本概念和基本技巧。除了作业，老师很少对学生提出记忆要求。其实，完成作业后，再用一分钟时间，对刚用过的定理公式、基本概念反复背记几遍，记忆效果比任何时候都好。

为什么在完成各项学习活动时的记忆效果特别好呢？道理很简单，一切学习活动都是为了理解知识，而理解则是记忆的基础，因此两者是相互推动的，如同火与风的关系，风助火势，火借风威。

高效利用时间是一种技巧，善用记忆效果最佳的时间也是一种技巧。实验证明，记忆的效率高低，是由记忆干扰因素的强弱决定的，而这些干扰因素往往来自两个方面，一是外部环境干扰，二是内部心理干扰。事实上，要求绝对无干扰是不可能的，尽可能排除与降低干扰则是可行的。优秀学生的成功经验证明，每天清晨起床后与晚上睡觉前的半小时的记忆效果特别好，尤其是背记外语单词或古文最好。这种认识绝非主观臆测，而是有科学依据的。因为，清晨起床后的半小时干扰因素最少，一天的学习生活尚未开始，没有杂乱的信息使人分心。睡觉前半小时的干扰因素也不多了，一天的学习任务结束了，明天的事还没到时间做，静下心来背记可以全心投入。充分利用这两个半小时，一学期累积下来，你将获得丰硕成果。

（九）信箱记忆法

凡是与某个特定的人物、事物、场景发生一定联系的信息，往往比较容易记住，也易于回忆，这是人的右脑形象思维的特点。因此，在记忆活动中，选定一些自己熟悉的具有形象的事物作为媒介，将需要记忆的知识信息与媒介联系起来，如同将信件投入信箱一样。提取信息时，只要想到这一媒介就能联想到与之相联的知识信息，这一媒介就称作记忆信箱。

怎样建设自己的记忆信箱呢？一个媒介为一个信箱，选定十个媒介就是一组信箱，为它们编上序号，顺序设定之后不再轻易变动，一般而言，三组信箱就够用了。笔者为自己建立了以下三组记忆信箱：

A组信箱，代号为"头发信箱"：①头发；②眼睛；③鼻子；④口；⑤脖子；⑥前胸；⑦后背；⑧手；⑨腿；⑩脚。

B组信箱，代号为"花园信箱"：①花园；②学校；③食堂；④医院；⑤图书馆；⑥洗手间；⑦操场；⑧机房；⑨车库；⑩水塔。

C组信箱，代号为"草帽信箱"：①草帽；②和尚；③鱼竿；④鱼钩；⑤鱼篓；⑥河流；⑦桥；⑧渔民；⑨鱼；⑩鲨鱼。

一般说有三组信箱就够用了，如若不够，可照此模式再添加几组。记忆信箱建成之后，最要紧的是牢牢记住它，要像记自己家庭地址与门牌号码一样准确无误。切记，各记忆信箱的先后顺序不可错位或更变，否则就无法有效应用。

何时可用信箱记忆法呢？以下三种情况下用信箱记忆法效果最好：①要记忆的知识点超过八个；②要记忆的知识都是句子；③要记忆的知识点有严格的先后顺序。

信箱记忆法应用操作程序如下：

第一步，根据记忆内容的特点选择信箱，如果超过十个知识点，就选两组信箱应用。

第二步，将要记忆的知识点装入信箱，装入时一定要让知识点的序号与信箱中相同序号的媒介相联系。

第三步，把知识点与媒介两者联系起来，想象成某件事或某个形象，想象要充分，不管是否合情理，越是奇特古怪，记忆效果越好。这一步要多练习，是提高应用信箱记忆法的核心环节。

第四步，从联想的记忆信箱中提取要记住的知识点。

让我们来举例说明如何应用记忆信箱：

例1　记忆下列十个词语：①泥土；②墨水；③大炮；④鲜花；⑤皮带；⑥奖章；⑦书包；⑧手榴弹；⑨台灯；⑩花生。记忆方法如下：

第一步，要记的知识点只有十个，选择A组"头发信箱"较好。

第二步，将要记的知识点装入同号信箱：①"泥土"与"头发"联系；②"墨水"与"眼睛"联系；③"大炮"与"鼻子"联系；④"鲜花"与"口"联系；⑤"皮带"与"脖子"联系；⑥"奖章"与"前胸"联系；⑦"书包"与"后背"联系；⑧"手榴弹"与"手"联系；⑨"台灯"与

"腿"联系；⑩"花生"与"脚"联系。

第三步，充分联想，充分想象：①头发上粘了许多泥土；②眼睛里流出了墨水；③鼻子长得像大炮；④口里咬着一朵鲜花；⑤脖子上围着皮带当围巾；⑥胸前戴着奖章真神气；⑦背着书包上学；⑧手里拿着手榴弹；⑨腿长得像台灯；⑩脚踩着花生痒痒的。

第四步，提取知识点：泥土、墨水、大炮、鲜花、皮带、奖章、书包、手榴弹、台灯、花生。如果第三步记熟了，提取会变得很容易。

例2　记忆以下十个词语：①野草；②粉笔；③中药；④篮球；⑤停电；⑥乞丐；⑦婴儿；⑧洪水；⑨字典；⑩英语。操作方法如下：

第一步，选择合适的信箱，记忆这十个词语，可选择B组"花园信箱"。

第二步，将记忆材料装入同号的记忆信箱，与媒介联系：①"野草"与"花园"联系；②"粉笔"与"学校"联系；③"中药"与"食堂"联系；④"篮球"与"医院"联系；⑤"停电"与"图书馆"联系；⑥"乞丐"与"洗手间"联系；⑦"婴儿"与"操场"联系；⑧"洪水"与"机房"联系；⑨"字典"与"车库"联系；⑩"英语"与"水塔"联系。

第三步，充分想象，把记忆的词语与信箱媒介放在一起联想，编成一句话或说明一件事：①花园里长满了野草；②学校离不开粉笔；③食堂里有中药味；④医院住了一个受伤的篮球运动员；⑤图书馆停电了没开门；⑥洗手间里睡着一个乞丐；⑦操场上有个婴儿在哭；⑧机房被洪水淹了损失很大；⑨车库里堆了许多新华字典；⑩水塔上写了许多英语字母。然后口里轻轻读几遍，强化两者的联系。

第四步，回忆。梳理出要记住的词语。

用信箱记忆法，须把要记的句子理解清楚，准确把握其意，否则会在想象中改变原意。

（十）联想记忆法

我们每个人都有这样的体会，几年未见的好朋友，只要见到他的相片，联想功能就会启动。世上万事万物是彼此联系的，任何事物都不可能孤立地存在。因此，我们可以在记忆活动中，充分利用联想记忆。联想记忆法主要形式有三种：

（1）依附联想法。一个知识概念，可发散出许多与它有依附关系的概念。如一个人的名字，必定发散出年龄、性别、出身、籍贯、文化程度等信息。因此，要记忆一个或一组知识，可以把与之相依附的知识联系起来。

（2）因果联想法。一切事物都有因果联系，乙事物是甲事物之果，而乙事物又是丙事物之因。其实，我们中学学的基础知识，大多是由因果关系组成的一个个知识串。如温度与水的三个存在形态之间的关系，因温度的变化，形成水的气态、液态、固态，只要抓住了温度变化因素，就记住了水的三种存在形态及其变化规律。我们可以充分利用知识的因果关系，用因果联想法提高记忆效果。所以，在记忆过程中不是只对一个知识点进行死记硬背，而应该把眼界放宽些，将有因果关系的知识串起来记忆。

（3）时空联想法。许多要牢记的基本知识与时间、空间位置有关，时间和位置也是富于联想的线索。因此，在记忆活动中可充分运用时空联想法。例如语文知识中的作家与作品，作家是何年生的，作品是何年发表的；历史知识中的重大事件，是某年某月在某地发生的；地理知识中的河流的起止地点、流经哪些区域、植被分布、气候变化也是有时空关系的。所以用时空作引线可提升回忆速度，你记住洞庭湖，就不难记住湖边的岳阳楼，你记住了洛阳，就容易记住龙门石窟，只要你有意将知识点与相关的时间、地点联系起来，记忆将有知其一也想到其二的效果。

以上十种高效记忆技巧，是一种提示，提示我们要努力开发自己的智慧宝库。只要你有心去开发，更神奇的记忆技巧会不断被总结出来。一切技巧要多练多用，多用必熟，熟能生巧，巧能生妙。当我们熟练灵活运用以上记忆技巧之后，你会产生一种妙不可言的感受。因此，你应该拒绝怀疑，停止观望，立即学，学了就用，只要你用，将有立竿见影的效果。保守一点说，提高效率一至两倍是轻而易举的。人，不会在坐而论道中获得智慧，起而行之将打开通往成功的大门。

精心关爱青少年的心理健康

一

收看了中央电视台关于法轮功痴迷者自焚的新闻，我的内心感到一种强烈的震撼，尤其看到受害者中竟然有两个青少年，除了对李洪志之徒的无比愤慨之外，更多地感到难忍的痛心和遗憾，更多地想到学校、家庭和社会关爱青少年心理健康的责任。

事实上，两个青少年不幸地误入法轮功的罪恶陷阱，绝不是一件偶然的个别事件，而是给教育工作者狠狠地打了一次脸，它启示我们，青少年的心理健康问题，应引起社会各界的关注。只要人们留意观察，就不难发现为数不少的青少年心理脆弱的种种表现，如沉默少言、郁郁寡欢、自残、离家出走等。当成人以自以为正确的方式处理这些问题时，效果往往不好。古人早就说过，每个青少年都有自己独立而丰富的感情天地。为了孩子的健康成长，必须帮助孩子顺其自然地成长。如同一株嫩弱的幼苗，要长成参天大树，一定要有充分的阳光雨露以及及时除虫和整枝，才能经得起狂风暴雨的考验。人的过失，是受有过失的环境影响与教育的结果。西方教育家卢梭说过：出自造物主之手的东西都是好的，可是一到人的手里就变坏了。事实难道不是这样的吗？人幼年时天真纯洁，可随着年龄的增长不断分化出良莠，显而易见，青少年种种病态心理的产生，自然是与不健康的环境影响有关，与有悖于青少年心理需求的教育有直接联系。心理学中有个罗森塔尔效应之说，心理学家罗森塔尔与他的一个同伴到一所学校进行心理学研究，他们从十八个班级中挑选出一批学生名单交给各班教师，对教师郑重地说这些孩子将会很优秀，并要求不可将名单外传，只要教师心中有数就行了。八个月后，他们再来校复试，结果发现他们提名的学生普遍比其他学生各方面进步快。实际上，科学家提出的名单全是随意的，他们以自己的权威身份暗示教师，这些孩子有很大希望，从而坚定了教师的信心。教师通过眼神、语气、情感等把信任和期待输入学生的心田，使这些学生更加自尊、自信、自爱、自强，这就是心理学上的罗森塔尔效应。如果我们把教育者的关爱、信任、期待等能够促进学生学习和人格情感上健康顺利成长的因素称为正效应，那么，教师的粗暴、偏见、歧视导致的学生学习积极性下降、人格变形、精神苦闷、心理出现障碍等因素便可称为罗森塔尔负效应。这充分证明：关爱、宽容、鼓励、信任的态度对孩子健康成长具有重大意义。为人父母谁不爱自己的孩子，为人之师谁不希望自己的学生健康成长，而爱和希望是需要耐心的，我们不仅要十分明确地要求孩子们做到什么，还必须十分了解孩子们心里在想什么，希望什么。当教育者与被教育者心灵相通时，方可实施真正意义上的教育。为了关爱青少年身心健康成长，当前，教师和家长应多了解一些心理健康方面的相关信息，多关注青少年心理健康方面出现的多发病和常见病的病兆与预防知识，为青少年健康成长营造一个良好的教育环境。

二

人的心理是个广阔、微妙、丰富的世界。法国作家雨果说："世界上最宽阔的是海洋，比海洋更宽阔的是天空，比天空更宽阔的是人的心灵。"心灵之变化微妙使人不易察觉。因此，什么是健康心理，什么是变态心理，绝非是黑白那样分明。中外心理学专家对这个问题有过广泛研究，总结出各种识别评判心理健康的标准。心理学专家提出如下鉴别标准：①乐观地正视和面对现实；②有理想；③有自尊心，也尊重别人；④自立，也能帮助人；⑤能自我调控情绪；⑥待人处事有商量态度；⑦富有幽默感；⑧有较广的兴趣。西方学者也提出过与此大同小异的标准。也有学者认为，对人、对事、对环境是否具有相应的适应力，可看作判别心理是否健康的主要依据。严格来说，心理健康的人并非十全十美的人，换句话说，人格与情感有某些缺点弱点的人，并非是心理不健康的人。因此，只要大体上符合下面六条表现者即可被判定为心理健康的人：①能维持正常人际关系；②认识和行为符合一般社会规范；③对自己的优缺点有一定认识；④对自己面对的现实能正确对待，不害怕也不逃避；⑤遇事能动脑筋，想办法；⑥身体健康。

如果说身体健康要依赖情绪调控有节，依赖经常学习锻炼，那么，心理健康则是要在人生发展的各个阶段中通过解决不同问题才形成的。可以说，心理健康是一种过程，直到生命的终止。少年期、青年期以及中老年期心理健康的内容和要求各不相同，不可互相代替。但是，维护心理健康并非无章可循。经验和科学研究证明，培养和维护心理健康，应注意把握好四个方面的问题：

首先，要正确认识自己，培养有自知之明的思维习惯。人在青少年、中年、晚年时期对自身的认识要清醒，从而采取不同的生活态度。古希腊哲学家苏格拉底曾大声呐喊"认识你自己"。一个人连自己都认识不清楚就很难说心理是健康的。自知之明的内容大体包括：自己的性别角色规范，自己的形体特征及品行，自己的性格、爱好、知识能力状况、优缺点，自己与身边人的关系，自己现在该做什么和不该做什么，自己要追求什么等。青少年时期的自我认识易走极端，要么认为自己"一无是处"，悲观苦恼；要么认为自己"十全十美"，完美无缺，看不到自己的弱点。无论前者或后者，心态都十分脆弱，碰到一点挫折，往往就迷失茫然，言行越轨。可见，要拥有健康的心理，一定要有自知之明，我们要经常开导青少年，让他们知道世界上没有完人，人总是有优点也有缺点的，并用这样的观点看人、看己和认识世上一切事物。

其次，一个心理健康的人，能够把握人与环境的变化，并把二者和谐地统一起来。人在不断成长与成熟，随着年龄的增长，生活的环境也随之改变，自身的体质、知识与经验也相应改变，如何对人、对己、对事，少年、青年、中年、老年是有许多差别的，今天不可照搬昨天的方法，明天不可沿袭今天的方法，一切要适应当前的形势，假如因自身与环境发生了变化，就找不到自己的位置，认识不到今天的自我，心理学上叫"自我迷失"。青少年时期是生命过程中变化最多的时期。12 岁到 18 岁的青少年，生理、心理、认识、人格发展正处在急剧的变化中，有时自己都有一种莫名的恐惧。一个人从家庭到幼儿园，从幼儿园到小学，从小学到初中，从初中到高中，每次改变都带来很大的心理震动，学习内容、生活环境、周围的人都是陌生的，陌生感就易使人产生紧张的心理。处在各变化关口的青少年急需教师、家长的关心鼓励，帮助他们正确认识面临的变化，指导他们适应眼前的变化，培养他们应对变化的承受力。

再次，心理健康的人，一定是人际关系良好的人。只有善于与人友好相处，才会有欢乐的心情，心理就易于保持健康。人是一种社会动物，只有合群才能正常生活。实践证明，没有良好的人际关系，就会诱发出层出不穷的心理疾病。人最怕孤独和寂寞，良好的人际关系是医治孤独与寂寞的万灵处方。人与人的关系是一种互动关系，实质上是一种情感、信用和人格的平等互换关系。你想得到别人的关爱、信任、支持、帮助吗？请你首先关爱、信任和帮助别人。为人父母应引导青少年重视这一修养，在家里要尊老爱幼，在学校应尊师爱友，在集体中要团结协作，在社会上要乐于助人、言行方正。处在良好的人际关系之中的人，得福有人分享，遇难有人分担，喜怒哀乐易于及时释放，活得像个弥勒菩萨，肚大能容，笑颜常开，心有压抑易排解，青春常在。

最后，一个心理健康的人，一定有积极乐观的生活态度。只要具有正确的人生观，心理健康就是顺理成章的事。人生观是对生活的态度，是对人生的看法。人生观正确的人，总是以积极乐观的态度对待人生的一切酸甜苦辣，争取过欢乐愉快的生活。有人说，人生下来的第一声似笑、似哭、似叹、似叫，笑人生是那么精彩，哭人生有太多磨难，叹人世那么多无奈，叫人间有那么多的依赖。面对事先无法预测的这一切，你是坦然面对还是怨天怨地？是麻木躲避还是设法改变？无论怎样，只要心中有永不放弃的追求，一切不顺心的逆境迟早会改变的。只要坚信人变、地变、万物可变，何不开开心心地活着，潇洒走一回呢！

三

心理健康与心理压力有关。现在，青少年心理疾病如此引人关注，与今日社会的急剧变化有关。在信息时代，面对知识爆炸、科技创新、竞争机制等新形势，一切靠应变制胜。当前，社会的职业竞争过早地压到了青少年头上，初考、中考、高考人为地强化到"生死成败"的高度，再加上家长、教师们功利得失的"小算盘"，压得身心本来脆弱的中小学生痛苦不堪，由此导致青少年中形形色色的心理疾病日益加重的情况就不难想象了。以下几种常见的心理疾病，特别值得家庭、学校、社会关注：

1. 多动症

活泼好动，是孩子的天性，无休止、无目的地动个不停，是多动症的典型病症。由于孩子的多动习性与多动病症难以严格区分，因此，家庭教育和学校教育常常处理不当，一是把常态的多动误认为是病态多动，把健康的孩子当犯病孩子治疗；二是把病态孩子当顽皮多动严格管束，结果都是好心伤害了他们，甚至酿成悲剧。因此，父母和教师在矫正孩子时，要切忌急躁简单地处理，一定要谨慎辨明是多动习惯还是多动病态。

什么是儿童多动症？它有什么特征呢？心理学上称多动症为"注意力缺乏行为障碍症"。有专家认为，儿童多动症的核心症状是：①注意力障碍。不能把注意力集中到指定的注意物上，受到任何细微的影响就转移到无关的事物上，做什么事都虎头蛇尾。②活动过多。喜怒哀乐变化无常，转换特别快，受批评后毫无羞耻感，边挨批边动。③言行盲目、被动。动作突然，不计后果，不知危害，无法无天，一再重犯。④没有自尊心，屡教屡犯。⑤喜欢单独行动，没有好朋友。如果孩子同时兼有上述多条症状，多次教育无效，持续半年以上无明显改变者，可认为是多动症。

世界心理学界认为，患不同程度多动症的孩子约占青少年群体的5%，照此概率推算，我国大约有千万名孩子患多动症。多动症病因复杂，与遗传、教育、后天病理有关。多动症是完全可治的，父母与教师对他们应有更多的爱心和耐心，应有更多的鼓励与诱导。我们对这一群体的问题也应特别关注。调查材料表明，青少年中那些学业成绩特差，自卑、自怜、自暴、自弃的消极心理，性格怪异，有人格缺陷的，大多与早期对多动症的处置不当有关。

2. 自恋症

所谓自恋症，就是唯我独尊，只爱自己，不爱别人的心理变态人格。今天的许多青少年，出生在"421"结构型家庭，在蜜糖水中泡大，少有贫困磨炼，一旦教育管理失当，很容易患上自恋症。人应该自尊自爱，喜欢自己的长相，珍爱自己的性格并没什么不好，希望受人赞扬和重视，是人可贵的天性，也是追求进步的原动力。可是，当这一切欲求过分发展到孤芳自赏的程度时，心理就产生了病态，成了健康生活的心理障碍。自恋自赏、唯我独尊是自恋症的主要特征。具体地说是自我专注、自我欣赏，不加掩饰地希望得到别人的赞美，自以为才干比谁都高，容貌过人。为人情感冷漠，不关爱他人，若稍遇失意或批评，立即又产生强烈的愤怒，失望到极点，对别人要求苛刻，稍不如意就诋毁他人，强烈嫉妒他人的长处，一切是非评价以自我为中心。处处想受到优待，却不愿尽义务。受挫力特别弱，哪怕遭遇小小的失败或不幸，也悲痛欲绝，以至用自残求解脱等。父母、教师如发现青少年出现以上类似病兆，应耐心引导他们尽快从孤芳自赏的状态中挣脱出来，投入群体活动中去。

3. 幻想症

对未来有种种美好的幻想，是青少年可贵的天性，是接受科学教育的良好条件。事实上，立足于现实的幻想，是实现理想的种子。然而，把幻想神化，整天异想天开，不见任何现实行动，痴痴呆呆，食睡不香，有如此表现的青少年即可认定心态异常，可能患了幻想症，应引起成人的重视。青少年患幻想症，往往与他们心灵上的某些不良品性有关。害怕艰苦、品性懒怠的孩子总易幻想成为天才，什么样的试题都能考满分，可就是不听讲、不完成作业。心理耐挫性差的孩子，难以摆脱某些挫折后的痛苦体验，幻想神仙来救他，到另一个没有苦难的天国。受法轮功欺骗走上自焚歧途的两个青少年，应说是这一病态心理的极端典型。

4. 强迫症

什么是心理病态的强迫症呢？简单地说，一个人对一件明知没有意义的事却一再重复去做，对一个并不存在的问题无时无刻在想，为了十全十美万无一失，老是强迫自己不断重复，思想痛苦又不能自拔。处于此种状态的人，大多患上了强迫症。一个初二的男生骑自行车上学，总是习惯课前课后去检查自行车是否锁好，不去看一下就心神不宁，虽然多次感到自己这样做好笑，却一直这样做，即使被人笑为神经病而心里不快，自己仍无法停止这一行为。当他矫正了这个病态心理后，对老师说，他曾忘锁车而丢失了一辆自行车，挨了父亲一顿痛打，因此总怕再丢自行车。可见，强迫症是某种过失后的痛苦体验使然，而青少年强迫症往往是过于严厉刻板的教育造成的。患上强迫症者，遇事谨小慎微，思想刻板，失去思想活力，记忆力退化，危害极大。因此，我们对青少年的教育要求切忌十全十美，应允许他们犯错误，对第一次错误要多一点宽容和理解，在帮助他们找到改正方法之前，切不可揪住不放。

5. 焦虑症

笔者长期在中学做学生教育工作，强烈感到期中、期末考试前后一周是"多事之秋"，迟到、早退、旷课、闹课堂以及离家外逃等违纪行为特别多。有年期末考试前后一周做过统计，发现考前一周内迟到、早退约210人次，旷课50多人次，考后一周内旷课者增加到117人次，病假43人次，离家外逃者16人次，在一所有1 300名学生的初中学校不可说是个小事。后来我从各类违纪生中找几个学生个别交谈，结果发现他们共同的心态是八个字：紧张害怕、设法逃避。一句话，心情惶恐紧张，怕考不好，怕家长责骂，怕班上排名次，怕上学。这种心态就是焦虑，若这种状态持续时间过长，又无法排解，就可能患上焦虑症。什么是焦虑症呢？心理专家认为：焦虑症是当人遇到种种威胁而无力摆脱时的痛苦情绪反应，是遇到困难又无法变被动为主动时情绪烦躁的表现。当孩子面临完全陌生的环境时，当功课一天天难学的时候，当书包一天天加重而玩的时间日益减少的时候，当考试和升学日益临近而又没信心考好的时候，当人际关系紧张又找不到改进方法的时候，当父母关系不好可能离婚而自己无能为力的时候等，青少年常深感痛苦无助，心乱烦躁，没有成年人的关心开导是难以自我排解的。在如此环境中，最害怕父母与老师简单粗暴的指责和冷淡的态度。若不及时缓解就会发展成焦虑症。

6. 抑郁症

种种心理疾病都可能转化为抑郁症，因此，治疗抑郁症的难度最大。病理分析证明，抑郁症的诱发原因十分复杂，但主要与患者受到某种挫折和不幸后的痛苦体验有关。抑郁症的典型症状是：沉默寡言，多愁寡欢，贪睡难起，抗拒交往，一切言行无精打采。活生生的人，对生活中的喜怒哀乐不可能像木头一样无反应。只要经过短暂苦闷后即能恢复常态，那是正常的情绪适应过程，不是抑郁症。假如病态持续几个月，那就要引起关注了。有心理学研究成果认为，抑郁症患者有五个字的特征：①懒。患者无缘无故变得什么事也不想做，任何活动也无兴趣参加，经常卧床懒起，也很少外出，不想上学。②呆。思想迟钝，反应麻木，注意力难集中，记忆力下降，行动迟疑，死气沉沉，严重者如同痴呆。③变。性格与过去相比判若两人，自我感觉特差，精力不足，没有活力，对任何事无兴趣，高兴不起来，对外部世界熟视无睹。④忧。情绪忧虑悲观，意志消沉，厌学、厌友、厌世，有强烈的自残倾向。⑤虑。成天长吁短叹，愁眉苦脸，听不见笑声，对人对事对外界事物没有反应，对自己的现在、将来缺乏信心，焦虑不安。最易于诱发青少年产生抑郁的事，一是考试以后班上排名次，二是同学之间关系不好，三是老师对自己印象不好，四是父母关系不和，担心父母离婚。长期陷入抑郁，最终导致讨厌自己，于是，常常产生尽快摆脱痛苦的强烈冲动，此时患者处在最危险的情境中。抑郁症患者最需要亲人的安抚，最需要教师的理解和鼓励，最需要朋友的亲近，当然，更需要求医治疗。

四

当前，青少年心理健康上存在的种种病态是令人担忧的，但也绝不是无法改变的。一般说来，除了因遗传因素，母亲妊娠期的病理、药理因素和后天脑损伤因素致病外，以上所说那些心理疾病，只要我们引起重视是完全可以治好或避免的。实际上，病在青少年心上，责任在成年人身上。常言道：心病要用心药治，解铃要靠系铃人。治疗和预防青少年心理疾病，维护青少年心理健康，主要责任落在家庭与学校。

首先，要更新教育观念，提高维护青少年心理健康的自觉性。现实情况表明，青少年表现出的各种病态大多与某些有错失的教育有关。未成年人涉世不深，对己、对人、对世间复杂事物的认识，存在种种无知和片面，当他们不理解的时候需要我们指点，当他们犯错误的时候需要我们帮助，当他们遇到挫折和不顺心的时候需要我们同情、鼓励和支持，而最害怕成人的指责、埋怨和惩罚。一些父母因孩子考试不及格而打骂他们，粗暴限制或剥夺他们正当娱乐活动时，是否都是在为他们好呢？难道没有一点是为了自己的"面子"或"补偿"自己当年的失落？一些教师在学生学习成绩不好时，罚他们背一百次、重做一百遍、站着想一百分钟时，难道没有想到自己加工资、评职称的得失吗？许多好方法并不难学，难的是态度端正。青少年的心理世界如同多变的夏日天空，一时阴云密布，一时晴空灿烂。对他们变化无常的心理活动要精心关爱抚慰，尤其是学校老师，要善于站在他们的立场理解他们的观点，以父母般的真情关注他们的情绪变化，以朋友般的态度分享他们的快乐，以长辈的身份分担他们的忧愁。

其次，引导青少年正确认识自己，科学对待自己的优劣长短。青少年的心理状态，直接源于自我感觉，而自我认识的片面性和波动性是他们成长过程中的基本特点，因此，往往容易走极端，看到自己某一方面比别人强，比别人优秀就误以为自己特别好，没有缺点，产生自傲心理，难以接受批评；而一旦犯了错误、挨了批评，或受了处分，便情绪骤变，误以为自己"一切完了"，一无是处，变得极度悲观。所以，青少年易于由自傲变为自恋，从自卑走向抑郁。成人要注意他们的情绪变化，帮助他们用"一分为二"的辩证法认识自己，当他对自己十分满意时，要帮助他认识自己的弱点和短处；当他因某种原因而自卑时，要指点他看到自己的优势和长处，点燃他们心中自信的圣火。青少年正处在感性大于理性的阶段，对自己的言行大多"跟着感觉走"，父母和老师要指导他们从一个个具体问题中学会理性思考，帮助他们不断增强理性，从而一步一步提高全面认识自己的能力，一步一步把握自我情绪的调控。

再次，要鼓励青少年以积极的态度适应环境变化，勇敢地面对挫败与不幸，磨炼对压力的心理承受力。常言道：天有不测风云，人有旦夕祸福。自然界的风霜雷雨不可避免，人世间成败得失同样难以逃避。唯一办法是以积极的心态面对它，变换认识角度，积极地去解决它。任何事情都有利弊两面，只要人们变换角度认识，多看积极一面，感觉完全不一样。笔者在学生教育工作中，常用陈毅元帅写的《赣南游击词》和笛福的《鲁滨逊漂流记》一书来引导学生面对挫败和不幸。革命先辈在"饥肠响如鼓"的危难时，没有坐以待毙，而是用野菜和水煮的办法生存，等待战机。鲁滨逊等人乘坐的考察船被风暴抛到无人荒岛上，同伴被淹死，剩下一个人，鲁滨逊不是闭目等死，而是用"利弊分析法"为自我找到了生存下去的勇气。利弊分析帮助人们从最危难处境中找到可以自慰的东西。鲁滨逊是条勇于与厄运抗争的好汉，而不是鲁迅笔下的阿 Q。他用自己的双手建设了一片天地。父母和教师看到青少年面临挫折或不幸时，要引导他们笑对危难，像先辈们那样乐观地等待转机，引导他们使用鲁滨逊的利弊分析法，变换视角，看到有利因素，并积极行动起来一步一步改变困境。心理病态来自超负荷的心理压力，排解自身与环境变化带来的压力，是维护心理健康的最佳途径。教给青少年学会乐观，学会排解来缓解压力之法，他们将受益终生。

要积极鼓励和善于引导青少年多交朋友，指导他们真诚待人、善择益友，学习协调人际关系的方法。一般情况下，成功的人心理都是健康的，心理疾病则往往与挫败体验直接有关。哈佛大学心理学教授戈尔曼 1995 年提出了情商理论，他认为：在人与人距离越来越小，人与人交往越来越多的社会里，一个人的成功只有20%靠智商，另外80%要靠情商。也就是主要靠与人合作、与人相处的品德与能力。在戈尔曼看来，智商赢得成功的机会，情商使人赢得成功。可见善于与不同朋友合作，多交朋友，搞好人际关系，不仅影响人的成功，而且也影响人的心理健康。1991年年末，在加拿大的一所大学里，几天内连续发生两起中国留学生自杀事件，一个是电脑博士，一个是生化博士。事后分析原因，发现两人都是性格孤傲，与导师和同事关系紧张，因患上抑郁症而自杀的。人不可能不与人打交道，人也不可能没有烦恼痛苦，事实上多交朋友与少烦恼有相辅之妙。指导青少年多交友、善交友、交益友，是一举多得的事，不仅有益于完善人格，丰富精神生活，而且当他们遭遇挫败或不幸时，有一吐心中之闷，及时释放压力，维护心理健康的良效。那些把青少年紧紧关在房里，放在书堆里，对孩子交友活动横加限制的方法是有害的。

最后，要关心关爱青少年的精神生活，鼓励他们培养多方面的兴趣，发展丰富多彩的爱好。丰富的营养有益于人的身体健康，这个道理人们很容易理解，因此，当孩子一天不思茶饭或脸色青黄时，理所当然地应引起父母的高度重视。可是如果孩子一年不读一本文学作品，一个月没发出开心的笑声，一天闷闷不乐不讲一句话的时候，父母、老师你是否认为孩子心理健康有问题呢？正如有些父母说的那样，批评孩子的话开口就来，而称赞孩子的话是金口难开。这也是中国家庭教育的通病。关心青少年成才，实在要多一点精神营养。我曾对初中不同年级三个班学生的书包做过一次调查，结果悲哀，170多名学生中，只有26名学生书包中装有与课本无关的课外读物。当我问十多名学生为何时，回答是三"不"字，即"不许看""不敢看""不用看"。这种现状绝不是正常现象，整日整夜泡在课本、作业、考试中，青少年的知识绝不会丰厚，他们的精神世界也绝不会多姿多彩。一个孤陋寡闻、视野狭窄的大脑，肯定经受不住思想风暴的袭击。带青少年到农村看看吧，当他们亲身感受农村人吃什么、穿什么、想什么和做什么以后，肯定会另有所悟。让孩子到大自然中去，到文化博物馆去，到运动场上去，山的雄伟、海的宽阔、江河的奔腾不息、古今中外文化精品展示的历史和人物风情等，这一切都会让青少年领悟世界的博大，感受到生命的伟大，享受到生活的美好。经过千姿百态的生活洗礼，我们会惊喜地发现一只只幼稚的丑小鸭身上的羽毛丰厚起来了，不用太久就会变成一群高飞的白天鹅。

精心关爱青少年的心理健康，是一件利在未来的大事，为了那些悲剧不再重演，为了托起中华明天的太阳！

把子女培养成国家之栋梁

孩子，是父母百年以后留给社会的一块纪念碑。

孩子，是组成家庭生活天伦之乐的一个最温情的因素。

孩子，是人类社会发展源远流长的一个衔接链环。

因此，教子成才是国家兴旺、家庭幸福所共同需要的一项伟大事业。

那么，怎样才能把子女培养成国家的栋梁之材呢？当前青少年家庭教育要着重解决哪些问题呢？本文想从下列三点回答：要坚定全面发展的培养目标；要善于抓住智力发展的"关节点"；要积极诱发、保护孩子自身的力量。

一、要坚定全面发展的培养目标

随着时代的发展，社会生活向教育培养青少年工作提出更复杂的任务，如果没有整个社会特别是家庭在教育目标、原则、主要方法上紧密的配合，那么，可以断定，无论教师付出多大的努力都不可能收到完满的结果。

家庭，是一个发展体力、智力、道德的重要策源地。父母首先要在培养目标上有准确的认识，然后才能合理解决教育原则、教育方法方面的问题。

党的教育方针明确要求通过学校教育、家庭教育、社会实践锻炼，把年青一代培养成有理想、有道德、有体力、有文化的社会主义现代化建设的有用之人，造就共产主义事业的接班人，这就是我们的培养目标。家庭也应以此为目标对子女进行家庭教育。

但是，也要看到在我们国家里，由于种种复杂的社会历史原因，由于我们在执行教育方针上的经验不足和左右摇摆，多次发生认识片面、走向极端的倾向，从而使家庭教育在培养目标上也随之左右摇摆，这是当前家庭教育工作中存在的首要问题。

家庭教育在培养目标上左右摇摆，走极端，主要表现在什么地方呢？

（1）在子女教育中，重知识、重分数、轻德育、轻行为规范要求。只要孩子考上大学、中专、技校就"丢了包袱"，解决"饭碗问题"成了教育子女的主要目标。客观说来，这种认识的产生与就业困难直接相关，但是，为人父母如果这样教育子女，无论对子女的未来发展，还是对民族的振兴都是十分有害的。

（2）有些父母在教育子女时，只重视书本知识，轻视劳动教育，为了让子女"专心读书"，什么劳动的事都不让孩子做，让子女从小就过着"衣来伸手，饭来张口"的生活，这种倾向严重毒化了孩子的心灵，损害了青少年身心的健康成长。

（3）有些父母在教育子女时，心中只有"老子讲，子女听，不许顶嘴，不许犟"，至于子女心中怎么想，有什么不同意见，要求是否合理，可以一概不问。生活就是"出家门，进校门，实行关门教育"，在孩子的校园生活与社会生活之间隔上了一道厚厚的墙，家庭教育把天性活泼的孩子变成"木头人"，这种教育不可能培养出国家发展需要的人才。

那么，针对家庭教育的种种不足之处，我们应该怎么办呢？

英国有位学者讲过：真理往往存在于两种极端之间。家长再也不要在德、智、体、美、劳中只抓一点了，而要使子女全面发展，为孩子走上成才之路奠定坚实的基础。我以为主要要做到以下几点：

（1）子女在高中毕业以前，一定要坚持全面发展的教育目标。

人才学认为：德、识、才、学、体是人才智勇双全的五大要素，缺任何一个要素，都难以造就有所建树的人才。

（2）要把德育放在领先的位置。只有先教子成人，才可能教子成才，事实证明，天赋超群的孩子，如果没有为人民服务的思想，私心很重，终归难以成才；天赋平平，品质高尚，仍可以扬其自身之长，成为人民有用之才。当前，应该特别加强对子女的道德行为规范教育，从刚学说话、学走路的第一天起，就抓好衣、食、言、行、礼等方面的行为规范教育。

（3）抓智育要力戒读死书和死读书的倾向，要重视学习习惯、学习方法和思维能力的培养，要千方百计点燃孩子求知兴趣之火，用棍子逼着孩子学习，强迫孩子掉着眼泪做作业是不可能增长才智的。

（4）根据孩子年龄特征，安排一定家务劳动、生活自理实践，使之参加必要的社会生产劳动。把教育与生产劳动结合起来，这是开拓聪明才智，塑造行为美德，培养全面发展的共产主义新一代的唯一途径。

（5）关心孩子健康，注重体力和精力锻炼，是父母们要注意的一件大事。须知没有强健的身体、充沛的精力，子女未来无幸福可言，难以为人民作出贡献，更何谈成才？

（6）要精心引导，热情支持孩子在社会生活中学习，开阔眼界，增长见识，活跃思路，获得较多、较广的社会生活经验。小笼关鸟，有翅飞不高；万里长空，可供大鹏展翅。

青少年教育过程中的一切困难和问题，都会在各自家庭里折射反映出来，同样道理，产生一切困难问题的最初根源，都可以追溯到家庭教育状况。因此，家庭教育在培养目标上是否出现左右极端的摇摆，都取决于下面三点：父母在孩子面前表现出的人格行为；父母对孩子的理想期待；从父母身上学习认识人与人、人与社会的关系。而以上三点都贯穿一条线上：德、识、才、学、体是做人的唯一价值标尺。

二、要善于抓住智力发展的"关节点"

国家需要人才，父母盼子成才，那么，怎样才能顺其自然地把下一代培养成符合时代需要的有用之才呢？

"一年之计，莫如树谷；十年之计，莫如树木；百年之计，莫如树人。"这是古人管仲的人才观。树人是百年之计，意思有二：一是人才培养得如何，关系到一个国家百年的兴衰大业，讲的是意义；二是培养人才是一个艰辛过程，中国历史上被人称颂为圣人的孔丘，在讲到他自己成长过程的时候，说"十有五而志于学"，"三十而立"，"七十而从心所欲，不逾矩"。可是造就人才并非轻而易举，但是也绝不是"难于上青天"的事。众所周知，一年树谷关键在于抓季节，十年树木关键在于抓育苗，那么，百年树人的关键是什么？就是在全面发展的思想指导下要善于抓住人的一生智力发展的"关节点"。此说有何根据呢？

第一，马克思主义哲学充分论证了一个基本原理：天下万事万物都是运动发展的，一切事物在运动发展的过程中，都存在着发展转折的关键时期。最容易为人理解的一个例证是水的三态变化，在正常气压下，水温在零摄氏度以上，一百摄氏度以下呈液态；如果水温降到零摄氏度以下，就逐步呈固态；如果水温上升到一百摄氏度，就逐步呈气态。很明显，水的三态变化，就是取决于水的温度，零摄氏度和一百摄氏度就是水的三态变化的转折点或叫"关键时期"。人的生老病死是一种运动发展过程，同样也存在着发展的关键时期。

第二，自然科学实验证明：任何生命运动过程都存在着发展的"关节点"，具体讲，动物、人类生命发展史上，无不存在着转折的"关键时期"。

1. "洛伦茨发现"的启示

奥地利著名动物学家康拉德·洛伦茨发现：小鹅孵出后，总是把第一眼看见的动物认作"妈妈"，并且跟着它走，就是人，也同样可以取代"鹅妈妈"的位置，洛伦茨本人就充当过"有胡子"的"鹅妈妈"，并带着小鹅在水中嬉戏。洛伦茨发现，动物出生后大都把第一眼看见的动物当妈妈，他把这一现象取名为"母亲印刻"。现有材料表明，这种"母亲印刻"属于本能性的特点，这种"印刻"特征在高级动物生命发展史上是否存在？同样存在。

2. "哈洛实验"的推论

"洛伦茨发现"在最发达的高等动物——灵长类动物身上也有体现。美国威斯康星州立大学哈洛博士的猴类研究室，研究了恒河猴的社会行为，发现恒河猴成年期的社会行为，受其自身早期生活经验的影响大。哈氏发现：新生猴出生后的头年如果完全与猴群隔离，社会行为将失去正常，不能像正常猴一样玩耍和交配，没有自卫能力，受攻时缩成一团，或者逃跑，这种损害，后期无法补救。哈氏夫妇多次实验后论定：如果小猴出生后八十天或一百天之内被隔离，对其行为损害不严重，即使有损害，后期可以通过训练来补偿。哈氏推论：在有人照料的情况下，人类儿童如果在孤独中长大，社会行为将与恒河猴有相似之处，如果人类儿童在 1 岁到 1 岁半期间从孤独转为正常生活，其行为可以慢慢恢复正常，如果出生之日就被隔离到两岁之后才转为人类正常生活，其智力和社会行为受到的损害就难以弥补。

据科学文献记载，到目前为止，世界上发现有几十个被野兽带大的"狼孩""豹孩""熊孩"，发现时，大者年龄七八岁，小者二三岁。由于他（她）们在婴幼儿早期就脱离了人类，出生后的最初生活又受动物界影响，其行为方式和心理状态近似于动物。在回到人类社会以后，虽经长时期教育训练，他（她）们仍然不能适应人类生活。如果人类进入了成年期，再与社会隔离，即使十年、十几年以后重返社会生活，经过一段时期的适应，很快就能恢复正常智力和人的社会行为。这种事实，在日本、中国和其他国家，都不乏其人。

以上材料表明：早期年龄阶段（一般指婴儿期）是人类学习典型生活的关键时期，尤其一周岁以后是孩子开始学习直立走路、学习说话的时期，这是智力发展的"关节点"。正常的人类社会生活对一个人一生的健康成长具有决定性的意义。在这个"关节点"上若有失误，错过了智力发展的黄金季节，人的社会行为、感情、性格、聪明才智等方面受到的损失将是难以挽回的。

3. 恰尔科夫斯基的研究

人类一代胜于一代的诀窍是：后人要善于站在前人的肩膀上攀登。哈洛博士站在洛伦茨肩上得出了科学的新成果，俄国学者恰尔科夫斯基又站在哈洛的肩膀上，向人类智力发展最佳期研究的新高峰冲击。在正常生活状况下，人的各种聪明才智的培养有无最佳"关节点"呢？

1962 年，恰尔科夫斯基的妻子生下了一个女儿，不足月的小生命异常虚弱，恰尔科夫斯基毅然把女儿放在装满水的大鱼缸中，决心按自己制订的实验计划培养，给小生命做水中按摩，训练其水中动作。几天后，女儿转安，并在水中自如地沉浮。实验成功了，他的女儿健康发育，比同龄婴儿发育快2～3倍。这位科学家大胆地进行了推论思考，他认为：海是生命的摇篮，一切陆生动物都是在海洋里生活的。人类远祖肺鱼从大陆登岸，吹响了陆生动物进化的号角。由此可推论：胎儿发育初始期就生活在母体海洋——子宫羊水中，胎儿的早期习水性是人类的遗传天性之一。

1979 年夏天的一天，恰尔科夫斯基在黑海之滨举行了一次别开生面的水上表演，表演者是由一队刚满月及周岁以上的婴儿组成的，还有三只受过训练的海豚。孩子们入水后，时而潜入海底，时而跃出水面，时而靠近海豚，时而爬到海豚背上嬉耍，模仿海豚游泳动作。后来，恰氏的这种水上表演，在法国、德国、澳大利亚等国相继举行。恰尔科夫斯基进一步实验证明：只要训练得法，四个月的婴儿能浮在水面，六个月能在水上仰卧 10 分钟，周岁能在水中自由沉浮，自主地游向目标。最近科学资料证明，儿童早期习水和游泳，能取得最佳效果。中国游泳世家穆氏子孙为什么代代出英杰，其奥妙就在此举。

恰尔科夫斯基的研究成果解放了人类的思想。科学家们相继在不同国家研究了人类智力发展的最佳时期。近几年的研究表明：在人各种能力发展培养的过程中，的确存在价值千金的"关节点"。比较多的科学家认为：人的聪明才智行为的训练有以下几个"关节时期"：

①周岁左右是习水、视觉发展的最佳期；

②3 岁左右是口头语言、生活习惯训练的最佳期；

③4 岁至 5 岁是图像辨认的最佳期；

④6 岁左右是开始识字、计数的最佳期；

⑤10 岁至 12 岁是形象思维和道德行为培养的最佳期；

⑥15 岁至 17 岁是创造性思维和理想教育的最佳期。

应该说明，这样简单划分智力发展的最佳期，并非定论。有人认为知识和能力是同步关系，有人主张是辩证关系。在我看来，在一个人成长过程中，知识、能力、品德三者之间的关系是非常复杂的，粗暴地作出结论绝不是科学的态度。但是根据现有科学研究资料，大体划出培养发展智力和品德的最佳期，绝非毫无根据，对于父母教子成才是有参考价值的。

目睹青少年家庭教育的现状，提出科学育儿的问题是切中时弊的。中华民族是一个古老的民族，具有悠久的文化传统可供今人借鉴。但是也要看到，历史也给我们民族遗留了一些古老的传统偏见，有碍我们大步跃进世界现代化强国之列。因此，在建设"两个文明"的大征程中，彻底铲除历史遗留下来的种种传统偏见是时代赋予我们的一项艰巨任务。根除家庭教育中的陈腐之见，理所当然的是建设精神文明任务不可分割的部分。

我国青少年家庭教育现实说明，忽视子女早期教育是一个非常突出的问题。

许多父母望子早日成才，为什么又不重视早期教育呢？调查材料告诉我们：在许多父母，特别是文化素养较差的父母头脑里，较多地残存着"天赋决定论""自然成才论"的种种偏见。他们认为，只要子女天生聪明，用不着多操心，中、小学成绩自然好，高考就能升大学。或者认为，小时不懂，让他玩，年龄大了就会懂事。信奉"儿大自然好，不教也成人"的世俗观点，持有这两种想法的父母有一个共同态度：好苗不育也成材，歪种再抓也愿违。所以，在这些父母们看来，让孩子自然成人，把父母的责任缩减到"吃、穿、长"三个字，什么智力发展，什么聪明才智，什么早期教育，什么科学育儿之类的事，一并推之老天，"听天由命"，或者推之他人，"校长老师负责"。因此，我认为：

（1）与儿童少年教育有关的宣传部门、群众组织、教育科普单位要有计划、有组织地向家长宣传早期教育知识，广泛动员天下父母重视子女早期教育，抓住儿童少年发展的"关节点"，提高家庭教育的科学水平。

（2）婴儿、儿童、少年早期家庭教育，应该成为改善和加强家庭教育的工作要点。无论从培养人才的角度看问题，还是从提高年青一代道德、情操水准的角度看问题，都是迫在眉睫的。

为了说明这个问题，下面引证两组材料：

第一组材料，说明早期家庭教育与人才智力早露关系的：

中国科学技术大学 1977、1978、1979 年连续三年招了三个少年班，共计 117 名学生，年龄最大 16 岁，最小 10 岁，平均不足 15 岁。有人调查统计，其中 81.4% 的学生在他的儿童生活时期，都不同程度地受过家庭早期教育的影响和训练。

1978 年，美国举行了第三十七届科学人才选拔比赛。参加比赛者近一千人，获奖者中有 30 名男青年和 10 女青年，年龄都在 16 岁左右。这些优胜者的显著特点是：家长重视早期智力培养，生活习惯好、从小爱科学、知识面宽、有创造精神。

第二组材料，说明违法犯罪青少年大多在孩童时代缺乏正常的早期家庭教育。

笔者调查发现，由于青少年缺乏早期行为规范训练和教育，违法青少年始犯罪年龄多数集中在 13 岁左右这个年龄段。如：

湖北省大军山少管所 160 名违法青少年中，始犯罪年龄 13 岁者占 67.1%；

武汉市石牌岭中学 102 名差生中，13 岁左右出现第一次行为劣迹者占 59.3%；

武汉市武昌区工读学校在册 36 名学生中，始犯罪年龄在 13 岁左右者占 61.6%。

这组材料不能证明"13 岁必然犯罪"，却有力说明早期品德教育的重要性。回顾青少年教育状况，我有一个感觉，我国青少年太缺乏基本生活规范教育和基本法制观念教育，而这种教育在家庭教育中更为缺乏。

综上所述，我认为，党中央向全国人民发出"教育、培养下一代要从幼儿抓起"的号召，是一项具有远见卓识的战略决策，是一项运筹全局、掌握未来的根本方针。因此，残存于家庭教育领域的"抓大孩不抓小孩""抓迟（临近毕业升学）不抓早（早期教育）""抓禁（消极限制）不抓塑造（计划培养）"的种种倾向，都极大地损害了下一代的健康成长。在整个中华民族的亿万个家庭的早期教育中，消除"自然成人""自己成才"的偏见，实在是当今中国青少年家庭教育之改造的重大课题。

婴儿、儿童、少年的早期家庭教育，要以培养适应社会主义现代化建设的全面发展的一代新人为目的。父母教子成才要尊重科学，不失时机地抓住智力发展过程的转折"关节点"，使家庭教育逐渐步入科学轨道，这是家庭教育现代化的一个重要的突破口。

三、要积极诱发、保护孩子自身的力量

如今的父母，有一点是值得引以为自豪的，那就是我们的儿女在他们创造力量最旺盛的时候迎接二十一世纪，他们将成为二十一世纪的主人。这样说绝不是一种空洞的自我宽慰，而是千千万万户家庭精心从事的实实在在的事业。

我在工作中接触过几百个学生的家庭。在我们相互交谈中讨论最多的一个问题是"教子成才有没有诀窍"。我常常这样说，如果说"窍门"是指规律，当然有，因为教育是一门多学科互相渗透的科学；假如"窍门"是说捷径，当然无，理由还是那一条，教育人的工作是一门科学，科学没有"取巧"这一条的。

教育者的工作有没有奥妙呢？我认为是有的。就教育孩子来说，一切卓有成效的方法，都源于一个奥妙，父母要承认孩子是活生生的有血有肉有心灵的人。

苏联当代著名的教育家苏霍姆林斯基说：要善于从每一个孩子身上看到和感觉到他独一无二的个性。如果用诗人歌德的一句名言来理解这位教育家

的观点，那是非常精确的，歌德说：每一个人就是一个世界。这个世界是随地而生、随地而灭的。每一块墓碑下面，都躺着一个世界的历史。

每一个孩子，都有一个心灵世界。这是一个内容无比丰富、充满无限活力的世界。教育这门灵魂工艺学的奥妙在什么地方呢？它的核心是，看谁能巧妙地激发孩子求知的欲望和自信心、自尊感。中国科学技术大学少年班的117名少年大学生的父母大多是点燃子女心灵火花的教育能手。因此，他们应当之无愧地受到社会的尊重。

教育是一门艺术。它绝不是某些人所想的那样——教育就是搬家，把自己脑中的知识转移到被教育者脑中就成功了。多年的青少年教育实践使我相信，任何一种最有效的教育方法都不是"百灵丹"。事实上，同种方法用于甲生效果最佳，用于乙生则反响平平，用于丙生结果可能事与愿违，用于丁生可能是荒唐。为什么会产生这种现象呢？因为每个孩子的个性是互不相同的。所以聪明的教师和家长在教育孩子时，总是把教育的出发点和归属点放在唤起孩子自身力量上，让孩子心中不同型号的"内燃机"工作起来。哲学上叫作外因促使内因起作用，教育学上叫作引导孩子自我教育。在处理这个问题上的种种弊端，是许多父母教子失败和受挫的症结所在。

我认为当前青少年家庭教育有许多根本性的问题值得研究。除了本文前面说到的"培养目标要统一"和"教育起点要提前"两个问题以外，还有一个十分重要的问题，即教育态度要改变。父母的教育态度存在什么问题呢？难道父母不爱子女吗？爱！但爱得过分。难道父母不管教孩子吗？管！但管得太死。事实上，当前家庭教育中在"爱"和"管"两个方面存在着的病态的问题，成了父母们教子成才过程中的两大祸害。哪两大祸害呢？

1. "教育过分"

具体表现有三点：

（1）"爱"得过分。爱孩子是父母的天性，天真活泼的孩子是构成家庭生活天伦之乐的基本因素。教育科学研究表明，父母对子女的关心和爱护，是孩子陶冶情感、培养性格的重要因子。但是现实生活中有许多父母，特别是母亲，爱得太多了，就是人们常说的溺爱。她们对子女百般迁就和放纵，不管孩子的要求是否合理，除了摘天上的星星外，凡事有求必应。特别是独生子女的父母，眼睛总盯在孩子身上，担惊受怕，唯恐孩子不高兴，唯恐孩子发生意外。一切日常生活由父母包办，有了错误也不批评教育，与同龄孩子发生冲突，总是责怪别的孩子……这种错误的教育态度，严重毒害了孩子的身心，养成了子女任性、孤傲、放肆、自私、无独立生活能力、一切依赖父母的毛病。长到一定年龄，再也无法满足从小培养起来的无限欲望，一旦欲望受阻，又缺乏自我控制力，很容易走上违法犯罪道路。通过对曾经工作过的工读学校在校的 43 名违法学生犯罪原因的分析，发现其中 20 名学生是在父母溺爱下堕入犯罪泥沼的。

大量调查材料表明，受父母溺爱的孩子依赖心理强，怕吃苦，求知欲望不强烈，不热爱劳动，比较懒散，好吃懒做，不爱读书，思路狭隘。人才学认为，具有上述心理缺陷的孩子是难以被造就成人才的。

（2）"管"得过分。父母是孩子生命的园丁，管教子女毋庸置疑。一个人从生到死的发展过程，正像培养一株幼苗，需要园丁浇水、剪枝、松土、除虫和施肥。现实生活中完全对子女不管不问的家长是不多的，但是管得过分者却不少。有的家长"重视"子女的"第一次过失"，采取粗暴打骂、饿肚子、禁闭等损伤孩子身心的过激做法，逼迫子女萌发出许多畸形的病态心理和性格，如撒谎、欺骗、固执、懦弱等；有的父母为了让孩子"读书"，把分数提上去，强令禁止子女正常的文化娱乐和社交活动。随着社会呼唤人才声浪的高涨，这种违背青少年心理和生理发展规律的恶劣势头还在继续发展。

现代心理学资料说明，青少年应该享有行为上的自治权，即通过指导允许他（她）们有满足个人合理需要的权利、不依赖父母"保护"的自由、思辨问题的权利。从某种意义上讲，管得过分，会粗暴地扼杀创造精神的幼芽，摧残人才蓓蕾。

（3）放得过分。尊重孩子，并不是放任不管。有的父母受"人才天生""自然成才"等世俗观点的影响，在子女发育成长的各"关节点"严重失职，不关心他们，让孩子听其自然。须知在信息繁多纷乱的当今社会，这种自然办法，无论如何不能教子成才。青少年的心田是一片宽阔无边的原野，清澈的涓涓细流，伴着阳光雨露，才会萌生苗壮的幼苗。污流浊水，狂风暴雨，只会使幼苗夭折。

2. "随意教育"

在建设现代化的征程中，我国人民已经日益正视了科学的价值。正在日盛一日地兴起的"科学之战"，这是我国大有希望的象征。但是，在家庭教育这个阵地上，非科学的东西还有残存，"随意教育"子女严重阻碍了家庭教育的科学发展，这种"随意教育"的病根在于不了解"教育的一贯性、一致性是达到预期教育效果的法宝"这一规律。它的突出表现是：家庭教育与学校教育不一致；家庭成员与亲朋好友对孩子的教育方法不一致；父亲与母亲对子女教育态度上的不一致；对子女教育要求和行为要求多变，前后不一致。事实上，无论是"过分教育"还是"随意教育"，都是"教育修养处于蒙昧状态的标志"。

实践已经千万次地证明了教育上的"过分"和"随意"客观上可能是在伤害孩子的心灵、摧残人才的幼芽，在这种"教育"下长大的孩子将失去做人的原动力和人才成长的动力——人的自信心和自尊心。

子女成才的奥妙在哪里呢？在于培养孩子具有强烈的求知欲望，浓厚的学习兴趣，顽强的进取精神，勤奋的学习态度和高尚的追求目标。这一切最珍贵的品质和精神源于何处呢？就是对自己的自我肯定和自我鼓励，即人的自信心和自尊感。

怎样教子成才呢？

（1）要确立正确的培养目标。教育子女要德、智、体、美、劳全面发展。

（2）要学一点教育学、心理学、人才学常识，改正凭情绪办事的不负责任、不讲科学的态度。

（3）教育办法要精心选择。提倡三条原则，尊重子女，但不要放任；严格要求，但不损人格；鼓励实践，但不失指导。

（4）要用心教导孩子确定奋斗的目标。一般来说，初中阶段重在打基础，高中阶段允许孩子在学好各门功课的前提下，对某些学科有偏爱，在物质和精神上支持子女对自己偏爱的学科多花点时间、多看点书，并鼓励孩子在此基础上确立自己终生奋斗的目标。

（5）要有意识培养孩子永不止步的探索精神，不断向孩子提出不困难也不容易弄清楚的新问题，这是激发探索精神的最好办法，因为问题的奥妙使孩子困惑又能激发探索的欲望。

（6）要从小培养孩子细致观察的能力。最佳办法是"同中求异，异中求同"。

（7）要从小培养孩子良好的记忆方法，让孩子在情绪平稳的条件下学习，当然，对所记忆的对象有兴趣、有需求、有信心等都是重要因素。

（8）要特别重视培养良好的思维能力，切忌思维的僵化，不要让孩子在一些孤立的小事情上钻牛角尖，要培养子女把有关事物串起来。要有意地引导孩子从事物的常态中想相反的问题，人才学称为反向思维。要特别重视创造性思维的培养。

（9）要着力培养孩子勤奋学习的精神。人脑常用则灵，停用则滞，不要怕用脑想问题，脑力劳动是天赋火燃成通天大火的增氧剂。

（10）要不失时机地抓住孩子智力发展过程的"关节点"。在这个问题上同样是"机不可失，时不再来"的。

以上十条我认为是教子成才的基本方法，也是当前青少年家庭教育要加以改进的十点建议。

要教育青少年须先理解青少年

——初中生心理需求调查思考

我们学校曾经发生了这样一件事情，期中考试前几天初中二年级女生李某瞒着父母服用过量安眠药，若当时不是抢救及时，后果将不堪设想。经查明，该生学习成绩上不去，从而严重丧失生活的信心。此事发生之后引起了我们久久思考。经与该生多次交谈，我们发现教育者并没有真正地理解被教育者，我们的工作并没有激发学生的情感共鸣，因此必须要理解青少年。

12 岁到 15 岁的青少年是教育者十分关注的对象，因为这个时期的青少年处于从儿童到成人的过渡期，是心理状态变化多端的时期，也是我们要把下一代教育成为有理想、有道德、有文化、有纪律的人的关键时期。

但是，如果我们把教育理解为纪律，唠唠叨叨对他们不停地讲，根本不理会青少年的情绪与需求，我们的教育行为就会引起他们的厌烦，使他们对成年人的教育产生抗拒心理，效果便适得其反。

所以我们说，要教育他，得先理解他。

从这个目的出发，我们对初中一、二年级十个班的 12 岁至 15 岁的学生进行问卷调查，问卷中提出了与青少年的物质生活和精神生活相关的七个问题，下面将调查结果汇总分析：

（1）你最喜欢穿什么样式的服装？

此问题的选择结果表明，喜欢港式服装的学生仅占总人数的 2.1%，比率并不高。可见青少年在衣着的要求上并不过分，我们不必在这个问题上搞过多硬性的规定引起他们的反感。

相反，值得注意的是，他们最喜欢的是与众不同的服装和上海的服装，这说明孩子们的一种求新求美的心理，同时也说明他们已逐渐形成一种在生活方式上要求独立自主的心理，这与标新立异的心理是不同的，不要随便出言去挫伤他们的积极性。

（2）你对吃饭有什么要求？

73.6% 的孩子是家里做什么吃什么，这一方面说明我们的孩子在饮食上并没有什么特殊苛求，吃喝并不是他们追求的主要目标。另一方面也说明人民的生活水平提高了，家庭生活水平一般能满足孩子的需求，使他们没什么物质匮乏感。

（3）你对住房的条件有什么要求？

大部分学生希望自己有一个独住的小房间。这一方面说明青少年有独立自主的强烈愿望，他们不希望成年人过多干涉，做自己想做的事；另一方面也说明在学习考试上，由于激烈的竞争形势，使得孩子们需要一个安静的环境专心致志地学习，所以如果条件许可，家长应该满足孩子的这一愿望。

（4）最使你感到喜悦的事是什么？

最牵动他们心绪的是考试得了高分和学习困难的学科及格，这两项合起来占60.9％。

大家都知道快乐的心境是可以促进孩子的学习的，所以知道孩子上述的欢乐因素，家长、教师就应善于让孩子们保持一个良好的心境去生活和学习。

（5）什么事最使你感到苦恼？

青少年的社会接触面还不广，他们的欢乐来源主要是与基本群体的关系。

社会学家们认为基本群体中人与人之间有千丝万缕的情感关系是个人实现社会化的最有力的因素。父母、师长、同学、朋友就是与青年人相处的基本群体。

青少年之所以听父母、老师的话，不是由于他们怕父母、老师，而是因为他们重视父母、老师的爱，所以当孩子学习成绩上不去的时候，家长和老师要引起高度重视，不要让他们的心中滋生自卑感、孤独感，否则，青少年的心理活动、思维活动、行为活动都会受到消极影响，十分不利于教育。

（6）什么事情最容易使你产生愤怒情绪？

这个问题其实是从反面来观察前两个问题，受了委屈，其实正是青少年的内心得不到基本群体成员的谅解以致自尊心受挫形成的，家长不要忽视这一现象，否则，当青少年由感到委屈转而与基本群体形成对抗的时候，教育的僵局便由此形成了。

（7）你在课余生活中最迫切的需求是什么？

这一问题可以给家长与老师提供一个引导青少年上进的途径，统计所得的1 142项加起来占50.1％，已超过了半数，这两项反映了青少年社会交往的需求。

这是一次关于青少年情绪倾向的调查，涉及青少年物质生活与精神生活中的吃穿住行等七个方面。调查结果是发人深省的，从加强青少年教育工作的要求出发，应该怎样针对他们的生活情绪和需求特点改进和加强我们的工作呢？

第一，科学地估量当代青少年生活情绪与需求倾向，把我们的注意力集中在关心、引导、充实青少年的精神生活领域上。调查材料证明，青少年对物质生活并不苛求，家里做什么吃什么，住房求安静，穿衣只求样式多一点，但是少男少女们对精神生活需求很高，很多想学习成绩好，想多读几本好书，想增加社会交往，想有一技之长。社会、家庭、学校要尽可能为充实青少年的精神生活创造条件，让孩子们在欢乐中成长。

第二，要把尊重孩子，保护孩子的自尊心这条教育原则提到教育道德的高度。调查材料证明，当代青少年自尊心强，对外界的评价十分敏感。这是教育的有利条件，但是，当前学校与家庭教育中存在着不尊重孩子、刺伤孩子自尊心的种种现象，如家庭教育中望子成龙要求过于严格，伤害了孩子的自尊心，孩子受不了就以不同方式进行抗争，结果适得其反。在学校，不时发生教师随意在教室挖苦讽刺学生的现象，因此，本来就有自卑心理的孩子又加重了心理阴影，容易产生极端行为，给教育工作带来危害。我们国家的舆论工具应该向社会宣传爱护青少年自尊心的必要性，这是保护孩子健康成长的必要条件，也是家长、教师、年长者的社会责任。

第三，组织和丰富学生的课余生活是学校工作刻不容缓的任务。第二课堂的重要性宣传部各级主管领导讲得很多，可是大多数中学的第二课堂活动仍然比较冷清，工作难度大。这种状况与青少年的需求形成尖锐的矛盾。不少学生不满意学校单调乏味的生活。发生这种状况的原因是多方面的，有认识因素，也有具体困难。为把学校第二课堂真正抓起来，我们认为，首先，政府主管部门要有明确的规定，一年几次检查加以促进；其次，争取社会资助，主管部门也应从财政拨款中适当划出一点指标切实解决一些学校的活动经费问题。

第四，要把社会影响作为青少年成长的第三课堂来研究。调查材料说明，青少年的生活情绪和精神需求很大程度上是接受了社会影响，如果我们不研究青少年接受社会影响的渠道和心理机制，不探索社会影响的特点，不总结组织社会教育的经验，无论学校教育或家庭教育都难以摆脱被动局面。

调查问卷中的七个问题是青少年天天要碰到的问题。调查结果表明，他们感知敏锐，不稳定，情感冲动，情绪多变。12岁到15岁的青少年时期可塑性大，是人生的黄金时代，是教育的阳春三月，教育者的正确态度应该是等不得、拖不得、急不得，我们要理解他们的心理需要，因为某种需要往往是他们某种行为的原始动力，当然，需要并不是动机的等同物，而是相关因素，只有有针对性的教育才能产生积极作用。

怎样预防青少年失足

教育子女是一件很复杂的事情，有的孩子顺势成才，有的孩子失足犯罪，这种现象的出现，绝不是命中注定的，而是有其产生、发展的原因和条件。许多调查材料表明，青少年失足犯罪从十三四岁开始，以后逐渐变坏。13～15 岁是预防孩子失足的关键时期。

青少年失足现象是如何发生的呢？怎样预防青少年失足现象的发生呢？

一、青少年失足与家庭教育密切相关

青少年失足的原因是很复杂的，有历史的因素，有青少年自身心理和生理的原因，有外界的影响，有学校教育的缺点和失误，有家庭教育的错误和过失等。其中，家庭教育方面的原因尤其值得家长们深思，因为，家庭教育的成功，可以抵消其他方面对孩子的不良影响；家庭教育的失败，则会使各种消极因素乘虚而入，从而毒害青少年的心灵。如某少管所的 160 名少年犯，每个人都在其犯罪发展过程的自述中，说到了家庭的不良影响，或父母娇惯、包庇，或家长任意打骂，或父母离婚，对自己放任不管等，以致走上邪路。可见，家庭的不良教育和影响，是青少年失足的重要原因，具体分析有下面三种情况：

1. 家庭教育子女的方法不妥

有关调查材料说明，某些青少年的父母在教育子女的过程中多是娇惯溺爱、包庇袒护、粗暴打骂，有的甚至将孩子赶出家门。其实，不良的教育方法是非常有害的，这是因为不良的教育方法必然带来两个严重后果，一是使青少年形成了许多不良的性格和心理品质，如溺爱养成了任性和懒惰，袒护养成了骄横和欺骗，打骂养成了粗野和凶狠，赶出家门使他们放荡不羁，这些消极的个性品质，正是违法犯罪的内部因素；二是错误的家庭教育方法使家庭失去了对孩子的吸引力，父母与子女传统的伦理关系遭到破坏，迫使青少年心向社会、朋友，渴望到家庭生活以外去寻求愉悦和安慰。由此可见，这些错误的教育方法是加速子女变坏的催化剂。

2. 家庭成员的不良影响

家庭是孩子受教育的第一所学校，家庭成员特别是父母是他们的第一任老师，年幼的孩子主要靠模仿成人来认识世界，在他们心目中父母兄姐是他们效仿的楷模。调查材料显示，一些青少年违法犯罪，往往与家庭成员的不良个性、落后意识、不道德行为的消极影响直接相关，湖北省武汉市的大军山少管所被调查的160人中就有49人直接受到父母兄姐的消极影响；上海某工读学校44名工读生中有5人直接受到家庭成员的不良影响；广东某地100名有劣迹的青少年中有12人受到家庭成员的落后言行的腐蚀。许多事实证实，家庭成员不良影响的作用确实很大。

3. 家庭教育力量脆弱

家庭教育力量脆弱的原因有二，其一是家庭自然结构破裂，父母离婚或一方死亡；其二是家庭成员关系不和，或分居各地。一个家庭出现上述情况，往往使子女从小得不到父母的爱，失去家庭的温暖，得不到良好的管教而形成某种心理缺陷，以致严重影响青少年健康成长。据调查，武汉市某中学102名双差生中，17名缺父少母，8名父母离婚，11名父母不和或分居，14名父母一方在外地工作。湖北省黄石市被调查的139名违法犯罪青少年中，有35人父母离异。

家庭教育环境对子女的成长为何有如此大的影响呢？

首先，孩子从小就生活在家庭中，他们的衣食住行都靠家长管理，家庭的血缘伦理关系是任何社会关系都不能代替的，家庭的无形教育对于儿童和青少年的性格与志向都有重大的影响，甚至是决定性的影响，千家万户都重视用科学的方法教育孩子，那么少年犯罪问题也就基本消除了。

其次，由于孩子从小在父母身边长大，父母对子女的个性、优缺点体察入微，最能敏锐地察觉子女的心理、生理变化，因此，家庭教育具有强烈的针对性。但如果家长在家庭这个权威阵地里，给子女施以反面教育，那么毁坏孩子前途的悲剧就可能发生了。

二、挽救少年时主要根据其特点进行工作

首先，要了解他们的心理特点，误入歧途的少年一般具有以下心理特点：其一，他们的内心矛盾重重，有严重自卑感，但又自尊心很强，且不甘示弱、疑心重；同时情感有意外露，他们渴望别人相信自己，希望接近别人，得到集体的温暖，但又怕受到歧视，因而避开别人和集体，或故意以对抗的方式发泄自己的不满。其二，缺乏正确的理想，没有明确的生活目标。他们思想空虚、不求上进，缺乏正确的道德观念和是非标准，思想行为不受约束，经常做出一些破坏性的行为，但一旦了解到自己的言行给他人带来严重的后果时，又感到悔恨。其三，他们有破罐子破摔的思想，感到自己是被抛弃的人，对待一切都缺乏信心和勇气，但某些教育和环境因素触动了他们心灵的深处，

也可能重新给他们生活的勇气和信心，使他们痛改前非、重新做人。总之，走上歧路的少年并不是像一些人认为的，他们是无药可救的，如果家长掌握了他们的心理特点，采取针对性的教育方法，绝大多数徘徊在十字路口的孩子可以走上健康成长的大道。

其次，家长要精心培育，预防孩子走上歧路。父母及家庭成员的榜样教育是最重要的，家庭教育主要靠父母言行影响的力量，影响也是教育，孩子不听，不如做给孩子看，使子女跟着学。要想子女听父母的话，父母首先要有积极的生活追求，认真工作学习和创造，克服自身的缺点和弱点。对子女必须严格要求，所谓严格要求就是要抓紧一点、抓早一点、抓细一点。一些少年走上邪路往往是父母要求不严所致，一些青少年走上犯罪道路的过程都是由小到大，由量变到质变的演变过程，对于一个孩子，事情再小也要防微杜渐，家长对少年的思想行为要细心观察，揣摩他们的思想动向。如果子女出现以下情况，父母应该及时注意并采取措施进行教育：①孩子不爱上学，成绩突然下降；②喜欢穿名牌衣服上街游荡；③不明身份的朋友突然增多；④带回来的东西来路不明；⑤喜欢过多地接近同龄异性；⑥有匕首、铁棒；⑦爱说谎话骗人，言行粗暴。这些大多是违法犯罪的前兆，应当特别注意并加以防范。

三、讲究方法

孩子是有思想的人，父母的一切教育只有得到他们的理解才能产生效果。父母只有针对每个孩子的个性和思想实际，灵活多样地进行教育才能获得良好的效果。未成年子女对家庭在经济上的依赖性，使父母对子女比学校老师拥有更大权力，这本来是家庭教育的有利条件，可是，一些认识较粗浅的父母，往往对孩子采用不当的教育方法，简单粗暴者较多，特别是子女犯了错误的时候不分青红皂白就动手。少管所里有些少年犯就是在父母的棍棒教育下走上歧路的，一定要丢掉简单粗暴、袒护、包庇的错误方法，采用动之以情，晓之以理，导之以行，持之以恒的科学方法。

要主动与学校配合。家长要经常到学校去，也欢迎老师到家里来，既要听得进老师的意见，又要实事求是地向老师反映子女的优缺点，隐瞒、包庇和袒护不是爱孩子而是害了孩子，这是许多违法青少年的父母以血和泪换来的教训，值得父母借鉴。

青少年的思想状况是多变的，亿万个家庭是千差万别的，不可能有一剂适合一切家庭教育的灵丹妙药。家庭教育是一门艺术，一门科学，因此，每一位父母都要努力提高自身的道德文化素养，还要学点教育学、心理学知识，才能胜任父母的光荣职责，才能充分发挥家庭教育在青少年成长过程中的重大作用。

正确进行青春期教育

青春发育期是一个人走向成熟的关键期，在这个阶段里，青少年的生理和心理的发展给家庭教育提出了许多需要慎重处理的难题。

所谓青春发育期，是指一个人由儿童向成人过渡的时期，一般在十一二岁至十七八岁，大体在初中和高中阶段。这个时期的孩子，身体处在第二个成长高峰期，生活领域不断扩大，"成人感"迅速增强，生殖器官和性机能逐渐成熟，性意识发展很快，孩子进入了青春发育期，预示了一个社会成员正大步向社会走来。在这一时期，教育工作中的任何疏忽与失误，都将铸成年青一代的终生遗憾！只要父母和教师科学地认识青春期的特征，精心地进行青春期教育，孩子的良好品德和崇高人格一定能在青春烈火中熔铸而成。

一、青春期心理特点分析

处于青春发育期的青少年，最基本的心理特点是：情感敏感多变，心灵深处充满了矛盾。具体来说，有下列几种表现：

1. 独立与依附的矛盾

孩子进入了青春期，逐渐意识到自己像个大人，开始以家庭成员的身份干预家庭生活，不愿意父母把他们当作小孩对待，处处要求独立，处处要求自主，这种要求独立自主的倾向，与经济尚未独立，吃、穿、住、行依附父母形成了矛盾。有时他们的某些要求得不到满足，或突然发火，或闷闷不乐，如果父母处置不当，还可能产生某些越轨或偏激的言行。

2. 言行和规范的矛盾

这个时期的孩子处处想显示自己的才能和力量，挤进成人的"生活圈"，常学着成人的语气，评价世间事物的是非曲直。但是，他们毕竟是没有成年的"半大人"，知识不多、社会经验少，对于复杂的社会现象，难以抓住本质，某些言行常常与正确的规范形成矛盾。因此，他们往往埋怨成人不理解他们，看不起他们，希望摆脱成年人的干预。针对这一特点，家长要因势利导，耐心说服教育。

3. 需要帮助与需要尊重的矛盾

他们寻找一切机会显示自己的才能，是想得到同龄人和成人的肯定，有时他们以故意否定权威的方法来显示自己的本领。在很多情况下，他们分明感到自己的看法和做法"没有把握",非常需要成人的支持和帮助,想问又不愿直接说"我不懂",怕"失面子",怕别人说他们"无用",这种需要帮助与需要尊重的心理经常处于相互矛盾的状况中。因此,家长在帮助孩子解决困难的时候,一定要以诚恳的态度,商量的口气。如果开口就说:"怎么这么简单的道理都不懂!"摆出一副"我来教育你"的架势,就会刺伤他们的自尊心而激发出一种拒绝帮助的心理。所以说,尊重人格是教育的前提。

4. 求知欲和意志的矛盾

孩子进入中学,浩瀚的科学知识使他们产生了强烈的求知欲。可是,随着知识面的不断扩大,人类科学的地平线不断向远处延伸,需要花更大的精力和更多的艰苦劳动来获取知识,这种要求与青少年薄弱的意志力形成了尖锐的矛盾。他们精神生活中的许多苦恼和烦躁,常常与这种矛盾直接相关。

5. 性冲动与道德法制的矛盾

青春发育期性冲动与道德法制的矛盾尤为复杂,尤其影响青少年的情绪和性格发展,他们一方面好奇并渴望探求有关知识,但是又怕被别人发现,落个品质不好的名声,如躲着看有关性知识的书,拿到生理卫生课本最先翻看有关生殖器官的章节,男孩或女孩避开成人谈论异性等。当前,社会信息交流日益频繁,在对外开放的条件下,孩子接触性知识的机会更多了,希望父母能更多关注子女在这一方面的情况和问题。

二、青春期教育的建议

1. 全面关心了解孩子

处于青春发育期的孩子情绪多变,精神文化生活与物质生活需求很大,心理矛盾又多,而且自尊心很强。他们心里有很多话想向大人讲,但由于怕失面子和害羞,不愿直说,许多以前没有接触过的新问题不会处理,常常因没有主见而苦闷,因此,需要父母细心观察、主动关心、热情指导。实践证明,当孩子出现下列情况的时候,要及时了解并具体给予指导:①情绪焦躁不安,听不进意见,爱发脾气;②精神不振,食量减少,睡不着觉;③信件突然增多,特别是躲着大人一封信看几遍;④异性朋友多于同性朋友,经常谈论男女关系方面的事情;⑤语言下流,追求打扮;⑥帮异性朋友打架闹事;⑦一连几天沉闷不语,或者一连几天不回家睡觉;⑧用钱大手大脚,或者钱的来历不明;⑨看色情小说或小报;⑩学习劲头不足,不想上学,学习成绩明显下降;⑪晚上喜欢外出,回家时间很晚。

2. 尊重孩子

由于种种复杂的原因,如经验不足、同龄人的引诱等,他们的言行经常偏离常规，也由于家人不善于体谅和关心，不能及时满足他们的合理要求，使他们与家庭成员之间产生矛盾。此时，父母绝不能以自己的生活经验、是非标准和价值尺度强迫孩子服从，更不能用简单粗暴的办法强加干预，而应该热情关怀、耐心了解、细心引导。实践证明，处于青春期的孩子在自尊心受到伤害时，往往利用沉默、撒谎等办法来保护自己，只是父母难以了解他的真实情况，使教育失去目标。要了解孩子必须尊重孩子，只有尊重孩子才能教育孩子。

3. 坚持正面教育

所谓正面教育有两层含义：

其一，教育要"抓在前"。苏联教育家苏霍姆林斯基说过，一切有关性道德的教育，都要抓在性成熟之前，要解决青春期教育中最尖锐的问题，正确对待异性，正确对待友谊的问题。在十一二岁以前要教育孩子尊重父母，特别是尊重母亲，要从幼儿时期培养孩子爱护和团结小朋友的好品质，从小培养孩子讲文明的好习惯。

其二，对孩子偏离规范的言行不应该鄙视和挖苦，而要正面引导。青少年的越轨行为一般是缺乏远大理想、道德观念和法制观念造成的，纠正孩子偏离正轨的言行，不要在具体情节上细谈，而应该在讲道理和指导改正错误的方法上多花气力。

4. 讲究教育方法

教育孩子，要善于根据教育对象的特点和实际，选择最有效的教育方法。

（1）支持子女参加有益的文娱体育活动。多参加文娱体育活动，不仅能满足孩子生理和心理的需要，而且在活动中能增进男女青少年之间的友谊与相互了解。

（2）激发子女求知的兴趣。爱看书、学习成绩好、有强烈的求知欲望，把孩子的注意力引导到求知和进步上来。同时，随着知识的不断积累，性格也就不断完善，品德也会不断提高。

（3）尽可能尖锐地抨击男性不尊重女性和女性不自尊、不自重的现象。这种抨击是一种很有效的方法，可以潜移默化地净化子女的心灵，培养他们识别善恶美丑的能力。

浅论与"问题青少年"个别谈话的三个心理原则

个性堕落，是个体在非道德规范的个体和群体的影响下，进入恶性循环的产物。"问题青少年"，即学校的双差生或轻度违法青少年，是个性堕落的一种突出表现。如何卓有成效地塑造优良个性和矫正不良个性的问题，古往今来，中外教育家进行过许多实践研究和理论概括。20 世纪 50 年代，马卡连柯根据他教育流浪儿的亲身经历提出了著名的"平行教育原则"，即依靠集体教育培养优良个性的原则。到了 20 世纪 70 年代，另一名苏联教育家苏霍姆林斯基，根据自己 35 年的实践经验，继马卡连柯之后，创造性地提出了"个性教育原则"，即教育者对被教育者施以个体教育影响的原则。教育实践证明，符合教育规律的德育过程，正是科学的集体教育与个体教育和谐运动的过程。问题在于，"常态青少年"优良个性的培养主要依靠规范的集体教育的力量，"问题青少年"不良个性的矫正，则主要依赖教育者独具匠心的个体教育。

在个体教育过程中，教育者有针对性地、机智地与被教育者进行个别谈话，是最普遍、最有效率的方式之一，无论是"常态青少年"或是"问题青少年"大都如此。为什么？这是由当代青少年的心理特征决定的。当代青少年有哪些主要心理特点呢？

（1）他们认识宏观世界，是从认识人与人之间相互关系的微观世界开始的。

（2）他们对情感的需求特别大，不论爱得对不对，都是他们对人产生信任感的情感基础。

（3）他们重视"主体我"，更重视"客体我"，对外界给予他们的评价十分敏感，哪怕只有一个眼神，也能在其心中引起波澜。

（4）他们珍惜同龄人的"忠告"，对成年人强加的"意见""劝告"容易产生反抗情绪。

（5）他们要求人格尊重、行为自制、思考自由，强烈要求显示自己的力量，重视自我保护。

（6）他们接纳社会信息面宽，选择性强，取舍"果断"，对信息的加工、输出的周期短，很容易转化为行为冲动。

（7）他们心理矛盾多，希望得到帮助，但怕失面子，不愿意暴露自己的弱点。

因此，教育者与被教育者进行个别谈话时要非常重视以上心理因素的作用，特别是在与"问题青少年"进行个别谈话过程中，更需尊重他们的心理特征，否则就会陷入"刀枪不入"的自我烦恼。

我做青少年教育工作多年，先后当过少先队大队辅导员、团干部，做过工读生与普通中学学生教育工作。几十年的教育实践经验告诉我，与学生进行个别谈话，特别是与"问题青少年"进行个别谈话是一项很有教育意义的事，从中我饱尝过成功的欢乐和失败的苦恼。从工作实践中，我强烈感到，卓有成效的个别谈话需要遵循一系列教育心理学原则，其中最重要的原则有三项：①针对谈话对象的心理特点，谈话内容逐步逼近，实现与谈话对象心理接触（简称心理接触原则）；②谈话时力戒施加压力，谈话态度和语言不伤人格，使谈话对象感到听得进，受得了（简称心理相容原则）；③善于选择最佳时机输送教育信息，诱发愉快体验，促其自我思考，使谈话对象产生心理反馈（简称心理反馈原则）。

一、心理接触原则

心理接触是犯罪心理学的一个概念，原意是说，劳改机关的管教人员与罪犯谈话时，谈话内容要切中罪犯思想问题的要害，促其服罪，加速改造过程。用教育心理学的观点来说，所谓"心理接触"是指教育者与被教育者进行个别谈话时，谈话内容要打动人心，动摇谈话对象错误的观点、信念，抓住谈话对象思想进步的关键问题，促其自省，激发对旧我自我否定的心理斗争过程。这就是心理接触原则的基本含义。

在实际工作中，要做到心理接触是不容易的，因为在一般情况下，"问题青少年"的沦落过程中，大多数充满了被人冷遇、歧视的痛苦体验，所以他们中的大多数人，都有一种对教育者、家长的警惕感，与教育者之间存在着一道潜伏的自我保护防线，个别人甚至对教育者"心怀仇意"。实验证明，要实现心理接触原则，一定要准确掌握"问题青少年"心灵深处的苦楚，要讲究个别谈话的艺术，要善于捕捉个别谈话的最佳时机。

怎样实现心理接触呢？综合个别谈话成功的经验，我认为做到心理接触要注意三条：

（1）谈话前一定要摸准谈话对象心灵深处真实存在的影响思想进步的"病根"，找到他欲求自解而又难以自解的苦闷，因为摸准"苦闷"是攻破"自卫防线"的突破口，而抓住"病根"是心理接触的"进击目标"。这是前提条件。

（2）教育者的说话语气要严肃平和，说话内容要有启发性、层次性，不伤人格，步步逼近，"进击目标"，要让谈话对象多讲话，相互讨论，切忌一灌到底。这就是谈话艺术。

（3）谈话者一定要选择在谈话对象心目中有威信的人。学生心目中的人格魅力不大的老师与其谈话，往往只能"一厢情愿"，而"一厢情愿"是导致气氛僵化的导火线。这是实现心理接触的心理因素。

青少年思想上的任何一种意识，不是思维的直接结果，从根本上讲，一切要求进步的意识是现实生活中亲身体验的反映。实现心理的接触过程的任何一环，都要十分尊重谈话对象在现实生活中所处的环境条件和亲身体验。

二、心理相容原则

近代心理科学成果告诉我们，人的心理机能就像弹簧，承受一定的压力就会产生相应的反弹力，而任何形式的超负荷运转，都会有断裂性损坏的危险。青少年的心理更脆弱，过强过大的教育信息量，会使青少年感到"受不了"而"容不下"，激发"自我保护反射"——心理与行为反抗，如果被教育对象产生了反抗心理，再明智的教育、再美好的愿望都会成为无用功。可以说，没有被教育者的心理相容，便没有教育。

什么是心理相容原则呢？简言之，教师在与学生的个别谈话中，给予学生的信息量和信息传出的强度，要以适合学生的自尊心、性格、认识水平所能接纳的可能性为原则，在思想教育过程中，压力和奉承都会培养虚伪的人格。因为物极必反是行为心理学的一条规律。

怎样实现心理相容呢？总结个别谈话的经验教训，要做到心理相容，要求教育者必须做到：

（1）个别谈话的时机一般要选择谈话对象心情处于平静或愉悦状态时为宜，特别是"问题青少年"，心情烦躁时进行个别谈话是难以投机的。

（2）谈话气氛要庄重、平和、严肃，太随便失去教育性，太严厉容易气氛僵化。

（3）要尊重谈话对象的思路，顺应情理，借题发挥，发问要不损人格，分析要留有余地。

（4）要掌握谈话对象的情绪变化，有"抵火"征兆时就退一步，心扉敞开时就进一步。总之要摸着石头过河，为了使学生"听得进""容得了"，教师必须"忍得了""稳得住"。

心理相容不是教育目的，它只是促进"问题青少年"转化的手段和条件。因为只有实现心理相容，教育信息才能输入被教育者的大脑，才可能使其产生肯定性情绪，经过思想斗争才能使"主体我"和"客体我"分化开来，思想教育才能收到一定的效果。如果没有实现心理相容，一切教育信息都只能是一种使人心烦的噪音。

三、心理反馈原则

"反馈"是控制论的一个概念，原意是指操作构件不仅按中央操作台的指令工作，而且要将本身的工作状况作为一个新的信息返回中央操作台，使中央操作台根据新的信息对指令作新的调整，这样的信息返回过程叫反馈。

近几年，教育、心理、社会学方面的科学家把反馈概念引用到教育、心理、社会学领域中，成为一个有生命力的理论武器。所谓"心理反馈"，是人的大脑根据自身行为的客观效果进一步调整行为的心理过程。

实际情况表明，即使暂时处于后进状态的"问题青少年"，他们中的多数人同样具有常态青少年的自我调节行为的能力。在他们的心灵深处潜藏着要求表现自己才能和改变现实处境的强烈愿望。因此，机智地向他们输送引起"欢乐情绪"的信息，也可以激发心理反馈活动，如果我们输送教育信息的内容适当，方法得当，有目的地刺激和强化正心理反馈，那么，"问题青少年"向常态青少年转化的过程就会加快。

教育工作实践证明，下列教育途径最易于激发"问题青少年"的正心理反馈。

（1）在各种评比竞赛活动中，有引导地对个体在活动中的表现给予肯定性的评价。

（2）在日常集体生活中，教育者有组织地运用集体舆论对个体的表现进行评价。

（3）帮助个体总结自身体验，教师直接向个体传送外界对个体的评价。当然，主要是传送肯定性的评价，这样做能够直接推动个体进入良性循环的心理反馈过程。

举个例子：学生 A 是独生子，从小娇生惯养，处于家庭的中心，爱逞能，喜欢欺负人，多次行凶伤人，因此进了工读学校。进学校后他仍有恃无恐、行为散漫、放荡不羁。经过一个月新生入学教育后，知道要在工读学校学习两年，产生灰心丧气的情绪。怎样使 A 生精神振奋起来呢？老师在个别谈话过程中，采用多渠道传送，使 A 生产生愉快情绪的办法是：

（1）用"下毛毛雨"的方式，肯定 A 生的点滴进步，如扫了一次地，说了一句公道话，帮老师拿了一次东西，教师都三言两语地表示称赞，营造愉快信息包围圈，使 A 生兴奋起来。

（2）走访家庭和原校，了解 A 生过去生活史上好的表现，引导 A 生回忆起"骄傲的过去"。这种反馈式谈话，给予心灰意懒的青少年心灵以温暖，使僵化的大脑松动而增加活力。

（3）向 A 生的家长和好朋友介绍他在校内的进步表现，借用"第三者"个别谈话，使他感到外界对他的看法确实在变，增强其心理反馈的推动力。

（4）当 A 生再次犯过去的错误时，不马上批评，待他平静下来后就事论事，帮助他自我认识，集中火力"烧老根"。这类谈话绝不可急于求成，要善于把一个问题分割成几步来解决。

我认为对于"问题青少年"要多用表扬、赞许的方式激发正反馈，一般情况下效果较佳。而批评、处分使用不当，则易诱发消极的惰性的回复。

总之，三个心理原则的最终目的是要点燃学生的自信之火，激发改变后进处境的期望，鼓起否定自我的勇气，培养自我教育的能力。一句话，教育与自我教育的和谐统一，才是真正的教育。

马克思说得好，人时常需要摆脱环境的羁绊，不仅按照自己的迫切需要，而且按照美的规律去进行创造时，才表现出人的特点。马克思这一理论从教育哲学的高度揭示了教育的最终目的，从根本意义上讲，在与"问题青少年"个别谈话时就应该紧紧扣住三个要点：①要引导学生认清污染他心灵的"可恶环境"，帮助他摆脱"可恶环境"的羁绊；②要引导学生勇于否定旧我，从批判旧我中纯洁心灵；③要引导学生认识"前进一步"的方向，在集体生活中发扬长处、贡献才智。

罪恶的制度诱人堕落，合理的制度催人升华。今天，我们有理由相信，只要我们尊重科学，艰苦工作，"问题青少年"的教育问题，一定会逐步解决的。

了解、研究学生是做好班主任工作的基本功

一、做好班主任工作的首要前提

了解、研究学生，对于班主任来说是一件十分有趣的事，也是做好班主任工作的基本功。

凡是有所成就的班主任，他们的先进经验的首要一条就是重视从各方面了解、研究学生，掌握学生的成长史，熟悉学生的个性、特长、爱好，以及思想上的苦恼和矛盾。因此，对他们的思想教育工作要有的放矢，针对性强，避免片面性、盲目性，提高科学性。

当一位班主任不了解、不研究学生行不行？不行！为什么？

正如苏联教育家马卡连柯讲过的那样，我们应该记住一种非常重要的情况，虽然人作为最抽象的概念在我们心中是完整的，但是作为教育的对象来看，人毕竟是多种多样的，被我们制成的产品也将是多种多样的。这位教育家讲述的内容，就是我们要了解、研究学生的依据。

我们还必须记住，学生是由血肉组成的，不是用钢筋水泥灌注成的，因此，人是有感情、能思维的万物之灵，我们的教育对象——学生，就是这个万物之灵中的最积极、最敏感、最活跃、最不稳定的一群。他们生活在非常复杂的社会网络之中，如果我们忽视了这个事实，不下功夫了解、研究学生，我们的班主任工作就会陷入简单化的泥潭。

当前的学生的思想特点不同于 20 世纪 50 年代的青少年，出现了许多复杂的情况，这要求我们更要下功夫了解、研究学生的这些情况和特点，主要是：

（1）青少年思想状况具有两重性，因此行为特征具有双向性。由于我国社会主义还存在一时难以克服的弊病，我们宣传的思想主张与现实的困难还存在着种种矛盾，这些都会影响青少年，使他们的思想经常处于积极思维和消极思维同时并存，且此起彼伏的动荡状况，所以他们的行为变得难以判断，同时存在着向好的方向发展和向坏的方向转化的两种可能性。

（2）由于各种复杂的、历史的、现实的原因，导致在教育青少年的工作中，社会消极影响力量有时可能会大于家庭教育与学校教育力量。我们的工作对象——学生，除了家庭生活和学校生活以外，还有他们独立于我们之外

的另一个生活世界。影响学生思想发展的原因是立体的、交错的、多种多样的，每时每刻都有作用和反作用的教育信息在袭击他们的心灵，如果我们仍然沿着一切思想无不打上阶级的烙印的习惯思考、分析学生各种思想形成的原因，那就会造成教育上的失误。

（3）由于上述两种情况的影响，现在的学生的思想生活的特点是内向的，不像 20 世纪 50 年代青少年那样善于表达情感，他们既不乐于向长者倾吐自己的苦衷，又过于盲目自信，这样的状况目前还有发展的趋势。

可见，要在新时期做好班主任工作，必须重视和学会了解、研究学生的基本功，这是我们思想教育科学化的出发点，也是做好班级工作的首要前提。

实践反复证明，要当好一名班主任，不仅要有革命的人生观、强烈的事业心，而且要有科学的学生观，对自己的教育对象有正确的认识，工作才有科学性。优秀班主任的先进事迹说明，革命的人生观和科学的学生观，是使班级教育工作卓有成效的两根精神支柱。

二、做好班主任工作的四大任务

了解、研究学生是为了保障班级教育工作的方向性和有效性，绝不是为研究而研究，因此，了解、研究学生要有明确的提纲。先进班主任的工作经验告诉我们，下面的内容和提纲是重要的。

（1）做好班主任的第一个任务是了解、研究班集体。

首先，要全面研究和观察全班每一个成员，通过各种方式了解他们的年龄及其特点，班级是否有健康的班级舆论，是否有遵守纪律的习惯，全体学生的文明行为怎样，公共劳动是否热心，有多少积极分子，等等。

其次，要了解学生的思想动向，经常地、及时地掌握相关信息，如学生对国内外重大事件如何评价，对班集体的活动和工作是什么态度，劳动态度是否积极，对同学是否关心。

再次，要深入了解班级积极分子的状况，哪些学生是积极分子，积极分子相互之间的关系怎样，积极分子的品质、作风与能力，等等。

（2）了解、研究学生的学习态度、方法和基础，是班主任研究学生的第二个重要任务。

研究学生学习功课的态度是非常重要的，只有经常了解影响每个学生学习的积极因素和消极因素，才能有针对性地做好教育工作，提高学习积极性。

有相当一部分学生是由于基础差、没有良好的学习习惯和科学的学习方法，而逐步转化成双差生的，了解了以上情况就可以真正做到因材施教。

班主任有责任了解学生学习各门学科的情况，分析他们对学好各门学科的困难、要求，只有这样才能发动全体学生，依靠各科教师实现各门学科的和谐发展。

（3）了解、研究每一个学生的家庭教育的环境、力量、条件、方法，是班主任帮助指导家长工作的重要条件，是班主任了解和研究学生个性发展的重要依据。

学生个性发展的多样性与学生家庭教育状况直接相关，研究好学生的家庭教育状况，一定能让班级教育工作取得更多的主动权，这是全国许多优秀班主任的一条重要经验。这一经验在当前学生思想教育工作中具有重要的现实意义。

（4）了解、研究学生的课余社会生活，是班主任研究学生的第四个重要任务。

每个学生都有自己独立于家庭和学校之外的生活圈，丰富多彩的社会生活、错综复杂的社会关系都以强烈的引诱力影响学生，形成了难以控制的社会影响力。学生就自觉或不自觉地处于作用和反作用的相互交错的生活中。因此了解、研究了学生的课余社会生活，班主任就可以高屋建瓴地工作。

班主任是做人的工作的，人是世界上最复杂的一个研究对象，青少年是尚未定型的人，变化更是千姿百态。因此，实际工作中要研究的内容比以上所说的要广阔千万倍，复杂千万倍，这里提及的不过只是一个粗略大纲。

三、了解、研究学生的正确方法

研究一个特定的对象，要用特定的方法。最常用的就是通过学生的学习和生活了解学生。

（1）班主任研究学生的主要方法是教育观察。

善于观察是教师的艺术。由于一种动机可以引出多种行为，也可能同一种行为出于不同动机，因此，教育观察应该是有目的、有计划、长时间地进行，以免对学生的思想品质个性作出表面的，甚至错误的判断。

有效的教育观察应该有主要目标、主要问题，有意深入课堂和学生的课余活动中去仔细观察，从中获得丰富的材料。

学生之间和师生之间讨论各种问题的时候，是观察、了解学生的良好机会。

（2）个别谈话是班主任了解、研究学生的常用方法。

实践证明，班主任与后进学生谈话、与班干部谈话、与班上积极分子谈话，可以了解学生的许多情况。

经验告诉我们，谈话应该是有目的和有准备的。一次成功的谈话，必须注意三点：①有明确目的；②选择恰如其分的时间和地点；③态度要诚恳，说话要有一定的技巧。

一次成功的谈话，可以给学生留下终生难忘的印象，也可能给班主任提供十分有价值的材料。先进的班主任工作经验里，与学生个别谈话一般不用正面直接提出问题的方法，如问"你的学习态度好不好"或"你喜不喜欢我们这个班"，这样提出问题是难以深入谈下去的，从何谈起、怎样提出问题是值得认真思考的。

（3）书面征询也是了解、研究学生的方法之一。

根据研究的目的，拟定一些能启发思考的问题，由学生不记名作出回答，也可以了解学生中带倾向性的思想动向。

分析学生各种活动的结果，例如，看学生的命题作文、作业本、读书笔记、日记、科技作品等，可以帮助我们了解、研究学生。

与学生共同活动、共同劳动、自由交谈等，虽然没有直接的具体目的，但往往可以帮助我们了解到非常有价值的材料。

实践证明，研究学生的个性特征比研究学生的年龄特征难得多，但是，我们必须学会研究个性特征的方法，因为这一点往往决定我们教育工作的成效。

研究学生是一门学问，要求我们懂得一点教育学、心理学知识，有科学理论做指导的研究不仅可以使我们的工作取得事半功倍的效果，而且可以减轻班主任工作的劳动强度，可惜不少班主任对这一点还认识不足。

一堂示范课的启示

在一次全国中学语文教学研讨会中，主办方安排魏书生给同行们上了一堂示范课。按以往惯例，在异地上示范课，教师要先与学生见个面，预先告知学生上课的内容。会议主持人征求魏书生的意见时，他坚定地表示不用。上课铃响后，魏书生走上讲台，跟学生相互问过好后，魏书生说："我叫魏书生，今天和大家一起学习语文，咱们商量商量学习哪一篇课文好啊？"学生愣住了，学哪一篇课文，历来是老师说了算的，哪有与学生商量的？见学生尚不理解他的意思，他又重复说了一遍，教室里的气氛活跃了起来。有的学生说学古文，有的说学论说文，有的说学记叙文，有的说学诗歌，最后举手表决。课文选定后，他为学生范读了一遍，在黑板顶上写了一个问题：学习这篇课文可以学到哪些知识，培养哪些能力呢？要求学生针对这个问题，精读课文。在学生阅读课文时，他走下讲台巡视，并不时对学生进行个别指点。然后引导学生讨论，你一言，我一语，魏书生不失时机地点评板书。接着又适时地向学生提出一个问题：学习这篇课文后你有什么收获或体会吗？他要求学生把收获写在黑板上，一位女生首先举手上台写，又一名女生举手上台写，而男生见听课的人多，不好意思，魏书生不紧不慢地将了一军说："男子汉们你们落后了。"男生沉不住气了，但刚写了几个字就写不下去了。魏书生说："战友们，快支援支援。"立刻又有男生上去了。女生落后了，魏书生又说："娘子军们，军情紧急。"于是，女生又急忙调兵遣将。这样，学生在充满愉快的比赛中，学习的收获又一次强化。下课了，学生高兴地围住他，久久舍不得离去，听课的老师也走上来与他握手、祝贺。细细分析魏书生的示范课，会给我们不少启示。

启示一：在课堂教学过程中要发扬民主精神，"商量商量"是魏书生常说的一句话。在他看来，师生之间是平等的人际关系，学生感到被教师尊重，有展示自己才能的机会，积极性和热情就从潜意识中迸发出来。魏书生的办法是：教师少一点垄断，多一点民主。

启示二：要突出能力培养。学校教育的目的说白了是两句话：一是教育学生懂得怎么做人，二是训练学生知道怎么做事。关键就是有能力，而现在我们培养的学生中，不少人存在"读死书，不会用；性格犟，不合群；会享受，不动手"的缺点，这与现代社会对人的素质要求相去甚远。魏书生在示范课中，把培养学生阅读能力、综合分析能力、理解能力、书写能力、表达能力的目的实实在在地突显出来。

启示三：要多给学生实践演练的机会。游泳要在水中学，打球要在场上练，没有实践，纸上谈兵，哪来操作能力？有人统计，魏书生的这堂示范课，学生活动的时间大约占了 27 分钟。多少年来，我们习惯于一讲到底，以为多讲几遍学生就能听得懂，记得住。似乎学生是一块木头，多刻几刀就一定能留下深深的印记，这显然是一个莫大的误解。

启示四：教师的主导作用要有新的视角。以上所说并非否定或削弱教师在教学过程中的主导作用。相反，是在新形势下强化这一功能。试想，如果魏书生没有对课文中相关内容的准确把握和教学方法的精心设计，没有丰富的教学经验，他的示范课能如此成功吗？观察魏书生在示范课中镇定自若的神态，好似一位胸有雄兵百万的司令员，又像一位多谋善断的运动队主教练、一部优秀电影的总导演。我以为，教师在课堂教学中的主导作用，绝不可像西方教堂上独占讲台的传教士。

下编

XIA BIAN

珍惜生活的感悟

华中师范大学的李道仁教授是我非常敬重的教师，他的人格操守与德育思想对我的影响是巨大的。他在自己的《教育论》中说，引导中学生多读文学名著，尤其是多读伟人、名人的传记，是对青少年健康人格培养的一项短、平、快工程。我自认为是个爱读书的人，即使在繁重的生活与工作压力下，也能积极读书，而我从读过的那些书中确实受益匪浅，尤其是书中那些伟人、名人从自己生活中感悟出来的人生格言让我铭记于心。梁启超说："滴自己的汗，吃自己的饭。"他12岁考上秀才，17岁中举人，后来成为中国近代史上著名的思想家，他给我们留下了一千多万字的著作，是中华文明宝库中的无价精神财富。他生育九个儿女，七个出国深造，学成后回国效劳，其中梁思成、梁思永、梁思礼三个儿子为中科院院士，一家出了三个院士，其余儿女个个事业有成，可谓古今中外绝无仅有。儿女们在回忆成长经历时，都铭记着青少年时父亲那贵如千金的十字家训："滴自己的汗，吃自己的饭。"平常而通俗的十字家训，是梁启超丰富的人生感悟的精华浓缩，他和九个儿女的功成名就，让我们实实在在地记住了一则做人要领和珍惜自己的生活感悟。

一、责任，也许是人生的基点

有一年我到河南西平出差，住在一户兽医家里，我第一次听说了"立则好医，卧则难救"这一给马治病的道理。据说马是站着睡觉的，即使病了，仍坚持站着，一旦病重卧下，那它就病得不轻。不过深知马性的兽医见卧下的病马时，往往将纱布带扎在马肚子上，用高木架把马吊起来，如见到病马眼中闪出一丝光亮，则此马仍可救治。老兽医告诉我，马的生命力很强，只要有生存的希望，它绝不会轻易卧倒。听到这个故事，我悟出了一个道理，马对自己的生命是十分珍惜的，而珍惜会产生责任。对自己生命负责任，是成熟的重要标尺。由此，我联想到我们人类，没成熟的孩子是不太思考自己的未来的，这是因为他们的未来由父母为他们考虑了，他们还没有责任感。人上了年纪或退休以后，也没有再问人生有什么意义的了。问谁呢？问晚辈是不好意思的，已经老了，也吃了一辈子苦了，忍辱负重几十年了，到了老年再问活着有何意义，似乎在抱怨，似乎在发牢骚，只好几个同龄人相互倾诉，聊以自慰。人到中年时，往往上有老下有小，反而对活着有什么意义这一问题认识得比较清晰，这种认识是异常简单的。他们的理解可解释为两个字——责任。是的，责任就是意义，对绝大多数人而言，活着的意义就是对老一辈的责任，就是对下一代的责任，就是养家糊口的责任。承担这三个责任，就是人生的基点，放弃这三个责任，意义无处生根，无根怎么开花结果？人们对自己的职业和工作有强烈的依附感，对自己担负的责任铭记在心，我们大多数人似乎有一种感觉，从小盼望自己快点长大，除了那两种形式的义务与责任外，其他的人生意义好像并不多。其实不同年龄的人，对义务与责任的理解是完全不同的，在年轻人心中，他们最要紧的事是自我，如果"我"不能这样，如果"我"不能那样，如果"我"实际的生活并不像自己想象的那样，如果"我"并不快乐，如果"我"得不到满足，如果"我"爱的人不爱"我"，如果"我"尽力奋斗了却得到失败的结果，如果"我"全部付出了却得不到应有的回报，如果"我"忍辱负重了却什么也没得到……那么，年轻人就会长吁短叹，哎，人活着还有什么意义，于是思想松了，行动懒了，精神垮了，许多不负责任的事也做得出来了。

年轻人很少想到，他们的健康成长就是他们父母生活的最大意义。年轻人哪里知道，当他们感叹生活没什么意义时，他们的父母正期盼着从儿女身上享受生活的意义呢。当我们剖析了年轻人、中年人与老年人三者对人生意义的不同理解以后，便如同大彻大悟了一般。人生的意义有三层结构。当一个人对自己的工作与生活是否满意作出评判时，其实就是一种心理感受，这种感受是分层次的，核心层是自我满足的个人感受，中间层是与人相知相爱的个人感受，底层是无限发展的社会众人感受。这个层次结构是从内向外辐射的，有时辐射的是正能量，有时辐射出负能量，能量的性质是由个体从事何种活动决定的。也许正当此时，父母们往往自问在儿女身上负担了多少责任。一个青年大学毕业后自主创业，发明了一种微型风能发电机，可普遍用于千家万户，产品大受欢迎，并获得国家发明专利，于是企业发展很快，公司员工近千人。让我们分析一下，这个青年大学生的作为必然产生三个效果，一是自己事业有成，如梁启超所言"滴自己的汗，吃自己的饭"，他会感受到自己生活很充实，活得很有意义；二是这位青年的父母、家人、朋友一定为他的事业发展而高兴，内心感受到一种荣耀；三是受社会大众、千家万户的喜欢，因为有了微型风能发电机而得以使用清洁能源。好了，此时此刻的青年大学生，会是一种什么心理感受呢？无疑，他会认为自己的人生有意义，他向亲人、朋友、社会传播正能量。假如一个青年怕吃苦，无上进心，天天混日子，染上了恶习。试想，这个青年自己如何感受人生？他的父母、朋友又会产生何种感受，会从中获得幸福感吗？显然不能。因此，我们可以从这个角度出发，重新审视人生的意义。爱迪生的人生意义寄托在让人类享受电灯带来的便利上；曼德拉坐牢二十七年信念不改，他的人生意义都寄托在消除南非的种族歧视上；盲人歌手为自己个人满足的人生意义就寄托在为大众歌唱上……倘若一个人只是专心为满足个人需求去追求人生意义，最终所得到的不过是人生意义的三分之一而已。只有把个人的满足感受、亲人的满足感受、社会众人的满足感受全部结合起来，这样的人生意义才是值得称道的，才值得我们珍惜。讲到这里，一切认识与感受又要回到那最朴素的两个字上来——责任。责任是人生意义的基点。这个道理很容易理解，假如一个人对自己的所作所为不负责任，对亲人和朋友不负责任，对社会大众不负责任，此人还有什么资格称为人，还有什么资格享受人生？

二、惩恶扬善，守护人性的底线

多年前的一件往事，至今仍铭刻在我心上，每当想起总是让我感动。2008 年 5 月，四川省汶川地区遭受八级地震，顷刻之间，房屋倒塌，数万家庭受灾。大灾大难，激发国人大爱，千千万万的民众，自动捐款救助受难的骨肉同胞，就连幼儿园与小学的孩子们也拿出自己的零花钱，帮助受灾群众。令人动情的是一位已过花甲的拾荒者，向捐助站送来一大包钱，全是一元、五元面值的零钱，共计五百元。可以设想，五百元是老人多少个白天黑夜拾荒的所得啊！老人慷慨的善举，突显了人性的善。一位记者采访了老人，写了一篇题为"崇高的拾荒人"的专访稿，不料文稿在编辑部引起了一场不小的争论。反对者认为，把崇高与拾荒人联系起来不妥，崇高不能作拾荒的定语。这位记者说，崇高并不是权贵与英雄的专利，它是人性的一部分。反对者又说，拾荒者不是权贵，也不是英雄，但也不可当作人性的崇高来赞颂。记者坚持说，拾荒是阳光下的一种自食其力的努力，与偷盗抢骗有天壤之别，是善举就是崇高。总编辑用了折中之法，把老汉的故事编进了一篇综合述评中。说实话，我更赞同那位记者的观点。拾荒老人是个不识字的农民，没进过校门，可以说他的善举不是长期学校教育培养的结果，我想他大概也不知道耶稣是什么神，说他的善举是人性崇高并不为过。为什么一定要用拾荒来否定崇高呢？难道有法律规定不许拾荒者有人性吗？

人性，人之本质属性，它与动物适应生存的本能不是一码事，因为动物生活在自然界，人类生活在社会中，两者的根本区别在于，动物靠本能生存，人类靠思维进步。人类有善有恶，表现出来的行为就一定有崇高与低劣，两种表现都是人性使然。

人性与世上万事万物一体，具有一体两面的两重性。它自身存在着积极向上、追求崇高的正面能量，也有消极堕落、寻求一时快感的负面能量，两种能量共属一体，相克相抵，此消彼长。正能量外化为善，负能量外化为恶。善恶消长与贫富贵贱之间没有直接的因果联系，绝对不是富贵显达就必然性善，也绝对不是贫困平凡就一定性恶。我们可以相信，无论是中国人或是外国人，无论你是富贵或是贫穷，无论你是文盲或是博士，人性善恶表现，是人的本性使然。1967年12月17日，巴西的一个马戏团正在城外一个大帐篷中表演，突然帐篷内燃起大火，几百名观众慌忙外跑，观众中大半是儿童，忽然一个男人站上椅子大喊，男人们不要动，让我们的孩子先跑。大火熄灭后，人们发现三十多个男人坐在椅子上被烧死，而有一百多名孩子幸免于难。经调查得知，那三十多位男人均是识字不多的农民，也不是常听牧师布道的教徒。我联想到另一场发生在中国克拉玛依市的大火，儿童节那天，几百名师生欢聚在礼堂，突然礼堂发生大火，几百人挤向大门，突然有个女领导站上椅子大叫，大家原地不动，让领导先走，参加会议的十多名领导跑出来了，三百多名无辜的儿童葬身火海。无须调查，那十多名只顾自己逃命，而不顾孩子死活的领导都是读书人，人们不禁要问，他们不是受过教育的吗？他们的人性到哪里去了？无论古今中外，只要人类生活面临灾难，我们就不难看到崇高，看见善良，也同时可以看到丑恶，看到卑劣。这是人性善恶的大拷问。中国1998年的大洪水、2008年的大地震，就是历史上规模空前的人性善恶的大检验。我经常警示自己，尽管我国社会真的发展进步很快，然而，只要城乡差别还存在，只要社会的贫富差别还存在，只要社会主义核心价值观的阳光还没有普照到生活的每个角落，黑暗就不会完全消失。所以，我们当教师的人，为人父母的人，做新闻传媒的人，各级政府做官的人，大小团队的领导人，不管男人、女人，都要在自己生活、工作之地，在自己力所能及的范围之内，高举惩恶扬善之手，坚守人性的这条底线，让我们的精神家园保留一方净土，让我们品味人生的真正意义，激发我们生命更大的活力。

三、祝你有个晴空万里的"心空"

每个时代都造就自己的英雄，每个英雄都会在自己身上刻下时代的印记。每个人心中都装着自己标榜的英雄，每个英雄心中都会闪耀着不同于他人的光彩。如果说历史是东去的江河，那么英雄则是江河中跳动的浪花；如果说历史是一岁一枯荣的轮转四季，那么英雄则是四季绽放的花朵；如果说历史是历代英雄与当代英雄的精神接力，那么，当代英雄则是英雄精神的杰出传人。人心对英雄的崇拜，不需要特殊的宗教仪式，也无须精心设计的宣传套路，只需把英雄的献身精神、人生态度、生活感悟、言行思想传出去，立刻就会产生空前规模的学习热潮，这是因为人性中那种向往崇高的原动力的牵引会令人心向往之。然而有个不争的事实是，英雄不可复制，因为产生英雄的特定情景是不可复制的。我们可以学英雄，但是不可能人人都能当英雄。然而，当不了英雄并不影响用英雄精神鼓励自己，用英雄的思想阳光驱散自己心中的乌云，让自己拥有一片晴空万里的"心空"。

我在武汉第一师范学校毕业前曾读过《钢铁是怎样炼成的》一书，书中主人公保尔·柯察金的英雄形象让我印象深刻，如今我已是近80岁的老人，每当我静心回首往事时，保尔的英雄身影是怎么也无法忘怀的。每当我在生活与工作中遇到困难时，保尔修路时的斗争场景就闪现出来，催我奋进，尤其是我50岁那年双目失明的厄运，几乎将我击倒，当我苦不堪言又手足无措之时，是保尔救助了我。记得那个难忘的早上，孩子们上学去了，妻子已上班，我习惯性地找到书架摸一本一本的书，摸一本就猜是本什么书。忽然我摸着了一本很厚的书，一时想不起是什么书，当我无意识做翻书动作时，感到书中有好多折页处，我断定是它，是《钢铁是怎样炼成的》。把它捧在手上，我的思想如开闸之水，心想，他是个屡立战功的战士，他是个多处受伤的荣誉军人，本可安心疗养，可是保尔拿起笔写书。我听说过天才少年写书，退休老人写书，工人写书，农民写书，有人在牢房中写书，也有人坐在轮椅上写书，就是没听说过身受重伤、卧病在床、双目失明的人写书，越想越感动，保尔应是个无私的英雄，他要把生命之果的最后一滴果汁挤出来，献给他的祖国和人民。我越想越愧疚，我不断自问，除了双目失明之外，我比保尔有更多的有利条件，我才50岁！于是一股自我奋起的勇气涌动于心中，我要向保尔学习。亲人帮我做了个用手摸写的写字模板，于是我学会了自如写字，不能看就由家人或朋友读给我听，重要内容边听边录反复听。可以说，失明后，听的书比失明前读的还要多。不上班了，时间便多了起来。能听书，能写字，又有时间思考，迄今我在报刊上发表千字文四十余篇，整理文稿三十多万字。如今虽年近80，思维不乱，心气不衰，记忆力比以前还好，曾有朋友问我有何感受，我想了想，答了两句话：学习保尔心气顺，乐于平凡真知足。

我实实在在地感受到，学习英雄精神，安于平凡生活，是修身养性的最好方法，我曾追问自己，为什么想到了保尔这个外国人，心态就乐观了呢？问题又回到人性善上来，无论英雄是哪国人士，英雄精神中那种积极向上、追求崇高的推动力与穿越时空的能力都会感染你，因此，只要你不放弃向英雄精神仰望的热情，无论你是平凡人或是不平凡的人，无不会诱发心中向上的劲头。不过我认为，安心平凡比学习英雄要难得多，这是因为，人们对待平凡与不平凡形成了认知混乱，而造成这种混乱的主要责任在于媒体。相当一段时间里，媒体在平凡与不平凡的宣传中，将财富、权势、名声作为衡量平凡与否的标准。前几年，我的一位年近不惑的学生对我说，他在30岁左右的时候真辛苦，天天过着近似挣扎般的生活，当时天天想的是怎么赚钱，已经结婚了，有孩子了，还与父母挤在一起，买房子、买车子的事，压在心头让人喘不过气来。那时就是一个想法，40岁以前没买房、没买车、没存款百万，活得就没意思。当自己实现心里的愿望以后，精神才轻松了，才感到自己像个人了。现在回想起来，心里反而糊涂了，这样活着到底值不值得？人对平凡与不平凡的态度，实际上是一种心理感受，是对自己和他人现实生活状况评价性的自我感受。我的那位学生的感受是很有代表性的。人的思想真有趣，平日自以为很明白的事，正儿八经地想，又想不明白了。什么是平凡？什么是不平凡？似乎讲不清了。我查了《新华字典》，字典说，平凡即普通，即平民。另附说明，平凡是泛指区别贵族与有特权阶层的人。我们可以自问，平凡真的那么可悲可怕吗？真的是没车、没房、没百万存款就活得没意思吗？是的，不少人会这么说，你可以听之，但也没必要太认真，因为如此讲话的人心中也有追求体面生活的合理愿望。让我陷入思考的倒是社会舆论的种种偏向。当我们国家还没有全面建成小康社会之前，当全体中国人民还没有实实在在地过上小康生活之前，过分宣传不平凡而冷遇平凡是不合适的。在宣传不平凡的典型时，过多地宣传个人拥有的财富、权势、名声以及奢侈的生活是不恰当的，它可能点燃不切实际的情绪火光，可能诱发人性中的贪婪和肉体享乐的惰性基因，可能助长人们不安于平凡的心态。我以为，这种不合时宜的舆论倾向并非是从天上掉下来的，它与中华古老文化中的病态心理有关。曾几何时，"五子登科"是成功男人的标记，房子、车子、位子、票子、女子是衡量是否成功的硬性标准，是不平凡的标志。这类现象西方也有，不过只是谈笑的话题而已，在我们中国则成了社会大众思考的主题。人们心中仍存在一种认识推理，谁摆脱了平凡，成了不平凡的富翁或什么巨星名流，似乎就成了当代英雄；反之谁如果很平凡，那你只好自认为狗熊了。某些媒体有意无意地营造了一种氛围，在这个时势造英雄的时代，不少人已经不平凡了，你仍是平凡，不是狗熊是什么呢？其实，这是对平凡的辱骂和中伤，是一种装扮起来的负能量，是歪曲了人生意义的消极倾向，是不尊重社会大众且对社会人文建设的一种毁坏因素。

如果我们抛开了世俗偏见，以清醒的、实事求是的观点看平凡，就能看到平凡、朴素无华的本来面容。过去、现在和将来，普通劳动者总是构成社会的大多数，平凡的社会大众是任何一个国家的构成主体，在中国宪法上称作国家的主人。说实话，富人、权贵、社会名流充其量也只占人口总量的千分之几而已，平凡的人总是占人口总量的绝大多数。被财富、权势、名声左右的种种观点，有时显得很热闹、很时尚，其实真像吹上天去的肥皂泡，五颜六色，好看而虚幻。用财、权、名包装出来的不平凡，如同人的红光满面，不一定是健康的特征，也许是重感冒或高血压的征兆。

假如我们把一部分人对平凡与不平凡的情绪稍作放大，似乎害怕平凡比害怕死亡有过之而无不及。究其根源，也许是穷怕了的人的一种条件反射。一位常来中国的美国人说，总感到中国人在害怕着什么，也许是平凡吧。他说，我们美国人不害怕平凡，只想当个自由的平凡人，平凡地度过一生。在平凡面前怕与不怕，我想是国情不同造成的。美国是个中产阶级为主体的国家，平凡与不平凡的界线并不吸引人的眼球，因为差别不大。作家梁晓声讲过一件事，访问法国时，见一位中年妇女在修剪路边的草坪，便上前问她："你羡慕法国的富人吗？"她奇怪地反问道："我为什么要羡慕别人？"经深入交谈得知，她是个普通的环卫工人，她有一栋前后有花园的住房，有两部小车，一部是环卫部门配给她的工作车，一部是自己代步的生活用车，每天给路边的花草浇水，她受到应有的尊重，人们都称她是马赛市的城市美容师。我联想到中国人对平凡与不平凡的感受，其实是社会经济发展状况的反映，是处于发展中国家里广大民众的普遍心态。我们要有足够的思想准备，全面实现小康社会还有一段不短的路程，我们的舆论不要过度宣扬少数人的不平凡，而要充分展现人们从平凡走向不平凡的奋斗过程，突显过程中的奋斗精神，让我们每个平凡人的自我发展的能动性，在社会转型中充分释放。

无论过去、现在还是将来，平凡而又普通的人，永远占一个国家的绝大多数，所以，任何一个国家制度的兴衰，首先是由他们自下而上的状态决定的，生活状态又首先取决于心态，取决于对平凡的心理感受。只要乐于平凡、安于平凡、心无乌云、晴空万里，那么，平凡也就都是不平凡的了。

四、绕不开的话题：理想

理想是个内涵十分丰富的词，说简单一点，它是人们心中对美好未来的向往，是行动要实现的预期目标。奋斗五年买套住房是打工者的理想，考个好大学是高中生的理想，建成小康社会是全国人民的共同理想。有了理想，心中就有追求，有了追求就有了行动的方向。在我们生活的地球上，每个人的理想都是千差万别的。有的人一出生就是贵族的后代，长大了就是贵族；

有的人一来到人间就是亿万富翁；而有的人奋发有为，善抓机遇，继而平步青云，取得成功；有的人依靠父辈的功绩，混入社会上层名流；而有的人受到上帝的恩宠，带着艺术基因来到人间，顺势成才，名利双收。我们这个不成熟的商业社会里有一些猎奇的人，他们热衷于对以上幸运儿进行大吹大擂，似乎这就是供人学习的样板，似乎这就是人生的理想。类似的宣传，确实让不少青少年误入了思维的泥潭，导致自己陷入了误区。我这样说，绝非全部否定那些幸运儿，他们的幸运是他们的福气。但这些幸运儿是民众中的少数，可能还是极少数，他们的幸运可供欣赏，但难以复制。不是吗？半个多世纪里，亚洲出了几个成龙、几个李嘉诚呢？我们需很冷静、很理性地想一想，成龙、李嘉诚是值得好好学习的，但大可不必非成、李之路不走。是的，仰视星空是可以的，它可鼓舞斗志，也可壮胆，但不必着迷入病。在选择方向和确认理想时，我主张向前平视，平视后再来个环视为好。只要我们没有不切实际的念头，只要我们平心静气地观察，就可见到青年、中年的有为者，他们的生活水平也不过高出一般人一点点而已。所以，我说，如今中国的青年朋友，可以将他们作为自己的榜样，以他们的奋斗之路作为自己理想的参照坐标，这才是踏实可行的。

　　无论何人，理想的实现是不可能一蹴而就的，一定是分阶段努力去获得的。我见过一位残疾青年，他本是合资企业的普通之人，因家境贫寒只读完初中一年级就失学了。15岁那年经在乡政府工作的远房叔父帮助，进入一家合资企业当了一名学徒工，然而他未忘记读书，每月从微薄的收入中挤出一点钱来买书读，后来，企业整改升级，领导要他抄写规章制度，厂长在大会上多次说他字写得好，因为工作无论多忙，他也要坚持读书写字。19岁那年，不幸降临到他头上，一天下班前厂里发生了火灾，在救火中他被严重烧伤，高位截肢，几经灵肉挣扎，他练就了用脚吃饭的能力，生活基本能够自理。此时，他决心学习书法。然而用脚抓笔何其困难，他先练用脚抓筷子，再用脚抓笔，练了几个月，感到有太多不便，家人便劝他放弃，但他决不甘心承认失败，开始用口咬笔写字。后来，教过他的一位小学语文教师知道了此事，每周末都来指导他正确运笔，练写横竖直钩，大约又练了几个月后，才慢慢能写简单的汉字。大约一年后，这位教师把他介绍给一位懂书法的教师，从此以后，他每周一次步行二十多里坚持学书法，坚持了两年左右，他的练作已初见成效，还在县文化馆书法比赛中获三等奖。县宣传部把他的奋斗经历写成新闻稿，在一家市级日报上刊出，一位美院书法教授还写信给他，说可以免费指导他，于是他每一两个月带着习作向教授求教。为了求生存，他从24岁那年开始，由母亲陪同走进大城市，在人多的马路边当一名地摊书法表演者，先后到过长沙、岳阳、韶关等地，他的事迹感动了路人。他告诉我，他计划用三年的时间走完湖南省内的大部分城市，待积累十多万元后，他要考大学，专攻书法，后面一句话没说，我猜是当个书法家。他虽然很年轻，但他的奋发精神让人感动，我向他表明保持联系的心愿，他身后的母亲给了我一张纸条，回到家里老伴念给我听，他叫曾自强。啊，真自强，名字中彰显着一个男子汉的阳刚之气，让我看到一个平凡得不能再平凡的人的理想。

五、要对人的纠纷说：不！

电视剧《雍正王朝》的主题歌中有句唱词"有道是人间百苦人最苦"，这句话对吗？好像是对的。一个人活在世上是辛苦的，要工作，要学习，要赚钱，上有老，下有小，天天要起早，还有防不胜防的人际矛盾，谁说不苦呢？再静静一想，好像也不是一切都苦，并非时时事事都苦，应该也有乐，假如没什么乐趣，人就不值得活了。例如，下班回家，全家人一起吃饭，说说笑笑就很快活；几个朋友相聚，各述见闻趣事就很愉快；工作中有了些成绩，他人因自己的付出得到方便，领导肯定，众人称赞，会感到生活中充满阳光。生活中的苦与乐，各人感受的标准是不一样的，我当然自有感受，回顾人生几十年，我的快乐大多来自工作与学习，而我的苦恼与烦心事大多源自人际关系，尤其是与领导的关系。如果有人问我，上帝允许你回到中年，你最想说的一句话是什么？我会立刻回答说，要对人际关系中的纠纷大声说"不"！假如你问为什么，我可真诚地回答。人际纠纷是个大粪坑，掉进去了爬出来太麻烦了，即使爬出来了，想全身无异味更麻烦。我常对晚辈们说，假如你的人生要清爽一点，就要在人际交往中保持警觉，同事都是朋友，不拉帮结派，不搞同盟关系，对上级要尊重，但决不出卖自己的人格，决不站队，只有在人际关系中保持干净，活着才像个人。

话又说回来，我要老老实实地承认，要真正做到不结盟、不站队太不容易了。人际关系是一本太厚的天书，也许读到生命的最后也读不完。人际纠纷并不是先做广告然后再来到你身边的，往往是由于对某件并不重要的事的认识不一致，日后慢慢演变而成的。人与人的矛盾似乎异常频繁。现在有个词叫"对立面"，生活中到处可见人与人相对立的事。我听一位高官二代说过，官二代聚会时，有个不谈"文革"的潜规则。据说一谈到那说不清的往事，马上就分成对立的两派。如今的社会生活，谁又能独立于人际关系之外呢？谁又能保证自己与人永无矛盾呢？然而，人人都应警觉，勿陷入人际纠纷之中。然而，警觉并不可能完全避免身陷人际纠纷，无论如何洁身自爱，任何人都不可能说自己的人际关系很和谐，认为自己毫无不当之处，因为有一点是肯定的，谁都不可能毫无自私自利之心，人性恶的因素不可能全在别人身上，自己就洁白如玉了。事实上，无论是谁，只要陷入了人际纠纷，最终只能是一笔无人接手的糊涂账。我看只要是比较正直的领导干部，没有人喜欢听人际纠纷的争辩，因为人际纠纷的申诉者是无法避免避重就轻、随意猜测、添油加醋、借题发挥一类的毛病的。谁也不想参与如此俗言俗语的争斗，因为最终只会是不了了之。我曾不止一次地体验到这种窘境，但问题是人群中总有几个对人际纠纷有兴趣，他们对人际纠纷有一种病态的敏感，大有非找出个人来生出些矛盾不可的决心。他们偏爱小道消息，又有传播消息的特长。我们千万要与这样的人保持距离，切勿多听他们的传言，应当保持自己认知的独立性。万一无法回避此类传言，自己一定要心中有数。假如你不小心听而信之，假如你心存某种私欲，自觉不自觉地跟这样的几个人手拉手，在正直的人看来，你就在拉帮结派了。假如真是如此，那么灾祸离你就不远了。我们一定要像躲避瘟疫一样远离拉帮结派，远离人际结盟，为什么？我的教训是：①拉帮结派是没有是非可言的，帮派结盟往往是由于某种情结吸引，是某种难言的私心的共鸣，往往与光明正大无关，与人生志愿无关，追求一荣俱荣，结果往往是一损俱损，没见过终结善果的。②成也帮派结盟，败也帮派结盟，不会有好果子吃，拉帮结派也许可以热闹一时，得势一时，获利一时，然而是经不住时间考验的。③帮派结盟有强烈的排他性，到头来充其量是讨好了几个人，得罪了大多数。我想应该真诚与人相处为好，今天我们认识一致，正好同心合力，太好了！明天看法不一致，没关系，各行其道，但相互尊重，也不对立仇视，生活中仍是朋友，你的朋友也是我的朋友，决不走非友即对手那种死板的交友之道。

　　怎么处理与领导的关系，是人际关系中最重要、最不好办的一件事，它与处理同级人际关系有很多不同之处，比如同事中，若有三五个实在难相处的，可以心中有数，敬而远之，这么对待不会对大局有重大影响。而与领导的相处就不是那么简单了，敬而远之吗？尽量回避吗？直言批评吗？好像都不可以，你在他手下工作，只凭个人好恶看问题，甚至把关系搞坏，那么对你事业的成败、个人的进步升迁那是有百害而无一利的。因此，我们随处可见一些人采取献媚取宠、溜须拍马、讨好卖乖的粗俗办法迎合领导。因为领导也是人，是人就有喜吹捧不喜批评的人性弱点，不少人以此法找到了自己的靠山，成了某个领导的人，自然从名或利方面得到了好处。我的感受是投靠有风险，领导是人不是神，也有犯错误的时候，何况领导也有上级，一旦倒台就是树倒你必倒。事实上，无论领导的个性人品如何，最好的办法是伴其善者而行之，实在有非讲不可的意见，千万不可当众指责批评，更不可背后妄言议论，而应当与领导私下交谈，就事论事进行沟通就好，切不可要领导立即表态，自己把话讲完就收，关键之处点到为止。前面说与同事相处不搞帮派结盟，后面又说与领导相处不搞卖身投靠，那么正当的人际关系与结盟、投靠如何区别呢？我工作四十年，先后在五所学校任教，群众关系自认不错，但在其中三所学校与领导有纠纷，今天回头看，是我自己自作主张有些过分了。总结经验教训，我认为要把结盟与投靠抛弃，至少要在自己的人际交往中注意以下问题：

（1）言行是否符合道德要求。

（2）言行是否守护人性良知。

（3）言行是否遵守了法制的行为准则，如果是党员干部，你的言行是否遵守了党纪和政纪。

（4）言行是否光明磊落，能否公布于众。

（5）言行是否自尊和尊人，是否损害了人格尊严。

（6）是否有故意攻击对方，故意给对方脸上抹黑的言行。

六个问题，也是六条自明是非的标准。符合标准要求者，人际关系就是健康正常的。假如你的言行有违六条标准，你的人际关系就有问题，应赶快自行矫正，否则，陷入人际纠纷是必然的。

说句大实话，人世间有许多麻烦事，人际关系是最麻烦的一件事，为什么？第一，人际关系的双方是互动的，仅靠单方努力难以如愿；第二，人际关系是动态的，今天合得来，明天也许就合不来了，今天是你的朋友，或许明天又成了你的敌人，可以肯定地说，人际关系的处理方法，不是万古不变的，也不是放之四海而皆有效的。我退休了，不上班，人际关系中的那些烦恼离我远去了，静下来，突然觉得远离人际纠纷是有办法的，这个办法是自律，它会把陷入人际纠纷的诱因挡在自己思想的大门之外，对那没亲自见过或听过的消息，一概不听、不说、不判断。我把它列出若干条，以供参考：

如果有人对你说，某某在背后说你坏话，你不要信以为真，听听即可；如果有人对你赞不绝口，你也不必认真，听听即可；如果有人与你公开争论，看法不一，你不要记在心里，一笑了之；如果有人到处打听别人在你背后说了什么，你无须对他们表示谢意，冷淡为好；如果有人对你进行人身攻击，你不要反应过度，听之任之，心中有数，静观一个月再说；如果有人歪曲或误解你的意见，不要当面强词辩解，你可选择时机陈述自己的观点，澄清是非；如果某人因某事让你背了黑锅，不要当众怒吼，沉住气，等待机会，以坚定的口吻，言简意赅地澄清是非，因为背不起黑锅的只能当弱者；如果有人求助于你，你不要立即答应，更不要高调许诺，但可表明会将此事放在心里，时机成熟方可施以援手；如果别人说话、办事出了差错，不要当众或当面责备他，更不可借题发挥显示自己；如果有人背后议论某人长短，不可参与其中，更不可传播此类信息；如果有人煽动你，你决不可受煽动，敷衍即可；永远不要想从人际关系中捞取某种好处，也不可以人缘好为条件谋利；如果某人对你的言行与态度感到不愉快，不要立即从坏处想，也许那人对你并无恶意，不加分析的情绪反应有害而无益；如果不幸碰到了可恶的小人，你不要火冒三丈，对小人要冷处理，寻找恰当的时机狠狠一击，出手快，下重拳；如果有人以流言贬低你，最好方法是不要一一反击，让他去说，你认真做好你的工作，假以时日，你在工作中已显成绩，流言自然便消失了。

牢记一条言行法则：背后论人短者，必被人背后议之，爱人者人爱之，助人者人助之，整人者人整之，害人者人害之，耍人者人耍之，骗人者人骗之。此外，永远关注人际关系的结合点，不要把分歧点装在心里，更不可把分歧挂在脸上，把不同意见的人当自己明天的朋友，保持平常心与之相处，万万不可有意疏离。永远不要以个人名利得失之心思考问题，尽力理性化思考问题。永远不把精力和时间放在人际纠纷上，不得不处理流言与小人的麻烦时，也只用三分力，牢记自己心中的大事。

说了这么多条，我并没有全部做到，其中多是自己吃了亏之后的教训，只希望对诸位有益，希望大家能鼓起勇气对人际纠纷大声说"不"！

六、浅谈人生意义

关于生命的意义、人生的意义、人活着的意义，前面说的只是自己的一些感受，我自己是无法找到令所有人心悦诚服的答案的，文中所说不过是生活体验的几个侧面，而我想再谈谈关于人生的意义的话题。

一代人接一代人的思考，让我们触摸到人生的真正意义，让我们生命的每一天都过得更有意义一些。什么是意义？意义与目标结合在一起，不讲目标就无所谓意义了。你想当乒乓球世界冠军，那么你刻苦训练的每一天都是有意义的；达·芬奇想当画家，他画鸡蛋一个月也是有意义的；袁隆平想实现杂交水稻亩产一千公斤，每天晚上蹲在田边是有意义的。人们生活中的具体行为目标的意义是没多大争议的，例如，每天需喝五百克水无须争论，是喝长白山的水，还是喝喜马拉雅山的水，也不用太在意。每天要吃饭，吃饭要讲营养，对生命的意义也无须争论，只需自己认为有意义，只要此事无害公益，你就去干自己爱做、想做的事就是了。然而，凡谈到大一点的问题，凡谈到与大多数人利益相关的问题时，关于意义的争论就不可避免了。毕竟人生不易找到统一的终极意义，但是，可以从各自生活的感受中，理出几条相对明白的价值标尺。小处看是待人礼貌与生活习惯，大处看是工作态度及个人修养。各人可选择自己有兴趣、对公益无害的事去做，所以，意义的选择和对意义的认识也是各异。每个人有权选择自己最爱最想的事去做，少做或不做无意义的事。所以，人们对意义的选择也是因人而异的。有的人想集中时间和精力艰苦奋斗，有的人喜欢潇洒快乐、顺其自然，有的人追求出类拔萃、享受完美，有的人喜欢随遇而安、知足快乐，有的人追求鹏程万里、展翅高飞，有的人喜欢游戏人间、自说自话。有人也许看不起游戏人间的人，但人们无法否认这类人数量也不少。世界本来就是多样的，有参天大树，也有遍地小草，有董存瑞和雷锋，也有永不生锈的螺丝钉。因此，只要是万千世界的一部分，存在的总是合理的，难以目标一致，就无法用普通常识来讨论了。与无限永恒和无限广阔的宇宙相比较，人类，尤其是人类个体，就显得渺小了。是的，在世界无限大的条件下，天下万物，是人也好，是地球也好，是太阳也好，是银河系也好，几岁也好，百岁也好。所有一切，几乎是没区别地趋向于零的。这样看来，认为人的一生没多大意义，似乎是有根有据的。可是在我们中间，没有理由喜欢伟大而看不起渺小，如果说意义就是价值，那么价值就会是多元的，在绝大多数人共同追求的大目标中，如幸福、和平、安定、团结、民主、人权等，分歧不会太大。我们可把人生意义大而统之分为几个类型：

第一类是事业型的，从事政治、商业、体育的人，被社会广泛认可，对国家兴盛作出贡献，为家庭和自己带来了荣誉，当然就有意义，就有价值。

第二类是本分型的，这类人本无特别成就，也无专长。但是，他忠于本职工作，承担了对家庭的基本义务，他诚实劳动，合理享受，益寿延年，乐享天伦，生活平淡，无损公益，无害他人。此类人的人生意义就是本分，价值就是平凡的自身。

第三类是潇洒型的，他们张扬个性，自行其是，情感丰富。他们爱喝、爱跳、爱玩、爱美食、爱流行、爱时尚、爱运动。虽然他们不在意功利，追求尽性，也不打扰他人，过着活神仙般的日子，这样的人生选择并非人人可做到，它需要一定的物质条件，也得有与之相适应的心理素质，这种生活，令人向往，但也不可随意复制。

第四类是超常型的，他们的特点是有与众不同的眼光，有超常的能量与勇气，喜欢迎接挑战，他们敢说别人不敢说的话，敢做别人不敢做的事。他们往往一鸣惊人，你可以批评他，也可以称赞他，而他自认为乐在其中，出尽风头。他们追求的人生意义也是超常的。

第五类是自励型，这类人可以分为两种，一种是因天灾人祸之故，家庭遭受毁灭性破坏的人；另一种是生理上有重大残疾的人，他们不怨天尤人，也不放弃，而是自我激励，自我奋斗，求生存，求发展，谱写了一首首生命不息之歌。他们以自身生命的轨迹彰显了人生意义的最动人的一章，给他人理解人生意义以令人心动的启发。

没有必要列举更多的活法了，不少人是多种特质集于一身的，我要在此强调一种观点，人类对生命的价值与人生意义的理解没有唯一标准，是有多种尺度的，不可用一种尺度强迫于人。人活着有什么意义，是个多元话题，既不可形而上也不可形而下，既不可只看到这一面也不可只看到那一面。当我们讨论人生意义，难以寻找到一个统一的答案时，也可以建立一个基本共识，无论你想做什么事，有三个原则是无须争论的。一是自我生存原则。年满十八岁了，大学毕业了，你就得自己养活自己，出自己的汗，花自己的钱，吃自己的饭。二是有益无害原则。你可做自己喜欢的事，但是此事一定有益自己，无害他人。三是心甘情愿原则。做什么事，用什么方法去做，是自己决定的，不是别人强迫的，只有自己心甘情愿，才会持之以恒，精益求精。

文明修养　从心开始

我们自己做了一件事，或者是自己对某人某事的言行，事后想起来，自会有个自我评价。而这类评价无非包括两种：一种是做得对，心安理得；一种是做得不甚恰当，心存不安。在看到他人处事待人的言行之后，我们会有类似的心理反应。而对人对自己言行的评价，是一个人文明修养水平的简单而真实的表现。这个认识很有意义，它把文明修养这个大问题，从专门的讲坛上拉下来，摆到了每个人面前。

一、不忍：文明修养的出发点

这十多年来，我常住广州女儿家，而公费医疗关系仍在武汉，所以每年必回武汉一次，取回老年人必备的常用药品。有件事让我一直心存感激。一天上午，我到住所附近的一家药房买药，一位戚小姐热情地帮助我，她按照我事先写好的购药清单——取药装袋，付清药费后，戚小姐见我公费医疗卡中仍有千元余额，向我推荐了一种健心丸，每瓶 398 元，我听了药品介绍后感觉不错就买了两瓶。我与老伴走出药店不久，那位戚小姐追上来说："你们走后，我看见健心丸的有效期只有四个月了，你买了两瓶要服用半年，让老人服用过期的药，我不忍心，麻烦您回店退掉一瓶。"于是，我又到店里退药。我对戚小姐的行为深表感动。如今营业员的工资收入是与营业额挂钩的，她宁可减少营业额，也要问心无愧。

这样的内心自我修养的意义太可贵了，它正是一个人文明修养的起点。说实话，一事当前，是忍心去做，或者不忍心去做，这是一种心理冲突。而忍心也好，不忍心也好，总是要付出代价的。心软、心硬，往往是一念之差，就会作出不同的选择，正是因为这些不同的行为选择，使人的心灵或善或恶，或文明或粗野。是的，我们追求的社会文明也好，个人文明也好，就是在无数次忍心与不忍心的选择中艰难前行。每个人就在文明生活中理解文明的意义。人们总是从自己的心理感受中提升文明修养。如同时间、空间这些宽泛的概念一样，文明的概念也是如此。什么是文明？怎样判断文明与不文明？也许我们说不清什么是文明，但是人人心中都有对文明的基本认识，只要是说的话和做的事，用心感觉一下便可作出判断。所以中国人在看人与事时，很讲究将心比心，自己的言行不能只让自己舒服，还要想到别人是否舒服，如果自己舒服，而别人不舒服，你就要克己复礼，不忍心那样做就不要去做。有了不忍心的自觉自控，文明的因素就会一点一点地增长。当我们认为某种言行令人不舒服，不忍心再重复时，真正的文明就产生了。只有一次又一次不忍心说那些让人听了不舒服的话，不忍心做那些让人看了不舒服的事，人才会一天天变得可爱。

我读过梁启超的一篇文章，他讲了一个十分有趣的故事："20世纪80年代，我与两位友人访问法国，一个风雨天，我们乘坐的汽车行驶在一条乡间的道路上。我们的前面有台小汽车，车后扬起的一阵阵泥沙拍打在我们车的前窗上，这条乡间马路是无法超车的，不久，车终于到了一个转弯处，前面的小车紧靠路边停下了，司机下车走到我们车前，同我们的司机用法语交谈了一会儿，随后我们的车开到他们前面去了。后来翻译告诉我，小车司机要我们把车开到小车前面去，我很奇怪地问为什么。他说小车司机觉得他们始终在我们前面，风沙一直吹我们不好，太不公平了。他们无法心安理得，也不忍心。后来，我们的车撞了马路边的农家小狗，它叫着跑了，一条后腿有点跛。司机立即把车停下去找那只小狗。十多分钟后回来说没找到那只小狗，半小时后，车到达目的地，司机借我们参观之机，又开车去找那只小狗。他说不知小狗受伤没有，不确认一下心里终究不舒服。后来他找到小狗的主人，见小狗没事，主动给小狗主人送一张自己的名片，并留下车牌号码，他说如此做了，心就安了。"

药房的戚小姐不那么做就心中难忍；小车司机不那么做，难以心安理得；梁先生的司机不那么做就心里不舒服。文明在哪里？在我们心中。

文明，是全人类的共同话题。一个民族，一个国家，甚至一个国家的不同地区、不同历史阶段，关于文明的要求与发展，不可能也不应该只有信用这一个尺度。因为，作为人的精神生活的文明修养，终归要受到生存环境与经济发展水平的制约。人们不难理解，当生活在饥饿难忍的状态下，你能要求人人先人后己、助人为乐吗？就我们中国而言，经过三十多年的改革开放，中国的发展确实是有了翻天覆地的大进步，然而我们必须冷静客观地看问题，中国仍是发展中国家，与世界发达国家相比还有很大差距，地区发展不平衡、人的文化水平普遍不高、贫富差距较大等问题仍比较突出，十三多亿人的温饱问题刚刚解决。所以，我们的文明要求不能脱离中国的基本国情。但是，请千万别误会，文明修养的要求不可脱离实际，这绝不是放弃要求，对于全国大多数人来说，一定要坚守文明生活的底线，而且一定要远离一切非文明的高压线。

我们应该承认，大多数中国人的文化精神生活，仍受到传统中那些负面因素的严重影响，所以我们的文明修养还要耐心地以文明底线培养为基本要求。要改变对弱者袖手旁观的冷漠心态，要改变对失败者、落难者窃喜的扭曲心态，要改变贪恋一己私利的自私心态。要大力而持久地弘扬保护生态、待人诚信、忠职爱岗、勤俭节约、关爱生命、扶贫帮困等凸显良知的行为与思想，不做有损公共道德的行为，如随地吐痰、当众辱骂他人、以大欺小、以强欺弱、横穿马路等低俗言行。我们更要大力而持久地斥责那些把损人利己、损公利私、以权谋私当作理所当然的歪理邪道，宣扬赞颂那些自律自审、不与坏人同流合污的善良的人们，而将所有这一切最终落实到我们的精神文明建设上来。我们要向药房的戚小姐学习，向那位法国的小车司机学习，让孩子在父母的文明举止中受到启蒙。只有这样大力而持久地坚持下去，文明才大有希望。

二、善良：文明修养的原动力

善良是世世代代中国人从不怀疑、恒久崇尚的最美好的品质，是人性之本。什么是善良？孔孟说善良就是"四心"，即做人处事的是非之心、善恶之心、羞耻之心、恻隐之心。这"四心"是一把标尺，是中国人区分好人与坏人、善人与恶人的最朴实、最明白的尺度。古人云"人之初，性本善，性相近，习相远"，这是千真万确的道理。

然而，不知从何时开始，中国人的心中悄悄起了变化，把以善恶论英雄的价值观换成了以学历论英雄的价值观。某年九月的一个晚上，我回自己在某大学的居所，经过一个花坛时，见路边草坪中躺着一个人，身上盖着几张报纸，武汉的九月中旬，晚上已有阵阵凉意，我与老伴走过一看，发现是位白发苍苍的老者，他见我们走近身边就坐了起来。老伴关切地问他是否身体不舒服，为何晚上还躺在这里？经询问得知，他是湖北京山人，今年孙子考取了本校，今天上午送孙子来入学报到的，刚才孙子回宿舍去了，因除了回乡路费外，其余都给孙子了，今晚在这里躺躺，明早就回家。我听着老人的诉说，看见不远处学生宿舍明亮的灯光，听见学生的阵阵谈笑声，我似乎从中想到了老人的孙子的笑脸。我心中不知是气是酸还是怨，善良的老人夜宿草坪，得意的孙辈却高声谈笑，如此不和谐的对照，是谁的过？我陷入了沉思。我不断地自问，考上大学就成了社会精英吗？大学毕业了就是有用人才吗？硕士、博士就是国家栋梁吗？读书越多就越文明吗？文化知识越多就越善良吗？我一时思想很乱，说不清到底是或不是，我的思想困境也许是一些人的现状，我本不愿多想，已退休十多年了，闭目塞听日久，心中难以理出个头绪来。

不知何故，这些想法想放也放不下来，一个接一个负面信息向我扑来，撞击我的灵魂。四川某著名大学学生，因贫困自卑，半夜用铁锤砸死室友；河北某大学博士生毒死同室学友；某地一大学生毕业不久就嫌弃含辛茹苦的多病母亲；还有些人大学没毕业就背叛在农村照顾父母的妻子，成为当今的陈世美。我忽然想到大科学家爱因斯坦，当他听到两颗原子弹夺去了数万日本人的生命时，气愤地说不再当科学家了，从而投身于世界和平事业；我又想到了希特勒杀死几十万犹太人，一位资深钢琴家弹奏着协奏曲，把一队队犹太人送进毒气室……我不忍心多想了，历史与现实中那些令人震惊的丑恶现象，让我把大学生、研究生、精英、人才与刽子手、凶手、陈世美、不肖子孙等概念奇怪地联系在一起。想到这里，我心中的那些疑问似乎渐渐有了答案。知识就是力量，但知识不会自发地变成善良，文明不是读书读出来的，善良的人格是从生活实践中培养出来的。正如同矿石投入炼钢炉，经高温排出一切杂质后，才能变为钢材，一个人变成善良的人也是炼出来的。

当我们对文明修养进行深入思考时，对一个概念的理解是不可绕开的，那就是"知识"。人们习惯于把文化与知识两个词一起使用，因此造成了理解的混乱，事实上文化与知识的内涵与外延是差别极大的。总的来说，知识是文化的一部分，而文化是个大概念，就像宇宙、太空是个大概念一样。迄今为止，世界学术界关于文化的定义有数百种，大而统地说，文化包含三个部分：一是民族传统的精神价值；二是民族传统的生存方式；三是民族传统的人格理想。再精简地说，文化是人有别于动物的显著特征。通俗一点说，文化就是人文理念。人文理念区别于动物界的本能法则。动物的生存法则是弱肉强食，而且一切似乎天经地义，没有善恶可言；而人则不同，人的一切言行都有是非善恶之分。究其原因，动物的一切活动靠本能驱动，而人的一切行为举止以人性良知为原动力。产生这种区别的原因是人接受了后天的教化。所谓教化是父母的影响、家风的熏陶、社会规范的引领、人际交往的影响、法制法规的制约、学校教育的培养。动物没有"忍不忍"，只有人才有这个问题，即人有善心和良知。假如把动物界弱肉强食的法则用到人的生活中来，那就与法西斯没两样了。人若无良知，失去善良，便将变得不像人。

越是社会高级人才，越少不了善良教育。国外早已认识到这一点，学生在大学教育中首先要接受一年的人文教育，奇怪的是中国大学的医学院没有系统的人文教育，一个医生没有生命关怀的善心，怎能当个合格的医生呢？试想，一个危在旦夕的病人，医生没有抢救成功的把握，病人又无家属在场，作为医生你该怎么办？是抢救还是见死不救？此情此景，人的善心和良知就显得异常重要了。有善心者就会以生命关怀为先，不计名利得失去抢救生命；若是良知麻木了，就会见死不救，漠视生命，文明就消失得无影无踪了。我们不可苛求人人都是纯洁的天使，但是，我们绝不可没有善良之心。在生命面前，良知不可丢失，救死扶伤是天经地义的，见死不救就会心存不安，这一道德之旗，应高扬在人们心中，文明修养才有希望。一家医院，一个家庭，乃至一个国家，善心常存，则文明常存。善良是文明的原动力，除此无他。中国人有个令人无奈的习惯，如果上级规定什么事可做，人们往往胆大一点，上级规定不许做的事，即使人命关天也不敢动。

我想起多年前的一件事。那年春天我出差到湖北应城某生产队，见一群人在某家门前议论纷纷，我走近人群，听到屋内传出女人的阵阵哭声，经询问得知，有位老人为救一个在路上玩耍的小男孩，被一辆大货车撞倒。司机送老人去医院急救，却因无法及时找到老人家属签字付押金而被拒之门外，两小时后待家人到达医院时，老人的心脏已停止了跳动。人们后来发现医院大门的告示上白纸黑字写着家属先签字，先预付押金后才可做手术的规定。这是漠视生命的规定！在如此规定下的医院，按如此规定为人做事的医生，良知受到了挑战，仿佛文明修养只是说给人听的，他们的灵魂已经没有站起来的原动力。

我还看过一则报道，读后痛心不已，至今难忘。一个滨海城市的渔政机关，接到来自海上的呼救信号，有十多条渔船在离岸几十里的海上遭狂风巨浪袭击，面临船翻人亡的危险，恳求渔政机关设法营救。而港中正停泊着若干条大船。然而当班的干部要得到上级同意才可下达出海营救的命令。因为上级有规定，必须先交费才能派船出海施救。虽然有几十名船员家属趴在码头哭喊，请求救援，渔政机关仍无动于衷，因为上级有指示，必须严格执行规定。结果造成二十几名渔民葬身大海。到底上级指示与人文关怀是什么关系呢？只要是有一点良知的人，即使是只有一点点善心的也可断定，人性关怀大于上级规定。

几十年前我带领一群少先队员列队马路边，欢迎周总理陪尼赫鲁访问武汉，上级指示实行交通管制。在规定时段内禁止行人、车辆通行。忽然一辆送危急病人的救护车从马路岔口行驶而来，被交警拦住，车上的病人家属哀求交警放行，但有上级规定在先，交警哪能抗令，不一会儿就有几十人围观。此景惊动了交警的一位领导，当他了解情况之后，沉思了几分钟，然后向马路两头远眺，没见首长车来，决定让救护车穿过马路绕行离开，围观群众中响起一片掌声。我想这掌声是对警官的赞赏，也是对人性的赞赏。然而，我事后却得知那位警官受到上级的行政警告处分。我想，假如救护车上的病人是局长的爹，因不许通行，导致无法及时抢救而去世，请问，那位警官是该被批评还是该被表扬呢？这里又是上级规定与人性关怀的两难问题。

其实，文明修养就是在一个又一个两难中持续前行，在一件又一件小事中不断进步。可喜的是，政府的人性关怀之事很多，最令人鼓舞的是地震、雪灾、水灾等大灾难发生时，那么多的解放军官兵投身救援，那么多的党政干部身先士卒，人性关怀已开始广为人知。可以相信，人文精神将普及祖国大地，我们中国人的文明修养将会迎来更大的进步。

三、敬畏：文明修养的提示语

人们在日常生活中，有许多事是不允许做的，过马路不允许闯红灯，酒后不允许驾车，乘飞机不允许携带易燃物品，不允许贩卖或吸食毒品，在特定区域不允许吸烟，任何情况下不允许伤害他人生命等。人所共知的原因是后果可怕。可怕就是恐惧，就是畏。人类彼此相见，一般不会显露恶意。大体是人不犯我，我不犯人，各做各事，各走各路，相安无事。假若有强弱之分，弱者总会退避三分。在等级森严的奴隶社会与封建社会，小官见大官，大官见皇亲国戚，也是先畏三分的。似乎可以这样说，在人类漫长的岁月中，一部分人对另一部分人心存畏惧，好像是人们默认的一种游戏规则。这种习惯性的认识，也许带有代代相传的特点。因为人们从前辈那里受到警告，官大一级是可以压死人的。在你十分羡慕那些拥有权势的大官小官时，同时会听到他们伴君如伴虎的叹息，也就是他们的"畏"，可见他们心中并没有安全感，那个时期，真正无所畏惧的人并不太多。

人人平等、共享人权的说法，最早是从西方启蒙运动时期开始的。也许是从那个时候开始，人畏人的心态才慢慢降温。到了近代，人与人的关系或人与自然的关系，才出现了和谐一说。那么，人对自然的调控力增强了，是否可以天不怕、地不怕了呢？人是否可以对一切都无所畏惧了呢？答案是否定的。事实上，正因为人类的聪明，才能从先辈们苦难的生活记忆中，一次又一次地比较总结，精选出许多不可随意冒犯的东西来，并且一代一代地传承、补充、修正。这些东西就是人们从生活的经验与教训中提炼出来的共识与约定，它规定了什么行为是允许的，什么行为是禁止的。其中那些最重要、最基本的内容是硬性规定，是要强制执行的，这就是现代人所说的法律；另外一部分约定是倡导执行的，不带强制性的，这便是现代人所说的道德。这些法律与道德，是人们从许许多多畏惧中总结出来的，并以尊敬的态度对待它，同时心中仍是有所畏惧。从此人们不是天不怕、地不怕，而是有所畏，也有所不畏了。可畏的也就减少了，对必须敬畏的对象自然更重视了。有所畏就是有所不为，无所畏就是有所为。于是，人类生活就有了游戏规则，不必要的伤害就降到最低限度，这就是文明修养，就是每个社会成员明白，什么事提倡做，什么事不允许做，什么事要敬重，什么事要抛弃，什么事要亲近，什么事要疏远，什么事要爱，什么事要怕。我仔细梳理了一下，也许有四件事是特别值得敬畏的：

其一，要敬畏法律。法律无情，人人要守法，违法必惩。法律维护公平，因此，法律面前人人平等。一旦法律不严不正，社会就会混乱，人心就会不安，邪恶就会横行霸道。所以，有文明修养的人，首先要对法律有敬畏之心。当然，法律永远只能解决人类生活中那些最要紧的问题，即使把世界两百多个国家和地区的法律合在一起，也解决不了人类生活中的全部问题。

其二，要敬畏良知。许多问题的解决、是非的断定、谋夺的取舍，最终要依靠人类自己的认知。因此，除了法律之外，还有人的良知也必须敬畏。什么是良知？良心也，良好的人心也，一颗善良的心也。良知对一个人来说是至高无上的。

其三，要敬畏生命。生命是神圣不可侵犯的。它的神圣不可侵犯性，使得那些危害他人生命的行为，无论是有意的或是过失的，必定要受到最严厉的惩罚。对生命神圣不可侵犯的敬畏，是文明修养的必然要求。所以在文明修养实践中，凡涉及生命关怀的行为是最受崇尚的，如扶老携幼、救死扶伤、舍身救人、见义勇为等，而谋财害命、见死不救等危害生命的行为是不可宽恕的。对他人生命怀有敬畏心，是文明修养的第一条，人与人之间矛盾再大，仇恨再深，利益得失再重，危害对方生命和身体健康的行为都必须禁止，这是阻止不文明行为的高压线。

其四，要敬畏自然。天地有定律，万物有法则。人要敬畏自然界的运动规律，急功近利地向自然界索取，必定会遭受自然界的惩罚。沙尘暴、水土流失、山体滑坡、洪水泛滥、森林大火、大旱无雨等，一次又一次危害我们的生命财产安全。种种现象表明，人类不愿意见到的自然灾害，与人类过度地开发自然有关。痛苦与灾难呼唤人反省，保护生态文明，人人有责。

对法律、良知、生命、自然的敬畏，是我们付出了高昂代价得来的启示。我们的敬畏大多是因为害怕惩罚而产生的，害怕的心理是不可能自然而然地转化为敬意的，真正的敬畏是由敬而生出的尊重。一个人，一个国家，一个民族，没有敬畏之心是可悲、可怕的，会使文明修养失去精神支撑。

敬畏心是自己有意培养的，一事当前，想一想什么为是，什么为非，对是以敬，对非以畏；待人接物，想一想什么是善，什么是恶，以敬崇善，以畏拒恶；评判事物，想一想什么为荣，什么为辱，敬荣而畏辱；对待弱者，想一想怎样做是关怀，怎样做是冷漠，要求自己敬关怀而畏冷漠。如此假以时日，敬畏之心就会人人有之。

四、社会公德：文明修养的训练场

我曾参加过一次预防青少年违法犯罪的讨论会，与会者是公安干警和学校教师。开会中有位白发老者迟到了，后来得知他是一所政治大学的知名教授，大会邀请他为此次讨论会作总结发言。令人费解的是他本来已经迟到了，理应不动声色地找个位置坐下，但是他不顾会上有人正在发言，直接走上讲台，掏出香烟，在主席台上走来走去，然后旁若无人地大口大口地吐着烟。我与他同乘电梯下楼，他仍在电梯中抽烟，完全不理会电梯中还有他人在场，此情此景让我心里有一种说不清的感觉。大学教授的身份、主席台上讲社会公德、电梯内抽烟，三者奇怪地组合在一起。我想了一下，想明白了，中国的道德教育就是个奇怪组合，讲了太多空话，落实的却太少。

说句大实话，我当了四十年的中小学老师，主要精力是做学生的思想品德教育工作，回头静静一想，讲大话太多，讲人格理想不少，但忽视了日常生活中的社会公德教育。四十年来，做得最多的一件事，是组织学生向英雄同志学习，我感觉"向雷锋同志学习"的活动效果最好。雷锋艰苦朴素、助人为乐的精神，给青少年实实在在地树立了榜样，而岳飞、文天祥、江竹筠、黄继光等先烈的英雄事迹，也确实让青少年感动，但要落实到学生的实际生活中，难免陷入空泛，我曾久久为此困惑不解。现在想想，问题在于脱离了学生的生活实际。先烈的精神崇高伟大，但是英雄生活的时代与今天有许多不同，而道德修养是立足于现实生活的。因此，时代发展到今天，文明修养要大力提倡社会公德，如果离开了社会公德，只能是一句好听的空话。什么是社会公德呢？我以为社会公德至少有以下四个基本特征：

（1）社会公德是公共空间的言行规范。什么是社会空间？最简单地说，家门外与他人共用的地方，统称公共空间。你在自己的家吃水果，把果皮随手丢到地上，可说是不良的卫生习惯，如果把果皮丢到门外过道上就是不讲社会公德了。两种行为都不好，区别在于地点不同。所以公共空间是大众共享的空间。除了法律规定或政府规定的不得随意出入的地方，如银行金库、军队武器库等保密场所以外，凡是普通大众可以出入的场所均是公共空间。在公共场所的衣着与言行要受行为规范的制约。

（2）社会公德是指在陌生人前的言行规范。对家人、同事、同学、朋友要讲言行规范，这是人所共知的。而与陌生人相处，也要讲究言行规范，上车、上船、登机不讲先后，见老不扶或见幼不携，见危不救、见难不助，均是违背社会公德的行为。正是对陌生人的文明礼貌，才能显出文明修养的水平；也是对陌生人的文明礼貌，才能培养出真实的公共道德品质。越是没有相识者在场，文明礼貌才越是可贵。

（3）社会公德是无损于任何人的言行规范。一切道德规范的核心，就是要求一个人的言行不侵犯别人的权益。社会公德要求，个人言行不侵犯他人的正当权益。例如，公共场所的长椅是供游人坐下休息的，你坐着休息是无可非议的，若是躺在长椅上睡觉，就剥夺了他人坐下休息的权益；你为了方便，不看红绿灯，横穿马路，不仅自己不安全，也侵犯了司机顺利通行的权益；在电影院看电影，你高声议论电影内容，就侵犯了别人专心观赏的权益。在公共空间里，只顾自己享受，而干扰别人，就是没有社会公德。

（4）社会公德是没有强制性的个人自审自觉的言行规范。身处公共场所，我们往往会出现两种反应：一是暗示自己言行举止得当，否则影响不好，会遭人笑话；二是暗示自己放松点，随便点没关系，这么多人，谁管谁呀，所以平时的一些不良言行就不自觉地表现出来。所以公共道德与家庭道德、职业道德的最大不同是失去了监督力。公共场所的言行，全靠自审自觉。可以说，一个人的社会公德水准，是衡量一个人道德修养最真实的标尺。

社会公德的四个基本特征有一个共同的心理基础，即以他人为重。这一共同的心理基础也可叫公德心。一个人有了公德心，才会尊重公共空间的规则与秩序，才会尊重他人的感受，即使是对陌生人也一样。我们以往的青少年工作，在社会公德教育这个环节上是有重大缺失的，不仅不够重视，而且轻视了社会实践，讲得多，做得少。道德是以实践为终极目标的行为科学，没有行动的道德是虚伪的。文明修养正是在社会公德上得以现出真面貌，只有建立在社会公德上的文明，才是货真价实的文明。

我们讲文明修养，就是讲如何处理人与社会、人与人之间的关系，就是讲尊重人、关心人、爱护人的言行规范。修代表认识，养代表实践。而无论是认识还是实践，先要有一个健康的心理基础，不忍、善良、敬畏、社会公德，就是支撑文明修养的基本心理要素，文明修养，应该从心开始。

认识人文素养

近年来，"以人为本""人文理念""生命关怀"等概念，是报刊和群众言谈中出现频率极高的话语，它标志着社会对人的重视，也是人类社会文明进步的时代要求。如今，只要说到什么是好人与坏人，什么是文明人与庸俗人，是怎么也绕不开人文素养这个话语的。可以说，做个紧跟时代的现代人，提高自己的人文素养，是十分现实的要求。

一、人类是怎样认识自己的

只要是游历过古希腊文化旧址的人，那刻写在希腊德尔斐神庙门楣上的铭言——"认识你自己"，应是最令人难以忘怀的。

在人类的文化名著中，一代又一代人不断地问自己：我是谁？我从哪里来？我要到哪里去？这其实是在提示我们，要认真地认识自己。

从人类文明史中，我们不难发现，人类认真负责地对自己进行思考，是从六百多年前开始的。14世纪中期，欧洲发生了一场文艺复兴运动，文艺复兴运动的实质就是一场人性解放运动，就是批判禁欲主义运动。文学、戏曲、音乐等文艺工具，大声呼唤着一个主题：关心人、尊重人、爱护人。对人的态度如何，是评价一切是非善恶的标准。文艺复兴运动对欧洲与世界的影响极为深刻，从此，人类就高高树起了一面大旗：人，才是世界一切活动的中心。人文观念也就随之产生了。而自然科学的发展也推动了人文理念的传播。哥白尼与牛顿从长期的天象观察中思考，提出了划时代的日心说，把宗教坚持了千年的地心说否定了。日心说确立了宇宙秩序的新观念，这个新观念震动了那个时代的知识分子，他们对人类生活中的许多重大问题重新进行理性思考，如牛顿的一个好朋友洛克，他深受哥白尼与牛顿的影响。洛克想，自然界如此井井有条，为什么人类社会却如此混乱，没有秩序呢？人类社会也应该有秩序、有规律。洛克沿着这条思路向自己发问，结果发现了问题所在。他认为，人类社会如此混乱无序，不是没有规律，而是这些规律没有被尊重、没有被遵循。为什么没被尊重呢？因为我们长期被一种错误观念统治着。这个错误观念是什么？是君主专制传统，在这个体制下，所有的平民百姓都是有罪的，人有罪，是罪犯，当然不该有自己的愿望，因此，人的一切积极性都被套上了精神枷锁。那么君主的至高无上的权利是谁给的呢？自然是上帝，叫作君权神授，既然日心说推翻了地心说，世上没有神，地球不是神造出来的，授予君权的神就不存在了，君权自然也就不存在了。洛克从这个逻辑出发，得出了一个惊天动地的结论：人是世界一切活动的中心。洛克的贡献与哥白尼、牛顿一样伟大，哥白尼、牛顿把地心说推倒了，建立了日心说，洛克把君本位推倒了，树立了人本位。洛克认为人是社会的中心，尊重人的利益是治理社会的基础，政府的唯一宗旨是关心人、保护人、尊重人。这个观念就把人的意义、人的价值、人的尊严提到了至高无上的地位。这是发生在 17 世纪的事，是人类认识自己的第一阶段。

到了 18 世纪又出现了一位大学者，他叫亚当·斯密，一位誉满全球的经济学家，是市场经济学界的泰斗，他在研究经济学的过程中有个大发现：一切人类活动都是以利益为中心的，个人利益是每个人的利益，而每个人利益的获得是在他人利益的满足过程中实现的。他认为，政府不要直接插手经济，而要让每个人根据自己的利益去决定生产什么、怎么生产、为谁生产，只有这样才有利于生产资料的合理利用。对这种理论，有人产生疑问：自由生产会不会导致社会秩序混乱？亚当·斯密的发现正伟大在这里，他说："正因为个人利益是每个人的，不是某一个人的，所以每个人只有在满足他人的利益中，才能获得他自己的个人利益。你想取得个人利益，就要先满足他人的利益，也即只有我为人人，才能人人为我。"马克思由此推导出一个哲学定义：人是一种群体动物，只有依靠群体才能生存。把个人利益与人类一切活动联系起来，以个人利益为纽带，把人与人联系起来，以利益的观点认识人类的一切活动，这是人类认识自己的第二阶段。

20 世纪 50 年代末，又出现了一位名叫马斯洛的大学者，他是一位心理学家。他在心理学研究中有个重要发现：每个人的需求呈现由低到高的、多层次的结构。人除了生理需求之外，还有得到安全、爱和归属感、尊重、自我实现的需要。这个发现的意义十分重大，它不仅把人与动物从根本上进行了区别，而且为我们科学地认识人的行为与感情提供了科学方法。试问，为什么人类的进步能一日千里？这是因为人有一个丰富的精神世界。对一个人而言，物质是生存的基础，精神是幸福的源泉。因此，人不只是物质的人，也是精神的人，只有把物质生活与精神生活的需要相结合来认识人，才是科学的、全面的。这就是人类认识自己的第三个阶段。也只有到了这个时候，我们才能说正确认识了人的本性。

随着科技的进步与经济的发展，社会兴起了一种快乐哲学，认为人生的终极目标就是追求快乐。由此引发了关于快乐哲学的一场大讨论，这实质上是人类在新形势下对自己的再认识。大多数学者对快乐哲学持批判态度，他们认为，这是一种荒谬的理论。如果把快乐当作生活的终极目标，那就把人看得太简单了，也太幼稚了。另一种观点认为，物质生活好了，自然对精神生活就有了更高的要求。生活不限于吃好、穿好、住好，还必须有新鲜感、幸福感。以往生存很艰难，刺激往往就包含在求生存的奋斗之中。如今生存危机的压力不重了，工作环境不那么艰苦了，没有太多新鲜感，人变得懒惰了，希望寻求刺激。什么样的活动能产生刺激呢？有的人追求酒色，有的人沉迷吸毒，这显然是不可取的。而更多的人，业余读文学、玩乐器、写字作画、运动、旅游等，这些是高雅健康的，值得大力推崇。所以，我认为，追求快乐无可厚非，但是要树立健康的价值观，纵情享乐与一味追求刺激是要不得的。

人要正确认识自己，认识自己与他人的关系，同时也要正视自己的精神需求。假如人只安于物质享受，不关心自己精神素质的提升，那么我们活着又有什么价值呢？

二、历史告诉了我们什么？

1991年，作家梁晓声访问日本，从文化的视角观察了日本人的生活状况。在一次报告中，他讲了此次访问的所见、所闻、所思，引人深省。"二战"后的日本年青一代的身上留下了三种精神的印记：对"二战"的反思、卧薪尝胆意识、重视人文修养。正是这一代人的奋斗，使战败的日本迅速兴旺起来，奇迹般地成了世界第二的经济强国。可是从20世纪80年代以后，这三种精神似乎消退了。有位作家说，日本那时的社会文化正大面积浸泡在娱乐之中，人们似乎理解了为什么渡边淳一的书如此畅销，因为渡边淳一的小说讲的是日本中年男女婚外情的故事。战后的反思文化，造就了创造世界第二经济体的一代人，而80年代开始的娱乐文化对年青一代的影响，与90年代日本经济衰退有没有关系呢？一个国家、一个民族的兴旺与文化的发展密切相关。是什么原因使一些人的精神开始蜕变？为什么这种蜕变往往在年青一代身上反映得最明显呢？

是否可以说娱乐文化是一切坏事的根源呢？纵观人类文化发展史，这个观点是没有道理的，娱乐产业自欧美兴起，美国为世界创造了最多的娱乐文化产品，他们的文学、艺术、文化媒体很发达，传播了多元价值观。然而，内含在多元价值中的国家与民族精神，是文化的核心——独立、自由、平等、博爱。这个核心与人文启蒙思想是血脉相通的，这些内容已融入美国民众的日常生活之中了。所以美国的小孩从小就懂得撒谎、欺骗、懒惰、依附他人是不光彩的。有一次，我国台湾的作家龙应台应邀访美，一天她走在大街上，只见迎面走来一位卖花的老太太，老人衣着破旧，看上去好像很久没有换洗过，老人的左手扶着拐杖，右手举着一束玫瑰花。风吹乱了她一头白发，仔细打量一下，发现老太太面露喜悦之情。龙应台心中一动情，快步走上前，精心挑选了几枝花，并说："老人家，看来你很高兴啊。"老人笑答："为什么不呢，一切都是这样美好。"满脸细纹汇集起来，像一朵菊花，龙应台感慨道。当时的美国还正处于经济危机中，美国人对自己国家的前途，仍然充满信心，老太太的笑容正是美国人精神状态的表现。

最近一段时间，我那两个读六年级的孙女的表现引起了我心中的丝丝隐忧。十多岁的女孩子，对谢霆锋与王菲的新闻如痴如醉。一位退休的中文系教授对我说，中文系学生除了写爱情诗以外，好像别的文体都不会写了。我不禁自问，中国人怎么了？我是不是杞人忧天了？中国也会重现日本 20 世纪 80 年代的那个文化现象吗？我不敢相信，也不愿相信。然而，我们文化生活中的各种乱象，又使我不得不相信。我家旁边有几家书店和报刊亭，我向老板们询问销售情况，听到的回答竟是惊人的大同小异，如今的生意比前几年差多了，除了盗版的涉黄书刊畅销以外，文学名著读者不多。我想也许是有原因的。如今新媒体迅速发展，人们获取知识、信息的方法更方便了，但读书的人却少了。当前的娱乐生活雅少俗多，让人增了几分担忧。有朋友给我发了一则笑话，说某幼儿园开运动会，三个小班的孩子按顺序走过老师的检阅台，边走边呼口号，小一班放声高呼"小一小一，友谊第一"，小二班高呼"小二小二，比赛第二"，小三班走来了，高呼"小三小三，爸爸喜欢"。实际上还有更俗的，我有个朋友对此早已多有痛诉，他给我发来几句发牢骚的顺口溜，"不唱情歌难出名，没有绯闻无新闻，能当小三显本事，管它像人不像人"，我看后哭笑不得。无独有偶，一天下午我与老伴在某大学内散步，一个大学生模样的男青年从我们身边走过，手机里传出让人听得见却读不懂的歌声"爱你爱你爱你，爱得昏天黑地，恨你恨你恨你，恨得我全身无力，只要你把我放在心里，管它世界在哪里"。

我必须声明，这些低俗的、过度娱乐的文化行为并不是当前我国文化的主流，但必须承认，它们像泡沫一样覆盖在文化之上，影响了我们对当前文化的观感。然而，泡沫就是泡沫，终究难以持久。不可小视的是，泡沫有时折射出的五颜六色，还是十分诱人的。人们不难看见一个事实，文化泡沫迅速蔓延，究其原因，或许正因为我们身处在一个"娱乐至死"的时代。

三、读点文学，开发认知的深度

以人为本、人文关怀、人文素质是当下最热门的话题，核心是认识人和尊重人，再简要一点说，我们应该做个什么样的人。龙应台对台湾的大学生说，提高人文素养，先从多读点文学开始。读文学的最大好处是可以开发自己认知的深度。什么是文学？简言之，文学就是"人学"，就是描写人的生活的科学，也是认识人、研究人、表现人的文字。它帮助我们认识人，它引领我们研究人的情感、思想、性格，它反映人与人、人与社会、人与自然之间互动的关系。客观地说，广义的文学还包含戏剧、音乐、美术在内，与我们认识价值和判断价值有很大的关系。文学对于我们生活的影响可列举出很多条。然而有一条是万不可少的，那就是帮我们看见事物背后隐藏着的东西，让我们的认知能力得到锻炼。我以为，这就是读点文学最大、最实质性的好处。

中学语文课本中选有鲁迅的作品《药》《祝福》，大家都知道，《药》讲的是一户穷人家的孩子得了重病，乡下人迷信，要用沾了死人鲜血的馒头治病的故事；《祝福》中祥林嫂的儿子阿毛被狼叼走了，天天到处呼喊：阿毛，阿毛。假如我们是《药》与《祝福》所提到的那两个村子的人，我们看到的和想到的会是什么呢？然而，鲁迅心中想说什么呢？《药》的背后是人心的愚昧，是麻木的生存状态。再往深处看，是无可奈何掩盖下的悲伤。而《祝福》让我们看到了贫困与粗鲁，更看见粗鲁掩盖下的绝望。

实际上，作家有三类：第一类以作品表露自己的无知，第二类用作品让人看到无知，第三类不仅让人看到无知，更要激发人内心的悲情和善良。文学就是这样帮助读者看见现象背后那些深藏的东西。读过鲁迅的《野草》的人，可通过如"水火"一类的寓言故事，深受鲁迅生命哲学的启示：①生命的伟大力量源自韧性的战斗；②绝望最可怕，它是生命的坟墓；③生命的韧性，要先从麻木中唤醒。

一部作品的优劣，不只是看作者在书中讲了些什么，还要看作家想要讲却没有讲的是什么。20世纪80年代，路遥的《平凡的世界》那么红，那么多青年喜欢它，原因就联想到是它写的是平凡的人，写的是平凡人中的贫困的人。人们读它，一边读一边联想到自己，书中主人公孙少平的一举一动，撞击了那代青年最敏感的神经，人们自问，在贫困苦难面前，为什么有些人自甘沉沦，而有些人却能自发奋起呢？文学就是这样，它能引领人自问，它能引导人思考，它能鼓励人自律。人的认知必定是表面的，靠表面的认知判断价值容易出错，靠错误的价值判断做出行动，能够正确吗？

四、读点历史，拓宽认知宽度

俗话说，不知过去，就无法认识现在。不懂历史，凭什么断定未来？没有比较，不知事物的原点，又凭什么判断事物的价值？有一次，我在小女儿家见到一盆碧绿的草本盆栽，女儿告诉我它叫"沙漠玫瑰"。因是第一次看到，我非常好奇，于是向女儿刨根问底。它是沙漠低凹潮湿处的地皮草，数量比较稀少，因花红如玫瑰而被人冠以"沙漠玫瑰"的美名。女儿的朋友送来时是拿在手上的一株干草，叶如松针，平平常常，没什么动人之处。把它浸泡在水盆中，八天之后它就复活了。如果把盆里的水全倒掉，它就又慢慢干枯，变成如一团纱线一样的干草，即使一两年后再放到水盆中，它也一样会复活。女儿按说明书把这株干草泡到装满水的水盆里，我那当时十一岁的外孙女天天去看，第一天去看只见一株干草浮在水上，第二天去看，见草心开始向外突出了一点，第三天去看，发现突出的草心有了淡淡的绿色，后来绿色一天天增多，到了第八天，叶子全绿了，发出淡淡的腥味，成了一棵生机勃勃的盆景。她们母女俩见了欣喜非常。她们看到的是它由干枯变成碧绿的全过程——过程中的点点线索、变化的起始点、变化过程终了的结果、生命灵动的全局——这一变化复活过程是惊天动地的，它是人世间和自然界轮回万象的展现。

人间万事，天地万物，假如你既不知起点，又不知终点，就无法认知变化的全过程。一种现象，一件事物，一个人，甚至一个家庭、一个国家，都有各自发生发展的历史。不认识其过去，怎么认识现在，不认识现在，怎么认识将来，又怎么能把握它们在一个更大的格局中的位置？你要准确把握任何一个事物的走向，非得查查历史不可，我们常说认识中国就一定要了解中国的国情，怎么了解呢？只说人多、国大、发展不平衡是远远不够的，你还得看看中国的发展史，因为，"五四"前后是不同的，1949 年前后是不同的，没有立足历史是怎么也认不清国情的。比如说，即使全面建成了小康社会，勤俭节约的光荣传统也不能丢。不了解中国历史苦难的人，没有经历过 1959 年开始的"三年困难时期"的人，对此是无法理解的。对于今天的年青一代，对于在校的中小学生，应该让他们多知道一些中华民族经历的苦难，今天健在的祖父一辈，要多给年青一代讲点自己艰苦的往昔生活。我认为，虽然我们不可能了解或重现前辈们所有走过的路，但这些前辈走过的路对后来人是一种精神财富，了解前辈走过的路，至少也是一种追求。当前人们对历史和历史的原点太疏远了。就如"沙漠玫瑰"告诉我们的那样，过去、现在和将来是一个循环，现在将成为历史，将来能从过去和现在中找到几丝痕迹。读点历史，让我们认识的视角变得更宽广一些。

五、读点哲学，提升认识的高度

哲学是什么？我们为什么要读哲学？为了回答这个问题，先说一件我自己生活中的事情。有年冬天，我们与两个读初中的女儿到武汉青少年宫，女儿要我与她们比赛走迷宫，十多分钟后她们顺利走了出去，我在迷宫中转来转去就是走不出，后来大女儿站在迷宫边的高台上指方向，我费了好大力气才终于从迷宫中走了出来。我想，走迷宫的体会有点像黑夜迷了路找天上的北斗星一样。人活在世上几十年，少不了迷惑与彷徨，总希望有人站在高处给予指点。我们人人生活在社会的迷宫中，每前行一步都要思考选择哪条路是正确的，如果为人父母，你有责任给孩子们指路，如果你当了教师，要时时引领学生走上正途，而哲学就是为你指路的学问。事实上，学了哲学的人就可以认识自己在大格局中处于何种方位，认识自己该走哪条路，这条路可走向何处。西方人把哲学称作"爱智慧"，据说这种观念最早来自天国伊甸园亚当与夏娃偷吃智慧果的故事；而在我们中国，哲学的概念源于百家争鸣的春秋时期。如果说文学引领我们看见不容易看见的东西，史学让我们认识万物发生、发展的全过程，认识事物的原点与终点，那么，哲学则是让我们在迷茫中，找到北斗星，找到走出迷宫的路。

六、人文素养，贵在知行一体

讲到这里，有个问题不可不回答：读了文、史、哲方面的书，有了丰富的文、史、哲知识，是不是就有了人文素养呢？当然不是。著名的钢琴家弹着名曲送犹太人进毒气室，著名大学的学生半夜用铁锤打死室友，硕士研究生持刀杀死女友，博士研究生在饮料中投毒杀死同室另一博士……这是为什么呢？这些罪犯有人文知识，但是没有人文素养，知识是外在的东西，是材料，是工具，是人心外之物。知与行是习惯性分裂的。只有当知识指引思想与行动指针，才可称为人文素养。只有把人文知识转化为人文关怀的情与意，并见之于行动，这才可称作人文素养。

人的生存处境千差万别，可以确定地说，没有两个人的处境是完全相同的。千差万别的处境，无非可归纳为两大类：一类是顺境，一类是逆境。读了文、史、哲方面的书，就要将知识应用在顺境与逆境中，如果能让知识的阳光普照自己的灵魂，你就能在顺境中清醒自主，奋发向上；就能在逆境中冷静等待，充实自己。

成功之花为谁开

人生活在世界上，无不有一种强烈的心理欲望，即渴望被人重视，渴望受到尊重，渴望得到赞扬，渴望成为一个生活得很体面的人。无论一个人的身份、地位、职业、种族、国籍是什么，都有追求成功的需求，这是人性使然。然而，取得成功不是没有条件的，成功不是路边的小石头，也不是山坡上的一朵小花，伸手就能得到。研究人才成长规律的学者有个共识，凡是有所成就的人都是既能干又会干的人。能干者聪明，会干者智慧。可见，聪明智慧与成功息息相关，它是我们开启成功大门的一把金钥匙。

聪明智慧是何物？我们在日常生活中经常和它打交道。聪明智慧有个国际通用的名字，即智商。一般认为，90 分为正常智力的最低值，低于 90 分者为低智或弱智，而 90 到 110 分之间为正常智商，绝大多数人属于这个范围，而高于 110 分的为高智商。有人对世界上的历史名人做过调查，结果令人震惊，牛顿的智商高达 190 分，达·芬奇是 180 分，爱因斯坦是 160 分，林肯是150 分。当然，名人和科学家，从事的工作是伟大的事业，他们的成功与高智商有因果关系并不奇怪。而普普通通的平凡人，也能靠自己的智商取得成功吗？回答应该是肯定的，聪明智慧是事业成功的不可或缺的条件。

一、开动大脑，运用已有知识

人的智力水平的高低与先天遗传因素有关，就是说，智商的高低，受到祖辈与父辈智力基因的强力影响，这是容易理解的。比如一个七八岁的孩子，没有受过多少教育，但是他的记忆力、想象力却表现得十分突出。我少年时听长辈们讲过一个故事，有个十岁的农村男孩想要与一彪壮大汉比力气，男孩对大汉说，你拿一根稻草，我拿一捆稻草，看谁的力气大，把稻草抛得远。大汉点点头说，一根稻草小意思，我肯定能胜过你。男孩抓一把稻草扎成球状首先抛出去，大汉手抓一根稻草抛出去，比赛结果毫无疑问，小男孩胜利了，这就是智力开出的成功之花，也叫以智取胜。

其实，绝大多数人的智力水平是差不多的，这个人取得了成功，那个人遭受到失败，这个学生的成绩优秀，那个学生的成绩很差，这些不同的结果，不是智力差别造成的，而是智力是否得到了充分运用。特别是青少年朋友，没必要把工作、学习的成败归结为自己的智力原因，这是一种推卸责任的懒汉哲学。我们应该开动大脑，以智取胜。古今有太多以智取胜的佳话，三十六计中计计都是智慧的结果，历史上的"围魏救赵""欲擒故纵""空城计"，《水浒传》里的"智取生辰纲"，尤其是《三国演义》中的种种谋略，处处彰显了以智取胜的辉煌。比如"火烧赤壁"的故事，当时曹操拥兵数十万，而对手周瑜只有几万人马，两者实力悬殊。自己兵力不强怎么办？周瑜手下的人才不够就借来诸葛亮，武器不够就草船借箭，军力不够就借来东风。为了迷惑曹操又用了离间计、苦肉计，最终一手连环计使得曹兵大败，狼狈而逃。这就是最经典的以智取胜的例子。可见，智慧也好，聪明也罢，都是从知识中来，诸葛亮通晓气象学，才能推测出东风何时到来，才能气定神闲地等待大功告成。开动大脑，充分调动智慧，我们才能脱颖而出，取得成功。

二、智慧是一种能力

一个人是否有智慧，一个人的智商是高是低，不只是听其言，而主要是观其行。第二次世界大战期间，德国法西斯奥斯维辛集中营里，有个犹太人对他的儿子说，这里几十万犹太人被杀害了，而我们活下来了，虽然我们一无所有，但保留了一笔财富。儿子问财富在什么地方，犹太人轻轻地拍了一下儿子的头说，在头脑里，它的名字叫智慧。然后他郑重地对儿子说，现在到了运用我们唯一的财富的时候了，你要记住，当别人说 $1 + 1 = 2$ 的时候，你应该想到 $1 + 1 > 2$。1946 年，父子俩来到了美国，在休斯敦做铜器生意。父亲问儿子一磅铜的价格是多少，儿子说是 36 美分，父亲说："是的，36 美分，但是你是犹太人的儿子，应该说是 3.6 美元。你试试看，把铜块做成铜的门把手，价格也许不一样。"不久，父亲病故了，儿子开了一家铜器店，做过铜鼓，做过手表上的铜片，把一磅铜卖到 3 500 美元。这个时候，他已是麦克尔公司的董事长了。1974 年，美国自由女神像进行了一次大维修，四周堆满了废料，当局发布公告，要拍卖这批废料。正在法国旅行的麦克尔公司的董事长听到这一消息，立即回到美国，买下了全部废料。社会上不少人笑他，说他不聪明，因为政府有苛刻的环保法，搞不好是会受到起诉的。然而，这位犹太人的儿子深知，垃圾是放错了位置的财富。他把废料中的铜碎块，铸成小小的自由女神像，用小木块与水泥、沙做成小自由女神像的底座，把废铝、废铁等铸成有纪念意义的钥匙，把剩下的灰渣包装成袋，卖给花店做肥料，他把一堆废料变成了 350 万美元，这就是智慧。

人们常常感叹，现在是市场经济，钱太难赚了。事实上，当有的人在叹息时，有的人正在点钞票，忙得喘不过气来。这里的差别就是商业智慧。我曾问过一位乡镇企业的厂长：有近两百名工人的工厂肯定很忙，你每天忙些什么呢？他说他忙"例外"的事。我请他讲具体一点，他说，把生产经营管理中的制度、规则、操作规范制定成条例，然后传达给各部门科室岗位责任人，放手让他们发挥各自的积极性按条例规定办事，他只定期检查落实即可。因此，他的主要精力是抓"例外"，观察分析条例内容以外的新情况和新问题，并经过调查研究，重新制定或修改条例，再传达给相关责任人执行。这就是领导智慧，后来他成了武汉市乡镇企业的一面旗帜。乍一看，这位厂长太傻了，大权旁落。其实不然，这是一种大智大慧，把权力授给相关责任人，发挥大家的积极性，工作一定出色，事业一定成功。这种思维逻辑是广泛适用的，即使你是几个人的小老板，这种领导智慧也同样见效。

我曾读过一个小故事，说某地有个小孩子，人们都说他很笨，笨到什么程度呢？一个人手拿两枚硬币，一枚面值一元，一枚面值五角，对小孩说，你从两枚硬币中可任选一枚拿走，一群人看着小孩怎么拿。小孩想了一下，拿了五角的硬币，人群一阵哄笑，接着十多个人个个手拿两枚硬币来测试他！小孩每次从测试者手中只拿走那枚五角的，人们都说小孩很笨，一位智者见了，又测试一次，小孩照例只取五角，不取一元。智者笑笑，用手拍了拍小孩的头，夸赞小孩聪明，然后面带微笑离开了，参加测试的一群人却十分疑惑。智者说小孩真聪明，测试者说小孩真笨，那么，小孩究竟是真聪明还是真笨呢？其实小孩是笨中藏智，每次拿五角不拿一元，装笨，一个人一个人地试，他就可以拿走很多五角的硬币。小孩的故事告诉我们，小智慧有大用处。

某个小山村里，两个年轻人在开山取石，一个年轻人将大石块打成碎石子，卖给建筑公司，而另一个年轻人见开下的石块大小、形状、颜色、花纹各异，他便把石头运到城郊，卖给花鸟店的老板，价格就高了很多。三年之后，这位向花鸟店卖石头的年轻人第一个在山村盖了大瓦房，是智慧让他先富足起来。后来，为了保护生态环境，不准开山，只准种树了。家家户户种果树，大批水果运往北京、上海，这个向花鸟店卖石头的青年，与众不同地种了大片柳树，人们笑他蠢，柳树值什么钱？他笑着说，他需要绿化家乡。其实，他心中早有妙计，大家卖水果，我就卖装水果的筐子。他把细软的柳枝条砍下来，编成各式各样的水果筐卖，年年供不应求。五年之后，他是山村里第一个到城里买房子的人。这个故事传遍了十里八乡，后来被日本商人山田知道了，他决定找到这个年轻人。山田先生找到这个年轻人时，看见他在一家服装店门口与人吵架，许多人在看热闹。只听见他对那服装店老板说："你真可恶，我的服装卖八百一件，你的服装就卖七百五，我标价七百五，你就标价七百，我只卖出几件，你却卖出五十件，太可恶了……"山田先生听了很生气，觉得这个人素质太低了，太令人失望了。后来山田先生发现自己只看到了表面现象，因为那两家服装店都是这位年轻人开的，吵架只不过是他的销售策略而已。后来山田以高薪聘请他到日本企业工作。

以上几个故事告诉我们，智慧是什么，它是一种能力，包括获取知识的能力，认识问题的能力，是四两拨千斤的解决问题的能力，更是一种打开新局面的能力。人人均可使自己的头脑充满智慧，成为一个聪明能干的人。

三、培养智慧方法多

智商靠父母遗传，智慧靠后天培育。想拥有智慧首先要从读书学习开始。聪明始于学习，知识开创未来。多读书，破万卷。破万卷若是不行，无论怎么忙，一个月读一本书总可以做到吧。一年读不了十本书，打个对折，五本完全是可能的。坚持三五年，读十几二十本书，头脑里的知识就丰富了，会不断产生新思想。一方面要读与自己的工作、职业有关的书，另一方面要多读点中外文学名著，这是有百利而无一害的事。

我自己有个体会，无论多忙，无论兴趣在何处，读点哲学最好。什么是哲学？哲学是认识万事万物的方法，有位思想大师讲过，在人类知识宝库中，有关方法的知识是最重要的知识。哲学对人生的意义，怎么强调都不会过分。哲学并不神通，但生活之中处处有哲学，想学点哲学的人，可以先读毛泽东的《矛盾论》《实践论》。其实，许多文学名著也包含着哲学，《三国演义》是治国平天下的哲学，《红楼梦》蕴含着修身齐家的哲学，凤姐执掌大观园的人财大权，老少男女都听她、信她、怕她，她的言谈举止、做人处事很有章法，处处闪烁着智慧的光芒，凤姐的过人之处就是智慧，智慧之法就是哲学。为什么不少智者读了一辈子的《三国演义》和《红楼梦》，也许就是被书中丰富的哲学吸引了。

欧洲是一个哲学的家园，从古希腊时期开始，欧洲人的生活就没有离开过哲学，不学点哲学的人就不会被人另眼相看。据说贵族家里请佣人，一定要问佣人学过哲学没有，如果没学过哲学，往往会将其拒之门外。如此要求是有道理的，学点哲学的直接好处，在于催化一个人已有的知识，使之升华为一种智慧，知识就转化为能力。必须强调一点，知识本身不是智慧，有知识的人不一定有智慧。知识是产生智慧的一个条件，因此一定要努力学习，不仅学习更多的知识，更要学习运用已学的知识，培养驾驭知识的能力。

读书是学习，实践也是学习，而且是更重要的学习。为什么？道理很简单，第一，天下所有的书加在一起，也没有把所有的实践包含进去，书是有限的，而实践是无限的；第二，书是实践的总结，先有实践而后有总结，所以人们说，读万卷书，不如行万里路。中国的古人往往在读了一些书之后，就四处游历，遍访名山大川。只有实践才能出真知，只读书而不实践者，读书越多人越愚蠢。相反，读书不多的人，只要善于在实践中学习，就有可能成为一个聪明能干的人。

武汉市龙泉乡第三生产队的何队长，给我的印象很深刻。他小时候只读完初中一年级就因家贫失学了。然而，文化程度不高的他当了半年的生产队会计、三年的大队民兵连长，后来又当了生产队长，因为他头脑灵活，讲话有水平，群众信任，所以连续当了三任队长。我曾经目睹了何队长处理一次纠纷。那次纠纷中的何、王两家是左右邻居，中间共用一条一公尺多的巷道，何家大儿子要结婚，在共用巷道扩建厨房，从而引起了王家的不快，而两家都有20多岁的儿子，似乎都有底气，双方的亲戚火上加油，一时剑拔弩张，大有宗族武斗之势。何队长通知，全队停止出工，在大稻场开大会。何队长要何、王两家的当家发言，提出两条要求：一是就事说事，不讲无关的事；二是只讲自己怎么想，不讲无关的人怎么样。当双方讲完后，何队长向参会者提了三个问题：一是上辈人的恩恩怨怨我们要不要继承下去？二是各家各户之间的巷道要不要全部封起来？三是今后出现相互有异议的事要不要生产队来管？待大家各抒己见后，何队长说了三条意见：一是今后发生了什么矛盾，前辈人留下的恩怨要把它埋到土里，绝不在后辈心里传播，今后谁挑起这个问题，一向全队作检讨，二要扣一百工分；二是无论哪两家房屋间的巷道，三公尺以内的，一律收回生产队所有，作为公用通道，任何人无权随意占用；三是请大家选出自己最信得过的三个人，组成生产队的调解小组，专门处理生产生活中的各种矛盾。讲完后，一百多人的会场鸦雀无声。何队长的近乎武断的意见，受到绝大多数人的支持。会后我问何队长三条意见是怎么想出来的，他回答得十分简单："我了解他们。"

是的，何队长如此卓越有成效的能力，说白了，源于了解，了解实际情况，这是实践出真知，实践出智慧的经典实例。反之，看看关于狼孩的故事，因为他们生活在狼群里，远离了人类的社会实践，因此，智力水平与狼差不多。即使是天资很高的孩子，忽视社会实践也会影响智力水平。即使孩童时期看来并不聪慧，如果后天的教育培养与社会实践得当，也会绽开智慧的花朵。科学大师爱因斯坦四岁才开口说话，七岁才会认字，老师对他的评语是"反应迟钝，不合群"，甚至一度被学校劝退。所以说，开发智力，除了多读书之外，还要多实践，学会运用知识，动手解决问题，实践好比是肥沃的土壤，离开土壤，再优良的种子也难以生根开花。

　　此外，鼓励也是一种促进智力发育的方法，它能激发沉睡的潜能，它能打开智慧的大门，它能培育智慧的花朵。我当了三十多年的老师，有个问题至今没有想明白，许多父母对孩子很大方，在物质上对孩子有求必应，但是经常批评、指责孩子，极少鼓励他们。有位郑老师很会激励学生，是位优秀的灵魂工程师。她是一位小学老师，教了多年的语文，善于以提问的方法培养学生思考的习惯。有个叫小明的学生性格内向，不爱说话，郑老师发现每次提问时小明都会举手，每当点他回答问题时又不会回答，郑老师没有直接批评他，下课后把小明叫到办公室，问他为什么不会回答也要举手。小明说，见到很多同学举手，如果自己不举手，同学会笑他笨，那就太没面子了。郑老师认为小明是个自尊心强、积极上进的孩子，于是就与小明约定，老师提出的问题，不会回答就举左手，如果会回答就举右手，见到他举右手就点他回答。有节课小明举了右手，郑老师心中一喜，当小明的回答基本正确时，老师就及时地肯定表扬。经过一段时间，小明举右手的次数多了，举左手的次数少了，小学毕业时，小明以优秀的成绩升入了自己理想的中学。可见，激励增长信心，信心激发热情，热情诱发智慧，激励是培育智慧的有效方法。

　　社会生活是复杂的，人自身更是复杂的。因为世界上的一切事物，都是多元的，成功和失败的原因也是多元的，一种原因也许会产生多种结果，一种结果也许是由多种原因造成的。生活中我们不难发现，许多人的成功是聪明所致，然而又有不少聪明的人事业平平，这是为什么呢？这也许提示我们，一个人的成功，除了智慧以外，肯定还有其他因素，到底是什么呢？

四、智商诚可贵，情商价更高

　　近百年来，教育学与心理学十分重视人类智力发展问题的研究，因此智商高低是人们普遍关注的话题。然而到了20世纪90年代，出现了一个新词——情商，它比智商更吸引人们的眼球。有一位资深记者在他大学毕业多年后，邀请当年的同班学友聚会，几十位学友多年未见，已过而立之年的人，交谈的话题自然围绕着事业与家庭。记者的职业敏感提醒他，一种不寻常的信息引人思考，为什么当年学习成绩优秀的同学，在事业上取得成功者，远没有当年学习成绩一般的多。他花费了很大力气，对当年同期毕业的多个班级进行追踪调查，结果让他惊奇——当年学习优秀者中约有四分之一的人取得事业成功，而当年学习成绩平平者中竟有超半数的人取得事业成功。这位记者将他的发现和思考写成了一篇报告新闻，文章见报后，一石激起千重浪，一批有责任感的专家与思考者对这个问题投入了巨大的研究热情。

　　1960 年，一位著名的心理学家做了一个"软糖实验"，在美国斯坦福大学的一所幼儿园内，随意挑选了几十个四岁的孩子，这些孩子的父母多是大学的教职人员，因此这几十个孩子的智商是不差的。实验要求孩子们坐在一间陈设简单的大厅里，在每个孩子面前的桌子上放一颗软糖，然后对孩子们说，老师要出去一会儿，你们面前的软糖不要吃，谁吃了软糖，老师回来就不给他另一颗软糖，而给没吃软糖的小朋友每人加一颗软糖。然后老师走出去，与测试者一起观察孩子们的行为。这是孩子们爱吃的软糖，很有诱惑力。有的孩子迫不及待地把软糖吃了；有的孩子伸手去拿，又把手收回来；有的孩子把手指头放到嘴里；有的孩子闭上眼睛不看软糖；有的孩子双手抱头睡觉。老师进来后给坐着没吃的孩子再奖励了一颗软糖。心理学家详细记录了每个孩子的表现，并追踪观察他们在小学、中学的表现，然后发现，那些坚持不吃软糖的孩子，大多学习成绩优秀；而那些吃了软糖的孩子，在小学与初中阶段，大多学习成绩平平。这个实验告诉我们，坚持、毅力、忍耐的品质，对成功有重大影响。我们以往对智力的影响作用的评价过高，应该还有智力以外的因素影响我们，比如情商，实验中的那些有毅力的孩子的情商明显高于其他孩子，所以长大后易取得事业上的成功。

　　1995 年，美国哈佛大学教授丹尼尔写了《情绪智力》一书，书中着重讨论了关于情绪的许多问题，并提出了"情商"一词。自此开始，人们开始讨论情商这个话题。越来越多的人发现，情绪与情感的状态，与事业成败有因果关系，智商再高，如果情绪智力不高，很难取得成功。越来越多的人认为，情绪智力对成败的影响力远远大于智商。丹尼尔认为，成败的决定因素是情绪智力，而不是智商。这就是说，智商实可贵，情商价更高。于是丹尼尔第一次提出了"情商"这一概念。什么是情商呢？1990 年，美国有两位心理学家发表文章，在文章中把人的情感与情绪的优劣状态取名为"情感智商"，后来丹尼尔在他的著作中就用"情商"这个词。什么是情？长期以来，人们习惯把情作为男女恋情的专利，这显然是一种极大的误解。事实上，情商的情不是男欢女爱的情，而是指情绪智力的等级，即一个人调整、控制、优化自己情绪的能力，即驾驭情绪对外影响的能力。有家公司对 188 个企业的近 2 000 名高层主管进行了调查，最终得出了一个惊人的结论，情商对成败的影响力，比智商大 9 倍。由此可推出另一个结论，智商一般而情商较高的人，在未来社会中较易取得成功。因为现代社会发展很快，沉重的工作重担、复杂的人际关系，加上日益激烈的生存竞争，只有情商高的人才可以适应，所以情商高的人易取得成功是很有道理的。

五、培养情商管控情绪

只要提到情商这个话题，情绪这个东西是怎么也绕不开的，究其原因，这是情绪的特点决定的。它既有隐蔽性，又有爆发性，没有一点修身养性的真功夫，是很难驾驭自己的情绪的。哈佛大学教授丹尼尔在帮助人们培养提高调控情绪的能力方面提出了相关建议。

第一，要培养认识自己情绪的能力。你有没有情绪？你的情绪是什么性质的？是好的还是不好的？你的情绪在什么事情上最容易引爆？你找到了调整自我情绪的方法没有？认识自己情绪的这些问题就是情绪觉知。能觉知自己的情绪是极有益的，能觉知者，就会努力调整自己的情绪，推动行为向正确的方向发展；如果不能觉知自己的情绪，人就变成了情绪的奴隶，行为自然失控。秦末项羽、刘邦相约，谁先打败秦兵，谁就可封地称王。刘邦先入咸阳，秦二世跪地求降，好酒色的刘邦拥有了后宫大量的珠宝和美女，喜而乐之。谋臣深知刘邦品性，诚心入宫进谏，一看刘邦正在寻欢作乐，十分生气，转身拂袖离去。刘邦见其如此无礼，便大声斥问："我是谁?"谋臣直言："你是夏桀、商纣一样的昏君。"刘邦听后一惊，转而大笑："说得好，说得好!"笑着送走谋臣，然后听取下属建议，退出咸阳，直到最后战胜了项羽，建立了大汉王朝。项羽率四十万大军入关进咸阳，决定带秦宫的大批珠宝与美女衣锦还乡。谋士向项羽进言，劝他一鼓作气打败刘邦，一贯骄横的项羽哪里听得进去，怒斥谋士退下，谋士骂项羽"沐猴而冠"，项羽大怒，命人把谋士抓起来扔进油锅。结局如何呢？当然是我们知道的霸王别姬、自刎乌江了。其实刘邦、项羽有个共同的毛病——自高自大，不同的是，刘邦能够调控自己的情绪，听取谏言；而项羽不能控制自己的情绪，以致兵败乌江。可见掌控情绪何其难，又何其重要。在日常生活中，许多情绪的产生是无法预料的，会来得很突然，在来不及调整的情况下，可能伤人伤己。

第二，要培养自我管理情绪的能力。人的情绪如同江河奔流之水，如若疏忽管理，就可能泛滥成灾，祸害无穷，如果科学管理，就将受益终生。管理之法无非两条：一是修筑堤坝，防止其横冲直撞；二是疏通河道，引导畅流入海。对破坏性的不良情绪，如报复情绪、嫉妒情绪、绝望情绪等，要在心中拉上一条警示线，学会转移、释放不良情绪，不论有多少理由，绝不可放纵自己的消极情绪，成为情绪的奴隶。具体来说，一要有意识地管理自己的情绪。首先，你对自己的情绪要有清醒的认识，知道自己有什么不良的情绪，是容易骄傲还是容易自卑，是易于发怒还是爱生闷气；还要知道自己在什么情况下容易生气，有哪些情绪燃点。有了正确的认识和评价分析就好办多了。

其次，针对不同类型的情绪进行有目的的训练，以提高掌控情绪的能力。例如，当情绪处于紧张状态时，可通过与身边的人交谈来分散注意力，达到舒缓紧张情绪的目的。二要学会自我宣泄，自觉压力太大时，可选择恰当方式进行情绪宣泄，如在无人处大声吼叫，宣泄心中的消极情绪。一个情商高的人，一定是一个善于掌控自我情绪的人。

六、关于高情商的小故事

无论是外国人还是中国人，只要与周恩来总理有过接触和交往的，无不为他的人格魅力所折服。新中国成立初期，一位外国记者不怀好意地问他："你们中国很穷，又没有多少钱，怎么搞社会主义？"总理说："我们中国现在是很穷的，是一穷二白的，全中国有多少钱？一共 18 块 8 角 8 分。"此话一出，众人皆惊。什么意思呢？当时中国还没有发行 50 元与 100 元的钞票，只发行了 10 元、5 元、2 元、1 元、5 角、2 角、1 角、5 分、2 分、1 分的钞票，加起来是 18 元 8 角 8 分。总理没等对方想明白，话锋一转："中国为什么这么穷，你们帝国主义列强侵略我们、剥削我们，国民党留给我们一个烂摊子，使我们一穷二白，但是，今天中国人民站起来了，一定可以建成社会主义的。"总理不卑不亢的回答，就是高情商的范本。还有一个与总理有关的小故事。总理与尼克松登八达岭时，尼克松话中有话地说："阁下，我此次到中国来有个发现，为什么中国人走路多是低头弯腰的，而我们美国人走路都是昂首挺胸的？"总理听了笑着说："中国人走路的样子有点像阁下和我现在走路的样子，因为我们正在走上坡路。"两人从八达岭下来时，总理问尼克松："总统先生，你看我们现在走路的样子像不像美国人走路？"尼克松不在意地回答说："OK，OK。"总理说："你们美国人走的是下坡路。"说完两人大笑起来。两个小例子中，总理既得体地回答了对方的问题，又维护了国家的尊严，可称情商与智商的完美结合的历史典范。伟人的风采，给人无穷的鼓励和精神的启示。

英国首相丘吉尔也情智过人。据说在白金汉宫的一次宴会上，侍从看到一位他国使节把一把金制餐具偷放在西裤口袋里，就立即将此事告诉了丘吉尔。丘吉尔不慌不忙地拿一把餐具刀放入裤袋，走到那位偷刀使节身边，轻轻碰了一下使节说，请你随我来一下，有件事想请教你。两人来到大厅一角，丘吉尔对该使节说："我俩拿餐具的事有人看见，你看我们想什么办法还回去。"一边说，一边从自己裤袋里拿出餐具刀，那使节听了，也把裤袋的餐具拿出来，顺手放到丘吉尔手上，说了一句话："请阁下代劳送回去吧。"说完后，两人并肩回到自己的座位。这就是情商与智商相结合的又一范本。不失礼，不失客人的面子，又处理了问题，有情有礼，这就是高情商。事实证明，只有高智商或高情商的人，不一定能成功，而能够把情商与智商相结合的人，就一定能够成功。无论做什么工作，只有你重视情商、智商相结合，才能获得成功。这样说是有充分的道理的。智商与情商并不是一对矛盾体，聪明的人让智商、情商为自己服务。两者之间没有此长彼短的冲突，而是同根而生，同体而长，彼此支撑，相得益彰。

学习生存的智慧

从学生领到高中毕业证走出校门开始，他们便迎来了人生中的两个重大使命：第一，他们从一个青年学生变成了一个担负法律责任的人。国家法律规定，年满 18 周岁的公民，对自己的行为后果要承担完全责任。第二，从一个靠父母生活的未成年人，变成了自食其力的独立人。在这里，我以一个过来人的身份谈谈生存的智慧，希望能给大家以有益的启发。

一、摆正态度

人活在世上，认识和解决任何问题，首先要有个正确的态度。我们来到这个世界上，什么问题最大？当然是生存。要生存下去，需要什么基本条件呢？两个字——态度。态度决定一切。

马克思说过，人是天然的社会动物，离开了社会环境，人是无法生存的。人类与社会环境的关系，大体是三种状况：一是改变环境，使环境适应自我；二是改变自我，适应环境；三是环境与自我相互改变，互相适应。可是，环境是一个复杂的大系统，任何改变都是有条件的，而且大多数有条件的改变单凭个人能力是做不到的。而改变自我是一种主观努力，是个人能力能够办到的，但是需要有正确的态度。如果没有正确的态度，就会在复杂变化的社会环境中随波逐流。

二、加强自我修养

什么是修？修，养也。修就是修正、修理、修剪。如同种树养花，把歪的扶正，把乱的理顺，把无用的、有病的剪掉。养，就是浇水、施肥、管理，促其健康成长。对人而言，就是努力学习，勇于行动，改正缺点和错误。

自我修养的方法有很多，每个人都不相同。以下自我修养的方法是从古今中外名人伟人的事例中总结出来的，值得我们借鉴。

方法一，心中要装有自己学习的道德楷模。名人伟人心中有名人伟人，英雄心中也有英雄。周恩来终身以诸葛亮为榜样，邓小平处处以周恩来为楷模。雷锋学习张思德，道德模范学习雷锋。心中有榜样，行动有方向。

方法二，培养自己教育自己的能力。世界上最聪明的人是有自知之明的人。自我鼓励与自我批评才是自我修养的最好方法。学会鼓励自己，今天应比昨天好，不在同一个地方摔两次跤。在缺点与错误面前决不可自我原谅，更不可自欺欺人。

方法三，努力学习新知识。如不努力学习新知识，不应用新知识，就会成为现代文盲。书是人类最好的朋友，书店是新知识的展销会馆，应该要求自己有目的地逛书店。床前与桌上放几本书，业余时间多读书，养成读书、思考、写笔记三者结合的好习惯。古人所说的"读书破万卷，下笔如有神"是真知灼见，坚持下去，必将受益无穷。

方法四，要努力学有所专，技有所长。信息时代的人，既要有综合素质，知识面要宽，又要有所专。学而不专，技无所长，只会落后于时代。

方法五，要努力磨炼心理承受能力。现代社会是个竞争社会，有竞争就会有优胜劣汰，因此，挫折、失败、压力、逆境更是屡见不鲜，学会面对，学会接受，学会调控是一门必做的功课，假如没有这个能力，那只会被淘汰。

方法六，要有爱心。为社会、为他人做好事，可以不断地优化自己的品格，又能不断地增长自己的好名声，让自己广交朋友。这些条件将成为自己生存的助力。

方法七，重视家庭生活。绝不可小视这一条，家庭成员间的情感与利益关系是人生最紧密的关系，个人的言行与情感表现，也许不经意中会伤及家人，而自己又往往不重视，长此以往，必将切断与家庭成员间的情感纽带，失去来自家庭成员的支持。忽视家庭生活的人，情感与生活绝不会是完整的，人格也往往易于扭曲。重视家庭生活绝不是件小事。

自我修养的最终目的，是培养健全的人格。健全的人格有着许多显著的特征。人格健全的人，有不断扩大生活空间的能力，人际交往面大，朋友多；有善交朋友的能力，与性格不同的人都有来有往，对人没有排斥性；有很强的调控自己情绪的能力，急而不躁，气而不暴；有善解人意的能力，待人处事能转变自己的角色，能站到他人的位置想问题；有自知之明的能力，一事当前，知道自己的定位；有自我充电的能力，知道自己实力之桶的短板是什么，并努力改进。

三、抵制不良社会风气

在相当长的一段时间内，社会上有下列几种不良风气值得年轻朋友注意：

（1）物欲化风气。我们曾经历过重精神、轻物质的年代，忽视人的合理合法的物质利益，把人变为不食人间烟火的似神似仙的"精神人"。如今似乎来了个180度的转弯，变得轻精神、重物质了，人们重利轻义，变成了物质的奴隶。不少人变得贪得无厌，贪钱、贪权、贪色，能贪、会贪成了时尚，不视贪赃枉法为耻。什么道德、法规、纪律完全不要了，个别人成了亡命之徒。因此，为国、为公、理想信仰、锄强扶弱变得可笑了。物欲化风气严重侵害了人的精神生活，我们要学会抵制。

（2）躁动化风气。社会生活中，相当一部分人患上了情绪躁动症，浮躁、狂躁、躁动，心绪安静不下来，不知什么原因，看不惯旁边的人或事，心中总有一股火，伺机爆发。此种躁动心情是被过分的欲望激活的。一切为了金钱，不怕违纪犯法之险，一有风吹草动就会盲动，稍有名利诱惑就会盲从。他们不信勤奋诚信，只迷信投机取巧，一旦失算，绝不自我反省，只会骂爹怨娘，责怪他人，抱怨社会。

（3）无责任化风气。责任是一个人对社会、家庭、工作与生活承担的不可推卸的义务。责任心是一个人的道德品性，也是一种道德行为。当前社会上有一种无责任化风气，人们似乎觉得一切都无意义、无所谓。国家兴亡、家庭喜忧、事业成败，一切都不关他的事。说话漫不经心，走路有气无力，工作丢三落四，一切都是混着过，似乎是看穿了天下事，是个未老先衰的人。此种人心灰意懒，以玩世不恭的态度活着；活着只有一个目标，等待生命的最后一天。心是凉的，内心充满无能感，失去了最后一点上进的勇气。

（4）虚假化风气。虚假就是不真实。当虚假成了一种风潮就可怕了，它不仅败坏人们的心灵，而且腐蚀了社会风尚，如今假话、假名、假夫妻、假证件、假货、假名片都招摇过市了。这种假不是外力压出来的，而是千方百计自觉创造出来的，成了一种难以预防的风气，让人有一种被愚弄、被欺骗的感觉。

上述不良的社会风气，像风一样迎面袭来，像空气一样包围着你，赶不走，躲不开，想不受影响是不可能的。但是，我们要自觉抵制不良社会风气的影响，树立正确的人生价值观。

四、认识人性的弱点

古人所说的"人之初，性本善"，讲的是人性有善良的优点。然而，善与恶绝不是人性的全部。人性是什么？问题很大，也很复杂，讨论了几千年，至今也没有一个公认的结论。当前，人类对自身的特点或弱点的认识，取得了不少共识。在自我修养实践中，认清人性的弱点很有意义。

人有哪些弱点呢？经常影响我们言行与情绪的主要弱点有三：一是偏爱听好话。表扬的话、称赞的话、夸奖的话，所有人都喜欢听，有时甚至不分是真心还是假意。许多心怀不轨的小人，往往用这个弱点来损人、害人。因此，听好话，要心中有数。好话不一定是出于好心。偏爱表扬，往往助长虚荣心，不利于进步。正确的态度应该是：听其言，猜其心，善意的好话要听，心怀恶意的好话，要听而观察，心中有数，小心上当。二是抗拒批评。人性有自我保护的本能，有时一听到批评，心里立即产生抵抗情绪，马上紧张起来，思考反击的理由和方法。所以，要有意识地培养接受批评的能力，最好的方法是先培养自己批评自己的习惯，自我批评，心中不会有抵抗情绪，自我批评多了，对别人批评的抵抗情绪会弱化。另外，听到他人的批评时，要有意暗示自己：听完再说，切勿当面反击，想一想再说。三是以自我为中心。人最怕别人看轻自己，因此，说话、办事、讨论问题时，往往过分强调自己的主张，维护自己的尊严，不轻易改变自己的观点，更不轻易放弃自己错误的主张。认识了人性的弱点，就要积极地去克服它们。

　　摆正态度，加强自我修养，抵制不良社会风气，同时，认识人性的弱点，并克服它。学习这些从生活实践中总结出来的生存智慧，或许会让你有意想不到的收获。

情不可俗

——成长思索之一

一位青年英雄曾这样说过："吃饭是为了活着，但是活着绝不是为了吃饭，否则，人怎么与动物区分？"英雄的体会导出了一个重要的话题——人怎样生活才有意义？前面我们已经讨论过了，人生活在世上，衣、食、住、行是生存的基本问题，舍此就不可能维持生命的存在与发展，解决衣、食、住、行无疑是首要的和基本的。但人区别于动物的特征是人有社会性、有意识、有情感。

什么是情？心理学上认为，情即人的感情，人的感情是在外界的人和事的强烈刺激后产生的情绪体验。因此，感情是一种心理活动，是后天形成的，它既是人参加实践的结果，又对以后的实践产生强有力的支配作用。现实生活经验使人认识到一个重要的道理，即感情是一种不受控制的神奇力量。高尚的、符合时代精神的感情，可以促使普通人成为名人和伟人，庸俗的、反人性的感情也可以使人堕落而变成罪犯或小人。你想生活得更好吗？你想在生存竞争中取得优胜吗？那就必须十分重视自己的情，有意识地培养和珍惜一切美好的感情，十分认真地驾驭好你感情的骏马，力求高尚，切记情不可俗！

实验心理学认为，人类应该高度重视情感生活，十分重视自己情感的净化与升华。专家指出，在人的感情生活中，要特别珍惜情感赖以生存的三个基础，有学者认为这是一切美好情感的家园，是抵御粗俗情感泛滥的堤坝，也是检验情感优劣的三个标准。因此，我们有理由引起足够的关注。

一、珍爱亲情

什么是亲情？顾名思义，亲情是指亲属之间相互依恋、牵挂、关心和难以割舍的纯真浓厚的感情。如父母与子女之间、祖孙之间、夫妻之间、兄弟姐妹之间的深切感情。它既是生活的可靠依托，也是感情生活的宁静港湾。

有位作家是这样描述亲情的：有一年夏天，北京圆明园举行冰雕展览，展室中大块大块的冰砖，经过艺术家们的精心打造，与各种颜色组合为一体，马上就有了灵气，而那些掉下来的冰碴被粗暴地堆在一个角落里，人们对它不屑一顾。见到此情此景，作家对命运产生了一种莫名的感觉，同是源于水，有的在夏日里被塑造成高级的展品，有的成了角落里的废料，世事的无常真是让人难以捉摸。当展览结束时，作者碰巧又回到了那里，情形却大不相同，那些冷气设备和装饰品无情地被拆走了，气温升高后，那些神气美丽的冰制品大多化作了冰水，对于主办者来说它们已成无用之物，唯一愿意接纳它们的只有角落里的那一摊冰水、冰碴，它们毕竟有着相同的分子结构及理化性质。因此，它们的亲和是天然的，甚至没有选择的余地。就像是我们无法选择自己的父母，无法选择自己的兄弟姐妹一样。在那一刻，作家觉得自己理解了亲情。

亲情是难忘的牵挂，是永不熄灭的关爱，是无须回报的奉献，是不需言表的责任，总之，不是为了某一目的做给人看的，即使有那么一星半点，也是难以长久的，如果成了一个不讲亲情的人，他的肌肉会渐渐硬化，他的血液会渐渐冷却，他的神经会渐渐麻木，成为一个冷漠、自私的怪物。我们需要亲情，亲情是一切高尚情感的基础，是培养美好情感的源头，是抵御邪恶情感的最后一道防线！

逻辑学是讲清道理的科学方法，而人的感情往往是连逻辑学也难以讲清楚的问题。说实话，亲情是一本写不完的书，是一首唱不完的歌，是看不见功利印记的人间真情。

二、关爱他人

世上的许多事情，并非都有直接的因果关系。一句不经意的话、一件随意的小事、一个安慰的拍肩，也许是一粒感情的火种，也许是一株爱的幼芽。有一首歌唱得好："只要人人都献出一点爱，世界将变成美好的人间。"不可小看这一点爱，它像空气，像阳光，像水，人人都需要。人间处处提供"一点爱"，我们的社会会更可爱。曾经有个学生患了股骨头坏死症，不得不休学治疗，预计要花费上万元的治疗费，这个学生的父母是靠街头地摊小生意维生，拿不出那么多钱。正当其父母一筹莫展的时候，这个同学的同班同学伸出了援助之手，一则爱心通知在校广播台播出，许多家境并不宽裕的学生，从生活费中抠出一点来，不到一天的工夫，募集了 15 000 多元。还有好心人给他母亲在学校安排了看大门的工作，以便他母亲就近照顾他，这样治疗与上学就能兼顾了。人活在世上几十年，谁没有过困难，谁没有过病痛，谁又能没有过挫折和危难，谁也难以预料这些窘境何日将降临到自己的头上。但是，只要人与人彼此关爱，能慷慨奉献一片真情，那么，身陷困境的人就会得到支援，就会重新鼓起勇气迈上新的生命征程。

我们无须花太多的时间去讨论什么是爱，爱就是行动，爱就是多关注他人。我们应该提出这样的希望，希望生活在群体中的每个人，经常问自己能帮他人做点什么。经常用眼看看周围需要帮助的人们，并学着给人以具体的帮助。当然，这种帮助的方式是多种多样的。人作为有感情的生灵，似乎越来越把鲜活的情感湮没在物质欲望之中，忘却在为生存而奔波的日程之外，这样长期下去是何等的悲哀。关爱他人是人类升华了的一种感情，它来自朴素的人性，如果我们不注意开发挖掘，精心培养这株爱芽，缺乏这种感情，就无法铸成健全的人格。

那么，关爱他人到底意味着什么呢？是轰轰烈烈的救助，还是洋洋洒洒的情怀？是舍生忘死的投入，还是正气凛然的告别？其实，爱就是爱，就是关心他人的行动，无须用逻辑学原则来界定某个精确的概念。爱遍及我们生活中的每一个角落，每一个时刻。爱是那新年晚会上慈祥的老人，爱是向你伸过来的那双粗糙的大手，爱是温暖的笑，爱是眼里流出的泪，爱是美丽的故事，爱是一句暖心的话，爱是善意的劝告，爱是相伴的脚步，爱是耐心的倾听，爱是给予，爱是安慰，爱是惦念，爱是一片天空，爱是一阵和风，爱是一粒优良的种子。一句话，爱就在你我之间，爱就在你我的手中。当我们有了广博的爱心时，人就从根本上脱俗了，并从一次又一次付出爱心的行动中开始了感情的升华。懂得不断升华自己的人是最美的。

三、热爱自然

人类文明发展到今天，人们对自然界的认识提到了从未有过的高度，科学家们高呼：世界上只有一个地球！政治家们精心决策：保持生态平衡，坚持可持续发展战略！联合国大会通过决议，要求全人类高度珍爱生态环境，热爱自然、保护人类生存的家园。有人会不解地反问，不就是高山、河流、树木、泥土吗，用得完么？我们的祖祖辈辈几千年也是这样走过来的。显然，这是一种无知。持此种看法的人，忘记了一个根本道理：人本身就是自然的一部分，爱自然就是爱人类自己。我们来自自然，最后我们也要回归自然，自然是生育我们的母亲，我们决不能放纵自己无限地损害自然。

在美国一处曾经环境优美的海面上出现了奇异的情景，成千上万的海狮聚集在那里，游人乱丢的垃圾产生的臭味使它们无法生存，他们只好集体"静坐"向人们表示抗议。一位记者在铁路边亲眼见到一个奇观，小火车撞伤了一头母象，大象跑回森林里痛苦地呻吟，小象见到了很难过，决定要对小火车进行报复，第二天小象看到小火车开过来，立即横卧在铁轨上，迫使小火车停下来，小象站起来后猛烈地击撞小火车，以报母亲被撞之仇。在某一所中学里，长着一棵百年老樟树，树洞里栖息着一对猫头鹰，有一天晚上这对猫头鹰一反常态，向树下的行人发动攻击，一连几天有十多人受到了突然攻击。后来发现，原来是几天前一只小猫头鹰从树上掉下来，被一名学生捉走了，它们因失去爱子而愤怒，于是向行人进行报复。人有情，动物也有情，你伤害了它们，便会招致它们的报复。

那么，植物又如何呢？日本早稻田大学的科学家做过这样的试验，将电极扎入植物的叶片内，并连通电流表，用以测量叶片释放的生物电能。而后将测得的电能放大，用扩音器放出来，就可以听到植物发出的声音。如果把一片叶子折断，或让昆虫咬断叶片，你可听到因痛苦而发出的哭泣声。加拿大的一位作物管理学家比特曼发现，当西红柿生长缺水时，也会发出近似呼叫的声音，这一呼叫声有点近似人类伤心失控的抽泣声。可见，植物和动物一样富有灵性。不同的声音是表示不同情感的信号。20世纪初就有学者提出要研究生物的语言学，促进人与自然的和谐共存。天地生万物，为人类生存服务，我们的衣食住行哪一样不是大自然无私供给的呢？大自然如此厚爱我们，是人类的亲人，我们有什么理由不爱护它呢？一个连大自然都不爱的人，还怎么能够谈热爱生活，关爱他人呢？又怎么能谈得上培养高尚的情操呢？

珍爱亲情吧，这是优化人性的肥源沃土。关爱他人吧，这会使你的生活变得更美好。热爱自然吧，这是你人生的情感家园。让自己的情感净化脱俗吧，这是你在生存竞争中进退自如的可靠大后方！

为人有格

——成长思索之二

很多年前，某报上刊登了一则消息，一个山村生产队一年一度的庆丰收活动上，队里的小青年正在举行一场篮球比赛，老队长也和同村的男女老少在场外观看，当老队长看见双方十个人争抢一个篮板球时，一个青年被撞到，扶起来后发现他头上起了一个大包，老队长不声不响地骑上自行车到镇里买来了几个新篮球，往篮球场上一放说："别抢了，这么多人抢一个球，队里今年丰收了，我奖你们九个球，你们一个人拿一个吧，别再抢了。"青年们听了哈哈大笑。老队长的热情大方之举是可赞可贺的，但是为何招来青年们的一阵大笑呢？其实是笑老队长对篮球比赛的规则一无所知。竞赛是一定要有规则的，人数、动作、胜负、场地都有规定，另外还有各种规则，不许犯规，否则就要受罚，轻微的犯规受黄牌警告，屡教不改者则重罚至取消比赛资格。老队长的笑话给人一个重要启示，为了维护一种正常秩序，比赛也好，做事也好，都是这样。那么要做一个正正当当的人也应有规有格，也一定要把自己的思想言行置于社会允许的规格里面，这就是人们常说的人格问题，你要做一个社会认可的被人称道的人，就要尊重做人的规格，要符合社会的规则，否则就会受到社会的惩罚，严重伤害他人的就可能被剥夺权利，甚至是判刑。所以要生存先要学习做人，就要有人格。

什么是人格？人格是人的各种优良心理品格的总和。生活经验告诉我们，人格完善的人容易获得成功，人格完善的人朋友最多，生存竞争力最强。青年人应从哪些方面着手完善自己的人格呢？

一、宽容待人

一位老三届讲过对宽容的体会。到农村少不了用扁担挑东西，刚开始总是东起西落，后来学会了找平衡点才像个样子，善于找到平衡就走得稳了。扁担的两头有远有近，为了平衡不计较，就是宽容，多么朴实的理解，互不计较，找到共存的平衡点，求得平稳和安定，这就是宽容。真是一语道破天机，一箭射中靶心。其实，只要以感激的心态看世界，就是宽容。万事万物，只要平安地存在和发展，处于常态，就是宽容的功德。当迎春花吐黄，桃花吐红，草木吐绿，你就会发觉我们正感受着自然的宽容。当你步入春天的原野，感受春风，不难发现自然的一个秘密：凡是充满生机与活力的东西，无不是一条宽容的生物链，它们就是依托这条链而共同存在的。枝干的茁壮是根的宽容，根的繁茂是泥土的宽容，泥土的肥沃是有机物和无机物的宽容，有机物与无机物的存在是大地的宽容，春风、春雨是自然界的宽容。因此，可以联想到自然界对人的宽容和人与人之间的宽容。什么是人与人的宽容呢？站在对方的角度看问题，站在自己的角度担责任，以朋友的身份给人温暖，以亲人的身份分担忧愁，用大海般的胸襟忘记恩怨，用草原般的宁静处理得失。双方彼此都如此相待，大体就很宽容了。宽容他人，就是宽容自己，就是为自己顺利地生存、发展制造宽容的环境，宽容是为你、为我、为他、为大家。

宽容不仅是一种人生处事态度，也是一种待人修养。培养宽容待人的人格，是一种高尚的生存艺术，需要我们毕生的修炼。怎样宽容待人呢？要会想、会说，也要会行动。在他人有困难的时候，你就应该主动去帮助，而不是旁观和责备；在他人感到孤独的时候，你就应该主动陪伴他，而不是漠然不理；在他人言行有错的时候，你就应该主动劝导指点，而不是苛刻指责和横眉竖眼；当他人遇到挫折和伤害的时候，你就应该安慰和鼓励，而不是冷嘲热讽和麻木不仁。这就是宽容，此情此景的宽容，可以给人以勇气和力量，可以得人心。而且，人不仅要给人宽容，接受宽容，还要积极营造一个宽容的生活环境，让每个人都能享受宽容，感受宽容。在家庭成员之间、在单位同事之间、在朋友交往之间，不要为一点小事计较争吵，不要把往日的恩恩怨怨翻来翻去，不要把领导、同事及他人的是是非非谈个没完，更不要把他人的生理缺陷和隐私当作谈资，不要为一己私利之得失闹得满城风雨。这些不健康的东西的扩散会严重毒害宽容环境的营造。人生活在不宽容的环境中最容易受到伤害，而受过伤害的人，一有机会就会攻击别人，从而伤人伤己。

试想，无数个由不善宽容的个体组成的团体和社会将变成什么样子。从这个意义上讲，营造一种宽容的生活与工作环境，是人人共有的义务，是一种不可推卸的道德责任。

把宽容落到实处并非是轻而易举之事，我们会遇到传统观念下的困惑。例如，有一种传统文化观念，即亲者严，疏者宽。也许这是人际关系的误区，似乎人与人越亲近，就越不能宽容，而生活中又恰恰最渴望来自最亲近者的宽容。人类似乎陷入了情与理的怪圈。其实这是对宽容的狭隘理解，真正的宽容具有广泛运用性，是一种普世道德观念。

简言之，你要学会宽容待人，就要把相聚当作缘分，主动给人宽容，谁的天空不下雨呢？你要学会忘却，不要总把恩恩怨怨放在心上，生命的小舟能载几多愁呢？我想起了一首名叫《空了》的诗，是劝人把一切事物看淡一点，我以为情调太灰暗了一点，略加增改，抄录于此：天也空，地也空，人世沧桑在其中，相聚本身是缘分，何日分别再相逢？金也空，银也空，人之将死腹已空，名利谁也带不走，何必争斗抢上风？日落西，日升东，西落东起行匆匆，人生短暂如做梦，何苦记怨不宽容？

二、磨炼意志

一个即将步入社会独立生活的青年，无法回避的第一个重大考验是适应，我们要对人生的这一步有充分的准备。步入社会生活之前，你在家庭生活中是被照顾和关怀的对象。在学校生活中你是被爱护和教育的对象。因此，无论是在家庭，还是在学校，你都享受着种种关爱、谅解与宽容，你的个性较多地得到尊重甚至迁就。因此，你在精神上有安全感，心理压力也不太大。当你走进社会而独立生活以后，情况就不一样了，人与人的社会身份是平等的，强调的是共性，个性必须受到克制，竞争是生活的主题，一切靠自己去学习和适应。面对这种情景，精神紧张，心里有压力，不愉快、不习惯的感觉经常产生。怎么办？必须有坚强的意志，才能适应。

缺乏意志力的性格是苍白无力的，如果你是个足球迷，我相信你会承认中国与韩国足球技术水平的差距是很小的，而在意志品质方面的差距就太明显了。我们的生活条件日益改善，但是生活条件的不断富足对人也是一种考验。稍不留意，也许就会弱化人的责任心和使命感，使人的意志力软化。温室里的花朵是难以抵抗暴风雨的袭击的。面对此类考验，人要磨炼自己的意志，锻炼独立生存的能力，自觉消除享乐的心理，培养吃苦耐劳的精神，自觉消除怠惰心理，锻炼不断进取的搏击品格。人绝不可放纵自我，而应积极地设计自我，实现自我，超越自我。这是人格自我完善的过程。这一过程的每一步进展，一定会受到来自外界和自身的阻力，没有一股源自内心的力量的支持是难以前进的，这个力量就是意志。

应该培养什么样的意志呢？要点有三：

其一，培养一往无前的意志，也可称为行为的前驱力。如果没有前驱力，该想的不敢想，该决定的事不敢决定，该做的事不敢做，该担负的责任不敢担负。如此下去，即使智商再高，知识再多，也是无济于事，人也毫无作为。

其二，培养持之以恒的意志，也可称为意志的耐久力，世上没有动手就成功的事情，要取得成功就要有打持久战的精神。舍不得下功夫，吃不了苦，心浮气躁，三心二意，逢难气馁，都是事业成功的大敌、人生的大敌。

其三，培养百折不挠的意志，也可称为意志的承受力。天下的事十有八九难以称心如意，要磨炼经受挫折、失败、打击的能力，经受不住这类打击，只会打顺风球，不能打逆风球，是难成大事的。

只有不断增强上述三方面的内力，才会加强对意志的锤炼，否则人的性格就会软弱，经不住风浪，久而久之，就会导致一个人责任心和事业心的沦丧。种种事实证明，一个缺乏责任心和事业心的人是无法履行对家庭、对社会的责任的，要生存，要成功，要成为手操胜券的人，不仅要有过人的才干，而且要有过人的意志力，否则你心中的目标就难以实现。

三、维护尊严

"人有脸，树有皮"是中国人十分熟悉的一句俗话。这个"脸"与"皮"就是人的面子，就是尊严。人不可没有尊严，不要尊严的人就不是完整意义上的人。讲做人，讲生存，讲人的价值，必须讲尊严，因此，我们就得多花点时间来讨论这个话题。

什么是尊严？它在汉语词典中有两重意思，一是自尊和庄严的人格，二是值得尊敬的身份或地位。当然，二者紧密相连却不能等量其观。例如，有尊贵身份或地位的人，不一定具有自尊和令人尊重的人格，而具有令人尊重的崇高人格的人也不一定有显赫的身份或地位。综合起来说，尊严的意思就很明确了，指一个人外在的社会地位和内在品格上的高贵。既重外在，又重内心。中国人爱面子，当然，这里的面子绝不是什么虚荣心之类的东西，而是自尊、自爱、自信和自强地做人。这"四自"中关键是自尊，没有自尊心的人，别的就不必说了。而基本上做到了"四自"，就可以认为是一个有尊严、有责任心的人了。人生贵在自觉修炼人格，这是人终身修炼的课题。

两千多年前的孔子就主张正名，其实是说做人、做事要符合规范，以此来维护做人的尊严。中国文化传统中是十分看重人的尊严的。在尊严面前没有贫富差别，也没有地位高低的区别，人人都有自己的尊严，而且是不可侵犯的。常言道"士可杀不可辱"，就再好不过地说明了尊严的可贵，生命可以不要，但尊严不可丢！失去了尊严就生不如死，中国古代就有许多尊严至上的故事与典范。例如，传世佳篇《桃花源记》的作者陶渊明不为五斗米折腰的故事，就一代又一代地传流了下来。从林则徐的虎门销烟到天安门广场上升起的五星红旗，都证明了一个道理：一个人要有尊严，一个民族更要有尊严。

如今是一个开放的时代，传统的价值观正受到巨大的冲击，人们开始以新的角度认识尊严的含义。时下就有一种流行的观点，认为只要有了钱就什么都可以买到，也许尊严也变成可以交换的商品。有这么一个讽刺小品：有一位农民在贫困时邻居叫他为大哥，因为他与邻居的生活水平差不多，后来他通过科学养鸡而脱贫了，盖了三层楼的新房，那位邻居就改叫他大叔了。几年后，他搞种养结合，承包了一个山头，汗水换来丰收，又买来一台货车跑运输，成了有点名气的先富起来的农民，那个邻居不再叫他大叔了，而是改为叫他大爷了，其实他还不到五十岁。现实生活中诸如此类的现象并不少见。在上面讲到的那位邻居眼中，财富变成了尊严的象征。钱多钱少不该是尊严的砝码，正如一句古诗所云："自古圣贤尽贫贱，何况我辈孤且直。"尊严与贫富之间不是正比或反比的关系，贫穷不等于卑贱，富有不等于有尊严，关键是做人有没有骨气和志气，有没有斗志和气节。虽然，在现代社会没有钱是万万不行的，钱是生存的基本条件，它是社会对人的才干和付出的一种评价。但是拥有多少金钱不是人生追求的目的，只是追求有意义生活的手段，人生还有比金钱更可贵、更有价值的东西，如尊严和自我实现。

在以尊严为做人准则的社会里，一个人如果抛弃尊严，那么，他肯定会遭到千夫指骂，也不会得到别人的关心、支持和帮助，他在社会上也难以生存下去。失去尊严实在是可怕，一位名叫卢梭的法国学者说过这样的话："我不太害怕惩罚，我只害怕丢脸，我怕丢脸甚于怕死亡，甚于害怕世界上的一切。"试想，如果丢脸是件小事，绝不会引起如此大的恐惧吧！所以，中外心理学家都认为，对人最残酷的惩罚就是剥夺尊严。我们常常可以听到这样的痛苦号叫"我还有什么脸见人"，你看，不是没有钱不敢见人无法活下去，而是没有尊严。由此可知，尊严比生命更可贵，失去了尊严就失去了希望。

尊严是一种深沉的心理品质，是一个十分复杂的思想认知过程，是一切优秀思想和品质高度浓缩才形成的道德理念。一些青年错误地把拥有金钱、坐豪车、拿苹果手机、穿名牌当作尊严，这实在是一种浅见和粗俗。我们绝不是禁欲主义者，问题是本末不可倒置，你有才干，为社会作的贡献大，有条件穿名牌，当然无可厚非，但是假如把优厚的物质生活本身当作尊严，那么，这种认知必然导致罪恶。争取成功，争取自我理想的实现，争取高雅的精神生活，才是人生追求的目标，才能获得真正的尊严，在现代社会里，特别富有和特别贫困都不是尊严的标志，我们绝不会因为某人有钱或安于贫困就把他视为尊严的楷模，人的精神面貌和人格品质才是尊严的所在。

尊严不是生来就有的，人的尊严是培养起来的。一个不知世事的婴幼儿光着身子到处跑也不会觉得害羞，害羞是随着年龄的增长而渐渐产生的。父母教孩子穿衣遮丑，教孩子知礼节，就是早期尊严感的培养。那么，当一个人独立步入社会生活以后，培养与强化尊严意识就主要靠自己了。青年时期是人生的春天，头顶一片蓝天，脚踏一块热土，前面迎着朝阳，心中激荡着理想和希望。因此，这个时期也是各种思想、道德、观念最易于形成的时期。好的和坏的东西都可能影响人的一生。所以，尊严意识的培养就尤为重要。

　　培养尊严的方法并不神秘，说白了就是自我激发，或者叫自我暗示。这种暗示又可分为内在暗示和外来暗示。内在暗示就是要有自尊心、诚心和耐心，在任何时候，做任何事要自己提示自己"我是一个有尊严的人""我要以正确的思想和方法指导自己的言行举止""我的人格不能丢失""我自信就能受到别人的尊重"……长此以往，人的心中就会充满尊严感。外来暗示是善于听取意见，善于向先进的人们学习。人不可能十全十美，更不可能是万能的，要善于改正自己的弱点和缺点，学习别人的长处。长此以往，就能不断完善自己，更多地受到他人的尊重，也就更能激发自己的尊严感了。

　　尊严是人格的基石，也是一个国家和民族的脊梁。做一个有尊严的人，才会自觉维护集体、国家和民族的尊严。

自主命运

——成长思索之三

人们常说："这都是命。"命，命运也。命运是什么？不同时代，不同文化，不同民族，给命运注入了不同的含义。不同人生经历的人，对命运有不同的理解。宗教信徒视命运为天意，认为冥冥之中，自有天意。不同学派的哲学家对命运作了诸多的解释，为生存而奔波的人们对命运给予了现实的总结。例如，一位乡干部给下乡劳动锻炼的高中学生讲劳动教育课，念了一首打油诗，总结了他对命运的看法。他说："开门需要七件宝，柴米油盐酱醋茶。人生要做五件事，衣食住行养娃娃。天上不会掉钞票，自食其力想办法。偷抢诈骗不像人，活着混同四脚爬。命运自主人自尊，自立自强为人夸。"这位乡干部的打油诗，虽然说不上有什么惊人的文采，却表达了普通老百姓对命运的诚实态度，闪烁着普遍的真理的光辉。

不论怎么说，人怎样对待自己的命运，将直接影响人的一生。正确的态度可以支持你在困难中奋起，立足于天地之间，把握自己的命运；错误的态度会使你自甘沉沦，麻木心灵，摇摇晃晃地虚度此生。人要认识命运，掌握命运，做个顶天立地的人。

一、什么是命运？

所谓人的不同命运，就是各个具体的人，在他生活的时空中所面临的生存机遇的优劣程度，是不同的人把握机遇的能力强弱的差别，以及各人对自己机遇与能力相互作用的结果所持的态度。所以，命运是现实的，是可见、可操作的。世间没有两个命运完全一样的人。可以断言，有多少人就有多少不同的命运。

人的命运是错综复杂的主客观因素交互作用的结果。但是，主要的因素有三：一是人所面临的机遇的优劣，二是人把握机遇的能力强弱的差别，三是人面对现实的态度。纵观历史与现实，人的命运大体可分为四种状况：

其一，强者交上好运。如人们另眼相看的幸运儿，他们遇上人生发展的重大机遇，十分努力，也不乏贵人相助。自然，他们的人生就会有更大的成功与辉煌。

其二，强者遇上厄运。面对此种处境，态度与方法是否正确会产生截然相反的效果，通常强者能正确对待厄运，善于忍耐和等待，可以保存实力，一旦时机到来，仍可创造辉煌。

其三，弱者交上好运。这类情况不算太多，但是也有。因受到能力的限制，大好的发展机遇不可能发挥最大值，只会表现平平。

其四，弱者遇上厄运。这类情境便是人们常说的"屋漏偏逢连夜雨"，许多悲惨的人生大多根源于此。

上述分类只是粗略概括，由此可得到如下结论，所谓命运，就是不同性质的机遇与不同程度的能力相互作用的现实结果，这就是命运。一部文学作品可以是一首命运交响曲。可是，无论文学家把命运的故事编写得如何生动，也必定与现实生活有差距。

茫茫宇宙，芸芸众生，人与人的命运千差万别，有人交上好运，有人厄运降临。这是巧合，是因果报应，还是命中注定？千百年来，百家争鸣，众说无定。有学者把人类对命运的看法分为三派：一是苍天注定说，二是命不由己说，三是命运自主说。

苍天注定说认为，人的命运是先天注定的，人只能听天由命，安分守己地接受命运的安排。在我国的广大农村里，为婴儿做的摇篮上常写有八个大字：生死有命，富贵在天。意思是说，人从出生之日起，一切生死福祸都是上天早已注定的，不可反抗，也难以改变。因此，只有老老实实地接受，你若想改变，今世无希望，只能修来世。这种命运是苍天注定的思想成了许多人的信仰。毫无疑问，这是一种唯心论，是一种迷信。天只是一种虚幻的存在。

命不由己说认为，一个人的命运是由社会大环境决定的，个人在环境面前无能为力。还有人认为，中国是个官本位国家，只有那些有权有势的人才能掌握和改变自己的命运，而老百姓的命运则受权势者的掌控。这种说法是悲观的、消极的，如果一个人相信自己的命运不由自己掌握，那么就将自己置于了被动的境地，这注定了其在生活中只能被动地接受而不能主动地去改变。

命运自主说认为民族的命运、国家的命运、个人的命运，就是在客观条件许可的前提下，充分发挥人的主观能动性，有效地改变环境的结果。人与环境的互动关系可分三类，一是改变环境，使之适应个人的需要；二是改变个人，以适应环境；三是环境与个人相互改变而且相互适应。在现实生活中，改变环境却并非那么简单，无论是自然环境和社会环境都是一个复杂的系统。任何改变都需要许多条件，要具备这些条件单靠个人努力往往是力不能及的。所以，最现实的办法是积极改变自我，适应环境，在适应的过程中逐渐实现对环境的改造，我们应在这种思想的指导下争取掌握和改变自己的命运，这就是命运自主的意思。

一个人要想获得成功，主宰自己的命运，必须有独立自主的个性。善于自主地面对生活与工作中的挑战，不依赖别人，这是争取成功的前提，因为一个人生活在世上，无论面对的外部环境是优越还是恶劣，要有所成就，最终还是要靠自己去努力，去坚持奋斗。如果遇事依赖于人，主动权在别人手里，你就只能适应别人，跟着别人屁股后面跑，即使有所成功也是有限的。所以，必须从青少年时期开始，就培养独立自主的精神。

主宰自己命运的奋斗精神要在不断与困难作斗争中磨炼而成。有教授针对当前不少青年事事依赖父母以及父母喜欢包揽子女大小事务的倾向，提出了新时期父母与子女关系的十六字原则——"独立门户、自负盈亏、相互支持、经常往来"，应该说是很中肯的。

原新华社优秀记者、现中国第一家策划事务所的创办人王志纲，从小就开始磨炼自食其力的奋斗精神，上大学能自主学习，除学好专业课外，自学马克思的《资本论》，通读《鲁迅全集》，为今后工作打下了深厚功底，毕业后先后在社科院和新华社工作，从不人云亦云，以自主精神工作。辞职下海后，创办了我国第一家策划事务所，为广州某房地产开发公司策划的小区广告方案，在房地产市场十分不景气的那年，取得了几天内销售一空的佳绩，轰动了全国房地产界。知情者说，这次所取得成功是王志纲先生独出匠心的结果。王志纲就是这样的一个人，思想不落俗套，观点不随大流，做事不依赖人，自主、创新是他安身立业的法宝。有人曾问过他，你成功的秘诀是什么？他就给别人讲述了自己小时候的一段往事。王志纲七岁那年，父亲被打成"三反"分子，家里仅靠母亲每月三十七元的工资维持生活，非常艰难。上小学一年级的王志纲每天去割草以减轻妈妈的负担，一干就是半年，他没有屈服于命运，小小年纪就尝试用幼嫩的双肩担负起生活的重担。一年之后，他又去挑煤，每天清早赶到矿场，一次挑四十斤能挣五角钱，又困又累，他咬着牙挺过来了，为了生存，他几乎撑到了极限。1968年，十三岁的王志纲到几十里外的一个建筑工地学泥瓦匠，因他个子太小，只能给师傅当下手，挑顶梁、搬砖头，一次因劳累过度从架子上跌了下来，他没有哭，要求别人千万不要告诉他妈妈，他决心自己养活自己。休息几天后又开始干活，个子稍长一点就帮师傅砌墙，水泥、石灰把手浸烂了才给八角钱，工头还要扣四角饭钱。好不容易等到春节放假，王志纲用积下的十二元钱买了三只鸡用背篓背着，步行四十里赶回家过年。母亲见到不成人样的儿子，伤心地流下眼泪。他认真地对母亲说："妈，你应该高兴呀，我已经长大了，能自己养活自已了，孟子说，天将降大任于斯人也。而只有在困境中能自主命运的人才能受大任。"生活的辩证法就告诉我们，人不可能离开社会大环境的种种限制去空谈如何争个好命运，唯一的办法是正确面对它，为改变自己的命运积累资本。

二、做命运的主人

要掌握自己的命运，做命运的主人，方法有很多。今天，市场经济为我们挖掘个人最大潜能创造了史无前例的机会。关键是我们敢不敢身体力行，能不能顶住艰苦与失败的双重压力。

首先，要正确认识自己，给自己定个合适的"价位"。人才市场实行自我报价，用人方面试时总会问一声："你对工资有什么要求？"这就是请你报价，对方认为你的才能与报价相符，就录用了，你也就自销出去了。如果你自认为对方出价过低也可另找"客户"。当然，前提是你得正确认识自己，知道自己的优缺点，才能针对这些优缺点，寻找适合自己的舞台。

其次，要从小事开始，并有不断向前的勇气。20 世纪 90 年代初，报纸报道了一条惊人消息："由个人承包的从广州发往东北长春和西北西安的火车专列开始营运，每日各发一列。"这位胆比天大的人叫黄五学，黄五学是东北大地土生土长的一条汉子，一个平头老百姓。改革开放初期，黄五学买了一个打气筒和一些简单的工具，在街头给人修理自行车。几年后，他发现餐饮业不错，把几年积下来的一些钱全抛出，在闹市租了十多平方米的门面开小饭馆，黄五学肯用心，为客户着想，生意做得很红火，不到几年积下了十多万元。当他发现东北的大小商人到广州进货，为运输不便而头疼时，黄五学带着十万元下广州，买了一台东风大货车，办起了长途运输。这一步又走对了，不到三年，黄五学创办了拥有十多台大货车的运输公司，当他把眼光盯着火车专列时，黄五学的资产已近亿万元了。黄五学的成功告诉人们一个极为朴实的真理：要想干大事，先从干小事开始，人间永远不会有一步登天的辉煌。刚进入社会生活的朋友绝不可把未来理想化，无论大成功，还是小成功，都是从手边的小事做起的。眼高手低，大事没做过，小事不想做，到头来，宝贵的时光白白流逝，一事无成。同时，也要有不断向前的勇气。如果止步不前，黄五学也许就只是一个修理工或者一个饭馆老板。

最后，不向困难低头，做自己的救世主。那些不向困难低头，充分发掘自身一切潜能，不屈不挠奋斗的人，才是自己命运的主宰。下面介绍一位女工人自主命运的事迹。哈尔滨市纸箱厂工人陈秀凤，1995 年失业，同年丈夫因车祸身亡，欠下了三万元的债务。双重打击使她几乎到了绝境。为了生活与还债，她顶着危难，什么苦差事都干。在饭店洗碗，在洗澡池为人搓背，在街头为人修鞋，在大学门前卖箱包。心灵一次又一次在生存打击中受到磨炼，最终从危难中挺过来，从困难中站起来，自己主宰了自己的命运而没有被困难打倒。陈秀凤不向厄运低头，自主命运的经历告诉我们，人的一生总会遇到不可预料的沟沟坎坎，只有积极面对才有出路，这是真理。只要你咬紧牙关，不向命运低头，黑暗必定过去，光明必将到来。

三、警惕两种错误倾向

改革开放以来，社会在两个方面产生了巨大的变化，一个是社会生产力的空前解放，另一个是人的观念发生了深刻的变化。改革开放前，人们推崇一种"大河有水小河满"的理念。一切依靠国家，依赖成了习惯。现在把这个观念倒过来了。崇尚"千条小河归大海"，提倡充分发挥个人的积极性，一个自主时代已经到来，一方面是人的潜力可以最大限度地施展出来，另一方面是人的欲望也最大限度地释放出来。要掌握自己的命运，就要警惕以下两种错误倾向。

一种是过分强化自主意识，使人走向自我膨胀，唯我独尊的倾向。人不能没有自尊，但绝不可唯我独尊。这一倾向首先在青少年身上表现得尤为明显，这是青少年成长中的问题，追求独立，追求自己的事自己作主，一切凭着感觉走，没有想清楚的事就去蛮干，不懂的事也不请教长辈，不成熟的"大人感"压迫他们没把握地自作主张。他们往往听不见批评，当事与愿违或难以收场时，又怕丢面子，心理压力难以承受时又可能盲动，干出鲁莽的事来。青年人应当学习自主、自立，也应该自尊自强，但切不可把拒绝长者帮助、自己想怎么干就怎么干当作自主自立，更不可把拒绝批评、自作主张的蛮干当作自尊自强。一句话，切不要因自主的愿望让自己无限膨胀起来，把自己变成一个被水泡透了的馒头，看起来很大，实际上已失去了原来的意义。自主精神本是时代的进步，但是有的人把它放大到不恰当的地步，变成了以我为中心，唯我独尊，独来独往，结果是自己搞垮自己。

另一种是弱化自我，丧失自我的倾向。人在任何情况下，最要紧的是保持自主自立，绝不可将自己的命运交给他人去摆布。自主自立是不容易的，而丢掉了自主自立将直接导致人生的灾难。人，一切要依靠自己，除了自己是可控制、可信赖的依靠之外，其他任何名义的依靠都是难以把握和长久的，在人生旅途中谁忘记了这一点，总有一天是要吃大亏的。假如你把自己的命运交给别人去安排，你就成了别人的奴隶。也只有到了这个时候，你才会深切地体会到自主自立的幸福与宝贵。人一旦丧失了自主权，"自我"便不存在了，连"自我"都不存在了，还有什么命运可言呢？

信念支撑

——成长思索之四

生物学上有个著名的"鲨鱼实验"：在一个特大的水池里，用玻璃挡板将水池一分为二，装入同样多的水，然后一侧放一条鲨鱼，另一侧放入一些小鱼，鲨鱼见到小鱼，张开大嘴凶猛地向小鱼扑去，一撞到玻璃挡板上就弹了回来，每一次扑过去都被挡了回来，鲨鱼便不再扑向小鱼了。然后实验人员将玻璃挡板拿掉，发现鲨鱼仍没有向小鱼发起攻击。人们从多种类似的生物实验中引出结论：生物的行为是受本能支配的，是生活习性使然。

人则不同，人类的行为具有社会性，人的行为总是受一定的思想驱使的，一般说不达到目的，行为就不会停止。世界著名科学家诺贝尔是学化学的，他坚信某种元素与另一元素在某种温度的催化下，发生化合反应时会释放出巨大的能量。为此他进行了大量实验，实验就是探索，就是不断否定，不断失败，不断突破未知，不断求得新知。化学实验决然不同于数学公式的演算，任何一种实验方案都可能出现无法预料的情况，诺贝尔正是一次次地从失败中重新开始，直到一次巨大爆炸后，诺贝尔从浓烟里冲出来，高喊着"我成功了"！从此，人类有了炸药。是什么力量支配诺贝尔，让他敢于面对危险而前进呢？是他胸中炽热燃烧的创造激情，是他心中坚信不疑的信念。

无可辩驳的事实证明：动物的行为靠本能与习性驱使，人类的行为受思想信念支撑。信念把人与动物区别开来。革命先驱李大钊坦然面对敌人的屠刀，他坚信中国的未来一定是无产阶级的。夏明翰烈士有诗壮行："砍头不要紧，只要主义真，杀了夏明翰，自有后来人。"《红岩》中的先烈们，直面反动派的血腥屠杀，怀着悲壮的豪情高声呐喊："任脚下响着沉重的铁镣，任你把皮鞭举得高高……人不能低下高贵的头，只有怕死鬼才乞求自由……面对死亡我放声大笑，魔鬼的宫殿在笑声中动摇。"是什么力量创造出如此的辉煌和悲壮？毫无疑问，是先烈们心中不朽难灭的信念。这里可以引出一个结论：人活着想做一点有意义的事，平凡也好，伟大也罢，总是要有行动的，是要付出代价的，甚至是要作出牺牲的，你无可回避地要表明自己的态度，作出选择。此时，信念是最终的决定因素。

什么是信念呢？用最简单的话说，信念是一个人坚信无疑的思想、观念和言论，说具体一点是信仰、观念和信心的总和。信仰是一个人完全相信并一定能实现的奋斗目标，观念是一个人给自己选定的行为准则，信心是一个人对自己能力和品格肯定性的自我评价。在人的信念系统构成中，信仰、观念、信心三者缺一不可。失去信仰的人，行为失去方向；观念不明确的人，行为就没有原则；失去信心的人，行为就没有力量。古今中外，凡是有所作为的人，在生存竞争中占据优势的人，都有一个显著的特征：拥有坚定明确、自信不疑的信念。从他们身上我们可以总结出三条基本经验来认真学习。

一、要有明确的奋斗目标

人是不能没有信仰的，有信仰的人就有目标。信仰不仅把人与动物区别开来，而且是人做一切事情的出发点。正如古罗马哲学家奥古斯丁所说："信仰就是相信我所能看见的，而这种信仰的回报，就是看见了我所能相信的。"信仰是人的一种思想、一种主观意识，但绝不是虚无而不能理解的怪物，它是十分具体的。通俗地说，它是人追求实现的一种目标，而目标是行动的前提。如过去人们参加八路军是为了打倒反动派，建立新中国，今天努力学知识是为了做一个有作为的人，人心中没有奋斗目标，就像风中飘浮的羽毛，难以把所有的力量集中到一点，风往哪儿吹就往哪儿飘。从大处讲，信仰是一种社会责任，有了责任就会有一种强烈的使命感，生活工作就会充满热情，就会心甘情愿地付出，就会精益求精地力求出色。有使命感的人就会超越一己得失的渺茫，以最通俗的话说，就是觉得自己活得很重要，自己的所作所为是社会需要的。凡是称得上有意义的奋斗目标，一定是不计个人名利和成败得失的，而是把服务社会、有益大众放在第一的位置上。正因为如此，人可以获得某种超常的勇气和力量。为了形象具体地说明这个道理，试分析两个人。

路遥是位很有名望的作家。他的长篇小说《人生》给每个读者以深刻的启迪，而路遥自己的人生，则给每个熟悉他的人更大的心灵震撼。从他的人生经历中，人们可以知道什么是信仰，什么是使命感，可以看到人生的价值是怎样创造出来的。有哲学家说，人类的一切行为最初都源于对死亡的恐惧。是的，死亡是人最不愿意去面对的事情。然而，世上就是有这样一些人，他为了实现自己追求的某一目标，宁愿选择死亡。大概只有面对死亡才能造就自己的一番事业。路遥就是这样的一个人，为了实现自己心中的目标，他愿意面对死亡。他不辞劳苦，艰难地一步一步向前跋涉。他一再强调，一个人只要怀着使命感，保持着清醒的头脑，就绝不会把人生之船长期停留在一个平静的港湾，而是扬起风帆，驶向那生活的惊涛骇浪之中。人不仅要能超越失败，而且要能超越胜利。路遥来自农村，是一个农民的儿子，他对生活的理解就是勤奋的劳动。他认为人一生的辛勤劳动不应只是挣口饭吃，而是自己对历史要能有一个清白的交代。所以，路遥对自己庄严承诺：一生一定要写一部很大的书，人一生总得做一件自己竭尽全力完成的大事情，而且是四十岁以前。他认为这是生命对自己的一种暗示，同时也是自己义不容辞的一种责任。他决心要写一部大书（《平凡的世界》），这就是他两千多个日日夜夜追求的一个目标。人做什么事都一样，决心好下，但实现决心是有许多困难的。路遥每天写作十几个小时，精神十分紧张劳累，有时连拿笔的力气都没有，这对他说算不了什么，因为有一个强大信念支撑着他，拼死也要写完这部书！人的信念是要不断强化的，也只有在不断战胜困难、不断战胜自我的拼搏中才能不断被强化。有天晚上，他感到非常疲惫，想到那个仍很遥远的目标，心情有些沮丧。于是他拿来托尔斯泰的通信录，随手读读翻翻。想到前辈们的艰辛和危机，受到激励，心情便平静了。后来《平凡的世界》出版了，但并没马上引起太大的反响，但路遥并不灰心丧气，他深知自己正从事着与千百万人相关的工作。关键是抓紧时间，只要目标是对的，不必计较要付出多少代价。已经走到今天就必须继续向前。当第二部写完时，路遥的身体真的垮了，只能靠在椅子上不断喘气。这时，他想到自己快要达到的目的地，他是多么的不甘心。后来他在回忆当时的心境时说，不知是出自本能还是一种使命感，内心升起一种强烈抗争的渴望，他并没有打算放弃。路遥回到自己的家乡，在一位老中医的治疗下身体有所恢复，老中医要他至少休养一年才可以开始工作，而路遥想到的只是他的使命、是读者，他已顾不了那么多了，这时最要紧的是接着写。于是他拖着病躯开始写第三部，又是几百个日日夜夜，《平凡的世界》第三部终于完成了。此部一出，立即在全国造成轰动，并荣获了第三届茅盾文学奖。由于过度劳累，四年后，路遥离开了人世。路遥就是这样的一个人。为了自己的信仰，为了完成自己的使命，他不怕死，连死都不怕的人还有什么事不能成功呢？

　　一个人只要思想上树立了坚定明确的奋斗目标，心中就形成了强大的磁场，对有利于实现目标的因素产生巨大的吸引力，而对不利于实现目标的因素产生强大的抗拒力。所以有的人为了实现自己的目标宁愿付出生命的代价，如路遥；而有的人为了实现自己的目标千方百计地活下去，如作家柳青。前者有超人的勇气，后者有超常的心理承受力，能忍受一切屈辱和不幸。但他们都是为了实现心中的那个目标。他们的一切选择都是为了忠于自己的使命和实现自己的信仰。柳青为了完成《创业史》的写作，忍辱负重，死中求生，以超越常人的勇气度过了"文革"时期的艰难岁月。《创业史》出版后，在中国文坛引起了巨大反响。正当他动手写第二部时，一场大动乱发生了，他被认为是"黑作家"而被批斗、挨打，有时一天被批斗十多次，他身患多种疾病，有时被斗得连走路的力气都没有了，后来连住所也被捣掉了，他被关进一间又小又臭的小房间，旁边是厕所，蚊虫乱飞，恶臭熏天。柳青在这种恶劣的环境下被折磨得死去活来，他的妻子也被迫害致死，"文革"使他家破人亡。然而，柳青并没有失去生活的信心，更没忘记自己的使命。批斗后回到小屋就看书、写作，全身心投入第二部的思考与写作中。"文革"前的写作计划不可能如期完成了，但他千方百计地尽最大的努力去完成。为此他要坚强地活下去。当好心人劝告他注意休息时，他说："我不会放弃自己的追求，一个人活着不为人民做点有益的事，活着算个啥呢？一切都是暂时的，只有人民是永恒的，人民需要的事业是不朽的！"是的，在许多情况下，死是很简单的，而在另外的一些条件下，要活下去又是十分艰难的。如果没有顽强的信念支撑，活着是困难的。我们从柳青对事业如痴如醉的追求中，可得出这样一个结论：假如有一项事业值得你去奋斗，有一个目标值得你去追求，你就应该坚定信仰，你应该学会珍惜时间和生命，把自己所有的精力和才干投入自己所追求的目标直至最后，那么，成功将非你莫属！

二、要有信心

在人的信念系统中，有一个核心问题一定要明确，那就是如何评价自我。假如一个人对自己没有清醒的认识，对自己没有客观的实事求是的评价，你就根本不可能客观地看待外部世界。剖析中外有成就的人的经历，我们看见他们有一个共同的、鲜明的特征，即他们对自己的人品、才能、经验都有积极的、肯定性的评价，对自己的长处和短处都有清醒的把握，知道如何扬长，如何避短。所以他们表现出相当的自信，相信自己的选择，相信自己的事业有成功的可能，所以才能在各种条件下坚持到底。理由很明白，只有对事物有坚定的自信，才可能以充分的理由和力量影响别人去相信，如果自己半信半疑、摇摆不定，谁又能与你一道呢？说绝对一点，假如自己都不相信自己，那么在世界上你就失去了最后的唯一的依靠力量。凡是自信的人，无不表现出十分强烈的自我意识，这种意识使人产生巨大的激情和战斗力。他的信条是"我想赢，我能赢，没有什么困难能使我后退"。高举自信旗帜的人，可能把好运招到自己身边，把一批有才有志的朋友吸引到自己身边，在知识经济的时代，能做到这一点，对于你获得成功是十分重要的。

研究成功者的事业发展史，我们发现他们的自信心有两个显著特点：一是胆大，敢于做梦，敢于超越自我，敢于超越常态的目标；二是想要赢，并相信自己一定能赢的心态，并拥有突出的实力。

　　有信心的人都爱做梦，而且敢做大梦。日有所思，夜有所梦，有志者的大脑，好像一辆已发动的汽车，随时可以启动并冲向胜利的目标。他心中充满着追求新目标的理想，理想就是梦，人们常常用"美梦成真"来祝愿他人取得成功就是这个道理。何谓美梦呢？一般说梦有两种，一种是勤奋者的梦，它是积极的，也是现实的，是可以通过诚实的劳动争取实现的，如考大学、搞发明、当专家等。于国、于民、于己都是有利的梦想，可称为美梦，这种美梦经过三年、五年甚至十年的努力是可以成为真正现实的，前提当然是自信，再加上坚持。另一种梦是丑梦，它是自私的、懒惰的、是损公损人，也是害己的。敢做大梦的人，他们给自己定的目标往往是第一流的，因而也是超群的。

　　发明频谱仪的周林就是这种人。他创立的生物频谱学说，是一种独特的崭新的思想、一种新的信息思维方式，根据其制造的生物频谱仪使用方便，功能多样，进入千百万个家庭，成为随时可以帮助你治病保健的"家庭医生"，从而震动了中外医学界。他对自己的理论体系和发明很有信心，到处奔走宣传，足迹遍及几十个国家。他信心十足地把自己的发明产业化，变科技优势为生产优势，在短短三年的时间里，频谱仪的生产量与销售额增长了一百多倍。1991 年，周林在国务院立下誓言：①十年内把频谱技术推向全世界；②为中国创一亿美元的效益；③为中国争取诺贝尔奖提名。没有特强自信的人，是不敢提出如此大的目标的。今日，人们看到周林正在一步步逼近自己的目标，他的生物频谱仪已经走向世界，并荣获联合国知识产权大奖。他的产品销往了五大洲七十多个国家，1995 年他的资产已达三十七亿元，1994 年向国家交税七千万元。目前，周林已向艾滋病发起冲击，而且已见到显著疗效。哈佛大学一位生物学教授说，周林好像是上帝派来的人，为人类打开了新的医学殿堂，破译了只有他才知道的密码。周林有信仰，又信心十足，敢于"做梦"，所以他取得了成功。

　　凡是有信心的人，一定有"我想赢，我能赢"的心态。李富荣是我国著名的前乒乓球国手，在 20 世纪 60 年代威震世界乒坛。后来担任中国乒乓球队教练，为祖国赢得了许多荣誉。在第三十六届世乒赛上，中国队包揽了六个世界冠军。有这样的成绩是与李富荣一直以来强烈的"我要赢，我能赢"的心态分不开的。从少年体校开始，他只要一上乒乓球台就瞪大了眼睛，总是摆出必胜的架势。"我想赢，我能赢"的心态绝非只是一种主观愿望，而要有雄厚的实力做基础的。为了增强实力，他苦练不止，为了提高挥拍力量，他每天要挥拍几百次，他说有时夜里做梦也在进行挥拍训练。他的球拍常放枕头下面，入睡前挥几下，一次半夜里似醒似梦地拿起拍子挥动，一下打到睡在他旁边的周立孙头上。自信、苦练给李富荣的人生带来了丰硕的收获。人们看见，只要李富荣上场比赛总是一拼到底，他因此被誉称"乒乓球界的拼命三郎"。乒乓老将回忆往事时说，打乒乓球最怕李富荣和张变林，与他们打球心里很难受，好像总赢不了似的。自信和勤奋结合的精神也表现在他执教中国乒乓球队的过程中，在第三十五届世乒赛上，男队战败而归。一位记者请他发表赛后谈话，他说，匈牙利队重新获得世界冠军很不容易，用了二十多年的时间，我想中国男队夺回世界冠军绝不需要这么长的时间。自信绝不是一时的冲动，它是对自己优点与缺点、长处与短处冷静分析的结果，心里知己所长，大力发扬，知己所短，积极克服，其结果必定是整体实力的提高。李富荣认为中国男队不是技不如人，而是心理素质差，胜利时咬不住，困难时顶不住。因此用了一年时间练习新技术和磨炼意志，结果到了第三十六届世乒赛，中国队拿回了全部冠军，大获全胜。李富荣的经历告诉人们，信心是以实力为基础的，而不是吹出来的。而实力来自踏踏实实的苦干，来自对自己长短处冷静的分析。只知所长而不知所短，或只知所短而不知所长，都是片面的，片面性不是自信者的特点。

三、有信念，还要有策略

有了坚定的信念，还要讲究行动的策略，才能一步步向目标行进。在这方面最出色的代表人应为张海迪，应该公正地说，张海迪是个十分不幸的姑娘，五岁时得了难治之症，胸口以下全部失去知觉，只留给她一个健全的头脑和一双手。由于生活完全不能自理，她被拒在学校大门之外。但是，她没有被不幸击倒，这位顽强的姑娘在挫折面前选择了坚强，她首先要掌握基本的生存技能，才能讲求人生价值。在一位小学老师的指点下，由她父亲教她学会了汉语拼音，用汉语拼音她学会了查字典，用查字典的方法学习了识字，艰难地学完了小学初中的语文课本。在"文革"中，她的文学知识有了很大长进。为了学得一种生存技能，她又自学针灸，在随父母下放农村时自开诊所为乡亲治病，不久被乡镇医院聘用，当了一名医生，从此，张海迪靠自己不懈的努力获得了自食其力的生存能力。她不止一次领悟到生命的伟大，她也想找到自己的人生价值。张海迪发现自己有过人的记忆力，这是自己独一无二的优势。这时的张海迪就像一位探矿者发现了一座资源丰富的优质金矿一样，心中燃起了不可遏制的创造激情，她毅然决定攻读外语，并将以此为工具，再创人生的新辉煌。一个没有进过校门的人，要自学外语谈何容易。而张海迪的确与别人不一样，对她来说，学外语是与人生目标连在一起的，特殊经历给予了她超强的信念，她还有超人的顽强意志力，决心下定，目标选准，凭借一流的记忆力，加上一流的勤奋，从英文字母开始，一个字母一个字母地背，一个单词一个单词地啃，一个句型一个句型地攻，用了两年多的时间，自学了中学英语课本。张海迪已经爱上了外语，信念加上策略，让她一步步地向她的理想靠近，即精通外语后当翻译家。因此，她迫切希望有名师指导，正巧一位朋友告诉她，镇里来了一个监督劳动的人，听说这个人年轻时是名牌大学毕业的，当过报纸编辑，因为说过某领导人的坏话而受到处分。张海迪听了喜出望外，写了一封拜师求教的信，请朋友送给那位老师，一天后朋友回来说，那位教师看完信后半天不语，然后把信放进口袋里，说了一句："拜我为师，不敢当，不敢当。"也巧，几天后朋友推着张海迪到镇上玩，一位年近五十的人正向她俩迎面走来，朋友告诉张海迪，那人就是她要求教的老师，海迪马上大声对那人喊："老师，我是张海迪。"那人听到喊声，前后左右看看，从张海迪身边走过，没与张海迪讲话，小声地自言自语道："太年轻啊，太年轻啊！"张海迪回家细想，认定这位老师不是拒绝授教她，而是身处逆境的人出于自我保护之故，有难处。于是，海迪向老师写了封信，约定以自己医院的治疗室为求教的地方，教者以求医为名，学者以医生为名。教师接信后欣然前往，名师高徒开始了特殊的教与学。经过名师指导，张海迪的英语收效显著，很快学完了大学英语课程。为了充实实力，张海迪一鼓作气，先后又学会了德语、日语等外语，成了一名颇有功底的外语专业人才。常言道，是金子总是要发光的。张海迪接连翻译了四部长篇外国文学作品，又写完了几十万字的自传体小说《轮椅上的梦》，一举成名，多次获奖，她也成为中国作家协会会员。成为专业作家的张海迪的成功经历告诉人们一个万古不变的真理：人，要有坚守的信念，在为信念奋斗的过程中，讲究策略，一步步向理想迈进，成功就在不远处。

人生绝非是苦海，而征程肯定有艰险。信念是战胜一切艰难险阻的力量之源，有信念的人最坚定，最坚定的人最自信，最自信的人最自爱，最自爱的人最自强。人，绝不要自贱于人，而要善待自己，这本是天经地义的事。善待自己最要紧的是自信。自信的最大敌人是对自己的无知。无论社会如何复杂，来自外界的挑战如何严酷，不管你能不能克服，但是总有过去的时候，当前对你形成威胁的事情不会永远存在。但是，你一定要记住，心中的那个自我永远不会消失，无论你走到天南海北，你内心的那个自我，将与你永远相随，直至生命的最后一刻。假如你缺乏自信，那么你的此生此世将无法战胜困难。我们应该相信自己，理由是简单明确的，因为在这个世界上，每个人都是独一无二的。通俗一点说，你能做的事，别人不一定做得像你那么好，你的经验、体会、能力、技巧，别人不一定比得过你；你的记忆力、思维力、想象力、模仿力等智力因素，别人不一定比你更优秀；你的人际关系、口才、写作水平、体能，别人不一定能胜过你。总之，你肯定在某一点、某一方面具有别人没有的特质，这就是你的优势，是你独一无二之处。既然是你的特质，那么别人是无法完全模仿的，也就难以取代你的位置，试想处于此种情况下你还不相信自己，又有谁能相信你呢？有了自信，敢做梦，敢大胆地规划自己的梦想，并为之挥洒汗水；同时也要讲究策略，一步一步向着梦想前进。

性格适应

——成长思索之五

性格决定命运。这是人们常常挂在嘴边的一句话。意思无非是说，一个人的性格如何，总是同他的职业、前途、人生成败息息相关的。

事实也正是如此，一个人有什么样的性格特征，往往决定了这个人从事何种职业较易取得成功。考察为社会作出较多贡献者的人生轨迹，发现有的人的性格能帮助他克服巨大的困难，有的人的性格是人格魅力的组成要素。可以毫不夸张地说，人的性格优劣影响人的生存优劣。这里有两个不可小视的问题，一个是选择职业时一定要扬性格之长，避性格之短，这无疑是一种人生的智谋；另一个是在职业岗位上发现何种性格于职业不利，你就必须及时调整，要么另选职业，要么改善个性，这是有益于生存的积极态度，也是我们说的性格适应。

一、不同的职业要求不同的性格

人们早有所悟，不同的职业的确有不同的性格要求。了解性格与职业的关系，对人的生存是十分重要的。剖析当代社会成功人士的人生发展史，我们发现，他们的性格与职业两者结合得十分和谐与完美。性格决定命运，就是说性格从一定意义上决定了人的未来和前途。这样说绝不是完全无道理的。应该承认性格与职业有一定的内在联系。但首先，我们应该认识性格，了解自己的性格。什么是性格？性格是一个人对现实的比较稳定的态度，是习惯性的被极端化了的行为方式，这种态度与行为方式的总和就是一个人区别于另一个人的性格。准确把握自己的性格并不容易，因为性格的形成和表现是十分复杂的心理现象。你想分析认识自己的性格吗？可从以下几个方面着手：

（1）从情绪的角度进行分析。比如有的人经常情绪高涨，有的人则时常情绪低沉；有的人情绪外露，喜怒挂在脸上，有的人则心事重重，少言寡欢。

（2）从意志力角度进行分析。比如有的人做事有计划、主动、果断、自信，而有的人则胆小、怕事、易受误导，缺乏恒心和魄力。

（3）从人生态度的角度进行分析。比如有的人对未来充满希望，在生活中乐观、积极，有的人对未来失去了信心，在生活中忧郁、苦闷。

了解了自己的性格，可为未来的职业选择作一个有益参考。

社会心理学的研究表明，不同的职业对人的性格要求是各不相同的。企业领导者应有稳重、主动、外向、自信心强、有主见等性格特征。缺乏如此性格的人则不宜做企业领导者。教师应有善良、宽容、热情、耐心、善解人意、思想敏锐等性格特征。从事服务行业的人应有热情、大方、诚恳、耐心、善于人际交往等性格特征。从事司法工作的人应有冷静、有主见、虚心、不易受误导等性格特征。考察中国现代名人的成功历史，人们看到人的相关性格对事业成功有重要的直接的帮助。从一定意义上讲，没有相关性格支持，就不可能获得如此突出的成就。这是一个重要的认识，它告诉我们，在抉择自己人生道路和选择职业时，一定要对自己的主观条件进行认真分析，尤其要对自己的心理品质和性格特征有清醒的认识，千万不可凭一时的情绪冲动，更不可在不假思索的情况下人云亦云。

在这种事关自己未来的大事上，逆向选择是个减少失策的好办法。具体的操作方法分四步：①假定一个自己向往的人生目标或职业；②凭自己已有的经验和认知分析该目标、职业必备的主观条件和性格要求；③对照要求评估自己的综合素质及性格特征；④对照目标和职业要求作出判断，得出肯定或否定的结论。如此不断筛选，最终择最优方案而定。这样做可以减少甚至基本避免未来自己在职业上的性格冲突。下面以几位名人为例略加分析。

傅雷是中国有名的翻译作家，他从小就受到父母的严格管教，母亲望子成龙心切，信奉"棍棒底下出人才"，使他幼小的心灵承受了极大的压力，从小养成了不善与人交往的性格，但正是这一性格使得他能静下心来读书。长期不语，安静看书的特殊性格正是从事文字翻译工作绝对需要的。但不与人交往、性格内向也许是傅雷在"文革"中自杀的重要原因。傅雷学生时代的班主任是一位著名书法家，在回忆他的这位学生时说："心安，但有些孤高自赏，他天资聪明，肯苦读书，小小年纪已有相当的古文基础。很有点博学多识。"本来，高傲是许多学识者的一种自信，对傅雷来说又含有独立思考的含义。有人回忆说，傅雷有事找你或你有事找傅雷，绝不可谈与事无关的话，事谈完了，就要立即起身离去。这种严格认真、一丝不苟的性格对做学问的人是必不可少的，特别是文字翻译工作是来不得半点马虎的。但对于做生意的人，这种性格最好半点也没有。1981 年，傅雷的儿子傅聪回国探亲，当人们问他父亲对他最大的影响是什么时，傅聪说："可用一句话说，独立思考，父亲是我活生生的榜样。"独立思考，任何问题要有自己的主见，绝不盲从。傅聪的感受抓住了父亲性格的重点，实际上，独立思考是做人的要领，也是做任何学问都不可或缺的性格，正是这一个支撑点把傅雷托上了事业辉煌的顶点。刚正不阿，对于人际交往来说，也许不算优点，但这种性格在傅雷的翻译生涯中又是重要的精神支点，翻译要忠于原著，不能容忍歪曲、误解原意，这正是傅雷作品的价值所在。傅雷的好友在他去世后说过这样一段话：

傅雷的性格刚直，他做事先想，与不实的人合不来，后来他选择以译书为职业，恐怕就是这个原因。傅聪又说："父亲对我的要求是十分严格的，到了读大学时，规定我什么时间读书、什么时间吃饭、什么时间睡觉，都是准时的、不可更改的。在他工作时谁也不许去惊动他。"当然，傅雷的事业成就不是性格一个因素所能决定的，还与个人的才干、主观努力以及机遇等诸多因素都是分不开的，但与个人性格很大的关系。通过对职业与性格相互关系的分析，我们可以得出以下的结论：性格是一把双刃剑，我们在选择人生目标时，一定要在性格问题上扬长避短，选择与自己性格相适应的职业。

作家沈从文性格平淡、自然、纯朴。他是现当代文学史上卓有成就的作家之一。他的文章以纯朴自然的风格自成一家。他那平静如水的文风让千万读者倾倒。俗话说，文如其人，他的行文风格正是作家自身性格的写照。淡泊名利、忠于现实，使他在多风多雨的文坛上站稳了脚跟。后来他被调到国家历史博物馆工作，从而中断了文学创作。刚到博物馆时分给他的工作是给文物写分类标签，这是一项简单的基础性的工作，但他并不生气抱怨，反而自得其乐，并把它当作一项全新的事业，不仅安心地做，而且非常投入，结果对文物着了迷，经常忘了下班。几年过去后，他又默默无闻地开垦了人生的一处新领地。他对历史服饰情有独钟，成为中国名气不小的服饰专家。"文革"期间，一位领导要把他收集的资料烧毁时，沈从文说"没什么，你想烧就烧"。看到自己多年的辛劳化为灰烬时，沈从文心态平静，表现得十分淡泊。他想，在当时的背景下，一切抗争都于事无补，反而有害。他的性格本来就是这样，一切顺其自然。平淡、自如、纯朴的沈从文，把自己的生活自然而平静地放在政治风潮之外：你叫我扫厕所，我认真去扫，一声不响；你要我站在台上接受批斗，我从容上台，至于你们胡乱讲什么，听不听由我，少听也少生气。博物馆旁边是天安门广场，从早到晚人潮涌动，口号声不断，今天打倒这个人，明天打倒那个人，他没有兴趣，不看也不听，心情平静地做领导交代的工作，累了就坐下来想自己爱想的事情。沈从文平淡自如的后半生，是他纯朴、平静性格的结果。人们有很多理由相信，如果他在别的岗位上同样也会不声不响、认真安心、无争无怨，干得很出色。沈从文的经历说明，顺其自然的性格，是一种适应性很强的性格特征。顺其自然的性格可以支持你适应各种不同的环境，在客观条件难以改变的情况下，要改变人的自身主观状况来求得生存、求得发展。

丁聪是当代中国最成功的漫画家之一，而性格是他成功的最重要原因之一。丁聪的性格可用一句话概括，那就是热爱生活、幽默乐观、爱憎分明、疾恶如仇。这种性格正是漫画家必备的主要素质条件。他一向以乐观开朗著称，遇到困难从不烦恼。很多人说，只要你与他相处，很快就会被他的欢乐情绪所感染。"文革"时期，他被关在屋里写交代材料，丁聪就写道："有些人真不好，没把不满意的事告诉我，告诉我了我也会好好想一想。"丁聪的话使要他交代问题的人不知是哭还是笑。丁聪是疾恶如仇的，他对各种不良社会现象嬉笑怒骂，每一幅漫画都在人们心中激起强烈的共鸣。丁聪在一篇文章中袒露说："我常常是以一种坦荡的心情进行工作的，我的任务是要赞扬时代的美好，还要揭露历史残留的丑恶。"丁聪的性格使他看问题具有常人少有的尖锐和深刻，所以他能敏锐地把握社会的风云变化。及时对社会生活中种种黑暗与不公进行无情的讽刺。实际上，作为一个漫画家，只有疾恶如仇是不够的，还必须善于观察和思考，而这一切性格又必须和谐地、完美地结合为一体，方可显示创造神奇的力量，这一点在丁聪身上得到了最佳的体现。

人的性格是个矛盾的综合体。而仅仅认识到这一点是不够的，我们更要自觉地使自身性格中的各个侧面相互融合。良好性格的和谐融合是美，是创业成功的推动力，会产生难以取代的魅力，应该承认，能将各种性格完善融合起来，不是轻而易举就能做到的。同样道理，我们又必须努力这样去做，假如你想当个成功者，就只有如此选择。

二、性格中的特殊部分有助于成功

在通往成功的路上肯定有各种意想不到的困难。在急切要充分发挥人的主观能动性的时候，人的性格中的特殊部分往往是关键因素，犹如电灯的开关一样，开了灯，黑暗变光明，也就可能增强信心而找到战胜困难的办法。就拿吃苦来说，有位作家说过，能吃多大的苦，就可创多大的业。它告诉人们，事业的成功必须以能吃苦为第一前提。有人认为，到了现代社会，科学技术大发展，不应再强调吃苦精神了，此种观点不是懒汉的自我辩护词，就是对现代社会缺乏科学认识者的一种误解。实际情况恰恰相反，即使到了21世纪的知识经济时代，是否具有肯吃苦的性格，是否具有迎难而进的精神，仍是成功与失败的最终决定因素。快节奏、高风险、高压力是现代生活的突出特征，四平八稳、漫不经心、舒舒服服的生活和工作是没有成功可言的。一切成功之士，在思想和行为中，显示出争、抢、攻、创的特征。争取时间、抢占先机、攻克新的目标、开创新的局面，不吃苦能行吗？信息是流动的、稍纵即逝的，你要抓住它，并且变成实在的结果，不付出精力、不吃苦能够实现吗？才能是学习训练来的，你不一页一页地苦读，一门一门地考核，一次一次地实践，能具备才能吗？总之，凯旋门只向吃苦耐劳、坚韧不拔的勇士们打开。

以表演艺术家刘兰芳为例吧。在以男性为主导的评书界，女性成名更为艰难。她在走向成功的路上付出的汗水和泪水比别人要多得多，她之所以能家喻户晓，首先得益于自己吃苦耐劳的品格。刘兰芳出生于评书世家，从小就喜欢说唱节目，贫困家境的磨炼，使她较早地成熟起来，养成了一种不怕吃苦、从不叫苦的坚强性格。正是这种性格支持她闯荡江湖、拜师学艺。刘兰芳14岁离家，拜一位民间艺人为师。旧社会艺人生活艰苦，饱一顿，饿一顿。师父觉得苦了徒弟，要刘兰芳回家，刘兰芳说："师父，我不走，再苦也不怕。"这段日子对刘兰芳来说，不在于学了多少艺，而在于生活的艰辛更加磨炼了她坚忍、顽强、不怕吃苦的品性，并升华为一种内化的人格力量。后来一个难得的机会使她被评书艺术家看中，调到鞍山区艺术团当演员，这是个民间艺术团体，条件并不好，工作生活都比较苦，住房破旧，冬天透风，夏天蚊虫乱飞，这些在刘兰芳心里算不了什么，她的心思全用在学艺和练功上。她有自己的座右铭：学好一身艺，舍得下功夫。她每天坚持听书，场场不落，从不间断，即使发高烧，也坚持听。她坐在场下认真听，仔细看，细心思考老师的说功和评功，一段一段地背记故事情节。有时团里放假也不回家，留下来背书练功。她严格要求自己，别人练一遍的，她练两遍，别人休息了，她坚持练，除了教师布置的手势、身段、口声练习外，自己还加了眼神和舞姿训练。每天跑步是给自己规定的自修课，教师评价说，在学员中刘兰芳比谁都能吃苦，并认为其将来必有成就。三年的学员生活结束了，她已初步形成了潇洒大气的评书艺术风格。正当她要一展才华的时候，"文革"开始了，刘兰芳被迫离开了心爱的艺术舞台，下放到一家工厂当工人，刘兰芳经历了十年的波折与苦难而变得更加坚韧、顽强了。"文革"结束后，她又开始了舞台生涯，回到了鞍山区艺术团。1979年，受鞍山电台的委托，刘兰芳担起了恢复传统评书剧目的重任。已经是三个孩子母亲的刘兰芳又一次显示了她吃苦耐劳的性格。为了更快地完成任务，她立即开始了工作，每天晚上加班四个多小时，困了就卧在书桌边小憩，为了提神而大口大口地喝浓茶。每天早上五点起床跑步练功，风雨无阻。白天照常参加团里的各种活动与演出。经过七个月的艰苦创作，六十余万字的《岳飞传》完成了，一经电台播出，立即造成了轰动的效应，刘兰芳也一举走红。刘兰芳的成功证明了这样一句话：不经一番寒彻苦，怎得梅花扑鼻香。能吃苦，能成功，吃大苦，创大业。

性格中的特殊成分——朴实，也能成就事业。朴实也许比精明更受人信赖。提倡朴实的性格，往往有人不以为然。大多人认为，在当代社会生活中，要想比别人生活得更好，主要靠精明而不是朴实。人不多一点儿精明，就会吃亏。何为朴实？朴实就是踏踏实实做人，勤勤恳恳做事，实实在在说话。不是寄希望于投机取巧，处处占便宜，或者费尽心机去不劳而获或少劳多获，而是以自己切切实实的努力达到自己的目的。有这种优良性格的人，对人对事不做作，言行不虚，表里一致，少有非分之想。人们与其相处，不会有威胁感，能不存戒心地与其交往。

现实就是这样，朴实的人比精明的人的朋友多，也较易取得朋友的信任和支持。彭丽媛是大众喜爱的歌唱家，她的成功就得益于她那朴实无华的性格。她人生历程的每一步都走得扎扎实实。她那朴实的性格和深厚的功底是她事业发展永不枯竭的动力。她总是平和待人，无论是对长辈、同辈、晚辈，她总是充满友好尊重的诚意，没有丝毫的傲气与强迫之意。因此大家乐于与其交往合作。人心与人心是等价交换的，真诚待人，必定能迎来真诚的回报，精明算计待人必定迎来别人的精明算计。一位作家是这样评价彭丽媛的："无数的赞美未能改变她洁白如玉的品格，众多的桂冠也难动她平静如水的天性，她的歌声与她的素质教养在一起，她的人品与她的歌永远甜美、永远芬芳。"有的人品性骄躁，刚有一点成绩就会翘起尾巴。而彭丽媛则总能在荣誉面前保持平静朴实的本色，不出风头，不摆架子。1989 年，厦门市举办"我爱厦门"文艺晚会，主持人要派车去接她，她说别派车了，她自己乘公共汽车准时到。朴实的性格使她与普通老百姓有天然的联系，她的那首《父老乡亲》唱到哪里，欢声笑语就传到哪里。她曾对一位记者说："我这个人有点多愁善感，心里追求的东西没有实现就老是放不下，一旦得到了又总觉内疚，感到该更完美、更好一些，特别是掌声响起时，我想下次要更好一些，我只做了一点，不应该给我那么多的荣誉。我心里是这样想的，绝不是虚伪，也不是什么谦虚。我的成功是以多少人的工作为基础的。时常感到自己是占了别人的便宜。"一段独白，表明了彭丽媛真诚朴实的性格。彭丽媛的成功经历在告诉我们，真诚朴实地对待别人，是事业有为的巨大支持力。人间一切称得上事业的东西都是在人心与人心的互动中完成的。因此，以自己的朴实之心换得他人朴实待己，你的事业有望一路顺风，否则，不是孤立无援，就是障碍重重。

古往今来，凡是在事业上有所作为者，总不会是某种偶然的结果，总会与某种相关有利条件有关系，或者碰上了一个好时代，或者遇上几次好机遇，或者是自己具有独一无二的才能。然而，即使上述种种有利条件全都为你所有，你却缺乏与之相适应的性格，终归也难成气候。所以我们要认识自己的性格，发挥性格中特殊部分的作用，对于这一点，刚刚步入社会和即将步入社会的青年朋友们，尤其应该给予关注。

投入良策

——成长思索之六

　　创造了经济发展奇迹的日本，流传着一句名言：世上无难事，只怕工作狂。细心品味这句话，可较好地理解成功与敬业的关系。考察古今有所成就的事业者的奋斗历程，不难发现他们所以能成功，是因为只要是他们认准的事，就舍得投入，毫无保留地把自己的体力、精力、智力，甚至财力投入进去，因为专注，所以他们获得了成功。

一、充沛的精力是投入的物质前提

　　人们常把全力以赴投入工作的态度称为敬业精神，有时也可称之为拼搏精神。敬业、拼搏，意味着超常态的付出，要忍受常人难以承受的艰难与痛苦。也意味着长期艰苦的体力与精力消耗，自然，要做到这一切，就应有强壮的身体和充沛的精力。体力和精力是创业的基础和成功的保障。无可否认，在人生征程中无处不艰。困境难免，要面对它，不仅对人的心理素质是一种磨炼，而且对人的体力、精力也是一种检验。

　　无论是历史还是现实，许多名人正是具备了体力和精力的优势，才能夺得胜利者的皇冠，甚至可在一定程度上说，他们是以体力和精力击败对手而夺取胜利的。朱明瑛少年时考上了舞蹈学校，每个星期天都要练翻跟斗，她不知练习了多少个日夜，摔了多少次，每次都是从早上七点多翻到下午一点多，每次都练得衣服被汗水湿透了，一拧一把水。这一切并没有白费，高强度的训练让她获得了良好的身体素质。后来朱明瑛被调到了东方歌舞团，为了演唱外国歌曲，她开始学英语。当时东方歌舞团在农村体验生活，她必须走十几里路到学校上课，晚上十点多才能回家，有时遇到暴风雨也只好淋着雨回家。一次为了学好一首外国歌曲，她往学校跑了三次，直到最后一次才见到她要找的留学生。为此她在寒冷的室外等了四个多小时。幸好少年时练功打下的底子还在。要高频率、高效率地工作，没有充沛的体力和精力是万万不行的。人不是木头，也不是机器，易累易疲劳。在如今快节奏的现实生活中，虚弱的身体，只够格格站在竞争圈外当看客，谈何投入？

　　梅兰芳是誉满全球的京剧艺术家，是魅力永存的艺术大师。一次，他在莫斯科大剧院演出后，来到莫斯科电台电视制片厂拍摄一部介绍中国京剧的影片。当时已是午夜了，为了取得最佳的效果，制片厂运用了最复杂的拍摄方法，耗费了相当长的时间。梅兰芳演出的旦角，头部的各种化装道具共有几斤重，平时演出坚持两个小时已经不易，而当天晚上他坚持了五个小时，直至完全拍好，可想而知这需要多大的体力和精力。

忘我的工作是以良好的体质做保证的，否则，不是虎头蛇尾，就是半途而废。人们常常赞赏刘欢的歌声，羡慕他一举成名，而刘欢却难忘那辛苦欲睡的日日夜夜。据刘欢回忆，那是 1988 年 4 月的一天，他上午在录音棚里录了三首歌，中午简单吃了个盒饭，下午又到另一个录音棚录了三首，而后再到另一个录音棚录了三首，接着又参加一台晚会的演出，摄影机紧跟不舍，晚会后坐车回家，后面又跟着四辆车，其中三台车是来洽谈演出的，另一台又把刘欢拉到了录音棚。到了半夜三点，他才拖着昏昏欲睡的身体回到家，倒在床上就睡着了。可见，繁重的工作，没有强健的身体作基础是无论如何都不行的，否则人生投入只是一句空话。而充沛的精力使刘欢很快适应了繁忙的演出生活，没影响一次演出，使自己的艺术事业不断攀升。

前不久，国家人事部对三十年来先后病逝的两院院士做了综合分析，统计数字表明，英年早逝问题突出，约80%的已故院士去世时没过 50 岁！体质不好、健康状况不理想给他们的人生造成了毁灭性的打击，人生是耕耘，生存是竞争，耕耘要投入，竞争要精力，当你在规划自己人生的时候，当你在争创生存优势的时候，体力和精力是你人生投入的首要因素。

二、要遵循聚光法则，合理投入

在人的一生中，要想有所作为，争取当一名对社会有用的优秀公民，必须热爱自己从事的工作，只有全身心地投入，才会获得成功。奥运会圣火的火种就是运用放大镜的聚光原理，在一个地域中找到与太阳最近的点，用放大镜把太阳光集中到一点引起燃烧物燃烧，从而得到火种的。在人的工作和学习生活中，许多智者早已运用了这一聚光原理，形成了一种有效的思维法则，即聚光法则。通俗地解释就是毛泽东军事思想中的"集中论"，即所谓集中优势兵力，各个歼灭敌人，也可比喻为"收回五指，形成拳头"的策略思想。人生要做的事很多，但是，你的知识再丰富，能力再强，也不可能是万能的，何况上帝给人的时间总是有限的，最佳的方法是集中自己的有利条件，集中自己的体力、知识、能力、物力、财力、人际关系等多方面的优势，在一段时间里，全力以赴地投入一项事业中。哲学家黑格尔认为，一个大有成就的人，他必须知道怎样支配自己，一个什么都想做的人，结果是什么事也做不成。马克·吐温是一位优秀的短篇小说家，他曾指出：人类的思想就是这样的，为了追求某项事业，只要你善于放弃与此无关的事，那一定能作出连自己都吃惊的事业来。正因如此，马克·吐温的小说在文学史上是别人无法代替的一部分。一段时间内，集中一切优势，精心做好一件事，是他们的奋斗轨迹，我们发现有三条重要策略：

其一，找到明确的奋斗目标。人们看到，成功的人都是有坚定明确的奋斗目标的人。他们能根据自己的特长和任务的需要，在工作、生活多个目标中选择其中一个，并始终如一地关注这个目标，一步一步逼近它，实现它。如同物理试验中的术语，他们找到了"聚光点"。李文华是个业余相声爱好者，他自编自演的相声表演深受周围人的喜爱。李文华35岁时被马季的慧眼识中，被调到中央广播艺术说唱团。相声表演主要分捧和逗两种角色，逗为主，捧为辅。在到中央广播艺术说唱团之前，李文华主要演逗角，此时团里缺少捧角演员，为了事业的需要，李文华欣然接受分配，改演捧角。从此，李文华开始了虚心求教和刻苦钻研。别人在台上演，他认真在台下学，全神贯注，不放走一次机会，不马虎一个相声段子的研究比较。此时的李文华除了研究捧角技巧外，对一切与此无关的事全无关心，连生活都捧角化了，捧角是不可太突出自己而削弱逗角的，李文华在生活里与人交谈时，尽量不先说第一句，精心练习接下句，尽量言简意明。遇到开会或领导接见，心里会默默接上领导讲话的下句，领导说同志们辛苦了，他便小声接下句"没什么"；领导说太艰苦了，他接下句说"好，苦中有甜"。走在路上遇见熟人，与人交谈时他也边听边想，品味一问一答中的精彩之处，正是李文华如痴如醉地专注于捧角艺术，使他很快就成为人人喜欢的捧角演员，逗角演员无不喜欢与李文华合作演出。他几乎捧遍了团里所有的逗角演员。由于他全身心的投入，把自己的时间、精力、才华高度集中到捧角艺术这一点上，所以取得了常人难以取得的艺术成就，被评为"全国十大笑星"之一，成了人民喜欢的相声艺术家。李文华的成功，除了他的责任感和表演才华以外，遵从聚光法则的投入之策，也是关键因素之一。

其二，把自己与从事的职业融为一体。古今中外，凡是有成就的人，无不是工作狂。但大家千万不要误解，他们绝不是没有享受过生活的情趣，更不是无血无肉的机器人，而是他们心爱的事业强烈地吸引了他们，他们心甘情愿地付出自己所有的才干和精力，这样的人，已经把自己与事业完全融为一体了。张培玉是世界著名的音乐指挥家，本来，音乐指挥家是男士一统天下的，她却以超凡的实力打入了欧洲乐坛，并斩获一著名乐团首席指挥的宝座。人们看了她的表演，誉称她的指挥才华像天生的。张培玉的敬业精神同她的才华一样闻名。她曾经一天指挥了三场音乐会，这是许多男士也不易办到的。一位音乐评论家赞叹说，她像一个上了发条的钟，始终不停地转着，走着。她不仅对演奏者要求十分严格，而且对自己的要求更严格。一次，在一场大型音乐会开演之前，她突然生病了，许多人担心张培玉可能来不了，但是，幕布拉开，张培玉已经站在指挥台上了。事后她说，当时她全身无力，可想到听众的掌声，想到自己的事业，她顾不了那么多了，她多次对慕名而来的记者说，音乐与她的生命完全融在一起了。音乐是从她心里流出来的，当她把音乐会指挥好了，她就得到了最大的满足。她热爱音乐，太热爱了，以致没有别的东西能超越它，也没有别的事能让她这样投入，她完全无法将自己与音乐分开。张培玉的成功，完全在于她的投入。她的人生就是一场一场的音乐会。

其三，忘我，忘掉目标之外的一切。在体育界流传着宋世雄"三笑"的故事，宋世雄闹了三个笑话。笑话一：七运会组织运动员开会，会后，宋世雄发现自己座位旁边有一个背包，他对刚出会议室大门的人群大声呼叫道："谁的包，谁的包？"一个同事回来一看，发现包里放着宋世雄的记者证。同事笑着说，这不是你自己的包吗？引来朋友们的一阵大笑。笑话二：开幕式前，宋世雄全神贯注一动不动，只等开场，这时，他发现荧光屏上出现了月亮，他自言自语地说了起来，坐在旁边的人发现是荧光屏中台标上的几个小字，又引来一阵大笑。笑话三：开幕式后，宋世雄与同事们边说边走出体育场，这时人群已散去，四周是水，宋世雄还没从播音状态中走出来，看见地面有水，以为是下雨了，话一出口，朋友们哈哈大笑，原来地上的水是洒水车喷洒的。后来宋世雄回忆说，当时他精力完全集中到开幕式解说上了，与此无关的事他完全不在意。开幕式结束了，宋世雄的夫人钟瑞在接受一家报纸的记者采访时说，老宋这个人心里只有体育比赛的解说，其他的事一个耳朵进一个耳朵出，许多事不提醒几次是不行的。对体育解说专注的宋世雄，他的成功之诀在哪里呢？我们可以概括为一句话：专注一点，不及其余。

三、要舍得投入，舍得付出代价

无数事实证明，人的一生想不劳而获，或者少劳多获，投机取巧，是不会有成功可言的。相反，你越不想付出，越搞人生投机，反而得付出更多、更大。从目前看，你失去了时间，错过了机会；从长远看，你荒废了年华，糟蹋了生命，细心想想，这不是比什么损失都大么？世上没有上帝，懒惰绝不能创造奇迹。成功的天之骄子，个个都付出了超常的艰辛劳动，付出过沉重的代价、辛劳和汗水，是必须投入的启动资本，在生存竞争的市场上，没有无本的买卖。要舍得投入，舍得付出。价值越大的目标，实现的难度也越大，付出的代价也越大。实质上，代价意味着痛苦，不同的代价就是不同的痛苦，因此，付出代价的人就要具备心理承受力。事实上，要想付出与收获成正比，就必须做到以下三点：①心甘情愿；②不怕冒险；③舍得付出一切。

如果你喜欢《花儿为什么这样红》这首歌和电影《刘三姐》中的插曲，就应该知道歌曲的作者是雷正邦。他虽然学的是外国理论，却是一位令人尊敬的民族音乐家。不深入生活，不深入民间，不深入深山农舍去吸取营养和素材，是不会创作出好的歌曲的。为了搜集散落在民间的、代表广大人民心声的素材，雷正邦心甘情愿地舍弃了舒适、多彩的城市生活，走乡串村，奔走在大山大漠之中。为了创作《五朵金花》的曲子，雷正邦先后十一次去了云南，跑遍了高山林海，终于写成反映少数民族生活的音乐，他走进深山老林，拜访民间歌舞，住在山寨里，半夜老鼠在他身上跑，蚊子成群，为了得到一首古老的民间曲，再苦再累也心甘情愿地忍受着。有一次，他外出收集相关素材，要过祁连山，风大雾大，从马背上摔下来，幸好被树枝挡住，才没摔下山崖。为了创作，他几次死里逃生。在创作电影《冰山上的来客》的歌曲时，他到新疆采风，晚上露宿在大草原上，天下大雨，早上起来一看，行军床飘在水上。还有一次，过草地时大风刮来，人站不住，只好护着头连走带爬地行进了二十多里。虽然多经死亡的威胁，但雷正邦仍坚持着。目标就是收集民歌素材，再苦、再累、再险都心甘情愿。少数民族的歌是优美的，可往往深藏在山区，而这些地方是最艰苦的，只有忍受得住这种艰苦，愿意放弃一时的安逸的人，才可能得到这些旋律。雷正邦的经历启示我们：假如你能吃别人不愿意吃的苦，忍受别人不愿忍受的压力，冒别人不愿冒的危险，那么，你一定会获得比别人更大的成功。

看准了的事就不要怕冒险，风险与收益成正比。一项事业，价值越大，困难越大，风险越大。那些成功的人有常人没有的勇气，只要是认准了一个目标，有五六成的把握，就要敢于承受最大的风险，集中精力投入，争取一切有利条件，走向成功。发明无铅电池的王莲香是一名乐于冒险，敢于创造奇迹的人。王莲香是某工厂的普通职工，她知道电池中的铅成分对人、对环境都有极大的危害，于是她萌发了试制无铅酸电池从而消除污染的想法。制造无毒害电池在许多国家还处于试验阶段。然而，对于一无资金，二无场地设施，三无专业知识的王莲香来说，困难比想象中的还要多。然而这位性格刚毅的工人，一旦认定了自己的追求目标有巨大的社会价值，就毫不犹豫地投入其中，敢于冒险。没有场地，她四处找关系借，桌子上、地上到处都是试验用的瓶瓶罐罐。没有资金，她就变卖家产换来现金，王莲香的丈夫在海轮上工作，家底比起常人也算丰厚，可没几年时间就被她花光了，存款用完了，她就变卖了丈夫从国外买回的摩托车，乃至自己心爱的衣物。缺少专业知识，她就强化自己的专业知识，翻看各种相关的化学书刊。她大儿子的化学课本也是她的课本，儿子也是她的老师。有时忙得忘了洗脸和吃饭。她的两个儿子常常因为没人做饭给他们吃而饿肚子。1988 年的农历大年三十，家家欢天喜地地忙过年，王莲香的丈夫休假回来推门一看，被眼前的情景惊呆了：王莲香在埋头做实验，大儿子在做作业，小儿子在啃一块干面包。为了解决化学反应的稳定性问题，王莲香不顾身体有病而四处奔波，国内如有相似产品，马上跑去求教，她为了学习取经，跑遍了全国二十多个省市。为了解决高能低毒电池的耐低温性，她在寒冬腊月到内蒙古和青海做实验，晚上住的是一间四面透风的房子。寒冷冻得她手脚长满了冻疮。为了寻找蓄电池的最佳配方，她一连奋战了四十个日夜，每天要不间断地检测二十几次，各种记录近百本。老天不负有心人，王莲香最终获得了成功。一种高能、耐低温、无污染的电池问世了。该产品能满足各种大功率设备的需要，且成本大幅降低。消息传到国外，德国一家大公司大吃一惊，他们不相信这是中国人做出来的，当知道确有其事时马上请王莲香访德。实际上，科学研究需要极大的投入，可是，又有谁能算得出王莲香为此投入了多少精力和汗水呢？一般来说，科研费用高、风险高，个人承担这种风险要有天大的勇气。而王莲香就有这个勇气。自然，王莲香的收获也是超人的！王莲香的成功告诉我们：如果你认定了某个目标有意义、有价值，是一项值得投入、值得冒险的事业，为了成功，你应该冒险。

生存，是永无止休的竞争。生存竞争是人与人实力的较量。人，只有舍得投入自己的实力，才能成为生存竞争中的赢家。你想收获人生么，请投入你的感情、精力、智力和能力，这些可帮你获得更大的效益。生活的辩证法告诉我们：切不可相信生存竞争中有无本买卖的好事。

应对压力

——成长思索之七

现代社会的一切事物无不充满变数，一切社会生活领域无不在快节奏的运转之中，这一切都会随时随地对人的精神形成一种压力。所以，强化心理承受力，学会应对压力，是人生中值得认真关注的一件事。

一、调整好心态

人的一生会遇到多少困难，无人去统计，也无法统计。虽然无法统计，但谁也无法否定它的存在，只有首先承认它，才能认识它，只有认识了的东西，你才不怕它。第一次遇到的困难，只要你抖擞精神面对它，鼓足勇气战胜它，当你第二次遇到同样的困难时，你就轻车熟路，就较容易解决了。假如一遇到困难就害怕，就思想动摇，最后行为退缩，不敢迎难而上，就可能全线崩溃，一败涂地！有了因退缩而导致失败的体验，就可能留下一种记忆，再一次遇到同样的困难，那么前次失败的记忆就会变成一种自我暗示：又可能要失败了。这种消极暗示是情不自禁产生的，它是心中的一片乌云，使人在压力面前会莫名其妙地丧失斗志。如果你第一次遇到一种困难，包括各种逆境或挫折，你就咬紧牙关，硬着头皮，以必胜的姿态，暂时放下手中其他的事，以顽强的精神顶住它，调动一切积极手段向困难发起进攻，结果是绝不一样的。你可能开始只是一点小胜利，坚持进攻，也许经常有点小胜利，人的自信心也不断扩大，自信诱发潜在的智慧，坚持攻下去，困难将会慢慢减少，直至完全被你克服。万一由于种种原因最终还是失败了，你也取得了宝贵的教训，找到了失败的具体原因，当遇到同样的困难时，你就不会用同样的方法，犯同样的错误。经验会告诉你要改变方法，调整进攻方向，也许这一次你就是胜利者。更为可贵的是你总结的经验教训，对你是一种积极的自我暗示：这次一定能成功。所以，当你第一次遇到困难时要坚决顶住，这是应对压力的高级智谋。

心态如何是应对压力的第一个关口。人一旦遇到困难挫折，就会产生紧张不安的情绪，心理会产生一种压力，此时，紧张不安的情绪会出现两种可能的情况：一种是消极的紧张，人的心态是封闭的，情绪是压抑的，思维是呆滞的，行动是手足无措的；另一种是积极的紧张，人的心态是开放的，情绪是兴奋的，思维是活跃的，行为是积极的。前者的潜意识发出的暗示信号是"糟了，遇上麻烦了，准备忍受苦难"，因此，行为往往选择逃避。而后者的潜意识则发出暗示信号"注意，可能有麻烦，准备迎接更紧张的生活"，行为往往是迎难而上。两种心态表现了人以什么态度对待压力。俗话说，有大志者遇难而不惊，遇大难而不动。这种抗压力不是先天带来的，而是来自后天的磨炼。从本质上讲是具有很强的心理承受力。第一次遇上困难时，能以顽强的精神顶住压力，战胜困难，人的心理受到了一次磨炼，犹如一把钢刀沾了一次火，更纯、更硬、更利了。经过多次沾火，便是一把锐利的钢刀。当代中国名人的成就，都与他们超常的抗压力有关，在他们人生的道路上都有过或长或短的黑暗岁月。面对严酷的现实，他们不屈不挠，顽强抗争，终于坚持到了光明时刻。那么，他们是如何顶住外界的压力的呢？分析研究证明了以下三点是非常重要的：

其一，坚定的信念，使势单力薄的人胆子大。信念给人壮胆。当代中国许多事业有成者都是这样，环境越险恶，他们的信念越坚定，胆子越大，越敢于顶着险恶前行。是坚定的信念给他们力量，帮助他们渡过难关。信念支撑刘伯承元帅忍受巨大的肉体折磨——做手术不用麻药。1916 年，刘伯承在一次战斗中负伤，右腿被打坏了，由于伤口化脓只好住进了一家德国人办的医院。刘伯承先后做了两次手术，第一次是切除腐肉接通血管，第二次是安装假肢。两次手术都会产生巨大的痛苦，但他一再坚持拒绝用麻药。他想自己是一个立志献身的革命者，如果麻药损坏了自己的大脑，失去了思考力怎么干革命。然而不用麻药的痛苦是常人难以想象的。医生要一刀一刀地切除腐肉，虽然痛苦异常，但刘伯承毅然端坐，三个小时一声不吭，面不改色。手术后医生扶他到床上躺下时，他的衣服已被汗水湿透了。医生问他忍受得住如此苦痛吗？刘伯承坦然一笑说："这算不了什么！"医生称赞说："了不起，了不起，你是我见到的真正的好汉！"刘伯承后来回忆说，这完全是一种精神的力量在支持他。什么精神？认为如此忍痛值得，是一种大无畏的献身精神。人一旦失去了精神支撑点，心里就会失去平衡，出现心态倾斜，行为必然出现偏差。这个精神支点就是信念，遇到困难，只要坚定信念，心中就会涌出不可动摇的力量。

其二，看到希望，使人在面对困难时注视前方，行动坚决，绝不退缩。希望是饱含巨大能源的心灵的核，它是灵光火种，可点燃心灵的能源库。人们大概都看过电影《女篮五号》和《牧马人》，也知道影片的导演谢晋，但不一定知道他经受的种种灾难和不幸。在中国最黑暗的岁月，他被四人帮迫害，被定为"牛鬼蛇神"，关押、游行、批斗、失去自由。但他从不低头，也不多说一句话，后来他又被下放到农村劳动，生活艰苦，但繁重的劳动并没有把他压垮，因为他心中燃烧着不灭的希望，支撑他忍受着艰辛和屈辱。一次，他被批斗后回牛棚，见到一群孩子唱着造反歌取笑另一个孩子，他走近一看，被笑的正是他患病的孩子，他双手抱起自己的孩子，潜然泪下。看到自己患病的孩子也难免受辱，心中不禁一阵阵的剧痛。这一切他强忍吞下，心中只有一个想法：苦难总会有过去的一天，总会有再回到心爱的工作岗位的那一天。想到明天的美好，心情又平静了。有了这种心理准备，艰苦和劳累也可以顶得住了。黑暗的日子终于过去了，谢晋等到了艺术的又一个春天，被压抑甚久的创造才华如喷泉一般涌出，他成功地拍摄了多部大众喜欢的影片。谢晋的经历启示我们，只要心中还存有希望，遇到困难，心中就会萌生出抗争的力量，不会被困难击倒。

其三，在苦难中修炼。苦难是一所大学，它教会你什么是真正的人生。韩美林是全国著名的画家、全国政协委员。他的动物画展享誉海内外，但人们往往不了解画家为成功付出的难以想象的代价。他说过一句令人惊叹的话："为了追求艺术和理想，我不怕被打入十八层地狱。""文革"开始不久，他被斗、被关，他不止一次吃过别人丢到垃圾堆里的馍馍，心中自是难受，但为了活着，为了理想，硬是把那脏兮兮的东西吞了下去。他知道，光辉灿烂的人生要从苦海中泅渡。凡是从大风大浪中走过来的人，都会练就出一种超常的心理承受力，没有什么苦难能够动摇他们。他意味深长地说："二十年的苦难在我身上增添了多少力量，它成就了我多少事业，使我练就成一条好汉，它使我的人生风风火火。它使我懂得了人生活着的真谛。"有人问他什么是真正的男子汉，他说："一个多么高、多么大的男子汉，就会有一个多么高、多么大的支撑架。而这个支撑架完全是由苦难、饥饿、辛酸、孤独、哭泣组合起来的。人稍落难，有家回不了，原来拥有的一切被剥得精光，你想知道男子汉是个什么形象吗？趴在床下鼓着气，双眼瞪得老大的一只癞蛤蟆，十八层地狱是它们的高等学府，我是从那里来的。"这是韩美林从心底流出来的一席话，是他用辛酸血泪换来的人生体验。那些为了理想而奋斗的人，如果能承受韩美林受过的一半的压力，如果能像他那样在苦难面前不倒下，可以肯定，你的成功将会是一种必然。

二、用科学的方法、乐观的态度战胜压力

一个人有无较强的心理承受力，首先得看他有无乐观、积极的性格。许多有作为的人，他们在面对压力时，往往采取超脱和达观的态度，以非常人的冷静的心态面对压力，寻求应对良方。如果说顶住压力不致倒下靠的是顽

强的意志，那么，消除压力、化解压力靠的是乐观。这的确是一个好对策，也为当代中国许多人成功的事实所证明。

越是苦难，越以超脱的态度对待。法国的一位总统蓬皮杜说过一句话：人在一生中有时候只能听从命运的支配，客观地说是世界上有些事实，即使努力也无法改变。这位总统指的那些事实确实是存在的，当我们面对一些无法改变或暂时无力改变的事情时，我们绝不可以用绝食、跳楼、骂街、打斗等愚蠢的方法去解决，而超脱是一项良策。超脱绝不是逃避，从某种意义上说，这是顺其自然，也可叫接受。既然苦难已经降临，并且无力解决，那么坦然面对，以超脱、乐观的态度与苦难同行，或许会有意想不到的收获。另外超脱也绝不是消极办事，什么都马马虎虎。相反，它能锻炼你的心智，磨炼你的毅力。为什么不少人一遇上苦难，总是心事重重而难以超脱呢？说白了，这些人往往把功名利禄看得太重，丢不掉一己的或暂时的利害得失。而一旦把这些东西看开了、想透了，心里马上就会感到轻松。

达观，也是面对压力的有效方法。何为达观？就是豁达、乐观，遇事看得淡一点，苦中寻乐。对自己面临的种种不如意的人和事，尽量从好的一方面认识和对待，以积极的态度对待生活。世界上的任何事情，都有正反两面，我们不应用绝对化的方法看人、看事。面对一个装着半瓶酒的酒瓶，乐观者说，不错嘛，还有半瓶酒喝。悲观者说，坏了，只有半瓶了。不如意事十之八九，万事如意是不存在的，我们应以达观的心态，把困境当作一次自我磨炼的极好机会。善于从苦中寻乐的生活，会为我们获得千金难买的做人做事的体验，特别是处于青年时期的朋友，多一点这样的体验，会为日后争取事业成功打下更坚实的基础。费孝通是著名学者、社会学家，"文革"中被打成了"牛鬼蛇神"，无端下放劳动，接受改造。对于一位学者，离开自己的书桌，放下手中的课题，远离自己的学生，是痛苦的。而费孝通则很乐观，把自己当作一个真正的劳动者，在劳动干校烧饭、种田，日晒雨淋，劳动并没有使费孝通感到痛苦难受，反而有一种新生活的愉快。他想，可以借此机会体察民情、民俗、民心，这种身临其境的调查比书斋的研究更为可贵。因此，他把劳动当作一种乐趣，当作一种学习。六十多岁的人，在一年半时间里，一天劳动也不落下，周围的人无不惊讶。费孝通在给自己兄长的信中说："在田间劳动，感到人生很充实，在团体中生活，听到那么多故事，是活小说。感到生活真有意义。""文革"的十年是个人身心受辱的年代，不少人顶不住，倒下了，费孝通则始终很达观地对待一切。事实证明，只要你豁达、乐观、遇事想开一点，你就能面对压力而不惊，也没天塌地崩的紧张，减轻压力的方法也就多了。这是事业成功必不可少的一个条件。

三、成功带来的压力，应以冷静的心态慎重处之

一个真正的成功者，不仅要承受逆境的考验，更要承受成功的考验。人在大灾大难面前处事不惊，顶天立地，是一种难得的品质，但是，人们千万不可忽视荣誉、成功、鲜花、掌声，它们同样是一种考验和压力。常识告诉人们，糖衣炮弹往往比真枪实弹更有杀伤力，两者的区别在于，真枪实弹是伴随一片杀声向你扑来，使人产生对死亡的恐惧，心里有警觉与防范，而糖衣炮弹则是在成功的喜悦中隐藏着，使人感到舒服和陶醉，从而麻痹人的神经，使人丧失斗志，在舒舒服服、毫无痛感中倒下。在生物学上有个著名的实验，当你把一只活青蛙投进开水盆中，青蛙因感到剧烈的疼痛，便拼死跳出开水盆。如果把一只青蛙放在低温的水中，然后慢慢加热，由于青蛙慢慢适应水温，没有剧痛感，当温度升到让它生命受到威胁时，它已无力跳出水盆了，只好在挣扎中死去。这个实验警示我们，假如你对许多使人感到舒适的东西丧失警觉，往往会导致失败。当你陷入一片掌声、赞扬声中，洋洋得意，自我放大，那么就可能到此为止，不再进取，甚至自恃有功，无视一切，马上就会失败，成为昙花一现的人物。等到你流着悔恨的泪，后悔自己的大意时，也许为时已晚了。那么，在成功面前如何保持冷静？从名人的人生实践总结，有两条经验可供学习：第一，特别重视初步成功之后暴露出来的问题，并及时改正；第二，要有这山望着那山高的精神，把自己的思想和精力更快地转向新的更大的目标。

在荣誉和成功面前自满自足的人，往往过分肯定自己的辉煌，而很少真正从严分析自己的缺点和不足。假如被成功冲昏了头脑，看不到自己的缺点，又看不见别人的长处，结果肯定是停滞不前，甚至失败。能正确对待成功的人，都有自己的成功观，都是不知满足的人。他们的与众不同在于成功之后不是马上开庆功会，而是改进不足，对自己的成功有比较客观的评价。为中国在奥运会上打破零金牌局面的许海峰是不因成功而沾沾自喜的人，他在每次成功后总是先看到自己的不足。这种性格使他取得了一次又一次的胜利。许海峰出生于1957年，从小对射击充满了迷恋，买了一支气枪，有空就练，到了二十五岁时仍是个平凡人。1980年，机会终于来了，他在省运会射击比赛中夺冠，被选到省射击队集训，他的梦想变成了现实，朋友们来祝贺他，说他年纪大了一点，不加倍努力不可能有什么大发展。于是他疯狂地练，他的技术长进很大。许海峰自己说过，当时不是没有过骄傲的念头，但是心中更高的追求很快就抑制住了骄傲自满的情绪，山外有山，天外有天，自己搞射击还没见过世面，还是井底之蛙，哪知天有多大。1983年，他在一次较大

型的运动会上不仅拿了冠军，而且还破了纪录。初战告捷，许海峰心情舒畅，也十分清醒，赛后写的书面总结，看过的人说，那是一份后悔书，缺点讲得比优点多，改进的措施谈得比经验多。冷静的心态使许海峰对待自己近乎苛刻，因为他心中有更大的目标，不只是出国比赛，拿银铜奖牌。有人说，第一次出国比赛就取得如此好的成绩已经很不简单了，许海峰说："我不满意自己的成绩，我还没拿到奥运会金牌。没有训练的高水平，哪有比赛的高水平，在领奖台上我就下决心，回国要下大功夫，提高训练水平，拿到金牌。"许海峰这样说，也这样做，他以后一次又一次地走上领奖台，许海峰成功一次就找一次自己的不足，一次又一次地提出新的奋斗目标，最终走上了奥运会金牌的领奖台，成为中国的第一个奥运会冠军。不断努力，又不断找差距，绝不沉溺在成功的喜悦中，正是这一态度支持许海峰走上了自己人生的巅峰。

拿了世界冠军，取得了成功，犹如登山运动员登上了一座山顶，登顶后的欢乐令人陶醉，这是理所当然的，不然的话，人生何必要有追求呢？但是，在感受了成功的欢乐之后，不要躺在山顶睡大觉，而应站在山顶举目四望，你会惊奇地发现自己站立的山头不是最高峰，前面的那座山更高，也更迷人，心中马上就会奔涌出向更高的山峰冲击的愿望。一个人只有看到远方，才不会满足眼前的一点胜利，才能看到现状和目标之间还差得很远。朱明瑛就是一个这山望着那山高的一个人。每次成功，她总认为是一次新的开始。朱明瑛为什么对成功往往能保持冷静的心态呢？原因十分简单：永不知足。她本来是学舞蹈的，当舞蹈练得有所成就了，她又去学英语，她记住周恩来总理的话，你要为亚非拉人民的文化交流作贡献。当英语学到不用翻译的水平后，她又去学习唱歌，而且是学习各种语言的歌曲，边唱边跳，不断地向新的山头冲击，不断取得成功，朱明瑛的表演受到亚非拉各国人民的欢迎。在一次国外的演出中，朱明瑛的一个表演后，全场观众鼓掌 32 次，不让朱明瑛离开舞台。然而朱明瑛并没被巨大的成功所倾倒。她决心要学会世界各民族的传统歌舞。花了五年时间，朱明瑛几乎学会了各国的传统歌舞的代表节目，她开始大红大紫了。鲜花、掌声、荣誉如众星捧月包围了她。但朱明瑛不失冷静，深知自己功底不深，于是决定出国留学深造。她决定主攻黑人歌舞，不断分析自己的不足，不断提出高要求，结果，朱明瑛以门门功课都为 A 的成绩获得了硕士学位。既能顶住灾难的压力，又能冷静地顶住成功的压力，才是生活的强者，真正的生存竞争的赢家！历史也一再展示这一真理，启示后人，洪秀全、李自成的历史悲剧，无不是身处成功压力下的败将。毛泽东在解放军进京时，反复警告人们，要迎接胜利的考验，"宜将剩勇追穷寇，不可沽名学霸王"。朱明瑛的事业、学业双双取得喜人的成就，但她不知足，当起了白领，以出色的工作赢得了老板与同事的夸奖。她本来可以在年薪几十万元、上百万元的安乐窝里享受，但她觉得没涉足过商海是自己人生的遗憾，于是，她创办了自己的高科技公司，并取得了良好的业绩。回顾朱明瑛的人生之路，当然是一个好的时代造就了她，但从主观方面分析，是因为朱明瑛在成功面前始终能保持一种冷静的心态，并不断把注意力转向更有挑战性的目标。

从以上几位当代中国名人的人生经历中，我们可领悟到一个容易被人忽视的真理：灾难、挫折、困难是压力，成功、荣誉、顺境也是压力。

天下第一好事

　　我读书的兴趣是从初二时开始萌发的。1951 年，我小学毕业了，已满 14 岁，那时武汉刚解放，国家百废待兴，老百姓生活很艰苦，父亲无力供我继续读书，要我到堂叔工作的米厂当学徒，自己养活自己。想到读书梦又要中断了，我很不情愿，堂叔告诉我，你已经长大了，要自己去找读书机会，只要有饭吃、有书读就行。当时正是各类学校招生之际，街上可见不少张贴的招生广告。真是老天的恩赐，我看到一所师范学校的招生广告，小学毕业生可以报考，免交学费，享受甲等助学金待遇，吃饭不用愁了。这正应验了那句"机遇垂青有准备的人"的名言，我有机会读书了。武汉的 8 月骄阳似火，我心怀梦想，步行两个小时，从桥口区走到江岸区，到武汉第一师范学校参加入学考试。最终，我幸运地被录取了，得以继续我的读书生涯。

　　武汉一师是我终生惦念的精神家园。学校十分重视学生的课外阅读，要求学生读一本书后写一篇读后感。我记得在初二上学期的全校读书讲演比赛中，我以《谁是最可爱的人》一书的读后感参加比赛，不料得了个初中部第一名。看到光荣榜上有自己的名字，当着全校同学的面上台领奖，我的自尊心获得了极大的满足，第一次尝到成功的喜悦后我就更爱读书了，可以说六年的学生生涯里的课余时间我从不忘记读书。学校图书室多的是书，我一本一本地读，中国的四部古典名著我读了，还读了不少外国名著，例如托尔斯泰、雨果的代表作，其中对我思想影响最大的是《钢铁是怎样炼成的》《红岩》《把一切献给党》《谁是最可爱的人》这几本书，它们是我人生的指南针。六年的学生时代，六年的书海洗礼，奠定了我日后为人处事的根基。

　　读书是件好事，然而，要坚持读书则是件不容易的事。二十岁那年，我成为一名教师，感到没什么时间读书了。尤其是结婚后有了孩子，白天上班有忙不完的公务，下班后又有没完没了的家务，根本没时间读书，怎么办？唯一的办法是挤，时间就像海绵里的水，只要愿意挤，总还是有的。每晚待妻子、孩子入睡后我就读书，一般读到零点。就这样几十年坚持下来了。三四十年来，我一直从事中学生教育工作，工作之余读卢梭的《忏悔录》，读弗洛伊德的《社会心理学》，以及青少年心理学方面的书。期间领导又调我到一所工读学校工作，学生是一群未到法律责任年龄的违法青少年，教育难度很大，于是我又读了不少关于犯罪心理学与行为心理学方面的书，这对我认识这些违法青少年的个性心理特征大有帮助。

读书让我思路开阔，使我的教育方法得当，帮助我一次又一次攻克难关而有所开创地工作。我用读写结合的方法总结实践体会，先后在报刊上发表三十多篇文章。在此自荐并无自夸之意，我今年76岁了，对争名于朝、争利于市没有兴趣，政府待我不薄，生活不愁，更无争的必要，我是想说工作无论多忙，都要坚持读书，此事对人、对己、对国、对家都是件大好事。中国历史上读书成才的佳话流传千古。在近代史上，读书有为的名人、伟人数不胜数。胡适在自述中说，父亲在给他的遗书中要他好好读书，他11岁前读的31本书，为他日后的学术成就打下了坚实的基础。商业巨子马云小时候家境贫困无钱读书，但他爱书如宝，见书就读，自学成才。他永不言弃地读书学习，一步步地艰苦奋斗，如今已成长为中国数一数二的商业巨人。历史事实证明，读书催人向上，智慧助你卓越，古今中外，概莫能外。曾经，"读书无用""知识越多越反动"之词泛滥，搅得社会雅俗难分、是非难辨。混乱一过，浑水澄清，读书的价值仍被大众看重。读书是件大事，理所当然是当今社会的主流共识。有人说读书是好，没有饭吃怎么读书。这话没错，但只对了一半，后面要加一句话：要想吃好饭，必须读书。为什么？因为读书才能使人类不断成长进化，最终成为万物之灵。兽类没有这种学习传承能力，所以还是兽类。在发明文字与纸张以前，人类传承经验智慧靠实物和记忆。有了文字与纸张后，人类把记忆的经验智慧写到纸上，从而才有了书，人类就是靠读书让智慧代代传承。书是人类贮存智慧的宝库，人往高处走，社会向前进，就一定要崇尚读书。社会学家以人均拥有的报刊书籍数量为参照，以此为据评价一个国家与其国民的文明程度，真是从一滴水识大海的高明。文明是社会进步的标志，而社会的进步，要靠全体国民的素质来衡量，而要提高国民素质非读书不可。正如国学大师季羡林教授讲的那句名言："天下第一好事，还是读书。"

梦中春游

古人云"人生七十古来稀",我已经到了望八之年,可从外到内我却没有既老又朽的感觉。记得前几年曾做过一个梦,梦中的我已是一老翁,头发灰白,白须飘飘,嘴唇抖动,眼盲耳聋,手持拐杖,两腿蠕动,那大概是我心中自已老了的形象。今年生日,儿孙小聚,我整装出门,看见洗手间镜子中的我并不显苍老,与退休前相比,除体重多了几斤之外,我感觉不到自己的老态。四季更替,冬去春来,不慌不乱,做着春天的梦。我也一样,沿着出生、儿童、少年、青年、成年、中年到老年,不慌不乱,似乎也在做着春天的梦。是的,望八之年似生命的冬天,冬天有什么可怕,我坚信诗人雪莱的话:冬天已经到了,春天还会远吗?我有时闲坐静思,人的生命竟那么神奇,在望八的老龄时竟有如此活跃的思维。

不过望八之年并不真的年轻,它逼迫我向前望一望,向后看一看。白天想多了,晚上就多梦,梦见一个清风徐徐的早晨,我踱步登上了一个高坡,举目向前看,朦胧中有一条路向前延伸,看不清楚。索性回头看身后,也是雾蒙蒙的,在小山小溪之间有一条小路,弯弯曲曲向远处延伸,我发现这是一条似曾相识的小路,我曾一步一步走过。这条路的尽头是黄陂姚集镇的一个山村,我看见小树林中的一间土坯瓦屋,它是我来到人间的第一站,我看见母亲忙出忙进的身影,我看见正月十五晚上村前水塘烛光点点的荷花灯。这条路继续延伸,我看见了一间祠堂,那是当年我开始上学的地方,有一位穿长衫的老师在上课,黑板上写着我最先认识的"人、手、足、刀、尺"五个大字。再接着,我看见灯光一片的城市,在城郊一个地方我看见一栋大楼,门口挂着"教师摇篮"的木牌,那是我在武汉六年求学的地方。小路继续向前延伸,我看见一群孩子,他们高举少先队旗行进,队伍后面是我这个带队老师,也戴着红领巾,开心地笑着。在离我不远的路边,我看见一所中学,校门口贴有很大的标语,上面倒写着我的名字。我看见了操场,那是我曾被强迫在烈日下清扫的地方。见到此情此景,我不想多看便离开了。这条路接近终点的地方,我看见一座大礼堂,有几百人正在开会。一辆小车在门口停下,车门打开,一位头发花白的盲人走下来,两位教授模样的老人走过来,一左一右扶着盲人走上主席台,麦克风里传出主持人的声音:"老潘同志虽双目失明,但十多年来,他笔耕不辍,写了二十多万字的教育文库,他是我们省教育界的保尔……"台下一片掌声。我不好意思地走开了。这一路走来，有阳光大道，也有独木小桥，路边有鲜花青草，也有风波暗涌；有山重水复，也有柳暗花明，有迷途知返，也有绝处逢生。我又转头向前看，似乎快到尽头了，只看见路边有人排队，排得很长，一直排到远处的青山脚下，但看不见排头。我走近一位排队的老者，打听排队干什么。老者手指远处的青山说：那里风景宜人，茂密的大树下有很多小土堆，土堆上长满青草，开着不知名的小花，土堆下面有大片的村庄，住在那里的人生活得无忧无虑，排队的人是想到那里去。我怀着好奇心站到看不见排头的队伍后面，有几个人从前面溜号走了，不一会儿，又有几个年轻人情绪激动地跑来，不讲理地在我前面插队，我与他们大吵起来，这一吵打断了我的梦，原来自己又做了一个梦。心想不要急，排队的人那么多，到青山那里去是我的权利，谁也阻止不了我，现在不想去，什么时候去是说不清楚的。因为我还有许多想做的事没有做。现在的我感觉生活在陶渊明的桃花源里，又大又甜的蜜桃才品尝没几口，况且花园里有不少空地，我种树栽花的兴趣还在兴头上哩。

即使到了望八之年也不想成为好吃懒做的人，我知道前面要走的路已经离终点不远了，路上风景宜人，我可以一边做有益的事，一边漫步欣赏。反正前面无人呼叫，后面又无人催我，何不自由自在地过好每一天，继续做我的老龄春梦呢！

一个古老的故事

　　五月的云南，风和日丽，气候宜人。两个女儿陪我和老伴到大理与丽江旅游。老伴扶着我穿行石林，抚摸巧夺天工的石笋，真是大开眼界。我体验下关风的清凉洁净，爱抚上关花的娇媚，想象苍山雪的洁白，欣赏洱海水中月的跳跃，风花雪月的美妙激发了我久违了的青春情趣，一路游来，我的心情像中了头彩似的兴奋。也许如诗人所言，欢乐的心情是火，点燃了生命的烈焰。第二天上午，我竟不可思议地登上了海拔4 600多米的玉龙雪山，我没穿大棉袄，也没用氧气筒，还兴高采烈地打了一套自编的太极拳。同行的游人惊奇地说，七旬已过的老人，能如此自信地来游玉龙雪山，真是了不起。旁人的赞许使我更来劲了，在女儿的扶助下，我一步一步登上山顶高台，仰望苍穹，欣赏无边无际的连绵山脉，眺望四周山峦，思绪如波如涛。忽然一阵热风向我袭来，女儿说是一缕阳光照射，忽然又感到一阵雨点洒来，女儿说是飞来一朵朵雪花，我有一种似神似仙的幻觉，感到从未有过的快活。我庆幸自己的执着，谢绝家人劝我不要上山的建议，不然就错失了人生能有几回的良辰美景。回酒店路上，我笑谈今天的选择，老伴夸我今天年轻了十岁。晚上躺在床上睡不着，石林、风花雪月、山顶奇观在脑海中浮现，挥之不去，索性就让思绪如脱缰野马般纵情狂奔。祖国真美，生活真好，生命真奇！我忽生奇想，怎样多活十年、二十年，把生命延长再延长。忽然又想到人是从哪里来的，生命是从哪里来的。忽然又想起学生时期就听老师讲过的最古老的故事，尽管这个故事古老又冗长，却总是百听不厌。生命的起源与消亡是个令人心醉的故事，在无边无垠的宇宙中，在数以亿计的大小天体里，生命竟选中了一个貌不出众的小小蓝色星球做自己的家园，它的名字叫地球。生命对环境的选择既挑剔又苛刻，而地球却正好不大不小，不冷不热，干湿适中，于是生命与地球一拍即合，生命现象就悄悄地、缓慢地出现了，多少万年的进化，三叶虫变成了灵长类猿；又经过多少万年的进化，猿变成了直立行走的猿人，这是一种奇迹；再经过多少万年的进化，直立行走的猿人最终成为万物之灵的现代人类，真是奇迹中的奇迹。就此，不同肤色、不同地域的人开始改造世界，他们呜里哇啦地交流，他们上天入海，用木料、水泥、钢筋拦断江河，造起一间间水泥房屋。然而人类到底由何而来，又是谁的主张？我们的老祖宗实在说不清、想不明这是为什么，只好借助宗教与神话，用来寄托自己的认知和理想。西方人说，上帝造出了亚当与夏娃，因偷吃了禁果，被逐出伊甸园，成为人类始祖。东方人说，一位神母踩了巨人的脚印而生下伏羲，伏羲长大后生儿育女，传说伏羲是人头龙身，因此伏羲的子子孙孙就是龙的传人，这是关于生命起源的神话传说。天文学家说，地球在很久很久以前，有过美妙迷人的开头，它热过、冷过，在无数次冷热交替后终将消失变成别的什么东西。人类学家则说，人类有过似乎亘古不变的开头，然后慢慢地走进热热闹闹的高潮，不知从何时开始，也必将慢慢沉默。无论怎么说，你我的出生都是一件奇妙绝伦的精彩之事。由此可知，地球是宇宙的过客，人是地球的过客，生命是人类的过客，人也好，命也罢，都是来去匆匆。说到这里，我们也大可不必悲伤，因为大家都是一样的。是的，生命是短暂的。有人说：人的生命只有两分半钟，一分钟用来笑，一分钟用来叹，半分钟用来爱，连生气的时间都没有了，时间确实太少了。然而，生命的价值，绝不只是以时间长短来判断的。人们有千条理由、万条证据相信，生命无价。生命是宝中宝，人要珍爱自己可贵的生命，为后人留下一点值得称道的东西。想着想着，不知何时睡着了。当我被老伴叫醒的时候，太阳已从东方升起，今天、明天、后天的日程排得满满的，我生活得很充实，因为我还有很多想做的事情要做。

忍耐的记忆

有件往事，虽然已过去多年，但至今仍是一段难忘的记忆，因为它是在一个特殊的时间与特殊的地点发生的，事情的经过特别有趣，给我留下的印象也特别深刻。1994 年 9 月下旬，两个女儿先后大学毕业参加了工作，她们陪我和老伴游览北京。国庆前一天下午，我们正在金水桥上照相，一位路人好意地对我们说，明天上午九点，天安门城楼也对游人开放，可以自由登楼参观。这个好消息真令人喜出望外。天安门城楼在中国人心里是多么神圣庄严，她是伟大祖国的象征，是中华古老文明的标志，是中华民族当家做主的历史见证。有机会登上城楼一览圣地，真是我们全家的福气。

10 月 1 日清晨，一家人精心梳洗打扮，带着相机，九点之前就来到城楼楼梯口。真是莫道君行早，梯口前的场地已挤满了一大群游人，说说笑笑等待登楼。不一会儿，欢快的乐曲声响起，楼梯口大门打开，我们跟着人群有秩序地踏上宽大的阶梯。可是当我们刚登上两步台阶时，便有三个健壮的人向我扑来，一个大个男青年从背后紧紧抱住我的腰，另外两个男青年一左一右向后捉住我的手臂，连拉带拖地把我扯向十多米外的一个房间。因为太过意外，我惊呼大叫，这时一位军人模样的中年男子突然用手紧紧地抓住我裤子右口袋，以命令的口气问我："这是什么东西？"我低头一看才恍然大悟，气不打一处来，几乎吼叫着说："是早餐没吃完的一个鸡蛋，不是炸弹！"那个中年人对我说："同志，请忍一下，把情况说清楚就行了。"当我把裤袋里的鸡蛋拿出来狠狠扔到桌上时，站在屋里的几个人不禁笑出声来。那位中年人递来一杯茶，轻轻拍几下我的肩，看看桌上开裂的鸡蛋，微笑着对我说："同志误会了，对不起。我们保卫天安门城楼与游人的安全的责任太重了，不得不特别敏感和小心，请你理解我们。"几句入情入理的话，使我心中那无名之火渐渐平息了，微笑驱散了误会，我和那中年人握手表示理解，之后一家人说着笑着轻快地登上了城楼，尽情欣赏眼前的一切。当天一夜无眠，奇特的经历，良多的感悟，让我辗转反侧。那桌上有裂口的鸡蛋，不时在脑中晃动，挥之不去，这件事给我的印象太深刻了。我怨它让我差点错失一次难得的机遇，然而，我更感谢它让我认识了忍耐的好处。假如我放纵情绪大吼大叫，结果无非两条：一是理亏，保卫天安门安全是大道理，个人受委屈是小道理，小道理要服从大道理；二是扫兴，装了一肚子怨气，哪有兴致游览天安门？可见，遇事忍一忍，海阔天空。

人活在社会中，不如意事常八九，一碰到不如意的事就发火，人怎么活下去？但是也不是万事都得忍，我也有过忍无可忍的事。我是当教师的，有一年学校为了提高升学率，对初二年级八个班以成绩优劣重新编班，把成绩好的前五十名学生编为快班，把成绩最差的后四十名学生编为慢班。然而这个慢班的政治课谁也不愿教，校长只好把此差事交给了我。一年中我花了不少时间、想了不少办法激发学生学习的兴趣，努力获得了回报，我们班期末考试成绩不错，人均分数与除快班之外的其他六个班不相上下。但没想到因此招到一位高姓政治教师的非议，她在背后说我考前泄题，阅卷作假。听到这样无中生有、恶意伤人的话，我忍无可忍，决定把试卷送交校长，要求校长核查。如若高姓教师是查无实据的中伤，必须在全校教师大会上赔礼认错。结果高姓教师为自己的信口开河付出了代价。著名播音员赵忠祥回忆说，有一次接待外国参访团，当他们走进接待厅时，几位外国人言行出格，对室内摆设横加指责，擅自改动位置，并且挥动拳头，粗暴地说中国人什么都不懂，外国人如此的失礼失态怎能容忍？赵忠祥对他们掷地有声地说：先生们、女士们，请你们注意，此时此地是在中国，你们是客人，请尊重我们中国的文化习惯，强加不是尊重，霸道不是文明，请多多自重。几句话顶得外国人哑口无言，马上安静下来。赵忠祥深有体会地说，忍耐是中华民族性格的特质，然而，忍也有度，人格、国格不可污，这是忍的底线。有时候必须忍，只有忍才有希望。心有大志的人，更要忍受冷遇和寂寞。战国时期的苏秦酷爱读书，当他自认已是满腹经纶时，就四处游历去向各国国君宣传他的治国方略，结果处处碰壁，几年奔走一无所获。最后穿着一身破衣烂衫，挑着一担破烂回家。他一进家门就受到父母的严厉责骂，妻子坐在织布机上不看他一眼，低头织布。他实在饿极了，恳求嫂子给他煮碗粥吃，嫂子根本不理他。苏秦忍受着全家冰霜般的面孔，忍着难堪的寂寞一天一天地挑灯夜读，读到深更半夜困极了，便用铁锥扎自己的大腿，用痛感提神坚持苦读。后来苏秦的学识深厚了，终于受到秦国以外的其他六国君王的赏识，被推为六国合纵联盟的"从约长"，他的纵横谋略影响了历史进程，他也因此成为历史上的名臣。民间流传一句话说：苏秦不出门，天下得安宁；苏秦喊一声，天下乱纷纷。可见，忍住了冷落和寂寞的苏秦，终于成就了人生的一番大事业。

人生征途中，生命安危受到威胁，人格尊严遭到羞辱，是两种最难忍受的情境。历史上胸怀抱负的人杰英才身临此种厄运时，为了不疏其志、废其才，忍辱负重成了迫不得已的一种选择。季布是西楚霸王名下的一员大将。在刘邦和项羽争夺天下的战争中，季布多次打败刘邦，让刘邦吃尽苦头。刘邦战胜了项羽，当了汉朝开国皇帝之后，下令捉拿季布，欲杀之而后快。季布忍辱含泪找到一富人家卖身为奴，后又被转卖至一民间大侠家。大侠得知此奴是名扬天下的季布后惜才如宝，重金打通关节，终于说服了重视人才的汉高祖，于是汉高祖大赦季布。季布由此得以施展自己的才华，成了大汉两朝重臣。通过苏秦和季布的历史故事，我们更深刻地认识了那句名言："忍字头上一把刀，忍得过去是英豪。"自然，称得上英豪的人，只能是为数不多的社会精英。大多数普通人，应该记住另一句名言："小不忍则乱大谋。"请别误会，"大谋"不是大人物的专利，普通小人物也有自己的"大谋"。我认为，以自己的才能，通过诚实的劳动，做个有益于社会、无损于他人且幸福快乐的人，这就是小人物们的"大谋"。因此，学会忍耐是小视不得的。遇事不忍不让，放纵愤怒情绪，绝无好结果，轻则昏昏一生，稀里糊涂，重则犯法入牢，身败名裂。这样的事情可信手拈来，在此列举两例。一则发生在某市地铁站，一对是杨姓男士和女友，一对是魏姓男士和妻子，下车时发生碰撞，有小误会，本来各说"对不起""没关系"就天下无事。不料一下站台两个女人打起来了，接着两个男人也打起来了，结果魏受重伤住院，经法院审判，杨被判六年有期徒刑，魏被判两年有期徒刑，落得两败俱伤的结果。另一则发生在武汉郊区农村，两户人家共墙而居，几十年相安无事。一天上午，两户人家为了共墙脚下一堆牛屎的归属权争吵起来，情绪越吵越坏，相互恶语中伤，最后大打出手，镰刀、菜刀、锄头、扁担都用上了。结果很惨，打死两人，其余的人不同程度受伤。经法院审判，参加打斗的人中，除死者外，有两人被判死缓，有三人分别被判三至七年有期徒刑，两家留下来的人不是老人就是孩子。一堆牛屎，一点误会，不忍不让，造成如此恶果，可笑吗？不，是可怕！

活在当下，不学会忍耐，幸福愉快将会疏远我们。因此可说，学习忍耐是快乐人生的一门必修课。几十年来，我翻来覆去地读它，翻来覆去地想它，终于有点感悟，试将感悟作成小诗一首，告予读者朋友："快乐生活要学忍，控制情绪最要紧。忍有三诀：慢、等、分，管住拳脚莫赌狠。先听后说慢开口，情况不明等一等。话说七分不过头，留下三分作调整。有礼有利有节制，先忍先让免遭损。"然而，忍耐绝不是要求我们任何时候、任何情况下都要忍，若事关民族大义、个人尊严，决不能忍，否则就失去了做人的尊严。

活着真好

　　金秋十月的一个周末，天高云淡，和煦的阳光抚摸着多情的武汉。扩建一新的武昌阅马广场，宽阔平坦，安详的老人、热恋的情人、欢跳的孩子、路过的行人，在这里享受着太阳的恩赐。在广场北端中山先生的铜像下，几个白发老人正在四方眺望，他们在迎接一个历史时刻的到来——五十年前毕业的同班学友今天欢聚。当我到场时已来了不少学友，聚会组织者出了个主意，大多数学友知道我双目失明，要与我握手问好的人不自报家门，让我从对方讲话的声音中判别姓名。也许是三年同窗朝夕相处之故，在潜意识的语音编码仍未消退，我竟一一叫出学友的姓名，引来一阵掌声和笑声。忽闻两位白发老太太，挽着手边说边笑地走来，原来她俩同坐一辆公交车，在车上相互问路，惊奇发觉是相见不相识的同班学友。在说说笑笑中迎来了二十四位学友，老太太挽着老太太，老爹爹扶着老爹爹，说着，笑着，相互问候着。来到酒店，当学友们围着一张超大餐桌坐下时，何扬德同学高举一个红色小布袋请大家猜是何物，没等我们开口，他从布袋中取出一本红色封皮的笔记本，说是珍藏了五十年的毕业签字纪念册，学友们如获珍宝地一一传看，每个人都是那样的深情，他们专注地寻找自己当年潇洒的文字，回味半个世纪前的陈年往事，多少激情、多少感动在眼神里闪烁，在空气中流动。听到当年我写的四季歌，颇为自赏，学友们的串串激扬文字、串串青春话语，溢于纸上，唤醒了沉睡半个世纪的记忆。官德松同学的三句话尤其令人感慨：热爱我的祖国，祖国真好；热爱我的事业，学生真好；热爱我的生活，活着真好！官德松同学是从印尼归国的华侨，比我年长八岁，是班上的大哥，毕业后到厦门一中教语文。一年前见过他的同学说，已八十有四的官大哥，身体硬朗，儿孙孝顺，生活得很幸福。五十年前的学友，五十年后相聚，有说不完的话，有诉不完的情，有数不完的过往趣事，多少酸甜苦辣，多少成败磨难，多少喜怒哀乐。笑声、叹声、称赞声与掌声不断，此起彼伏。真是酒逢知己千杯少，情逢机缘不觉累，相聚六小时，似乎只是瞬间。说实话，活着真好。离别时在酒店门前合影，相互簇拥得那样亲密，分别时有的拥抱，有的握手拍肩，送了一程又一程，是那样的依依不舍。此情此景，一股伤愁涌上心头，我想到已离我们而去的十四位亡友，如果他们还活着，今天也会与我们共享欢聚的快乐。活着真好，这四个大字在我心中跳动，活着真好，活着真好，不是吗？活着，你可以在忙了一天后回到家里，喝杯热茶，与家人吃一餐热菜热饭，享受浓得化不开的亲情；活着，你可为人父、为人母、为人夫、为人妻，享受爱与被爱的幸福；活着，你可以海阔天空地自由思考，不论他人是否赞同，你都可独享心灵激荡的感动；活着，你可以与古代先贤大师对话，向李耳求教《道德经》，向孔子求教做人的真理，与司马迁讨论民族、国家盛衰兴亡的古训，欣赏俞伯牙那高山流水的玄妙之音；活着，晚上可以做梦，白天可以追梦。说实话，只要你自信地活着，天天都有好消息。活着真好！这是一个多么简单朴素的道理，但有的人就是不听、不信、不做，生活中一遇挫折就不想活了，把生命视如一张废纸，不是爬高压线就是跳楼，不是投河就是自毁，他们是精神的懦夫，是情绪的奴隶。我想起一名江西山区的小伙子，因家贫上到高二就辍学，但他没向贫困低头，17 岁外出打工，时刻不忘大学梦，到清华大学当炊事员，四年时间工作之余学完五本外语教材，终于考取清华成教学院。如今，他组建了工作室，专为人们自学外语服务，到全国各地作报告七十余场，还与一位心爱的姑娘结婚生子，生活幸福美满。人们不禁问，如果他没有坚持活下去呢？结果自不必说了。嗨，朋友，活着真好，只要你愉快地活着，生命就是时间和空间，今天失败了，明天从头再来，此处无用武之地，可另选一地，东方不亮西方亮，南方不行到北方。人间处处有芳草，世间处处有机缘。活着真好。

"十全十美"没见过

新春佳节亲朋相见，总习惯说几句吉利的话。说得最多的话自然是八个字：心想事成，万事如意。这几乎成了传统，十年八年未见改变。当然说者、听者心里都明白，如此相互祝愿是好意，表达一种美好愿望。当然也都明白，愿望与现实绝非一回事，然而大家都喜欢这样说，听者心里也舒服，因为追求人生完满，希望生活十全十美，天下人皆同此心。事实上，天下人皆心中有数，自古至今，海内海外，十全十美的完满是没有的。

我以为不完满才是人生，人不可痴迷十全十美的生活。我对此有四句话：七全七美很不错，八全八美要庆贺，九全九美很稀罕，十全十美没见过。关于这个问题，民间谚语、文人诗句有很多。苏东坡云："人有悲欢离合，月有阴晴圆缺，此事古难全。"宋人说："不如意事常八九，可与人言有二三。"诸如此类的话可列出成千上万条，它适用于一切人，皇帝也不例外。虽然他们权大于天，但也有不如意的事。秦始皇花千金万银找长命百岁的灵丹妙药，汉武帝想饮甘露而长生不老，唐太宗服印度佛罗门的仙药求不死，结果一个个事与愿违，呜呼哀哉了。再说皇帝手下的宰相、重臣，他们一人之下万人之上，位高权重，理应是天之骄子，可也并非万事如意。据说明朝的大臣上朝时总是心存恐惧，大都在衣领上涂上毒药，一旦皇恩浩荡，赐以极刑，就立即服下毒药，以保全一具完尸。可见这些人的日子也不是十全十美的。再者，现实中任何人的人生也不是万事如意的，生活中的柴米油盐酱醋茶，加上房子车子读书娃，不顺心的事情多得很。就说青少年吧，人们说该阶段的人是最幸福的，但他们也不会万事如意，十全十美，单说考试这件事情，就让他们忧心焦虑。三岁上幼儿园，考！六岁上小学，考！小学升初中，初中升高中，高中再升大学，考！考！考！考学士，考硕士，考博士，考公务员，考这证那证，哪样都要考！哪一次考试是十全十美的？总之，我们人生的不完满感，是随着年龄的增长与生活经验的积累而变化发展的，它是一个感悟不断升华、认识不断深化、调控不断自如的过程。有人说，在这物欲横流的人世间，人生过得实在够苦。你想做个与世无争的老实人，人家就利用你、欺负你；你稍有才干，人家就嫉妒你、排挤你；你大度忍让，人家就笑话你；你无所求，人家就挑战你……你得充实自己的实力准备斗争，你想与人和平共处，就得与人周旋，准备随时吃亏。你只有经过不同程度的奋斗，才会有不同程度的收获，你若有不同程度的放纵，就必有不同程度的顽劣。总之，一切好事不会全部落到你一个人的头上。你得到了爱情未必有金钱，有了金钱未必有快乐，有了快乐未必有健康，有了健康未必万事如意。秉持知足常乐的心态，才是净化心灵的最佳途径。不需要十全十美，知足才常乐。

　　人的欲望无上限，但有底线，我们称之为"知足"。春节期间，网上流行一首"好"字歌，就是对底线的朴素诠释，歌中唱道："钱多钱少，温饱就好；人丑人美，顺眼就好；家贫家富，和气就好；老公晚归，回家就好；老婆唠叨，顾家就好；房子大小，能住就好；是否名牌，能穿就好；老板不好，能忍就好。一切烦恼，能忘就好，人生在世，平安就好，金好银好，快乐就好。"这首"好"字歌写得真好，真的按歌词去想问题，对人对己都好，对己可少生烦恼，对人可宽容大度，你好我好大家都好。

珍惜相聚的时光

与我住同个小区的老周是个老北京，他不止一次地赞叹自己多年前在四合院的日子，住在那里的人的心情如酒一般浓香：东房有了困难，西房的人比东房更着急；一个院子一个厕所，大家争着打扫，一个院子一个水龙头，大家互相让着用；四合院的孩子，弟弟妹妹多，叔叔阿姨多，孩子饿了，推谁家的门都有东西吃。难怪那些搬进高楼住的人，无不怀念居住在四合院的时光，无不珍惜从四合院带出来的温情。所以人们常说相聚是一种缘分，应该倍加珍惜相聚的匆匆时光。然而相聚又似一个万花筒，可以派生出许多事情。因为相聚可能使你成功，也可能使你失败，期间，你可能伤害了别人，别人也可能伤害了你，说实话这是很难把握的。当年我进师范学校读书，几十个学生睡地铺，一个同学尿床了，把另一个同学的被子尿湿了，早上起来闹得满城风雨，并给那尿床的同学起了个"尿泡"的别号，使该同学好几周都低头走路，自尊心受到了严重的伤害。可见相聚需要谅解，越是亲近的人越受不了伤害，也越需要宽容和理解。我居住的楼高 27 层，一层十户，共用两部电梯，老人要晨练，孩子要上学，成人要上班，因此每天上午七点至八点，拥挤排队上电梯。不知何时开始，大家默契地把七点二十分以前的电梯的使用权让给中学生，七点半让给上班族，八点左右则是上幼儿园的孩子，老人则自觉选在七点前或八点后出门，理解、体谅和宽容给大家带来了方便。相聚给人以快乐，老友湖畔相聚，吟诗交流，不亦乐乎。相聚助人成功，亲朋生活的见闻感悟，丰富文人头脑，让你笔下生花；他人创业成败得失的经历，提供借鉴，让你少走弯路。我和老伴是在 1962 年相识的，从相识、相知、相爱至今已走过半个世纪的风风雨雨，当年如果她不是从湖南老家来到我的家乡武汉，如果我与她不是因为同在教育单位，不是同年同批支农下乡，如果不是同时到同一个农场，如果不是被编到同一个生产队，我们也许就会擦肩而过。缘分是生命中的一种偶然，是无数次的偶然碰到一起，于是有了难得的相聚，因此，相聚是生命的花朵，是生活的阳光，让我们倍加珍惜相聚的时光。

感恩应该说出来

友人建议中国也设立一个感恩节，我看不必，因为我国多的是感恩节，缅怀先辈功德的清明节，感谢师长教育的教师节，至于感激亲朋关爱之意，中秋节和春节有大把机会。其实，我们真正缺少的是对感恩的认识与习惯。许多时候我们不远千里赶回家，往往欢聚的热闹多于感恩之意。因此，崇尚感恩要从认识感恩开始。

佛学教义说，自然界和人世间的一切事物，无不是因果互动的关系，没有阳光，就不会有温暖；没有雨露，就没有五谷丰登；没有空气与水，就没有鲜活的生命；没有月亮星辰，就没有晚上的温馨宁静；没有亲情、爱情和友情，就不能远离孤独与黑暗；没有父母的抚育，就没有现在的我们……这应该是不难理解的道理，然而这道理往往被人忽视或忘记。人们往往是不入心，把他人对自己的关爱当作平常小事，似乎是理所当然的，有意无意地把有恩于己的人和事忘记了，让人把自己归入忘恩负义者之列。平心而论，这种忘记实在不可太多了。牢骚满腹的人往往不会知恩图报。因为抱怨多了，往往使人心灵麻木，对他人的关爱不易感知，麻木的心灵如同板结的土壤，不易吸取外来的水分和营养，自然难以绽放感恩的花朵。事实上，只有心怀谦恭的人才乐意知恩图报，对于地位再低的人，只要有恩于他，也会弯腰道谢。谦虚待人的人，他绝不会财大气粗，也绝没有一丝的趾高气扬。世界华人富豪李嘉诚在茶馆当学徒时，因自己的一时疏忽把开水洒到一位客人身上，幸运的是，因这位客人的体谅而免受老板辞退，他决心要在人海茫茫的香港找到这位有恩于己的好人。当千方百计找到了这位好人时，他专程登门表达真诚的谢意。周恩来总理曾用了四天四夜的时间探望延安老区的乡亲，他穿窑洞坐炕头，含泪感谢老区人民当年支援革命的深情厚谊。他们高风亮节，不愧是人中之杰，他们知恩图报的德行，是我们学习的楷模。

我们民族早有"滴水之恩，涌泉相报"的传统，更流传着"谁知盘中餐，粒粒皆辛苦"的千年古训，只要我们把感恩融化在血液里，渗透在我们的灵魂中，知恩图报并不难，难的是把感恩之情说出来。西方有个流传甚广的传说，一个村子里，一家人围着餐桌准备吃饭，母亲端上来的却是一盘稻草，大家正在纳闷时，母亲说："我给你们做了几十年的饭，没有听见你们说一句感谢的话，这跟吃稻草有什么差别？"几十年辛勤做饭的母亲只渴望听到一句感谢的话，而我们却往往忽略了将内心的感激之情表达出来。感恩之话不仅是表达一声谢意，更是一种爱的交流与共享。

从事教育工作三十多年，只要我讲到知恩图报，一定会讲到下面的故事：有一年三月初，我与几个学生到武大赏樱花。当我沉醉于花海之时，一个三岁多的小男孩一不小心跌倒在地，我赶忙抱起他，摸摸他的头，小孩跑向不远处，扑进妈妈的怀里，而当我正在取景时，只见那孩子向我跑来，我问他有什么事，他仰起头眨着大眼睛说："妈妈要我谢谢你。"我轻轻地拍着他的小手说不客气，然后也向孩子的妈妈挥手致意。多有教养的妈妈，多懂事的孩子！我想，从小受过感恩洗礼的孩子，长大成人后一定是个懂得感恩的人。

生活中的语言情趣

　　两个读小学的孙女喜欢与我玩语言游戏，而她们最爱玩的是成语接龙和脑筋急转弯。一天晚上，小孙女拿来一支蓝色铅笔和一张白纸，她以带有挑战性的语气说："外公，你能用蓝铅笔写出红字吗？"我无法应答。站在旁边的大孙女见我十分为难，便抢过我手中的铅笔在纸上写了个"红"字，我恍然大悟，她们得意地哈哈大笑。接着大孙女也向我挑战说："外公，请你写两个字，让最不爱笑的人大声读出来后会笑出声来。"说真的，我一时还找不出这两个字，小孙女呵呵笑着，并顺手在纸上写了"哈哈"两个字，两个小家伙对着我又是一阵大笑。两个脑筋急转弯游戏我都输了，但我输得很开心。小学四五年级的孩子，在品味汉语文字迷人的精髓，我真为她们感到高兴。

　　我们常常因为四大发明而骄傲，这当然没错。然而，我们更要因中华汉语文字的古老与优美而自豪。在人类语言文字史上，希腊、埃及与印度的语言文字确实古老，但唯有中国的汉语文字流传几千年而长久不衰，一枝独秀于世界民族文化之林。究其原因，中国的汉字从出现之日起就享有得天独厚的生存发展优势，辽阔的地域为它提供了流传的空间，众多的人口为它提供了丰富的生活土壤，多民族文化为它提供了变通的机遇，更重要的是汉语文字与广大普通民众的日常生活息息相关，语言文字活跃在民间老百姓的生活中，民众在日常生活中享受着语言的乐趣，这是汉语文字永不枯竭的力量源泉。自古以来，在中国人的节庆活动中，上到达官贵族，下到乡里民间，猜灯谜、对对联是男女老少喜爱的文化活动。有个流传很久的故事：王安石苦读经书去参加科举考试，夜宿一家客栈，客栈老板指着悬挂的走马灯出了一句上联请他对下联，并且许诺如果他答对了，就将自己的独生女儿许配给他为妻。这上联是"走马灯，灯马走，灯熄马停步"，王安石笑答科举在即，等科举后定来应对。后来王安石考中了状元。皇上面试新状元，指着宫楼上迎风招展的飞虎旗与王安石对对联。皇上说出了上联"飞虎旗，旗虎飞，旗卷虎藏身"，王安石从容道出客栈老板那句走马灯上联，皇上大喜。王安石金榜题名后返回客栈，以皇上那句飞虎旗的上联应答客栈老板，老板惊喜，并将女儿许配给他为妻。小小语言游戏竟让王安石双喜临门，还给生活增添了情趣。

　　语言的乐趣从何而来？自然是来自民间。让语言回到生活中，让语言富有弹性，生活中的语言乐趣就会迎面扑来。

名字的崇拜

秦斌是我的湖北同乡，他高兴地告诉我，他为刚出生的孙子起了个"秦尚学"的名字，问我这个名字怎么样。我想秦尚学就是"勤上学"，当然不错，就是希望孙子成为一个勤奋学习的人，老秦会意地点点头。于是我们的话题便扯到为孩子起名字的习俗上来，自然回忆到少年时期见到的一些旧闻趣事。

旧时，很多农村人坚信"贱儿易养，宠儿难教"的信条，他们爱孩子，却给孩子起些粗俗的名字，我的同辈人中有叫"丑货""歪货"的，也有叫"和尚""花子"（乞丐）的，还有叫"狗子""兔子"的，据说名字叫得越贱就越好养。有些更讲究的人家，孩子一出生就请来算命先生，为孩子看相算命，测算五行八字，命中差水者，名字中少不了波、浪、浩、海之类的字；命中缺火者，自然名字中就有炎、焱、炜等字。他们相信，孩子一旦起了名字，他的魂与名就分不开了。名就是魂，魂就是名。孩子在某个地方摔了一跤，晚上说了梦话，大人就到他摔跤的地方烧三炷香，抓一把米，一边叫着孩子的名字，一边往家里走，把惊掉的魂叫回来。如果孩子晚上爱哭闹，大人就在村口路边或厕所门口贴张字条，上面写着"天惶惶地惶惶，我家有个夜哭郎，过路君子念一遍，一夜睡到大天光"，于是孩子的魂被叫回来了就不哭闹了。有些人认为名字是魂，名字也能显神，相信文字也有神灵的力量。我堂叔算是村里有文化的人，写得一手好毛笔字，每年春节前他最忙，几乎家家请他写春联，写得最多的是"福如东海""寿比南山"，还有"生意兴隆通四海，财运茂盛达三江"。几乎家家要写"六畜兴旺"，贴在猪栏、牛栏的门上。有个小卖店的李老板，年年要写"开门大发""财向我来"，贴在他家大门上。更有甚者，邻里间产生了矛盾，对某人有气，吃了亏的那家人，一手拿着菜刀，一手拿着菜板，心中默念对方的名字，对方就会遭报应。据说一砍一骂，气就消了，心也顺了，名字就有如此威力。而现在每逢春节，许多人大门上的"福"字是倒贴的，其意是福气到了。还有墙头上的寻人启事上"寻人"两字是倒着写的，其意是要找的人将到家了。凡此种种，都是老祖宗传承下来的陈规旧俗，一代传一代，传了千年，越传越神，无所不在，名和字似神似仙，无所不能。

胡适先生分析了其中的奥妙：第一，民教信众认为名中有魂。名是魂，魂是名，这种思想十分古老，印度宗教中的第八魂就叫名魂。中国人早就有这种认识，《封神演义》中张桂方叫一声黄飞虎的名字，要他从五色牛上滚下来，黄飞虎就乖乖地从牛背上滚下来，因为名就是魂。第二，民教信众认为文字是神。人们相信，名与字有万能的神奇力量，那些神仙妖道口念咒语，可置人于死地，咒语就是文字。我有个朋友，每到清明节祭祖时，总会包几张百万面钞的纸钱，写上亡友的姓烧寄九泉。人们认为好名会招来好运，坏名会招来厄运。秦王嬴政统一六国后，称自己是秦始皇，希望秦王朝二世、三世以至永世，结果并没如愿以偿。说到这里，我要赶紧声明以上所云，绝不是认为文字是疑神弄鬼的另类，我的本意是要擦去黏在文字美名上的污泥，把谬误和真理剥离，让文字坦荡地展现出美丽的容颜。人类文明进步史证明，文字是传承文明的载体，是人类交流思想与信息的载体。文字在人类进步与科学发展过程中的贡献是无与伦比的，文字的伟大功能，在过去、现在和将来都是不可取代的。然而，对文字功能也不可曲解和盲从。人杰、家和、业兴是行动创造出来的，一不靠天，二不靠地，三不靠神仙和皇帝，也不靠名字出神奇，只能靠自己。要坚信一条万古不变的真理：在这个世界上，我才是自己命运的唯一主宰者。

一位父亲的忏悔

据媒体报道，近年来，广东省的青少年犯罪率居全国首位，其中十五岁以下少年的犯罪率也是居高不下，也许是职业习惯的缘故，得知这个信息，我的思想在此停顿了片刻，在经济发达的广东，青少年犯罪问题为何如此突出？我不由自主地想到多年前的一件往事。

当年，武汉市青少年犯罪问题十分严重，为了挽救这些走上歧路的青少年，市政府办了几所工读学校，领导调我到一所工读学校当教导主任，该校有学生170多名，全是男生，个个聪明健壮。记得那年中秋节，全校师生享用了一顿丰盛的午餐。几个学生在我的办公室闲谈，此时，办公室走进来一男一女，我定睛一看，是阮姓学生（以下称"阮生"）的父母，手袋中装着几个月饼和水果，老阮夫妇坐定后，我叫在座的一个学生去叫阮生，不一会儿那学生回来告诉我说，阮生不来，他说父母都死了，他没有父母。老阮夫妇听了，脸上出现痛苦尴尬的表情，在座的几个学生见到此情此景先后离开了办公室。我亲自去找阮生，好不容易在学校后的小河边找到他，怎么劝说他都不愿见父母，铁青着脸像头小犟牛，我只好放弃。回到办公室，我劝老阮夫妇莫性急，慢慢来，老阮动情地说这个孩子是被他宠坏了的。他有重男轻女的思想，第一胎是女儿，又违反政策生了第二个女儿，受到降一级工资的处分，横下一条心生了第三胎，如愿是个儿子，虽然因此被单位开除公职，留厂察看当了临时工，他心里还是高兴的。付出如此高的代价得来了的儿子，自然看得很贵重。一家五口靠着一个临时工养活，生活十分困难，而对儿子的要求他从没说半个"不"字，吃的、穿的、玩的绝不可比别人差。久而久之，他养成了贪吃、贪睡、贪玩、贪心的坏习惯，夏天太热不想上学，冬天怕冷不想起床，他不止一次骗老师为儿子请假。儿子上小学四年级时，学习开始落下来，靠补考毕业升入初中，从此以后，打架、旷课更是成了家常便饭，老师经常家访。吼他、骂他、打他也没用，一气急，希望变成了失望，开始借酒消愁，开口就骂，动手就打。从初二开始，儿子三天两头不回家，直至盗窃时用刀伤人被送到工读学校。老阮的诉说再次说明：溺爱、打骂绝不是教育，而是把子女推上违法犯罪道路的推手。送走老阮夫妇后，我从阮生的入学登记表中看到三天后是他的十五岁生日，于是事先备了两瓶饮料和一袋饼干。当天晚上叫来阮生，办公室只有我们两人，没有半句批评指责的话，当谈得十分轻松时，我突然问他，你为什么不喜欢爸爸妈妈，他愣了一下，终于向我敞开了心扉。他说："我是被打跑的，那天我与同学打架，半夜我睡着了，他们把我的手脚捆住，扔到事先挖好的一米深的土坑里，等他们不注意，我挣脱绳子爬起来翻窗跑了，饿得受不了才去偷东西的。父亲说要我不打架，而他喝了酒就打我妈、打我，要我不偷东西，而他却经常偷厂里的铜块去卖，自己做不到还那样严格要求我。"听了阮生的哭诉，我几乎惊呆了，如果父母不能自省，那么一切教育话语都是空洞的、无效的，而减少或避免青少年违法犯罪，必须首先改善家庭教育。趁老阮休息那天，我走访了老阮家，与老阮夫妇交谈了一个上午，大约一周之后，老阮给我写了一封长信，是一份坦率真诚的忏悔书，信中没有抱怨，而是检查了自己的许多不足。一个夜深人静的晚上，我把老阮的来信给阮生看，我只说了一句话，天下没有不爱儿女的父母。阮生认真地看信，看着看着，泪流满面，我被此情此景深深感动了，一位著名教育家的话印入脑海：忏悔可以唤醒麻木的心灵，打骂把孩子推下悬崖。周末到了，是工读生回家的日子，我请老阮夫妇提前来我的办公室，当阮生走进门时，老阮一把抱住阮生，深情地说："爸爸错了，原谅我好吗？我们回家！"妈妈说："爸爸听了潘老师的意见，已经在戒酒了，今天爸爸已做好了红烧肉，是你很爱吃的。"阮生也激动地说："我一定改掉错误，争取早日回原校上课。"望着阮家三口走出校门的背影，我长长地吁了一口气。

世态炎凉何所怨

老陈是一所高级职业中学的校长，一年前从校长职位上退下来。这年春节，在外地工作的女儿要带着三岁的孩子回武汉过年，老陈喜出望外，心想退休了，多的是时间，要多帮老伴一点忙，他陪着老伴跑出跑进买年货。没过几天就是大年三十了，可老陈却突然变得闷闷不乐起来，不时哀叹世态炎凉。原来老陈的邻居老刘是一家外贸公司的副总，他家人来人往，小轿车来了一辆又一辆，把装有礼物的大包小包往刘家送，而自己家里显得很冷清，心想自己退休前家里不像今年如此冷清，总觉得心里怪怪的。让老陈更接受不了的是老部下小胡也忘记来看他，几位副校长也没给他打个电话。强烈的失落感塞满心里，老陈感觉好像突然被世界抛弃了一样。左思右想，总想不通，心中倍感压抑，从不吸烟的老陈一根接一根地吸，从不沾酒的人也天天喝起了白酒。有时喝得大醉，就滔滔不绝地发牢骚，什么世态炎凉啊，什么人间没有真情可言啊，什么人都变成势利眼啊，总之一肚子怨气。其实，在现实生活中，不少退休老人都有跟老陈一样的心结，世态炎凉的怨声不难听到，我想这是不奇怪的。细细一想，世态炎凉是一种必然，古今如此。退休前，一个人在职在任，主持一方，人们有事找你是你的责任。你退休了，不在其位不谋其政，原来的上下级关系自然就不存在了，下级变成了朋友，有空时来看你，没空时想不到，这也是很平常的事，何必自寻烦恼呢？说到底，老陈的心烦和怨气，究其原因在自己身上，是自己对退休缺乏思想准备。如果没有一年半载的心理调整适应，很容易产生世态炎凉的苦闷和不悦。

说一千道一万，世态炎凉是件平常事，用不着怨声载道，最好以平常心处之，大可不必太在意，更无须过度解读。然而对世态炎凉的感受，因为年龄的大小和人生经历的不同而大不相同。一般说来，年龄越大，经历越坎坷，就越敏感。我已经七十几岁，已是望八之人了。几十年的经历可用一波三折来形容，是坦途与坎坷同生，走运与倒霉相继。红过紫过，光彩做人有过，异化为人的日子也有过。我真是恨透了世态炎凉的把戏，尝过了世态炎凉的怪味。怎么也忘记不了那个指鹿为马的日子，我胆大包天地写了一张大字报，对那个仿佛头上长角、身上长刺的校园"风流人物"说了个"不"字，对他不讲人道的恶行讲了几句真话，结果大祸临头，给我强加了许多"莫须有"的罪名，我遭受到至今一想就怕的报复。因此，人们见到我不敢讲话，原有的笑容也不见了。当然也有胆子大的人，我那大女儿潘飞竟不知天高地厚地选择了这个时候出生，她哪里知道我正处于乱云飞渡的境地，看到她睁着一双大眼睛看着我，这时我心中产生了一种大难不惊的从容，因此，我给她取了个"飞飞"的学名，给历史留下了这个记忆。雨过天晴，云开雾散，我又走运地变成了"红人"，久违的笑脸又天天可见了。你要问我有感悟没，当然有，因为人不是木头。我想世态炎凉，古今如此。任何一个人，包括我自己，也包括能走会飞的动物，从生命的本能来说，都是趋吉避凶、趋利避害的。因此，当我受到委屈冷落时，我不怨恨任何人，并不是我气量特别大，能容天下难容之事，只不过我坚信中华古训：善有善报，恶有恶报。我坚信上苍是公正的。世态炎凉何所怨，保持一颗平常心，本分做人。

孝敬无须表演

　　我很少身处如此感人的情景，电视屏幕中的主持人和观众与看电视的观众，全都不约而同地擦抹从眼角流出的热泪，我们被央视少儿台的节目所吸引，我们被央视的十位最美少年孝敬父母的事迹所感动。十位最美少年，年纪小者仅九岁，年纪大者不过十四岁，他们有的献出骨髓挽救患白血病的母亲，有的几年如一日手推小车几十里为父亲治病，有的天天上山砍柴换钱养活双双卧床不起的养母和奶奶。这些少年大多生活在农村，家境都十分贫困，然而，他们发自内心的孝敬、善良、感恩之举，无不感人肺腑，他们的事迹告诉了我们一条朴素的真理：无论男女老少，我们所拥有的一切，包括生命，都是父母的恩赐，如果忘记了对父母孝敬感恩，那么生命还有什么意义？此时，我的思绪不由自主地跳回对多年前的一件往事的回忆中。

　　那是一个十分寒冷的冬季，我们一家四口到老伴湖南乡下内弟家过春节，一路风尘仆仆，身感劳困，没过晚上九点就睡觉了，然而从村中不远处传来的锣鼓声与伴随的哭泣声，搅得我们一夜难以安睡。第二天得知，原来是内弟的堂嫂几天前去世了，儿孙们为堂嫂办丧事，请来几个道士做道场，一连三昼夜唱"十月怀胎"与"感恩谣"。内弟给我讲了堂嫂的身世，她与堂兄生育了十个儿女，在多子多福的旧习俗鼓舞下，堂兄给九个儿子分别取文、武、福、禄、寿、喜、乐、长、良之名，寄托夫妇俩的美好期望。在农村并不富裕的年代，夫妇俩苦苦支撑，好不容易把九儿一女养大成人，还为其中六个儿子张罗婚事，耗尽精力的堂兄，刚过六十，没来得及享受清福就离开了人世。自此以后，堂嫂的日子也更苦了，已成家的儿子只顾小家，未成家的儿子要自筹结婚，都不愿照顾母亲，堂嫂成了多子多难的孤老，只得自己过孤苦无依的日子，半饥半饱而终。一群儿孙也许是出于内疚，也许是为了表现孝心，于是大操大办地为母亲送葬，向世人展示了这场轻养重葬的表演。我想，那位堂嫂若真的地下有灵该作何感叹，天下为人父母者大概无人赞许如此表演吧。这里不由得想到古代竹林七贤中的阮籍，阮籍的母亲去世后，亲朋众人来悼送老人，千年流传的习俗要求，父母去世了，儿孙们应放声痛哭，即使哭不出也得用针刺自己，直到流出泪来，否则会遭到不孝的非议。在给母亲送葬的过程中，阮籍忙于招待客人而没哭，等客人走后，阮籍闭门穿上孝服，看着母亲的遗物，悲痛得泪流满面，事后有人问阮籍为何不哭，阮籍说，悲痛在我心里，母亲的恩德牢记不忘，为何要哭给别人看。孝敬是人的德行，无须表演。如今时代进步了，少年出外求学，儿女成年外出拼搏事业，出现了千百万空巢老人，社会要求离家儿孙常回家看看。但我哭笑不得地看到，邻居老冯退休后没闲过，在房前屋后养鸡种菜，招待每月回家看看的两个儿子的两家八口人，杀两只鸡，做一桌饭菜，儿子饱食后不忘提醒老爸：拿工资后莫忘给孙子存下学期的学费，老父无奈地说忘不了。而两个儿媳争相打包剩下的鸡汤，说鸡汤煮菜好吃，桌上只留下一堆鸡骨给老母亲收拾。这是孝敬吗？不，这是一种表演，回家孝敬徒有虚名。

其实，儿女孝敬父母并不复杂，也许一句温馨的问候，一杯温热的开水，一双软底的布鞋，一次与父母共进午餐，一次半小时的陪伴漫步，不经意的一件小事，让父母充满了愉悦，又何必要那些假借孝顺的名义而进行的表演呢？

青春期的教育

　　许多年前春季开学不久的一个下午，我准备下班时，珞珈山派出所的伍警官走进我的办公室，后面跟着一高一胖的两个男学生，一个左眼眶青肿，一个鼻子上沾满血迹，见到此景，我脑中闪过一念，莫非又是一场普希金似的决斗？

　　伍警官没等坐下就说，群众报警，施洋烈士墓下一群人打架，到现场一看，几十个学生围观他们俩打斗，知道是你的学生，便把他们带来了。经询问，果然不出我所料，真是一场普式决斗，是为争夺一个柳姓女孩（以下称"柳生"）引起的。胖一点的姓王（以下称"王生"），高一点的姓魏（以下称"魏生"），是柳生的两个暗恋者，王生与柳生是初三年级的同班同学，王生这一学期正狂热地暗恋着柳生，魏生是高一年级的学生，是一个班的团支部书记，上学、放学都与柳生同乘一路公交车，彼此相识。魏生已满16岁，身高一米七，体形虽不壮实却很匀称，长相虽不出众但也显露男子汉的气概，说起话来不急不慢，有点学生干部的派头，柳生对他已生好感。一个星期天上午，两人在电影院门口相遇，边走边说，路过施洋烈士墓时遇见柳生的一个同班同学，正处青春萌动中的中学生，对男女同学相伴散步一类的事，既敏感又好奇，消息很快传到王生耳中，王生一时怒火难平，于是就与魏生相约到施洋烈士墓决斗，按流行规则，决斗中的失败者自动退出，这类事在学生中是公开的秘密，自然会引来许多观战者。处理了此事，柳生这个女孩的形象在我脑海中浮现出来，眼睛不大而眉毛细长，鹅蛋脸，小嘴巴，衣着普通但颜色搭配得体，爱笑而话不多，是个容易交往的人。上初三以来，她是个多是非的学生，上学期末，她与班主任就大吵一架。一次班会上，班主任点名批评她穿超短裙，刘海太长而不像个女学生，又说她在书店看女学生不该看的书，并警告说，当学生要守规矩，不要流里流气的。听到这句话，柳生大叫"老师不要造谣"，当着全班同学的面与班主任顶撞，气得年过五十的女班主任几乎昏倒。要帮助她就要先了解她，我走访了她的家庭，柳生的母亲是商场职工，文化程度不高，但是个厚道人，继父是个工程师，待柳生不错，平日里柳生与同母异父的弟弟关系很好。她母亲告诉我，自初三以后柳生变得很快，除了吃饭时间外总是关在自己房内不出来，与家人很少讲话，前几天她上学去了，我从她房里翻到一些东西，才知道她关门干了那些不争气的事，昨天因为此事母女大吵半天。她母亲边说边给我一包东西，打开一看，我心头一惊，一本日记，一本手抄流行歌本，一本手抄小说《少女之心》。一见到《少女之心》手抄本，另外两本的内容也就大体可知了，因为近期在学生中已多次见到了。不同的是，柳生让我真切地窥视到一个少女心灵中的那个私密的王国，一个多姿多彩的青春王国，一百多篇日记我几乎是一口气读完的，文字并不通畅，但内容确实精彩。我了解到所谓偷看女孩子不该看的书，无非是男人、女人身体器官，生理结构与卫生常识，当她因发现自己身体的某些部位发生变化而惶恐不解时，既无法去问父母又无老师解答，只得自己到书店寻找答案，此举何罪之有？穿条长裙，走在校外把裙腰拉上来扎进皮带，长裙变短裙，快进校门前松松皮带短裙变长裙，以智慧应对传统偏见，错在何处？讲究发式与选择衣裤一样，是爱美的权利，此举损害了谁的利益？与自己有好感的男生交往可学人之长，而且寻找与异性交往的方法，这为何大逆不道？再看那本抄歌本，无非是邓丽君的《美酒加咖啡》《何日君再来》，她在日记中坦言，当郁闷时，大声唱邓丽君的歌就舒服了，这是典型的自我发泄，是释放青春生理能量的出口，如鲜花盛放的年纪，应该比鲜花更夺目、更美好。后来找柳生谈话，我静静地当听众，柳生却坐在那里，眼望窗外，一言不发，摆出一种对抗到底的架势，我拿出她母亲给我的那三件东西给她，表示我不同意她妈妈的做法，此话一出，她突然放声大哭，几乎把日记内容哭诉了一遍。谈话结束时，柳生期待的眼神令人难忘，那是需要得到父母、师长更多理解与关爱的渴望，那是对现行中学教育的挑战。民族大义与模范英雄似乎太遥远，青春王国的少男、少女更希望得到成长中的鼓励，更希望在困惑时得到指导。因此，父母与教师需要精心地探究思考，寻找打开青春王国大门的那把钥匙。

快乐在你心中

十一黄金周，小女儿一家带我们去韶关南华寺。从广州坐车约两个小时就到了。到达以后，举目远眺，人山人海。一行五人在人海中穿来挤去，好不容易登上观音殿，我汗流浃背了。老伴与我想小憩一下，见观音殿东院角有棵大菩提树，树下一片阴凉，一条长石凳上坐着一位老僧，他见我们走过来，念一声"阿弥陀佛"，给我俩让坐。老僧并不太老，约五十岁，皮肤微黑透红，脸上带着不易察觉的微笑。我好奇地问他："师傅，你今天休息呀？"他说："没有，正在这里当班。"我又问："你当班是做什么事？"他说："我在观察每一个人的表情，你看，每个人的表情都是不一样的，成人心思多，小孩最快活，因为孩子心中无邪念。"我冒昧地问师傅："你们成天吃住在这里习惯吗？"他指着脚上穿的两头空的布鞋说："出家人的心像鞋一样，前后通透，心里没装杂七杂八的事，无欲无求，活得自在快活，哪有什么习惯不习惯。"师傅几句话让我悟到点什么，一空二透三无求，心里自在，自然就无烦无躁，落个心静快活，佛教讲人的修行就是这个意思。有人从日常生活中总结到：夜深听雨声，夏夜观悬空，秋夜听风声，静听孩子们对话，自吟小诗等，无不自得其乐。他告诉世人，快乐在自己心中，在追求理想的过程中。

我想到俄罗斯小说《金蔷薇》，想到小说里讲的一个动人的故事。清洁工沙海在部队服役时，爱上一位法国姑娘苏珊娜，因自卑而不敢当面表白，几年后他在巴黎与姑娘暂别，苏珊娜正处于失恋的痛苦中，沙海忽然回忆起当年送姑娘回法国时的情景，记起姑娘在船上对他讲的几句话，苏珊娜说："如果有人送我一朵金蔷薇就好了，那一定很幸福。"说者无心，听者有意，从此沙海就悄悄把手工艺作坊的废料收起来，用布袋背回家，废料中有工匠们加工金器时磨下的金沙，每晚从废料中筛选金沙，一天又一天，一年又一年，金沙积少成多，沙海变得骨瘦如柴，终于把金沙加工成一朵精妙绝伦的金蔷薇。此时的沙海已病得不成人样，而姑娘已去了美国，沙海也无法与姑娘相见。最终沙海死于尘土，也归于尘土，带着安详的微笑在心中告别了心爱的姑娘，因为他满足了，从废料中筛选金沙的日日夜夜，他享受了爱的甜蜜，他心里是快乐的。

有人说，快乐是财富与权势的装饰品，显然这是偏见，皇帝怕有人篡权，富人怕被绑架，打官司的怕失败，其实，快乐与财富、权势并没有直接的因果关系。事实上，只要有乐观的心态，生活中的很多快乐是无须用钱购买的。一个寒冷的冬天，一位友人拜访音乐家莫扎特，看见他与妻子在厅中翩翩起舞，友人得知，他们已穷得没钱买炭烤火，只得相拥而舞以求暖，但这对夫妻的眼神中却流露出浓浓的爱恋与欢乐。是的，只有心灵快乐的人，才会享受平凡的快乐。也许有人会问，当伤痛、疾病和贫困同时向你袭来时，你也会快乐吗？山楂妹张月乔，用笑对苦难的态度给出了她的答案。山楂妹来到人间就被抛弃在垃圾箱里，是善良的养父收养了她，她患了危及生命的重病，又是养父倾其所有治好了她的病。身高不足一米五，然而她生性乐观爱唱歌，后来考取了艺校，因贫困而上不了学，她唱着歌下地，唱着歌种山楂、收山楂，歌声把她送到星光大道的周赛、月赛、年度总决赛的预选赛，振奋人心的"我还想再活五百年"的歌声，征服了观众和评委，她获得年度总决赛的资格。消息出来，山楂妹变成一个泪人，这是高兴的泪、感激的泪，更是享受快乐的泪。快乐其实并不复杂，只要你自信乐观，只要你豁达平静，快乐就在身边，让快乐与你我永远相伴。

一把开心的钥匙

人的一生有两次重大转折：一是成人，二是退休。社会学家认为，经历第一次转折时，人是迎着旭日前行的，生活是加法，收入、朋友圈、体能是逐步增加的；第二次转折正好相反，是面对西沉的落日前行的，生活处处是减法，收入减少，人际关系萎缩，身心日渐衰老。处在第一次转折中的人们，他们充满着朝气、活力；处在第二次转折中的人们，命运就没那么好了，他们在生活中的感受负面因素较多，面对不愉快的事，往往感到力不从心，因此，他们的心态容易失衡，诱发出种种心理疾病。有医界权威研究材料说，患各类心理疾病的人群中，六十岁以上的老年人高达85%。心中有病，自然不快活，许多人成了抑郁症患者，这些抑郁症患者退休后的生活态度是病态的，有的人心中充满了失落感，说话无人听，求人无人在，感到自己被人忘记了，心里极不舒服；有的人深感孤独，生活圈子突然变小，问候关心的人不见了，深感前途黑暗，对生活完全丧失了信心和热情；有的人有强烈的空虚感，不上班了，时间多了，又没有新的活动，整天无所寄托，感到生活没有意思，不少人因此产生了厌世心理；有的人退休后对角色转变不适应，心中充满焦虑。以上种种心态都是负面的，它们之间相互影响而不断强化，形成一种不断向消极方向发展的情绪旋涡，老人们一旦陷入其中而不能自拔，就会痛苦不已，患上抑郁症是必然的。而面对退休这个必然的客观事实，面对退休后社会角色不可逆转的变化，唯有退一步换位思考，才是打开病态心结的钥匙。

针对以下经常出现的误区，要学会自我调适。误区一："我老了，没用了"，你该这样想：是的，我老了，可人心还没老，退休了自由时间多，我可以做上班时想做而没时间做的事，多自由。误区二："一辈子没多大作为，遗憾啊"，你可以这样想：我是个平凡本分的人，工作与生活是老老实实的，虽然一生平淡，但无愧于任何人，走在任何人面前都是光明磊落的，平平淡淡才是真嘛。误区三："退休了，人走茶凉，真没意思"，你要承认：人走茶凉是必然的，古今中外一个样，当官不当官一个样，茶凉又有何妨？你不必多看，更不必多想，高高兴兴回家，冲杯热咖啡，品上几口，比茶更浓香。误区四："人老了，没有特长活着更无聊"，你可以这样想：上班时我全心投入工作，没精力学自己喜欢的东西，现在退休了，多的是时间，可学点自己喜欢的新玩意，无聊时找老朋友叙叙旧，回忆有趣的往事，或是游游大好河山，品品各地的特色小吃，优哉游哉一把不是很好吗？误区五："我感到身体有病，不知还能活几天"，你应该换种态度：身体不适，主动求医，真有病，早治早安心，无病切忌多疑，一疑百病生，心情放松，多走出家门，快活过好每一天。误区六："年轻时许多理想没实现，现在老了，一切都晚了"，你可换个角度思考：年轻时定的理想太高，虽没如愿，但我尽力了，也有不少收获，退休了再定个实际点的目标，让生命的第二个春天绽放光彩。误区七："退休了，没工作了，活着还有什么意义"，你可换个角度想：以往我是个工作狂，很少陪老伴，老同学、老朋友间很少交往，现在好了，我有时间弥补往日疏忽了的许多重要的东西。说实话，以上种种认识误区，是不能及时转变自己的社会角色，没看见退休后的种种有利条件，不善于换位思考的结果。如果能以享受生活的态度看待退休生活，喜看自然花开花落，欣赏长空云卷云舒，就连夕阳也能无限耀眼。

经 历

　　人生五味杂陈，不尝不知其味。常言道：不吃甘蔗，不知甘蔗甜到什么程度；没饮过铁观音茶，即便想三天三夜，也说不清它是什么滋味；你没有吃过苦瓜，即使用尽天下文字描述，怎么也说不清是什么苦味。生活中的一切也是如此，当我们把生活中的酸甜苦辣麻全吃过时，文字的描写是多余的，因为亲自尝过，心中有数。经历过的事容易理解，对没经历过的事总有雾里看花之感，说不清也拿不准。经历是什么，经历只是过程，而不是结果。享受过别人的关怀就懂得关怀别人。在困难无助时听到一句鼓励的话，得到别人的帮助，能让人记住不忘，以后见到别人处境艰难，你就会说几句鼓励的话，或者尽其所能伸出援手。

　　我怎么也不会忘记在师范学校毕业那年，我的头与脚浮肿，身体乏力，经医生检查，发现我患了急性肾炎，除了吃药外，要卧床休息两周，一日三餐只能吃甜食。当时全校师生都吃大食堂，好心的厨房师傅特意为我开小灶，一日三餐吃甜食，几天就吃厌了，但师傅们天天给我变换花样，辛苦他们了。我不能上课，同学们轮流替我抄笔记，半个多小时路程，几乎每天中午都有同学到寝室看我，送开水，讲班上发生的趣事。我在武汉无亲人，而学校与同学给了我家的温暖，患病前我与食堂的师傅们不熟，很少讲话。病好后，我见到师傅们有如亲人的感觉，只要有空就帮他们收拾饭厅，擦桌扫地。同学病了，我学他们待我那样送饭送水。我工作三十多年，先后到五所学校工作，与厨房师傅关系都很好，我要求自己尊重他们。经历过苦难方知感恩，方知人生的真正意义。

　　有位山东贫困山村的农民从小在苦水中泡大，成年后赶上改革开放好时代，凭力气拉平板车谋生，晴天一身汗，雨天成水人。苦干几年后，把平板车换成了汽车，后来办了工厂，奋斗几年，挣了 600 万，完成了脱贫致富的巨变。苦难的经历，贫穷的记忆，使他忘记不了苦难的乡亲，更使他找到真正的人生意义。他与爱人商量，把自己的 600 万元资金全部交给了村集体。他自告奋勇地挑起村主任的重担，骑着自行车天天忙，披星戴月带头干，目前全村的固定资产已突破 10 亿元。全村男女老少把他当最亲的人，他就是全国劳动模范王元香。是贫困苦难的经历，使他与贫困的乡亲们心肉相依，使他找到了真正的人生意义。鲁迅先生看见穷苦的中国人无钱治病的现状，立志学医，可是在日本目睹中国人充当同胞被杀现场的看客，他感到当前最急的是要唤醒站着做人的灵魂，而不是躺着求生的躯体，一个民族没有做人的尊严，只有强健的身体，最终也难逃受人凌辱的命运。回家后他弃医从文，成为中华文化的一员猛将，找到了人生的价值所在。

华人富豪李嘉诚，用质朴的语言，讲述了自己成功后对奋斗经历的感悟。他说他13岁时父亲得了肺病，家庭生活困难到极点。不久他也得了肺病，白天吐血，晚上出汗，但也只能默默忍着。14岁就挑起养家重担，17岁到茶馆打工，供弟妹上学读书，他只得靠自学。一条毛巾洗脸洗澡，一用三年。为了省钱，只好三个月剃一次光头。但他从不困惑，因为他知道自己该做什么，他知道自己下一秒、下一天、下一年以至死后该对社会做出什么。儿子问他：生活的意义是什么，难道就是不断地工作、不断做公益事业？他说：当你没有工作的时候，你就会发现工作是多么重要。你们没有吃过苦，哪里知道吃苦的好处？没经历过饥寒，就体会不到大米饭和暖被窝的幸福。

人来到世上，不经历一些事，就不知道感恩，就无法体会生命的意义。所以，经历是一笔财富，而且是花钱买不来的财富。

感谢记忆，学会忘记

　　"感谢记忆，学会忘记"是王怀勋老师常挂在嘴边的一句话，王老已享九十高龄，是武汉市小学教育界德高望重的前辈。在老朋友小会上，王老讲起话来声音不减当年，中气十足，他说起往日趣事时仍滔滔不绝，谈及退休生活时，他一首接一首地背诵近年来的诗作，如数家珍。有人问他长寿秘方，他说，八个字：感谢记忆，学会忘记。经常回忆往日的高兴事，忘记那些伤害过自己的事，心境平和，不气不怒就吃得好，睡得香，如此而已。细细想来，这八个字极有哲理，不仅是生活经验，还是长寿之方，更是做人之方。

　　知识的获取，经验的总结，能力的培养，人格的锤炼，事业的成功，生活的事，哪一样都少不了记忆的支撑。然而，学会忘记就没那么容易了，尤其是对人的生活与心理有重要影响的事，要忘记它实在很难。我的学生小吴对我讲述过他的一件伤痛的往事。三年前的一个夏天，他因公在河南信阳出差，忽然记起再过几天是女儿的六岁生日，于是他让妻子陪女儿上街照张生日照片，特意叮嘱要穿他从上海给她买的白色连衣裙。打电话后的第三天，小吴接到单位领导电话，说公司有要事，要他立即回武汉。小吴赶回单位，领导语气低沉地说，昨天下午三点左右，他妻子带着女儿上街照相，走到妇幼医院门口时，一辆从后面开来的手扶拖拉机同从医院开出的大卡车相撞，手扶拖拉机的后轮把你女儿撞倒。小吴说，事情已经发生，又无法挽回。他又对交警一方说，事到如今只能接受，请不必过分追究肇事方的责任，他们也生活艰难，他和妻子已够痛苦了，不必再给另一家人增加痛苦。在小吴超乎常情的宽容下，肇事方带着一万元到小吴家赔礼，真诚认错，把痛苦降到最低程度，处理了这件谁也不愿看到的不幸之事。小吴说，手扶拖拉机司机一家人也深受感动，经常给小吴家送来新鲜蔬菜，两家现在成了忘记怨痛的朋友。

　　造成了生命伤害的事，其后果往往刻骨铭心，是人间难忘事之最。让活着的人忘记这些事是困难的，要做到不怨恨、不怪罪对方，是天下大难，既然人命关天的事也可能渐渐忘记，那么，日常生活中的小误会、小摩擦、小伤害可否忘记呢？让我们努力学会忘记吧，忘记那些该忘记的事，记忆那些美好的事，对你对我都有益处。

也说"差不多"

人们日常生活用语中，"差不多"一词往往是贬义的，它是对工作马虎、行事轻率一类人的评价用语。一位妈妈正在厨房做饭，发现家里没盐了，叫十一岁的儿子上街买包盐。不一会儿，儿子给妈妈买回一小包盐，她打开一看却是白砂糖，于是生气地批评儿子办事粗心。儿子不服气地说，盐是白色颗粒，糖也是白色颗粒，盐和白糖差不多嘛，妈妈听了气不打一处来。一家工厂从外地购进一批原材料，经理要出纳员给材料商汇出货款21.5万元，当经理收到对方开的收款发票一看，真是肺都要气炸了：出纳员汇出了215万元！出纳员受到经理批评后，委屈地说，215万与21.5万只差一个小数点而已。李老汉是个随便的老人，待人处事从不计较，马马虎虎活了一辈子。有一天他生病了，高烧不退。家人连忙到村北去请一位中医，结果该医生到别村给人治病去了，村南头的一位兽医在家，老汉已高烧得迷迷糊糊，他对家人说，人医与兽医都是医生，差不多的。于是，家人从兽医家买来三服退烧草药，三服药服下，家人大声问他是否舒服些，老汉有气无力地说，快差不多了，话音一落，头一偏，走了。近似荒唐的笑话，却道出一个真理：有时看着似乎差不多，然而结果却差得远了，轻者误时误事，重者危及生命。可是，近来有两位朋友给我讲了新编"差不多"的故事，使我对"差不多"有所新悟。

老程是一所中学的校医，是位好酒如命的酒佬，只要闻到谁家有酒香就不请自到，拿起酒杯无须劝，一杯一口干，直到身子西歪东倒。退休后他对喝酒有新的感悟，醉酒不好，易被人戏耍，一次误把荔枝当桂圆，一次误把肥皂当肉糕，不仅身体吃了亏，还经常被人当笑料。他说半醒半醉最快活，酒喝六成就差不多了。下酒菜也有讲究，鸡、鸭、鱼、肉太贵，萝卜、腌菜太差，一盘花生米、一盘豆腐干就差不多了，吃到口里像火腿肠，感到有肉的余香，有了两个"差不多"，活得真快活。邻居老胡家在找保姆。他说，这年头请保姆很难，一年换四位总不如意。他总结了一下，认为关键是标准问题，太精明的难招呼，干不长；太笨了又做不好事，不想让人长雇。今年请保姆，经多次等待，多次寻找，终于找到一位不太精明也不太笨拙的江西保姆，已到家半年了，做事差不多，全家满意，放心又轻松。老胡说，选人用人，把标准定在精明能干与老实憨厚的中间就差不多了，做事效果也就差不多了。老程说，半醒半醉就差不多了。对比一下，一个是不明不白的"差不多"，一个是明明白白的"差不多"，两个"差不多"点明了一个道理：我们应该怎样愉快地生活，同样是"差不多"三个字，有时它是愚者的护身符，是过失者的挡箭牌，是自我的心理自慰；而有时它是生活的艺术，是人格的特质，是选择愉快的标准。

中国人的精神生活，受孔子、庄子的学说影响太深了，各家之说各自有理，孔子之说过于理想、过于规范，庄子之说又过于自由、过于随心，听而行之往往不易把握。于是，智者在孔庄之间找到一个平衡点，哲学语言称为中庸，生活中习惯叫"差不多"，并成为一种待人处事的态度。在生活中，有时需要"差不多"一下，毕竟，退一步海阔天空；而有时，一点都不能"差不多"，得过且过，误人误己。

友 情

　　文铁是我五十多年前的同班学友，五十多年后的今天，文铁仍是与我心意相通的老友，历经半个世纪，至今友情不断，真不容易。

　　与谁为友看缘分。文铁十五岁那年从湘潭来到武汉，1954年，我们同期考入武汉第一师范学校，被编到一班成为同班学友，又恰巧都被编在第四组，一桌相邻前后而坐，一坐就是三年，真是"有缘千里来相会"。当年的学生一律住校，享受国家甲等助学金待遇，说白了就是吃、住、学三项全免费。大多数同学的家就在武汉或有亲人在武汉，我与他的父母都在外地，节假日就有了玩伴。那个年代，社会急需教师，毕业前一年，武汉一师一分为二，一师留在原地，二师设在武昌，我们班被分到二师。学校在武昌胭脂路，学生宿舍在离校五里的文明路，文铁与我面对面睡下铺，两床相距半米左右，两人熄灯后可用脚传递信息。有件趣事至今不忘，贫苦的朋友有点什么好吃的总会与对方分享，那年春节后返校，文铁带来一些湖南风味小吃，大多是油炸鱼仔、香干、萝卜干一类。熄灯后不久，文铁伸脚钩我一下，我心领神会地爬到他床上，两人躲在蚊帐内品赏，香味很浓，一旦受不了，马上回到自己床上，拼命吞口水，以免出声。多少年后我们忆起这件事，总是会心一笑。也许是床相对、桌相邻之故，每天上学放学我们几乎是形影不离。每到周末，同学们大多回家了，我们往往是相伴到晚上，有人说亲近朋友之间的性格爱好是可以传染的，此话不假。他比我更爱读小说，尤其爱读名家小说。他的书包里装着高尔基的《母亲》《童年》《我的大学》，我的手里拿着魏巍的《谁是最可爱的人》，到蛇山各人找棵相邻的大树，靠树而坐，各读各的书，各追各的梦。到了夏天的周末，武汉大学湖滨游泳池是我们的常去之地，他水性好，喜爱跳水，我水性不好，只会狗刨式，只有掉到水塘淹不死的那点本事。每次都是他上高台跳水，只会狗刨式的我当评论员。什么燕式像不像，镰刀式腿直不直，装模作样地评说一番。说者认真，听者也认真，按今天的说法，是认真地作秀。毕业后，他被分配到武昌东湖小学，我分配到汉口一师附小。刚参加工作的年轻人积极性很高，没日没夜忙得不可开交，虽然我们不在一处，不可能像当学生时天天相见，但我们的联系从未中断。文铁精明而无诈、厚道而不愚的品性，让他二十岁刚出头就调到区政府教育科工作，是学友中较早步入仕途的人。入仕为官后，他没沾染官场俗气，他还是他。

其中有件事我怎么也忘不了。1962 年，武汉市文教体卫战线约千人被下放支农，其中多是青年，需要一名青年工作干部，我为了锤炼自己的思想信念，也报名下乡并得到领导同意。离汉之前我去与文铁话别，当时他在武昌茅店办农场。他见到我时正要下地，几年未见，想说的话很多，十月的武汉已是秋天，农村房舍比城里凉多了。他见我只穿了件衬衣，忙从身上脱下羊毛衫要我穿上，并说几天前他母亲给他寄来一件新毛衣，这件旧毛衣就给我了。我身上确有凉意，顺手接过留有文铁体温余热的毛衣穿上，我身心倍感温暖。说实话，这是我人生穿的第一件毛衣，后来我穿着它度过了武汉一个又一个寒冬。后来女儿工作了，给我买了新毛衣，我把友人的这件毛衣赠送给一位父母双亡的大学学子，并告诉他有关毛衣的友情故事，希望他把这件毛衣与人间真情传递下去。

　　几十年来，他忙我不闲，他入仕途，我入校园，虽然社会角色不同，但并不影响我们的平等交往，他不把我当书匠，我没把他当官人，我为他的职位不断升迁而高兴，他为我的教育工作有所创新而欢欣。互信与真心是友情长存的灵魂。如今我们老了，退休了，都是年过七旬的老人。他住武汉，我住广州，虽然相距千里，但靠电话千里传音，两个老友仍似兄弟般亲近，我双目失明，他一身病痛，彼此常惦记在心。他听说我的老伴眼患白内障，拖着病痛的双腿，跑医院访名医，为我提供科学治疗的资讯。记得语文老教师张公曾说过：友情是什么，是两个圆各割去一部分，然后黏合成一个新的圆。其意是友情以各自舍弃一部分为前提。对张公之见，我不认同，我以为，友情是将各自所有拼成一个圆，不分彼此。我打电话给张公想告知我的歧见，电话那边说，张公已先我而去了。没关系，待我百年之后，再设法见张公，共同探寻友情的真谛吧。

读书乐

人说读书苦，我说读书乐。人说读书有苦也有乐，我说读书筋骨有点累，心里则快乐。有人说有条件读书不觉苦，我却说穷困时读书最快乐。一句话，苦乐之感源于自己，别人要我读书难免苦，我要读书纵然苦也乐。感到读书乐的人，越是艰苦越想读书。穷人的孩子最想读书。我的祖父母都是文盲，我的父母亲也都是文盲，可称"文盲世家"。托新社会的福，我这个文盲世家的孩子成了读书人，颠覆了文盲世家的历史。毕业那年回家，母亲见人就自豪地说，我儿子毕业了，快乐之情溢于言表，也许她也深信"书中自有黄金屋"吧，穷苦人家出了个读书人，心中点燃了希望之火。我从工作之日起，每月几十元工资，有饭吃，仍贫穷，然而再穷也爱读书。为了从本不宽裕的收入中挤出几块钱买几本心爱的书，我心甘情愿过简朴的生活，穿平常衣，吸廉价烟，一天一支大"公鸡"。别人自行车铃响车不响，我的自行车处处响就是铃不响。那时住的房子小，一张大方桌靠墙放，正好三边，我与两个女儿各霸一方，她们写作业，我读我的书，各得其所，各享其乐。虽然几天没吃肉，心里却很快乐。我上厕所的时间总比别人长，不是有痔疮，而是看书入了迷，忘记是在上厕所了；老婆怎么说也听不见，并不是耳背，而是书中情节抓住了心。有位了解我的朋友好心劝我说，有那么多同学在官场任职，为何不多走动走动。这位朋友有所不知，我知道做人要学铜钱，有圆有方，但既然没有余钱，我不想委屈自己，还是多买一本书心里更痛快，生活苦点算什么。

读书让心田得到滋润，让精神享受愉悦。在爱书者眼里，书是恋人，阻碍再多，也要千方百计与之约会。乐从爱中来，无爱何以有乐？中国的好多名作家，就是避开长辈的禁令，从少年时就偷读《红楼梦》《三国演义》《西游记》等文学名著，并由此爱上文学的。据说莎士比亚的故乡有很多人讨厌莎士比亚，萧伯纳对此做过考察，他发现这些英国人少年时被长辈强迫背诵莎士比亚的作品。看来，被迫读书的人不会有读书乐之感，只会对读书产生逆反心理。包办婚姻少真爱，强迫读书苦无奈，为升学、考级、考证、求职读书，多有被迫感，为了生计，就只能将责任摆在前头，兴趣放在后头。读书乐在丰富头脑，精神满足。黄山谷从反面讲读书好，说不爱读书者面目可憎，语言无味。此说有失偏颇，忠厚的老农一字不识，笑态憨厚也让人倍感可亲可爱。据说章太炎长得并不帅，王国维一脸夫子相，但只要听他们说话，便觉妙趣横生，亲切可爱。自然，读书与漂亮没直接关系，但读书可让人魅力倍增。好读书必有读书的好，不好为何说读书乐呢？读书可知天地之大，也可知做人之难，苦不悲，宠不妄，不畏寂寞，不怕孤单，自由自在，宽容豁达，不卑不亢，大大方方地活在世上，光明磊落地行走闹市。读书有一大堆好处，为何仍有青年不爱读书呢？原因很多，集中起来是一个字：懒。他们还振振有词道："春天不是读书天，夏日炎炎正好眠，无奈秋天蚊虫多，读书只好待来年。"如今，民族在振兴，中国梦还未实现，多读些书是有益无害的事。

钱是什么

　　钱这个东西，虽不是万能的，但没有却是万万不能的。钱是什么？说法不一，仁者见仁，智者见智。有人说，钱是财富，是富贵，是权势，是地位，是名声；有人说钱是价值，是报酬，是待遇，是荣誉；有人说钱是幸福，是享受，是快乐；有人说钱是汗水，是辛苦，是劳动，是智慧；也有人说钱是负担，是放纵，是邪恶。如此看法对吗？有些对，有些不对，有些是偏见，有些是谬误。儿童时代每到春节时，长辈给几个大铜板作压岁钱，小伙伴们把橡胶烧融之后，将两块铜板黏在一起，当作打牌的玩具，此时，我们并不知道钱的真正用处。我八岁到武汉，上学要缴两块银圆。家穷拿不出，一个月后由叔父相助才入学，高桌子、低板凳被有钱人家的孩子先占了，老师给我几块砖靠墙坐着上课，从此我第一次知道了钱的用处。六年师范学习生活，吃的、穿的以及学习用品全是国家包，个人生活与钱关系不大。直到成家后，要养家糊口，还要供孩子读书，实实在在感受到钱的重要性。每月固定的微薄工资，日子过得紧巴巴的，好在什么东西都计划供应，简朴不为丑，衣裤只有两件，能换洗就行，家里最多的是泡菜坛子，泡菜成了压桌菜。即使是入不敷出，也需七扣八省存下一两元，以备急用。有个同事，夫妻均是河南人，几乎天天青菜面条或馒头稀饭，十多年好不容易存下九百元，想等儿子大了，换一间两室住房，再买几件家具，计算一下，仍差一百多元，多年心愿只得作罢。细想一下，还真是没有钱万万不行。但是，钱财一定要是自己的劳动所得。我与老伴在广州岗顶邮局见到一位衣着不整的老人在一张桌子上精心清点一大把钞票，大多是十元以下的面值。一位保安说，老人是从河南来的，七十多岁了，在广州拾荒已五年多了，几乎每个月来一次，向家乡的老伴寄几百元，现已存了几万元，打算再过两三年回家。我对我的同事和这位拾荒老人是心存敬意的，他们的钱来路光明，是一分一角积存起来的。

　　当然，钱只有用出去了才有意义。往日穷人为了吃顾不了衣，为了衣又顾不上娱乐，所以只有：新三年，旧三年，缝缝补补又三年。小康之家用钱有点余地，虽不能使生活发生翻天覆地的变化，但一点一点突破，也自得其乐。至于豪富之家，挥金如土，骄奢放纵，未满七岁之子开七十万元的小轿车，众人已知这是祸而绝不是福。可见，用钱也要有道。邵逸夫经商有道，成为华商中的财富巨子之一。虽然他积累了几辈子也花不完的钱，但一生坚守勤俭，不少人说他小气，但是他捐出很多的钱资助文化、教育、卫生事业，六千多栋的"逸夫楼"，铭刻着他的功德。

　　我曾请教一位老佛教徒"钱是什么"，他微闭双眼说："钱这个东西，你以敬畏之心对它，不执着，不痴迷，它就是佛，保你一生幸福平安。你以贪念之心对它，纵人欲，轻功德，它便是魔，让你心神难安，难免受到恶报。"我听后沉思多日，忽有一悟，人光溜溜而来，赤条条而去，钱财乃身外物，以之造福人间、回馈社会，方为用之有道。

我的朋友们

　　朋友，是五伦中十分重要的一伦。友情是了解、信任、关照、谅解、激励、包容等。真诚的朋友是幸福的分享者，是苦难的分担者，是事业的共创者，所以，人不能没有朋友。什么是朋友？一位文学家说，朋友是磁铁吸来的铁片，只要愿意，从任何泥土中都可吸来。

　　小时候有很多同龄朋友，大家一起黏知了、采蘑菇。后来，我到汉口读书，那些朋友仍在乡下。我在师范学校求学三年，班里同学同吃、同居、同学习、同娱乐，是感情真诚的朋友。现五十四人中已有十四人去世，长居武汉的有三十多人，近几年常聚会，每次总有二十多位应约相聚，讲起往昔趣事，个个笑得不亦乐乎，仿佛一群年过七旬的老太太、老爷子，人人又回到青春年少时。人生几十年，在奋斗中，我又有了很多新的朋友。他们是在我有危难时保护过我的人，有困难时接济过我的人。其中有帮我处理过日常小事的人，有经常夸奖我的人，有在工作中支持我的人，有把身上穿的毛衣脱下来给我穿的人，这些人也是我的好朋友，对他们，我永怀感恩之情。但也有曾经把我当垫脚砖，当面笑转身又踩我一脚的朋友，这些人也是我的朋友，虽然大多后来都不认识我了。朋友是最好的老师，教人学会感恩，学会宽容，学会爱。然而，也有这样的朋友，让你吃点亏，在吃亏中学会自我保护，这样的朋友不算多，他们的名字大多忘记了，但让我吃苦头的事仍记得，然而，我却又必须感谢他们，感谢他们教我认清了什么才是真正的朋友。

　　我将我的朋友们分为五个类型：一是血缘型的，如父母、兄妹、子女，是我终生不变的朋友；二是夫妻型，是轻易不变的，要变必经法律许可；三是亲戚型，这是血缘发散出来的，可疏可亲；四是生活型的，这是生活中互帮互助的朋友，只要以诚相待，吃亏没关系；五是精神型，一张嘴、一杯茶，谈文论道，其乐无穷。人活着，快乐是自己的事，痛苦也是自己的事，但是有了朋友，快乐可分享，痛苦可分担，压力可减轻。没有朋友的灵魂是孤独的，而孤独往往使人性枯萎，所以，朋友还是多一点好。

人靠衣装

我有件毛料中山装，是 20 世纪 80 年代买的。如今生活好了，衣裳更新很快，打开衣柜几乎看不到早年穿过的衣服了。唯有这件中山装被我细心保留而不愿舍弃，因为它是我人生中一段风光经历的见证。

莎士比亚有句名言："衣裳常常显示人品。"还有一句更直率的话："如果我们沉默不语，我们的衣裳也会显露我们的体态和过去的经历。"20 世纪 80 年代初，我每月工资是七张"大团结"，老伴硬是咬咬牙花了几十元给我买了件毛料中山装。那几年，我是一所中学的政教处主任，学生教育工作得到市领导的肯定，不少机关与学校要我去介绍经验，老伴见我穿了近十年的一件中山装已旧得不成样子了，于是就买了这件毛料中山装。我穿着它主持全校升旗仪式、参加各种会议，也算是潇洒了一把。前年春节，我想穿上它吃团年饭，女儿见了说我像以前的乡镇干部，孙女说我像个外星人，家人一阵哄笑，然而无论她们怎么说，怎么笑，我一如既往地深爱这件中山装。曾有人一语道破了衣服的作用，原话的大意是说：平常我们以为天下豪杰之士，其相貌堂堂，确实与众不同，其实多半是衣裳装扮出来的。我们从画像上看到的秦始皇、汉武帝，或者是拿破仑固然威武神气，可如果我们在大澡堂里遇见诸公，与众人一般一丝不挂，他们又有什么特殊之处？此话虽然有点俗气，却有朴实之理。以貌取人还是有一定原因的。

我想起五十多年前的一件趣事，那年夏天朝鲜儿童工作访问团来武汉，共青团武汉市委在江汉路璇富饭店开招待会，我和一位郊区小学的少先队总辅导员应邀参加，那位朋友上穿一件旧汗衫，下穿黑色长裤，脚上穿双有点破损的塑料凉鞋，会议期间他外出小解，返回时被门卫拦下，无论怎么解释就是不许进，争吵声惊动了招待会工作人员，方才得以进入。可见服装成了身份的证明。曾几何时，西装进入了中国，成了一种时尚，20 世纪 90 年代初，我到湖南新化县农村，青年农民大多有件西装外套，逢年过节，走亲访友或吃喜酒，都会穿上西服，虽然衣料并不高档，白衬衣领上或许还留有汗垢，但走起路来昂首挺胸，总觉得比平时精神。记得那年头我也曾想买件西装洋气一把。可到了商店一试，老伴左看右看总觉得不顺眼，多试几件终于发现其中玄机，因为我双肩较窄，右肩略下溜，再好的西服穿上我身，也显不出笔挺的味儿来，看来我的体形与西服无缘了。有个老友不知是否是安慰我，他说，西服不如中装，气温稍凉一点穿西服，脖子与胸前不保暖，容易诱发胃病和感冒，稍热一点穿西服，前腹后背热乎乎，很不爽。其实，西装要穿出味儿来是有讲究的，上衣颜色不宜花哨，衣裤布料应厚重一些，脚下应穿光亮皮鞋，如果你的西服上衣太花，裤子既薄又透，再穿双布鞋，让人一见生怪，活像个耍马戏的。中装则不然，样式多，穿着轻松自如，它有点像变形虫，可随穿衣人的体貌而千变万化。肩上也不必塞块垫布装成宽肩，裤子宽松，走起路来可以裤内生风。中装虽比较随便，然而也应有限制，蚊子多时，裤脚也不应塞到鞋筒里去，像个街头杂耍者。中装比西服确实随和多了，也自由多了。中装没有西服的那些硬性标准，给我们创造了展现个性的极大空间，可君不见，这种创造有成功也有失败，成功者是把优点表现出来，把缺点掩盖起来，失败者则是把缺点张扬出去，优点没有了。我认为服装是人类文明的象征，因此，除了洗澡以外，裸体之风，我是不赞成的。

我爱片片绿叶

有一个故事，人们听了也许难以相信，然而这是一个真实的故事。

故事的主人公是个学生，而且是某县一中的高二学生。一个星期天晚上，苦学了一天，为了放松一下，他打开了电视，正好是一位记者在山坡上访问一位放羊娃。记者问：你长大了干什么？答：还是放羊呗。问：放羊为了啥？答：挣钱呗。问：挣钱为了啥？答：娶老婆生娃呗。问：生娃为了啥？答：放羊呗。看电视的学生生气地关了电视，躺在床上一声不吭，翻来覆去，半夜他坐到桌前，给父母写了一封长信，然后服下一瓶农药自杀了。信中说，他现在的生活与放羊娃一样，不同的只是自己一天到晚手拿的是书，放羊娃手牵的是羊，目的却完全一样。为什么要上学？为了找个好工作，多挣钱。为什么要多挣钱？为了建一栋新房。为什么要建新房？为了找个好老婆。找个好老婆又怎么样？为了生儿育女。生儿育女了又怎么样？要他用功读书上大学。难道人活着就是这样无休无止地轮回下去？难道后人就是不断重复前人走过的路？如果是这样，那么只要一代人不就够了，何必要一代一代地重复下去呢？他怎么也想不出答案。十多年的读书生活太枯燥乏味了，太苦了，苦生怨，怨生厌，从厌学慢慢厌世。他拒绝轮回，也不愿自己的后代重复他走过的路。

故事中的男学生的想法是片面的，宇宙万物，人间万象，一切的一切，无不以轮回的形式存在，在轮回中变化发展。晨日东升，日正中天，落日西沉，轮回千年，一年四季，冬去春来，年年如此。表面看来，人的生老病死、世代传递也处在轮回之中，但实际上并非如此简单，因为几乎没有一个人是复制前人的生活道路。宏观看，人人似乎参与了轮回；对照看，完全是不同的方式和规律。在师范学校读书时，我看了四次苏联电影《乡村女教师》，毕业后有个梦想，要在退休前每十年实现一个目标，像她那样成为一名卓越的小学教师。人生几十年一下子就过去了，如今垂垂老矣，回首一生经历，先后在小学、初中、女中、男中工作，还有一年工读学校的经历，比《乡村女教师》中主角的人生道路更丰富、更曲折，我没有复制她的道路。从中我领悟到一个道理，没有完全相同的人生轨迹，人也不可能走完全相同的人生道路，世界是精彩的，你的人生道路只能由自己把握。

英雄，请您留下

地铁车站口，梁娅昏倒在地上，乘车的人一个接一个地从她身旁走过，看一眼，脚不停，一个、两个、三个……没人伸出援手。直到五十分钟后，终于出现了一位好心人，打了急救电话，可经医生诊断，梁娅因昏迷时间太久，心脏已无法恢复跳动了。三十五岁的海归女硕士的年轻的生命就这样枯萎了。人们叹息、悲痛、呼喊，雷锋，您在哪里？救死扶伤的英雄，您在哪里？看到这一则报道后，我忽然觉得心里有点乱，想说又不知说什么，不说心里又似乎塞得满满的。中华人民共和国是个英雄辈出的国家。从 20 世纪五六十年代走过来的人，几乎人人心中都记得一长串英雄的名字，心中也有过英雄梦。然而，当我们迈进了市场经济时代，随着人们价值观的改变，往日英雄辈出的时代似乎离我们远去了，昔日的英雄只活跃在战火连天的日子里。挡枪眼，炸碉堡，视死如归似乎成了传说。如今有人讲起往日的英雄，不免带点嘲弄的口吻，有个商人说，干那些事值不值呀？比如当年的知识青年金训华，为了从洪水中抢救集体的粮食而英勇献身，成了家喻户晓的英雄，现在有人发问，为了几袋粮食丢了年轻的生命，究竟值不值得？有个大学生张华，为救一位老农民，自己却失去了生命，当时就曾有一场争论，是一个大学生的价值大还是一个老农民的价值大？如此以命换粮或以命换命是否太轻率了呢？一些人好像活得更精明了，一事当前，先扳扳指头算一算，想想值不值。更可恶的是小人，他们被膨胀的贪欲驱使，诈取见义勇为者的钱财。一位老人突然发病倒在路边，一位善者主动相助，竟被老人的家人诬告，说是他撞死了老人。如此行径，谁还乐于助人？我想，也许是此类丑行太多，以致从梁娅身边走过的人，忍着内疚收回了援手。如此这般，英雄的身影渐渐远去了、模糊了。

那些被推崇的舍己救人、见义勇为、助人为乐、扶弱抗暴的义举善行，那些"生当作人杰""留取丹心照汗青"的大气大义，那些永垂史册的英雄精神，不知为何成了某些人的笑料。殊不知那令人热血沸腾的英雄主义精神，是民族的无价之宝，是代代相传的光荣传统。对一个人而言，英雄主义是做人的良心，是完善人格的基本要素。假如用世俗功利的观点看待英雄，用生意人的市场盈亏法则评价英雄主义的价值，那么，当我们缅怀先烈功绩时，当我们面对为保家卫国而牺牲的英灵时，是否有勇气问"值不值"这个问题？

如此发问能脸不红、心不慌吗？是的，一个时代的英雄，也会留下那个时代无法避免的遗憾，但是，我们思考后人如何不再重复遗憾时，绝不可连同英雄精神一起否定。以世俗偏见评价英雄，是对英雄的失礼失敬，是对英雄精神的不尊不惜，难怪往日英雄精神与我们渐渐疏离。没有英雄的时代，人的精神生活会日趋平庸，漠视英雄精神的社会，人心会日趋麻木。平庸与麻木比落后可怕百倍，改变平庸与麻木比改变落后更困难百倍。看到英雄渐渐远去的背影，我心中涌动着一股隐忧，不由自主地想高呼一声：英雄，请您留下！

如此"内外有别"

八岁以前，我与母亲一起住在黄陂老家。上小学以前，母亲无论是下田劳作或赶集买东西总是带着我，每次锁好大门后，母亲就把钥匙塞到门外一块大石头下，并小声叮嘱我，钥匙放在这里，不要告诉任何人。回家开门拿钥匙时，要看看旁边有没有人，一定要在无人在场时才开门。这个习惯，一直保持到我八岁离家前。也许，这就是我接受"内外有别"的启蒙教育的开端。还有一件更有趣的事。一天清晨，我听到门外传来古怪的声音，开门一看，是村南的大娘坐在邻居门外的大石头上，左手拿块菜板，右手拿把菜刀，砍一刀骂一句"吃了我的鸡烂舌头"。事后妈妈告诉我，邻居偷了大娘家的一只鸡，邻居家五岁的儿子对小伙伴讲了这件事。当天晚上，邻居家便传出小孩挨打的哭叫声，母亲告诉我，家里的事，无论好事坏事，都不要在外面讲。长大后，我才懂得这叫"家丑不可外扬"，也是"内外有别"的又一层意思。

人们对"内外有别"的理解，随着年龄的增长与阅历的增加而不断加深。参加工作后，我当了个小干部。每次干部会上，讨论工作计划，研究人事安排，散会时，领导常交代几句，大意不外乎会议内容不可随意外露。我意识到，这是更为广义的"内外有别"。"内外有别"是做人的修养，也是生活的艺术，更是生存的谋略。"内外有别"是中性的，本身并无对错善恶，看你怎么理解。事实上，"内外有别"无处不在，人与人有别，家与家有别，群体与群体有别，国与国有别。一切有别因利益不同而定内外，因变化而定有别无别。人世间的"内外有别"不断演化，各类版本不断翻新，花样万千。但是，归纳起来不过两类，一类为公，一类为私，结果也是两类，为公者彰显聪明才智，为私者令人厌恶。

譬如，在现代城市的小区高楼里，种种"内外有别"便令人不堪忍受。一天，我同老伴前去看望一位朋友，他住在某小区七层，碰巧小区电梯在保养。既来之，则爬之，也好练练脚力，一口气登上了四楼。脚力似乎不错，还有劲儿，可鼻子就受罪了：一股臭气直冲鼻孔而来，我实在闻不出是何种臭味，不像臭肉，也不像腐乳味，似乎是死鱼烂虾般的恶臭，我无奈地以手掩鼻坚持向上爬，好不容易到了七楼。朋友开门迎我们入内，顺手给我俩各两个塑料袋套在鞋上，一是免脱鞋的不雅，二是维护地板的干净。朋友是当老师的，夫人是医生，室内装修舒心而不奢华，讲究而不夸张。朋友说，比大楼别人家简单多了，别人家像皇宫，我家是豪宅中的贫民窟。顺着朋友的话，我略带几分嘲弄地说，室内像皇宫，室外臭气筒。每家门外放几双臭鞋，一层十户，二十八层，近千双臭鞋放在封闭的过道，真是臭鞋比臭大赛。此话引来一阵哄笑。几天后，我与另一友人讲述此事，朋友说我少见多怪。他说，有个号称富人区的高级豪宅区，那里每层走道的垃圾桶真是臭不可闻，烂菜叶、啤酒瓶、剩菜剩饭、变味的粥、烂水果堆满桶、扔满地，污水顺梯下流。而衣着讲究的先生女士则掩着鼻子出电梯，飞快跑进屋内去了。小区的花园变成遛狗场，尤其是早晚时分，女主人或牵或抱着狗走出大楼，大狗、小狗十几只，有的撒尿，有的拉屎，待它们方便完以后，主人们给它们擦完屁股，扔下纸又或牵或抱走了，留下处处粪便，臭不可闻。呜呼，豪宅、臭鞋、垃圾、污水、狗屎，还有衣着讲究的先生女士，绘成了一幅怪异的生活图，图下标写四个大字：内外有别。

如此"内外有别"真是一场灾难。祸根是绝对的自私与缺乏责任心。把自己见了心乱如麻的东西，从室内推到室外，让别人心乱如麻，你说是不是绝对自私？将难以解决的事推向门外，自己眼不见心不烦，哪管公共空间的脏污，这是不是缺乏责任心？啊，如此"内外有别"！

守护尊严

　　1982 年，在中英关于香港回归的谈判中，有西方"铁娘子"之称的撒切尔夫人挟马岛之战大胜之余威，底气十足地来到中国，与邓小平展开谈判，企图来个下马威，开口就说，英国同意把香港主权交还中国，但不交管理权，香港仍由英国政府管辖。邓小平没等她讲完，就坚定而不容商量地说，主权问题不是一个可以讨论的问题，而且到时候我们不仅是收回新界，而是包括九龙在内的整个香港，如果英国人不合作，我们考虑用其他方式解决。谈判结束了，铁娘子从大会堂出来，心情坏极了，下台阶时差点摔了一跤。外电评论说，这次谈判是铁娘子撞上了钢铁公司的董事长。香港问题是帝国主义以强欺弱的历史见证，当中华人民共和国开始强大时，英国仍想称霸，自然遭到中国人的反击。民族与民族，国家与国家，无论强弱大小，一律是平等的，无论今天或是未来，中国不称霸，也不惧霸，为了守护国家的尊严，我们只有一种选择，针锋相对，决不示弱。在中美知识产权谈判中，美方代表犯了与英国人同样的错误，不同的是英国人碰上了邓小平，美国人碰上了时任外贸部部长的吴仪，她是中国的"铁娘子"，美国人不会有好果子吃。当美方代表以嘲弄的口气对吴仪说"我们是在与小偷谈判"时，吴仪不卑不亢地反唇相讥道"我们是在与强盗谈判"。美国人听了无言以对。谁都知道，强盗比小偷更坏百倍。邓小平和吴仪以针锋相对的态度回击霸权主义，是中国现代史上守护民族尊严的经典范例。享受尊严，守护尊严，是人人享有的权利，尊严不是强者的专利，以为弱者尊严无关紧要，是强盗的逻辑，相反，暂处弱势的人们，更要坚定地守护做人的尊严。《简·爱》中的女主人公简·爱，深深爱着她的主人罗切斯特，但因地位相差太大，她只得把爱压在心里。罗是个语言刻薄、性格古板的人，常以不尊重人的口气说话。一天晚上，罗送走他的一帮女友之后来到客厅，简·爱看到自己心爱的人与别的女人亲密交往，心里很伤感。罗问她，你这样一个穷人，哪来这么多智慧？她被这有损尊严的话激怒了，大声对罗说："你以为我穷、长得不好看，我就没有感情吗？假如上帝给我财富和美貌，我也会让你离不开我，就像现在我离不开你一样，但上帝没这样做，我们在人格上是平等的。就像将来走向坟墓站在上帝面前一样。"也许正是这种坚定的守护自尊的行动，她赢得了罗切斯特的好感，几年后，两人相依走上了红地毯。尊严有着超越金钱和地位的价值，那些只会在他人面前唯唯诺诺的人，人们称之为哈巴狗，是不配称为人的，因为他们忘记了守护尊严这条人格底线。我们强调守护的重要性，还因为守护费心费力。我就遇到过这样一个难题，一个熟人知道我双目失明，几次路过先不称呼问好，而是直接向我撞来，我几乎摔倒，她却哈哈大笑，我有一种被戏耍的感觉，心中十分不快。我想，人的尊严受到他人言行的轻视，但又没有受到明显的伤害时，这是守护尊严的灰色地带，怎么办？没有反应不行，显得麻木软弱，但以牙还牙又显得斤斤计较，也许以其人之道还治其人之身是可取的办法。当那熟人再一次向我冲撞之前，这个简单而不失分寸的办法，收到了良好效果，对方悟出了我的想法，立即向我赔礼致歉。一言以蔽之，对恶意伤害别人自尊者，要针锋相对地给予回击，不然则是奴颜婢膝；对并无大恶的不尊不礼者，要以其人之道还治其人之身，以郑重的语言警告之，以冷淡的态度待之，但绝不可过分，给人留点面子。总之，要拥有尊严，活得有尊严，就要坚定地守护尊严。

心中有个月亮

　　一年八月十五，夜空洁净高远，一轮圆月高悬。我们一家人来到暨南大学运动场赏月。这个运动场是我和老伴散步的首选之处。这里是男女老少都喜欢来的地方，高大的冠木环抱，红色的塑胶跑道，中央是绿草茵茵的足球场，柔软如毯。一家人团坐在草坪中央，九岁的外孙女仰视明月，关切地对我说："公公，您能看见月亮么？"我说："公公是盲人，自然看不见。"她同情地说："没关系，我给您当讲解员，好吗？"我说："不必，因为我心中也有个月亮。"于是我们祖孙开始了有关月亮的对话。

　　我告诉她，月亮是与人最有情缘的星体。六十多年前，武汉刚解放，我是初中一年级学生，老师带我们到城郊一个农村，参加村里的控诉土匪罪恶的大会。那天晚上夜色黑沉沉的，打谷场上坐满了受苦的乡亲，一张方桌上点着马灯。会议开始前，我们唱起了诉苦歌：晚风一阵阵，月牙亮晶晶，受苦乡亲来开大会，诉苦把冤申，万恶的旧社会，穷人的血泪恨，千仇万恨涌上了我的心……歌声未停，场上早已一片抽泣声。此时，一轮明月已高悬打谷场上空，似乎在告诉乡亲，黑暗已经过去，光明已经来临。月亮，月亮，您总是那么通人性、知人心，您的心总是那么纯洁明净。天越黑您越显明亮，灰土遮不住您，污烟玷污不了您。您任何时候都坚守着纯洁善良，无论多少风雨，无论多少雷电，无论多少寒冬，您还是您，仍是那么温良，仍是那么明亮。您穿云破雾，时隐时现，有时圆，圆得可爱；有时缺，变成一艘银船，仍是那么可爱。我终于明白了，大千世界，芸芸众生，时而喜悦，时而悲愁，您就是应时而来的。千年万年，人喜您圆，人悲您缺，该安慰了多少人啊！帝王权贵也好，平民百姓也罢，面对着您，得意者自然得意，悲愁者自然悲愁。当然，您也有照顾不到的地方，有人先得意，因忘形而悲愁，有悲愁者因奋斗而先悲愁后得意。万物皆变，您却得到了天长地久。月亮啊月亮，您用吴刚伐桂的神话启示人类，您对人类的关怀就像那无法砍断的桂树，启示人类生命不止，奋斗不止，要用自己的双手创造幸福的生活。不过我有些不懂，吴刚在天上，可享永恒，而人类在地上，要以有限的生命苦苦支撑无休止的劳苦吗？您把这个谜留给了学者，也许，正是万千学者志士的无穷追寻，才有了人类社会的巨变。不然，为何人类在悲欢离合中各寻其是呢？于是有人怨天，有人恨地，有人求神，有人拜佛。这些人世百态不能怪您。月亮，您来到宇宙时是明明白白、光光亮亮的，您的天职是给世人以启示，您告诉人类，万事万物就像您一样，是圆形的，什么事物无论怎样千变万化，都是圆的存在，都是圆的完成。我们居住的地球是圆的；地球运行的轨道是圆的；麦哲伦绕地球一周回到出发地，航行路线是圆的；小时候玩的陀螺是圆的；汽车、火车跑得比人快，因为车轮是圆的。人也一样，人再小，也会走过少年、青年、中年，步入老年，百年后去见祖宗，完成了人生的一个圆。冬去春来，周而复始，也是个圆。一年四季，永无休止。

有一年到河南出差，几个朋友以酒待我，人生第一次听到那首罚酒令：老虎吃鸡，鸡可吃虫，虫可吃棒子，棒子可打老虎……又完成了一个圆。想通了圆的道理，人们可以不必为生活而苦，也不必为老死而悲了。人们更不必想自己出生前是何物，也不必想死后变何物了，一切顺其为圆，是成是败，不必过分喜悲。暨南大学北门马路两边的玉兰树，每年四月嫩芽吐翠，在阳光雨露滋养下，长成大叶遮阳，给人一季阴凉，秋天玉兰花开，让人享受醉人的芳香，然后是叶干枯黄，飘飘洒洒落下，把叶穴让出来，愉快地完成了一个圆的使命。人啊，应像玉兰树一样，该生之时勃勃而来，以我之绿，开我之花，到该落之时，就痛痛快快而去，把叶穴让给嫩芽。我无奢求长生之意，充实过好每一天，完成我的生命之圆。

关于月的对话结束了。孙女似懂非懂地说："公公，我听明白了，我的月亮挂在天上，你的月亮挂在心上。"我点点头说："真聪明。"

坚守最后一道心灵防线

一位著名的文学评论家说过，评价一本文学作品，不是看作者在书中说了些什么，而是要看作者想说而又没有说的是什么。其意思是说，好的文学作品会给读者留下思考的空间。读了颜克海同志的纪实文学《药剂科主任》后，让我联想到现实生活中的一些问题，可以说，《药剂科主任》是值得一读的好书。

《药剂科主任》的作者长期在医院从事人事和党务工作，零距离接触体验了不同职位的医务人员的生活状态，观察到市场经济的大潮无处不在的巨大影响力，正在以不可抗拒之势和改变人的思想与情感。一个个熟悉的人，一件件难忘的事，在作者心中难以忘怀。颜克海同志退休后，没有上班时那么忙了，但他的思维却没有停下来，以旁观者的冷静心态对往日耳闻目睹的经历进行了一番梳理，于是一部类似于回忆录的纪实文学著作问世了。

《药剂科主任》以质朴的文字风格，向我们展现了医疗工作者真实的生存状态，生态就是心态。作者以南方一所大学的附属医院为原型，精心描写了院长华东强的伪君子之态，称赞了药剂科副主任陈永刚勇于担当的品质，剖析了医生李璐情感挣扎的生活迷失状态。三种不同职位的人，表现了三类不同的人格生态。写得很精辟，浓缩得很经典，让人回味，使人自省。作者对华东强的描写入木三分，十分突出。华东强身为一院之长，兼任博士生导师，位高权重，光环照人，私下却把这一切变成了谋私的资本。明明是与医药公司某些人狼狈为奸，购进高价药而大捞回扣，却在大庭广众之下标榜说是锐意改革；明明是打击报复揭发他丑行的干部，却口沫横飞地标榜说为了扫清改革阻力；明明干的是偷鸡摸狗的勾当，却标榜为为国为民的义举；明明是小人的丑陋表演，却自我标榜为正人君子。羞辱与丑陋邪恶并存，光荣与正义善良同在。华东强是丑恶的代表，那么陈永刚则是善良正义的宣示者。身为药剂科副主任的陈永刚，发觉华东强退掉价廉且疗效可靠的注射液，换购另外一家同等疗效但价格昂贵的注射液，加重了患者的药费负担。职业良知告诉他此举不可取，他向院长讲了自己的不同意见。陈永刚的言行刺痛了院长那贪婪的灵魂，他受到了院长的怒斥，但他并不退让，而是顶着压力调查取证，显出一身正气。华东强见他仍不屈服，就以扫除改革阻力为名撤了他的药剂科副主任的职务，企图逼其就范。但是陈永刚不吃这一套，深信其中必定有鬼，便索性公开到处走访取证，越斗越勇，显出铮铮铁骨。华东强见他仍不低头，就用利诱哄骗的卑劣手段，威逼他的女友李璐离开他。陈永刚强压心中的痛苦，擦干眼泪，咬牙坚持不放弃。最终真相大白，在上级领导支持下，华东强被"双规"了。作者笔下的医生李璐、药剂科主任蒋敏玲、药品公司代表鲁明珠、医院纪委干部蔡兰是一群本分人，不做坏事，不抢好事，不管闲事，非得之利不争，该得之利不让，他们信守良知。他们的心态趋于保守，对时代的变革不甚敏感，难免思想僵化，身不由己地做过错事，一旦觉悟就会摒弃丑恶，支持正义，回归善良。三类生存状态如同三面镜子，只要人们不拒绝思考，不妨举镜而照，是可以从中悟出一点东西的。

什么样的时代，就有什么样的生存状态。经历了三十多年的改革开放，中国人的生活富裕多了，市场经济为社会提供了丰富的商品，满足了人们的生活要求。只要你有条件，就可以买到需要的东西：一双鞋子、一件衣服、一辆车子、两套房子，甚至荣誉、文凭、职称、官职、权力都可以买到，更有甚者人也可以买到。在这一买一卖的交换过程中，人的认识与心态不经意地发生了变化，以往看轻的现在看得很重，以往看重的现在却看得很轻，这是为什么？原因很简单：我们只看重物质文明，忽略了精神文明。而精神文明与物质文明同等重要。在外部条件刺激下，此起彼伏，轻重异位。于是有人精神升华，有人思想沉沦，有人勇于担当，有人贪婪无耻，归根结底，人们的人文理想与信仰不可避免地异化和改变，使得最后一道心灵防线——羞耻心，失守了。

今天，中国人民在新一届党中央领导人的带领下为实现中国梦而奋斗，我们要发扬中国精神，要勇于担当，拒绝冷漠；要高扬激情，拒绝懈怠；要勤俭节约，拒绝奢靡；同时更需要丰富的人文理想与坚韧的信念。人文理想如同多块木板构成的木桶，它的容量是由最短的那块木板决定的，这块木板上写着"羞耻心"三个字。可见羞耻心是抵抗堕落，不让心灵沉沦的最后一道防线。一个人如果连羞耻心都麻木了，那么心灵健康受到的损害则是灾难性的。人格的破损、理想的迷失、信仰的扭曲、情感的沉沦、品质的堕落等，无不是从不知羞耻开始的。因此，知荣辱、明羞耻是抵抗一切邪念恶习的最后一道心灵防线。人祸还在，贪腐还在，丑恶还在，我们社会的一切舆论，必须坚定地高扬善良与正气的旗帜，必须坚决鞭策邪恶与腐败，使全社会大兴知荣辱、明羞耻的清风正气。亿万人民同心同德、气正心顺，我们中国必然百事兴、万业旺，中国人心中的美梦必定成真。感谢作者与他的《药剂科主任》，让我享受到阅读后的满足，思考后的清明。

后 记

我在武汉第一师范学校学习六年，1957年参加工作。先后在小学、初中、女中、男中、工读学校工作。四十个春秋坚守着一个岗位：教师；主要精力和时间做着同一件事：青少年思想品德教育。工作中养成了一种习惯：在工作中学习，在实践中思考，在探索中总结。这本《思源录》就是我四十年所思所想的记录。文中涉及全是意识形态中的问题，人的认识、情感与言行的发生发展过程是看不见也摸不着的，是人的心智活动，而我的结论只是一家之言，是在多年的教学实践中摸索出来的，虽难逃粗浅，但也许对读者有些许作用。因为书中将阐释一种学习方法，而且是一种效果显著、操作简易的学习方法。

本书分为上下两编，共四个部分，第一部分是理论知识"学优源于法"，第二部分是"教优源于识"，第三部分是"行成源于思"，第四部分是"成长源于悟"。本书从不同方面阐述了我自己的教育理念，希望能给学生努力学习指明正确的方向。学生在学习过程中必须遵从两个根本原则：其一要循序，即老老实实地遵循知识本身从低到高、由简到繁的结构秩序。学习就是建筑人生的知识大厦，常言道，"万丈高楼平地起"，高楼必须从打地基开始，一层一层往上盖。中小学生应高度重视学好基本知识与基本概念，培养运用知识解决问题的基本能力，这叫"千里之行，始于足下"。其二是渐进，即严格遵循人类从无知到有知，从知之不多到知之较多的认知秩序。知识是一点一点积累起来的，从愚昧到聪明是个渐进过程。世上没有真正的神笔马良，在学习上，只有不断努力，一点一点地进步，才会取得理想的成绩。总之，只要你矢志不渝地遵从循序渐进的原则，争取学习优胜的那一刻必定能够到来。

无论如何美好的人生，也总会有遗憾之事，这是生命法则的必然。我因双目失明而带着未酬之志提前退休了。但是，强烈的为教育事业做贡献的思绪仍萦绕在心。退休以来，我特别关注媒体上的教育信息，收集各地高考状元的学习经验，如同一位漫步学海之滨的拾贝老人，将散落海滩上的粒粒珍珠捡起来，擦去上面的泥沙，连同自己思考的结果，有序地装在一个大盘子里，送给有兴趣者赏识借鉴，同时聊以自慰，这就是读者手中的这本《思源录》。

这部著作能得以出版，首先要特别感谢我的老伴曾垂范。在我失明之后，她不仅照顾我的生活起居，还是我的一支写作的笔，报社和杂志社约稿，有时候是我口述，老伴记录；有时候是我用盲人写字板写好后，老伴帮我校订。她还是我的眼睛，外界发生的事情，四季变化带来的荣枯景象，都是借助她的眼，用她的心传达给我，让我凭着已有的经验感知四季的变化和时光的荏苒。老伴的陪伴使我失明后的生活依然快乐和充实。还要感谢我两个孝顺的女儿和两个女婿，我的生活之所以没有因为失明而褪色，与我的子女无微不至的关心和照顾分不开。我四十年来断断续续写就的书稿能够完整保存，全是女儿潘飞和潘峰利用工作之余一字一字录入的，完整稿件将近七十万字。女儿不仅关注我写的文章，还将我的教育理念付诸实践，将我提倡的教书育人理念用来教育我的两个外孙女。也要感谢我的两个外孙女，她们不仅能够传承良好的家风，还能勤奋学习，希望她们长大后能够出类拔萃，成为国家的栋梁。可贵的是，外孙女宋洋为我即将出版的著作题写书名，陈怡陵为我的后记题写落款，笔锋虽显稚嫩，但是对于我来说却非常珍贵。

此书能够顺利出版，我还要感谢出版社的编辑周玉宏和李艺老师以及两位帮我整理书稿的文字编辑孙柯贞、何月燕。周老师历经寒暑两个假期，带着两位编辑帮我校订手写书稿，在校订过程中提出了许多修改意见。周老师与李老师整合全书内容，取其精华，最终此书定稿为40万字。最后还要向暨南大学出版社表示谢意，与出版社签订合同进入出版流程时，书稿已经非常完善，这与出版社培养了热心而有责任心的编辑是分不开的。

书中两篇序言原是记者对我的采访报道，今作为拙著的序言，旨在感谢曾经鼓励过我的人。同时也希望读者朋友能够不畏艰难，勇于追求人生理想，实现自己的人生价值。

落其实者思其树，饮其流者怀其源。今奉上《思源录》，愿与诸君共勉！

潘茂生

2016 年 2 月